U0147987

洞見

都市

臺灣的都市發展
與都市意象

in————sight
ci————ty

章英華——著

Chu Liu
Book Company

洞見都市

臺灣的都市發展與都市意象

國家圖書館出版品預行編目（CIP）資料

洞見都市：臺灣的都市發展與都市意象 / 章英
華著. -- 初版. -- 高雄市：巨流，2015.12
面；　公分

ISBN 978-957-732-514-3(平裝)

1. 都市發展　2. 都市社會學　3. 臺灣

545.1933　　　　　　　　　104026727

著　　　者	章英華	
責 任 編 輯	邱仕弘	
封 面 設 計	Lucas	

發 行 人	楊曉華
總 編 輯	蔡國彬

出　　　版　巨流圖書股份有限公司
　　　　　　80252 高雄市苓雅區五福一路 57 號 2 樓之 2
　　　　　　電話：07-2265267
　　　　　　傳眞：07-2233073
　　　　　　e-mail: chuliu@liwen.com.tw
　　　　　　網址：http://www.liwen.com.tw

編 輯 部　23445 新北市永和區秀朗路一段 41 號
　　　　　　電話：02-29229075
　　　　　　傳眞：02-29220464

劃 撥 帳 號　01002323 巨流圖書股份有限公司
購 書 專 線　07-2265267 轉 236

法 律 顧 問　林廷隆律師
　　　　　　電話：02-29658212

出版登記證　局版台業字第 1045 號

ISBN / 978-957-732-514-3（平裝）

初版一刷 · 2015 年 12 月

定價：450 元

版權所有，請勿翻印

（本書如有破損、缺頁或倒裝，請寄回更換）

序　言

　　我預計於 2015 年底屆齡退休，過去曾由我指導論文的蘇碩斌、劉千嘉和尤美琪三位博士，希望我從以往發表的論文中選擇一些集結成冊，作為退休的紀念。當時自己已請助理黃惠貞小姐整理過去發表的論文，但仍猶豫是否彙集出版。經他們的催促與鼓勵，雖然自己衡量並無擲地有聲之作，但將一些主題相關的論文集結成冊，或許可以具體顯現一些累積的成果，可能也增進為人參考的價值。

　　前幾年，因退休在即，在不同的場合曾經綜述過去研究的軌跡，大致可以歸納成四大類別，都市研究、家庭研究、學術評鑑制度的評估以及推展社會調查。其中以都市研究方面撰述最多，含專書、編書、期刊論文、專書論文、會議論文以及研究報告，約四十餘種。因此從中選擇，以三個主題編成一冊，含十一章，分為三篇：「都市發展與都市體系」、「都市發展與都市內部結構」與「都市意象與生活型態」。在學術生涯中，有幸和其他學者合作，本編著中有三章分別與伊慶春教授、林季平教授與范維君博士合著，慶幸有與他們合作的機緣。

　　過去的一本專書和兩本編書都由巨流圖書公司出版，很感謝經蘇碩斌教授提議之下，併入麗文文化事業機構的巨流仍願意出版此一編著。沈志翰先生與邱仕弘先生在安排出版事宜、建議書名和編輯上的用心，特此致謝。經黃惠貞小姐將印行的論文轉成文字檔以及細心校對，才能

順利完成這項編著,感謝她這幾年協助我的研究工作。回顧這三十多年的學術生涯,能安心從事研究,並在學術服務上有所貢獻,都有賴中央研究院民族學研究所和社會學研究所先後提供的良好的研究環境,也衷心感謝讓我無後顧之憂的和樂家庭。

章英華

于中央研究院社會學研究所

2015．10．30

目 次

導　言

　　社會學有關都市的研究可以溯及兩大來源。一是對人類都市長期發展的研究，雖然始於對歐洲都市成長的研究，但其蓬勃當與現代化的研究有關。然而開發中國家的都市發展並未如預期順暢，都市化、國家發展和城鄉關聯成為都市研究的熱門課題。自1970年代以來，世界各國之間已因交通與運輸模式的改變以及媒體與資訊發展的快速變化，在各個方面的相互交流日益頻繁，對這種脈絡之下的都市發展，也引入了新觀點的討論。

　　另一源頭則來自1920年代美國芝加哥大學的社會學家針對大都市的發展對人類影響的研究與探討。其一是有關都市內部空間的研究，認為人類在龐大和複雜的都市裡形成不同的居住地區，就此開啟了都市生態的研究，著重在都市各色人群與住宅的分布模式。另一是認為都市的規模與複雜組織對人類行為有其特定的影響，開展出都市社會心理與社區研究。後來有關都市中的不均衡發展以及都市中社會關係與人群組織研究，觀點雖有不同，仍可關聯到以上的兩類研究。

　　個人有關都市的研究即在上述兩大研究方向內，運用政府的統計資料以及學術調查的資料完成了相當數量的學術論文。本書從其中挑選，編成十一章（其中三章與同仁合著），分成都市發展與都市體系、都市發展與都市內部結構以及都市意象與生活型態三篇。茲簡述其重要議題與討論如下。[1]

1　導言是以各章的內容為本，相關文獻請參考各章。由於各章均文成於五都改制之前，仍延用舊縣市名稱。

都市發展與都市體系

　　開發中國家都市的快速成長，大致是發生在 20 世紀的後半，都市發展一方面成為現代化的指標之一，很多現代化的因子的確普遍出現在開發中國家的大都市，但實際上也產生了明顯的負面的現象，即首要都市與過度都市化。前者指的是獨大都市的發展，[2]後者指的是，就一個國家的經濟發展程度而言，都市化的程度超過了工業化程度所能正常預期的，都市正式經濟部門無法吸納快速大量成長的人口。這兩個現象大致都是同時發生的，樂觀者認為這只是過渡時期的現象而已，在發展初期資源集中在少數都市，都市居民雖處於不良的工作與居住環境中，但仍優於鄉村居民；隨著時間，中小都市逐漸形成，現代化的果實遞移而擴展到全社會。悲觀者則認為，在開發中國家，許多政策都帶有都市偏向，農民移居都市，破壞了腹地的經濟力，也無助於經濟發展。過剩的鄉村人口移往都市導致都市的持續成長，在外債的危機狀況下，對都市的投資不足，亦未能滿足都市居民日常所需的公共設施或服務。雖如樂觀者所言，開發中國家大都市的移民的生活環境仍優於凋敝的鄉村，大都市仍是現代價值與物質的入口鄉；但觀察開發中國家 20 世紀後半的發展，我們很難認可從大都市自然移轉到中小都市，進而促成全面的經濟發展的說法。

　　臺灣的都市發展較一般開發中國家為順遂，在 1980 年以前的都市發展，與當時大部分的開發中國家都市發展有不同的發展脈絡與特質。至於 1980 年代以後，則可帶入全球化與資訊化的討論。當資訊發展顯現不受地理範圍限制的特性之際，就有著都市消解的說法。但是資訊化與全球化交織一起，某些都市成為生產命令中心，以致受惠於國際互動節點的都市，占據較有利的發展位置。某些大都市在 1980 年代以後展現明顯的復甦趨勢，就因其處於如此的節點位置，而有些以製造業為重的都市卻持續凋零，甚至像底特律那樣人口大量流失，市政府因財政吃

2　首要都市有兩個定義：（1）第一大都市人口超過第二大都市兩倍以上，差距越大首要性越強。（2）第一大都市占前四大都市人口的比值超過50%，超過越多首要性越強。首要都市越明顯的話，則可能不利於國家在各個部分的資源分配。

緊宣告破產。人口不是離開都市，而是重新分配。這樣的脈絡是討論臺灣 1980 年以後的都市發展可以參考的。

都市體系的變遷

對臺灣長期的都市發展的研究，筆者利用 1897 年臺灣總督府的統計書對當時「市街」的人口紀錄，回推清末都市發展概況；再利用臺灣總督府從 1905 年開始的「臨時戶口調查」和 1920 年開始十年一次的「國勢調查」資料，[3] 以及 1950 年代以後則有多位學者的研究，就此完成了第一篇第一章臺灣都市發展的論文。第二章則包含了 1980 年代至 21 世紀初的資料；第三章和第四章以教育發展和資訊使用為重點，討論都市資源分配的課題。根據這幾章的討論，我們可將臺灣的都市發展分成以下四個時期。

第一，大量漢人移墾的港口與行政都市發展時期，大抵是清朝統治的年代。其都市體系的特色是，隨著農業由南到北的擴展，五萬人以下的小都市分散於西部各區域，在各區域港口都市的人口超過行政都市，並於 19 世紀末形成的南北對峙的雙元都市（臺南府城以及艋舺與大稻埕合成的臺北市區）。這樣的模式與來自中國的農業移民和跨海的貿易關係密切。移民與貿易往來都非從特定港口再分散到其他地區，而是透過各地區的港口。另外，在大部分時期，行政上只及於府級，仍以福州為省治。上述的社會經濟背景促成了分散小都市的都市體系，但卻不亞於中國大陸富庶地區的都市化程度。

第二，殖民統治的農業發展與行政擴張下的都市發展，這屬日本統治時期。這時期最大的特色，是臺北市優勢的確立，南北兩大海港快速成長，地方行政都市同時發展。過去的港口都市的規模明顯不及行政都

---

3 黃樹人曾為文檢討臺灣都市化的研究（〈臺灣都市化釋疑〉，《臺灣社會學刊》27：163-205，2002），認為筆者引用日據初期資料推斷的 20 世紀末臺灣 2,000-5,000 人都市聚落占人口比例明顯低估。2,000-5,000 人口的街庄別資料，包含相當的農業地帶，因此筆者以各街庄的大字（中心聚落）人口為依據，計算出 1905 年的 2,500 人以上都市聚落占人口的比例是 14.21%，以臺灣總督府統計書 1897 年的資料推估 2,000 人以上都市聚落占人口的比例是 12.43 或 11.81%（因是否包含麻豆和佳里而異），容或有低估的可能，亦不致太大。

市。政治統治與產業政策，使臺北成為日本與臺灣之間的節點，固然造成了臺北市的成長，但為遂行穩定統治，在臺灣各地方建立行政都市並發展南北兩大海港，同時於各都市移入相當數量的日本人移民，奠定了區域都市體系。由於尚未形成真正的工業都市，未造成人口大量移入都市，各都市移入人口，來自日本或所在區域。

第三，1950 至 1970 年代的國民政府遷臺與工業化階段，來自中國大陸的軍公教分散於各都市，彌補了日本人移出後的都市人口衰退，繼而是工業化與服務業共同成長下的都市發展，人口大量由鄉村移入都市。雖然北部的發展導致人口數超過了南部，但工業區的開發分布於各地區，各區域都市共同成長。同時，大都會邊緣衛星都市的成長加速，開始了都會化的前奏。

第四、1980 年代及以後的資訊化與全球化開展階段，製造業的僱用人口數開始不及商業服務業的總僱用量，並持續下降。半導體與相關電子工業及工商服務業的成長造成人口結構與分布的變化，北部的人口優勢緩慢增強。各都會區內人口流動的重要性超過了城鄉間的流動，人口減少的鄉鎮持續增加。

綜觀臺灣的都市發展，在農業為主的階段即有所累積。在清朝，隨著農墾由北向南展開，各區域發展出小都市，人口規模不大，卻有著不亞於中國大陸各省的都市化程度，同時開啟了臺北發展的契機。到了日本統治時期，承續了北臺的都市發展，雖未工業化，在農業發展的基礎下，臺北市優勢增強，區域都市仍見成長，為臺灣後來的區域都市奠定了基礎。1950 年代以後的工業化，促成了全面的都市化。到了 1980 年代，超過七成以上為都市人口，已是都市化社會，並有都會化的現象。在都市累積的過程中，伴隨最大都市增長時，區域都市亦同步發展，不論從都市或都會的人口規模觀察（參見第一和第二章），並未出現首要化和過度都市化現象，亦是一項臺灣的成就。不過在全球化與資訊化的發展階段，北部的優勢持續增加，高雄市的相對劣勢以及鄉村人口減少的問題日漸彰顯，再加上全人口減少的時代即將來臨，都是未來的挑戰。

都市發展與資源分配

都市發展的討論都蘊涵資源分配的議題，在第三章以教育設施探討此一議題。臺灣在日本殖民統治時代，開啟了現代教育體制的發展與教育的都市化。公學與小學逐漸普及，中學則大都設於區域都市，大致是市治或廳治都市。這些學校的設立，固然部分是為了各地日本人的教育需求，但也為臺灣中等教育奠定了基礎。在日本總督府統治之下，學校教育由大學、專門學校、師範學校以至中學，構成了相應於首府、區域中心都市、州治都市以及地方都市的層級關係。層級越高的教育，臺北的優勢越強，臺北也因首治地位，在中等學校占較大分量。此外，由於臺灣高等教育的有限發展以及招收日本人的比重高於本地人，臺灣居民只要有財力，前往日本就學反而更容易，以致在日本接受大專及以上教育的人數，遠超過臺灣本島教育設施所培養的。

到了國民政府遷臺，在國民教育延長為九年之後，高中與高職的分布亦逐漸趨近於人口的分布，達到了普及的階段。大專教育亦持續發展，在1980年代時，北部的相對優勢減弱，可是占大專學生數量仍超過其他地區的總和。另外則呈現中部在大學數量的優勢以及南部在專科數量的優勢，[4] 此一發展對後來高等教育擴張之後的區域分布可能有其影響。大學教育幾乎仰賴臺灣本身的高教設施，而研究生數量在1970年代也超過了留學生的數量，這與日本統治時期大部分依賴日本的情形，很不相同。在1990年代中期以後，臺灣的專科學校幾乎都逐漸升格為技術學院或科技大學，中部與南部在大學院校學生數，應與中部逐漸拉近，但面臨少子化的威脅，專科升格的院校遭受的衝擊最大，在未來十年間，南部在大學教育上是否受到最強影響，是值得觀察的趨勢。[5]

教育設施的分布對人口分布的影響，要與產業結構一起考量。第三

---

4 1960年代以前臺中市私立大學設置多於高雄和臺南，1963年以後禁止私立大學興建並鼓勵私人設立高職與專科學校的政策，促成南部專科的發展強於中部。

5 根據教育部103年大專學生人數統計，北部占48.24%，中部22.68%，南部27.23%，東部1.85%。與1986年的數字比較，南部大學學生數明顯大於中部，部分原因當是專科升格的結果。

章中，就以臺北市及嘉義和臺南市，採用1937年和1993年的兩筆資料進行比較，觀察臺北市對各級教育人口的吸引力。1937年的資料樣本數太小，不過還是呈現嘉南地區大專教育程度者，受日本的吸力大於臺北市，但臺北市在該年代吸引中高等學歷者就業的優勢已經顯現。在1990年代，臺北都會在吸引中等以上教育的外來人口的力量較強，教育程度越高者，除了在臺北都會受教育的比例高於在外區受教育者，大學學歷以上人口的比例遠大於人口比例，多少仍顯示臺北都會對高等教育者的就業吸力強於日據時期。

第四章探討都市發展與資訊發展的關聯。我們發現，在20世紀末，臺灣的都市層級越高，資訊化的程度越大，但也有不完全符合此一般趨勢的地方。新竹與臺北和臺中同為臺灣的「網路都市」，這與高科技與資訊產業的發展密切相關，然而臺灣第二大都市，高雄市，在1990年代呈現相對的弱勢。[6]文中特別以高雄市作為都市層級與資訊空間的奇異點加以討論，指出高雄市在教育、行業、職業等指標反映的人力資本，不但不如臺北、臺中和新竹市，也不比其他的都市高。高雄市在臺灣是唯一在日據時代發展重工業的都市，在1970年代臺灣工業化發展初期，占有領先的地位。然而在1980年代以後在經濟轉型的方向和步調與臺灣的整體趨向並不一致，新經濟並未在高雄市生根茁壯。

不論是教育設施或產業的分布，臺灣都顯示分散中有集中的現象，大學學生的分布，北部的優勢減弱，教育部列入頂尖大學者，大部分為臺北市與北部的大學。在產業方面，製造業的整體分布相當均勻，可是資訊電子業卻以北部的三個都會地帶遠超過中南部的都會，再加上臺北市在產業服務業的獨強的優勢。這些都可能是在未顯現都市或都會首要化之下，北部區域人口持續增加的重要基礎。

---

6 目前電腦網路的使用已經相當普及，只以網際網路使用與否的分析可能沒有意義了，應採用上網時間或使用的功能。林宗弘就上網時數的分析發現，隨著時間，都市與鄉村的上網時數的差距增加。在有適當的資料時，應也可進行大都市之間的比較（〈非關上網？台灣的數位落差與網路使用的社會效果〉，《台灣社會學》24(2012.12)：55-97）。

都市發展與都市內部結構

社會地區的分析

本書第二篇收錄三章，探討都市的內部結構。首先是從人文生態發展出來的社會地區分析，強調一些有意義的社會經濟變項，會有其特殊的空間分布。社會地區分析主要是根據三類變項進行因素分析：社會經濟地位（通常以教育和職業為指標）、家庭狀態（通常是以生育率、婦女就業率和住宅類型為指標）以及種族或族群，並呈現各因素特定的空間分布模式（參考第五章的文獻檢討）。

筆者在選擇各種社會經濟或人口變項時，希望除了一般都市生態分析所使用的變項外，能夠考慮足以反映臺灣都市的一些社會經濟性質，其中之一是省籍區分作為族群的指標，同時反映軍公教職業；另則是一般生態因素分析不考慮的住商混合狀況，卻在臺灣日常生活中是習以為常的。納入這些變項，的確可反映出臺灣都市結構的一些特色。筆者是以上述的觀點為指引，先以臺北、臺中和高雄三大都市的分析完成論文，納為本書的第五章，繼而完成以臺北市為例的論文，最後以專書討論四大都會社會生態模式與歷史發展之關聯。[7] 本書第五章的因素分析有其瑕疵，但所獲得的因素與後來的論文與專書仍大體類似，綜合三項研究的結果，在 1980 年時，四大都會的內部結構主要有三個因素：

第一、地區生命階段：這與臺灣都會逐漸擴張有關，老舊住宅在舊核心地帶，逐漸往外是新建的住宅增加，在外圍則為新建住宅與鄉村住宅俱存，形成同心圓的分布模式。

第二、社會經濟地位：通常由高教育與高職業及其他變項所構成，呈現與西方都市相異的，高社經地位的居住地，大都在這些扇面的中環，整個都會有著相對高社經地位的中心都市與相對低社經地位的都會外圍。

第三，省籍與商業取向：臺灣的住商混合跟商人比例在同一因素中

---

7 章英華，1988，〈台北市的內部結構——區位的和歷史的探討〉，《民族學研究所集刊》63：1-62。章英華，1995，《台灣都市的內部結構：社會生態的與歷史的探討》。臺北市：巨流圖書公司。

出現，省籍則與軍公教人員在同一因素。在有的都會，有時省籍與商業有個交互的關係，在同一因素，但方向相反，有時則獨立為兩個因素。商業取向通常是以都市的舊核心地帶最突出，而省籍則因特殊的公教機構與住宅的分布而分散於都會不同地帶。

以上幾個因素確實反映了臺灣當時的都市特色。就後續的發展，可以觀察社會經濟地位的分化是否增強？省籍的區分是否淡化？臺灣的省籍的居住區隔自1950年代以後便一直縮小，後來的眷村改建亦造成外省人居住特質的減弱，省籍特性在空間分布上的重要性應是逐漸淡化。[8]由於房價的地區日增，社會經濟地位的分化應更為增強。另一個問題是商業取向是否還存在？現在的臺灣住宅混用的情形明顯減弱，[9]但是在同一棟樓中，甚至是豪宅，仍見部分商用，部分住宅用的情形，這與西方住商分明的狀況是不太一樣。如果用適當的變項，商業取向因素或許仍有其重要性，在都市生活中仍然鮮明。

中心都市的優勢

另一空間結構的重要議題，是從郊區化到士紳化的發展。如第七章中所述，英美的郊區化雖自19世紀末葉始，大量的郊區化還是二次大戰後的現象。隨著人口在都市外圍大量增加，居民的社經地位高於中心都市，郊區人口的分量超過中心都市，進而工作活動與日常活動在郊區的比重增加，到了1970年代，中心都市的工作機會減少，郊區還吸引中心都市的工作人口，商業與服務業在郊區聚集，甚至成為新型都市，

8　1990年以後的戶籍與普查資料就不提供省籍的數據，只能根據行政院客委會（2011）的《99年至100年全國客家人口基礎資料調查研究》推估2010年的各鄉鎮市區的族群人口。該資料有單一認定和多重認定兩者，前者認定的標準較嚴格，後者較寬鬆。1989年的戶籍資料中，臺北市各區外省人比例最高者為37.99%，2010年多重認定和單一認定的分別為27.30%和17.20%，高雄市相應的比例為40.29%、23.08%和15.30%，臺中市為20.14%、21.70%和14.10%，臺南市為19.68%、16.50%和7.90%。除了臺中市2010年多重認定數字外，其餘都顯示外省人口比例的明顯降低。

9　根據人口與住宅普查的資料，臺北市各區中住宅混用比例最高的，在1980年時為25.51%，2010年時降至6.41%，臺中市從48.07%降至24.41%，臺南市從37.75%降至14.57%，高雄市從37.76%降至12.37%。

緣際都市（edge city）。在這樣郊區化的過程中，出現了中心都市衰退的看法，甚而有稱20世紀為「郊區化世紀」。

繼郊區化趨勢有「士紳化」現象，意指1960年代在英國出現的都市復甦現象，都市的低收入住宅區，經過都市更新之後成為中產階級的住宅區。這種大都市中的復甦現象，在1980年代才伴隨著全球都市的議題而為人注意。位於全球重要節點的都會，很多在1980年代之後出現人口再成長。中心都市內新興工商服務業的成長與破舊地區的都市更新，吸引了年輕中產階級工作者入住，造就了都市的復甦。士紳化仍屬大都會中心都市部分地區的發展，很難完全顛覆郊區化的優勢；不過，郊區化導致中心都市衰退再有士紳化的現象，的確是英美都市發展的路徑。第六章或第七章，可與上述的議題對照出臺灣不同的發展樣態。

首先，從遷移模式的變化觀察。如第六章所分析的，1940和1950年代是來自外省的移民，受到當時政策的影響，開啟了臺北縣西臨臺北市地區的人口成長；到了1960和1970年代是島內的大量城鄉移民；在1980年代區域遷徙規模漸小，比較重要的是都市內部的遷徙和都會區的擴張的現象。在島內大量城鄉移民時期，工業化是人口移入中心都市以外都會地帶的主因，並非由都會中心往外圍遷移的結果。這樣的遷徙模式反映的中心都市與都會外圍分化的狀態是，臺北市以商業服務業為重，臺北縣則製造業蓬勃發展，很多移入臺北縣的人口是因工作的理由從臺灣其他縣市直接移入的。四大都會區都有商業服務業為主的中心都市，和工業為主的都會外圍的狀況。當臺灣的製造業人口開始減少之後，都會外圍的三級行業的比重增加，但中心都市在三級行業的優勢持續，產業服務業在臺北市與臺北縣的差距仍大。

第六章以醫療與教育資源呈現1990年前後臺北縣與臺北市公共設施的差距。臺北市在教育和醫療設施的優越地位，不只在量，還有公私部門的差距。臺北市公部門占的比重大，臺北縣私部門占的比重大。臺北縣在教育和醫療設施方面已有相當改善，但是與臺北市仍差異明顯。以高中與高職學校的分布而言，臺北縣公立高中已增加數所，但學生仍

以臺北市的公立高中為優先選擇。[10] 臺北縣的公立醫療院所有所增加，但屬醫療中心層級的醫院，仍都在臺北市。這種長遠累積下來的差異很難完全克服。產業的分化以及公共資源的差異，都促成了中心都市在日間活動人口的吸力。臺北縣在 1980 年以後的人口成長的力道大於臺北市，但臺北市來自外縣市的通勤與通學的活動人口卻大於臺北縣。從人口移動、產業發展、居民的社會經濟地位，我們很難推論在臺灣因人口在都會外圍的增加造成中心都市衰退的趨勢，反而是中心都市的優勢未曾稍減。

　　在以上中心都市與都會外圍的人口與資源分布特質之下，衍生兩種現象。首先，臺北縣的三級行業就業人口，很多以臺北市為工作地，二

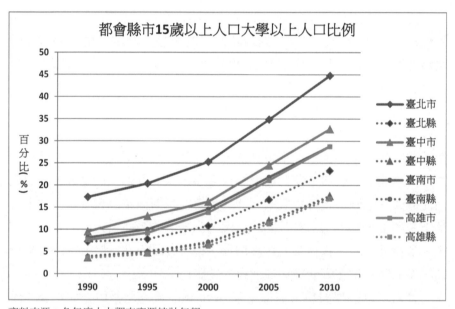

資料來源：各年度人力調查資源統計年報

---

10 近十幾年來在大學聯考後的排行榜，最具競爭力的前十名高中，見不到臺北縣，即新北市的學校，這不是居住在臺北縣的考生的競爭力弱，而是他們與臺北市屬於同一高中就學區，國中畢業時便以臺北市的最具競爭力的幾所高中為目標，有很多高分者都進入了臺北市的高中。反觀原來並不起眼的桃園縣武陵高中，在近十幾年來，卻都在前十名之列，這是桃園都會發展的結果，雖鄰近臺北縣市，但卻自成一個高中就學區，而保持了縣內高中的競爭力。

級行業與非受僱的工作人口則以本鄉鎮市或本縣為主。其次，相應於三級產業的優勢，居住人口的社經地位以中心都市較高，都會外圍的較低。如第七章呈現的，臺北市與新北市大學以上教育程度居民都告增加，但百分比差距持續擴大。此種對比亦可見於其他都會。如上圖所示，實線是中心都市大學人口比例的變化，虛線是縣區的變化。各都會都呈現中心都市的優勢以及與鄰縣差距日增。此外，臺北市的大學人口比例明顯大於其他三都市，而高雄市的比例與臺南相近，還低於臺中市，臺北縣大學以上教育人口比例亦高於其他三縣，似乎也呼應了北部優勢及高雄的相對劣勢。

都市意象與生活型態

都市研究另一個主要議題是都市意象與日常生活。在第十一章就引用著名都市學家 Claude Fischer 的說法：人類歷史上對都市生活的看法，很早就有著幾組對立的觀點：「自然／藝術」、「熟悉／陌生」、「社區／個人」、以及「傳統／變遷」。自 1920 年代，渥斯（Wirth）的都市決定論及其影響的後續研究，大部分著重在熟悉與陌生以及社區與個人兩組對立概念，建構了都市生活的負面論點，諸如社區失落、緊密社會網絡的消失、都市居民的心理壓力與焦慮、以及反都市心態。都市決定論認為，都市的規模與複雜導致上述的負面的都市社會心理。後有副文化論認為，都市中仍見緊密的人際關係，但由於都市的規模夠大，形成具有不同副文化的各類團體，這些副團體及其副文化的衝擊，是讓都市人感到社會解組的主要因素（以上各論點詳見第三篇各章）。

副文化論已經隱含了都市在某些資源或日常生活上的優勢，有些活動或是展示，只有在人口達到一定規模的都市才得以形成或推動，人們是因都市的就業與教育機會而移往都市。因此從「自然／藝術」與「傳統／變遷」的對立這兩組概念討論，就不能完全以負面的角度看待大都市。這也呼應了從資源角度反映的都會優勢。本篇四章，從這些不同的面向討論都市意象與生活型態。第八章和第九章以人際關係以及對都市生活的態度為討論對象，比較反映「熟悉／陌生」與「社區／個人」的

議題。第十章關於遷徙和理想居住地的探討，以及第十一章有關生活型態的討論則較涉及「自然／藝術」與「傳統／變遷」議題的探索。

　　第八章中，機會結構的分析中最主要的發現是，核心都市的居民在社會經濟地位高於其他類別聚落的居民，但對教育與工作條件的滿意感，在控制了其他的社會經濟變項之後卻較低。這樣的結果，可以從兩個角度去理解，一是大都市的職業競爭性強，導致同樣條件者因競爭而不滿；另外則是大都市中的就業者面對更多的參考團體，在循階躋等的爬升過程中，相對剝奪感未見遞減。前一解釋較偏決定論，後一說法較接近副文化論。在人際關係態度的分析中，發現不論是在家內或家外的基本關係，人們對這些關係的重視，並未呈現都市與鄉村的差異，可是居住地都市化程度越高，居民對親子、婚姻、親戚、以及鄰居等關係的滿意程度都越低。不同類別的聚落中，居民對各種家內和家外的基本關係都偏向滿意，人際關係還不到疏離的地步，可是都市的客觀情境使都市人對人際關係的滿意感較低，這仍呼應決定論的觀點。

　　第九章根據都市決定論對都市生活和都市人的負面態度，區分成三大類的都市意象：都市生活意象、都市人意象與鄰居意象。從臺北市樣本得到的結果是，都市居民對都市生活或都市人都顯示明顯的負面評價，但卻對平常交往的人表示正面的評價或積極交往的態度。進一步的統計分析，有幾個有意義的發現。首先，居住時間的長短對都市生活和都市人意象沒有關聯，但卻與鄰居意象正向關聯，或許意味著都市經歷影響到個人人際關係態度，但卻無助於對整體都市的印象。其次，只有鄰居意象才與個人遷居的計畫相關聯，因此個人對整體都市的觀感並不影響到都市人的住宅選擇，但對鄰居的觀感卻是重要影響因素。以上論述並無法推敲都市決定論與副文化論的議題，但對整體都市生活與都市人的負面評價以及對鄰居與日常人際交往的態度，的確肯定了對都市生活的負面評價，只是沒有決定論那麼悲觀。

　　我們根據遷徙與居住地選擇的傾向可以間接討論與都市意象的議題。首先，鄉村樣本的遷徙比較受個人背景變項的影響，在鄉村的高教育者寄望遷移到中小都市或往大都市去發展，反映的是事業取向，是大都市提供較佳的生命機會對鄉村居民的吸引力。將教育程度對遷徙意願

和理想居住地的影響合併討論，顯示臺灣都市與鄉村產業的分化為導致高教育程度者向較大都市遷移的重要誘因。至於在都市的樣本的遷移，比較受到居住環境和住宅條件的影響，反映著對較好居住環境與住宅條件的期望。相對於美國人的居住地的選擇，臺灣呈現較強的大都市郊區的偏好。與美國的有趣對比是：美國人在理想居住地的選擇極度偏好鄉村和小鎮，選擇最多的是鄉村。臺灣選擇郊區與選擇鄉下的比例相近，在具有遷徙意願的樣本中，則選擇大都市郊區者遠多過選擇鄉村者。我認為這是種反都市的都市心態：心理認為都市不適合居住，但選擇還是都市郊區，而不是鄉村。

有關生活型態的討論，主要的對象是人們的消費行為。就消費行為的都市效果，一則是從資源分配分析，觀察外食用餐與購衣行為是否因相關設施集中於都市，造成了都市的便利或優勢。其次則涉及模仿跟流行，音樂的偏好受到在都市中與人互動而相互學習的現象。在統計分析中控制了社會階層變項，明確看到核心都市的顯著效果。核心都市的居民對精品店百貨公司購買的傾向最強，在大餐廳用餐的傾向也高，這都可以歸因於資源的效果。有趣的是，核心都市居民在地攤購衣的傾向並不比其鄉鎮居民弱，在小吃店用餐傾向，都超過一般都市和鄉鎮，這也是資源的效果嗎？在 1980 年代有關非正式部門的討論，大部分放在都市脈絡，工商普查的資料同樣顯示小吃店在都市相對於人口的較高集中度，因此非正式的服務與消費場所的分布也是一種都市現象，以致較低與較高層次的消費行為同樣顯示都市效果。音樂的喜好就不受限於場地，古典音樂在控制教育程度之後城鄉差距消失，對國語歌曲和西洋歌曲的喜好則都市層級越高顯示越強的傾向，這樣的大眾口味的都市效果，蘊含了模仿與受流行影響的意涵。此外，這個研究顯示控制了階層變項之後，在精品或百貨店以及在大飯店的消費行為，影響到對較高社會階級地位的認同。換言之，某些在都市所特有的消費行為，有可能影響個人的主觀社會階級認同。

從都市意象與都市生活的討論，我們可以發現負面社會心理與資源之間共存的現象，人們遷移都會區的傾向仍強，也有特別的都市消費行為，都市人雖有較高的教育與職業地位，但對個人教育程度與工作條件

的滿意度卻較低，對都市人和都市生活都有著負面的評價。都市中有高
價位的場所，有低價位場所，都市居民使用這些場所的機會都高於鄉鎮
居民，這也反映著都市生活的多樣性。在都市資源優勢下，都市人對都
市生活仍存在著負面的態度，對工作和對鄰居往來的滿意感都不如鄉鎮
居民，這符合古典都市社會學的推論。近年來有些回流鄉村的跡象，不
過，對都市整體的負面觀感並不影響到遷移意願，再加上移入中心都市
居民的社會經濟地位高於移入都會外圍，都不指向遷離都會的大趨勢，
而是在都會內尋覓較佳居住環境。臺灣的都市居民也有透過些社區工作
或運動的努力，求取更好的居住品質；在都市居住長久的人口比例逐年
增加，臺灣的鄰里自治團體也逐漸增強其功能。[11] 在這趨勢之下，是否
能夠超越緊密的鄰居關係，建構出宜人的都市生活環境，有待觀察。

---

11 筆者並未從事這方面的研究，可參考蔡勇美、章英華主編的《台灣的都市社會》（巨流，
   1997）收錄的兩篇論文：熊瑞梅，〈中上層社區的形成〉，頁351-390；蕭新煌，〈都市居
   民運動〉，頁391-413。另可參考王振寰，〈地方社會與社會發展〉，收錄於章英華等著，
   《中華民國發展史：社會發展》，下冊，頁445-469（政治大學、聯經，2011）。

第一篇

都市發展與都市體系

第一章

清末以來臺灣都市體系之變遷

一、緒言

　　臺灣真正成為農墾地區的歷史並不長，但在區區三百年之內，臺灣的社會經濟特質卻經歷著無數的轉變。在清朝有著內地化（李國祁，1978）或土著化（陳其南，1980）的過程，而在1850年以後受開港的影響臺灣又很快地納入國際經濟體系，茶、樟腦和甘蔗分布在全省的不同地區，全島西部海岸各地普通都已有一、兩種的經濟作物（林滿紅，1978）。在這種發展中清政府也逐漸增強其統治，由1875年的府縣增設，至1887年正式定為行省（臺灣省通誌土地誌疆域篇，1970）。但建省不及十年，臺灣便因馬關條約而淪為日人之殖民地。大量的日人移臺，臺灣成為日本農產品和農產加工品的供應地，臺灣的對外貿易絕大部分都行於日臺之間（周憲文，1958：129-163）。1949年，政府遷臺，導致大量島外人士的移入，在1950年代以後臺灣又漸漸步入工業化，形成了進口替代之產業發展（林景源，1981）。

　　這樣的不同發展，正提供我們檢視有關都市發展的一些推論。臺灣在清朝為中國的一個邊陲地區，臺灣的都市化程度和臺灣的都市規模，是否類似饒濟凡（Gilbert Rozman）和施堅雅（G. William Skinner）所處理的清朝的其他邊陲地區，如雲貴。大部分殖民國家所形成的都市體系都是首要模式（Carter, 1983: 99），臺灣在日據時期是否可以首要模式來說明？臺灣在光復後，都市分布已經趨近等級大小原則，這種發展純係工業化的結果，還是有其他的歷史基礎？

　　本文對這些大主題只是個探索性的研究，主要想從下面幾個方面瞭解臺灣不同時期都市體系的特質：第一、都市化程度：因發展階段的不同，在日據階段，鄉村都市（rural town）是很基本的都市聚落，在光復以後，則兩萬人以上的都市聚落已遍佈全省各地。我們以二千五百人以上、五千人以上、一萬人以上和二萬人以上的四個準據來計算都市人口的比例，以利於不同時期的比較。第二、地區間都市化程度的比較：本文以日據時期的五州二廳的行政劃分，分成六大地區，臺北地區（包括今日的宜蘭和臺北縣）、新竹地區（包括今日的桃園、新竹和苗栗三縣）、臺中地區（包括今日的臺中、彰化和南投三縣）、臺南地區（包括今日的雲林、嘉義和臺南縣）、高雄地區（包括今日的高雄、屏東二縣）。第三、地區間不同規模之都市的成長情形。第四、臺灣都市間的等級大小關係，特別著重在前 20 名都市在等級上的變化情形。瞭解上述各特質之後，筆者再試析各時期社會經濟特質與都市體系間的關聯性，這種關聯性只是作為進一步探討的假設而已。

二、清末臺灣之都市化程度與都市體系之特質

　　有關清朝都市體系的研究可以見諸施堅雅（1977）和饒濟凡（1973）這兩位美國學者的著作。他們所根據的主要是 19 世紀中葉中國內陸 18 省的資料，施氏的研究亦稍涉及 19 世紀的末葉。但是，臺灣一直不在他們的討論中。19 世紀中葉以後，固然通商口岸逐漸發展，但其影響並未達到改變中國城市體系的地步。譬如，上海和天津這兩大通商口岸都是在 1910 年以後才陸續成為超過百萬人口的都市。根據施氏的估計，1893 年中國內陸八大地理區域之都市人口比例高過 1843 年，但漲幅不大，即使在都市化程度最高的長江三角洲，也只是從 7.4% 提高至 10.6%，其餘各地理區都市人口比例的增加還不及長江三角洲。簡言之，19 世紀後半，中國都市體系雖已經遭受通商口岸的影響，並未導致急速的轉變。我們大致仍可以將臺灣 19 世紀末葉的都市化現象，與施、饒二氏所處理的中國內陸 18 省相比較，以凸顯臺灣當時都市化與都市體系的特質。施氏係以兩千人口以上之集鎮和都市來估計中國都

市化的程度；饒氏則以其所估計之第六級中地的一半人口，加上第五級以上之所有都市人口。饒氏所謂第六級城市，指的是三千以下人口的中介集鎮。[1]因此我們以兩千以上人口都市聚落為基礎，應可妥當地與施、饒二氏的研究相比較。

　　有關臺灣都市聚落的資料，可以零散見於各方志之中，但卻缺乏全面且約略同期的統計資料。我們只能根據日據初期的資料作為推論的基礎。筆者手邊搜集到1897和1899兩年份臺灣主要市街的統計表（臺灣總督府，1897-1899：58-61；1901：130-133）。在臺灣被稱為街的聚落即為「人家稠密的街市，住民以工賈為主，為一帶地方交通，產業的中心」（戴炎輝，1979：6）；農業聚落被稱為莊，高山族聚落則以社名之。以清末和日據時期對照表來檢視，臺灣在清末應有一百個左右稱作街和市的聚落，[2]而1897-1899兩年的資料僅列了76個街，勢必有所遺漏。遺漏的情形以不滿兩千人的小街最為嚴重，兩千至三千人口的也有些，四千人口以上之聚落則較為可靠。幸好我們是以兩千人以上的聚落為分析的基礎，遺漏的影響不大。再者，本文係以日據初期的數據推論清末的情形，而有些聚落多少受日人移入的影響，因此我們只以「本島人」的數目來分析。這當然尚無法完全消除日人移入的各種附帶影響，但可能已較趨近事實了。

　　根據19世紀末的兩個年份的資料，我們估計了兩個都市人口比例，一個包括麻豆和佳里（時稱蕭瓏庄）；另一則不包括（見表1.1）。麻豆和佳里乃是大型集村發展成的街市，人口眾多，但是農業人口比例甚高，其聚落結構乃是密集但不直接相連的農舍包圍著中心市街（富田芳郎，1942：62-63）。包括麻豆和佳里的話，都市人口比例為12.43%，不包括則為11.81%（本節之各種數字，請見表1.1與1.2）。

---

1 饒氏的都市分類如下：第一級，全國行政中心，人口在一百萬左右；第二級，區域中心或割據國家之首都，人口在三十萬至九十萬之間；第三級，省城，或者負責一、二級大城與遠方連繫的主要港口，人口在三萬至三十萬之間；第四級，府城，人口在一萬至三萬之間；第五級，縣城，人口在三千至一萬之間；第六級，中介集鎮，鄉村都市集中的核心城鎮。人口在三千以下。只有定期市集的聚落為第七級，不計入都市人口（Rozman, 1973: 14, 60）。

2 根據同治36年（1902）年的臺灣現住人口統計，以街為名的聚落將近一百，其中有的人口尚不及500人。

這兩個數值都高過施氏對1843年和1893年中國八大地理區的都市人口比例，也高於饒氏對19世紀中葉中國18行省的估計。以臺灣為清初才真正開發的農業地帶言，這樣高的都市人口比例，頗為特殊，不但遠超過雲貴這樣的邊陲省份，還高過全國經濟精華的長江三角洲。

　　如此的現象，是不是因為都市人口集中在少數大城市的結果？若以城市大小的分布狀況言，臺灣不同於中國本土大部分的地理區或省份，因為臺灣尚無十萬以上人口的大都市，其第一大城臺南，在19世紀末人口尚不及五萬；若艋舺與大稻埕合為一城市聚落的話，當時人口也只五萬出頭而已。這樣的城市規模，比較類似雲貴這樣的邊陲地帶，可是臺灣的都市程度卻高於雲貴甚多。施氏以兩千人以上之都市聚落中最大的百分之五的總合人口與都市聚落人口相較，以呈現大都市在不同地域的比重，結果是雲貴最低，只占29.8%，其餘地域都在48%以上。饒氏以第三級以上都市人口占都市人口的比例來比較，以雲南（38%）、貴州(43%)、湖南（39%）、廣西（36%）、安徽（33%）、甘肅（38%）等省較低（Skinner, 1977: 240；Rozman, 1973: 203-276）。這些省份都缺乏第二級大城，與臺灣相同。臺灣若以艋舺和大稻埕為一聚落，與臺南正是前5％之大城，也是僅有的兩個三級大城，它們人口只占兩千人以上都市聚落的30%不到，顯示臺灣在大都市的形成上，仍不及大陸諸省。臺灣與貴州和雲貴兩省在一萬至兩萬人口及三千至一萬人口的都市聚落數約略相當。但19世紀中葉時，貴州省約有六百萬人口，雲南省有八百萬人口，而臺灣在19世紀末時人口尚不及三百萬。相對言之，臺灣在第四和第五級城市的比例則高出甚多；或可說臺灣雖無大城市，而有高都市化程度，是因其第四和第五級城市比例高的緣故。似乎，高都市化程度和兩萬以下人口的小型城市占的比重高，便成為臺灣都市體系異於中國大陸的特點。

　　這樣的特徵，和臺灣的政治與經濟發展有什麼樣的關係呢？讓我們先從政治層面來觀察。施堅雅曾估計19世紀中葉中國不同層級政治單位的人口平均數。國都為800,000人，省城200,000人，府城30,000人，直隸州城15,000人，州城8,000人，直隸廳城與府下的縣城7,000人，廳或州下的縣城5,000人。他以這平均值來推估各大地理區的都市

人口比例，發現像雲貴與西北這樣的邊陲區域，以政治因素估計的比例超過實際的都市化水準，這差距以雲貴為最大（以政治層級估計比例為 10.7% 而實際比例為 4.1%），顯示雲貴高原各級城市的規模小於其他地域的同級城市，同時也表示雲貴之政治城市純以政治力量的擴充而設置。反之，在長江三角洲的實際都市化程度遠超過以政治層級估計者（分別為 7.9 與 2.1%），反映著政治城市之設立不能配合地方經濟之發展（Skinner, 1977: 230-231）。

　　臺灣在 1875 年時，分成二府八縣四廳（臺灣省通志土地志第一冊，1970：32-6），依照施氏的估計值計算，19 世紀末期，臺灣之都市人口應為 122,000 人，占全人口比例約 4.72%，尚不及實際都市人口比例的一半。在 1887 年臺灣建省，轄下有三府一直隸州、十一縣、三廳（前揭書，32-45）以此分配來推估，都市人口應為 376,000 人，占全人口的 14.53%，則又稍微超過實際估計的都市人口比例，這樣的差距，主要是因為省城人口太小。當時以臺北為省城，以大稻埕、艋舺和城內三處人口合計的話，只在五萬人左右，與二十萬相差十五萬。扣除這十五萬，所得的都市人口比例在 8.74% 左右，仍稍低於實際估計值。因此，臺灣的府縣級都市人口仍高於全中國的平均值。不過，一般而言，清末的政治層級上的變化，已漸能配合地方的經濟發展。但以整個清朝都市發展來看，臺灣的都市並非因為政治擴張而形成，這與雲貴這樣的邊陲地方大不相同。

　　19 世紀以來所謂「一府、二鹿、三艋舺」，指稱的是分布在西岸北中南三區域的大城市，除臺南為府治所在之外，鹿港和艋舺分別為海港與河港，均非縣治或廳治所在。在 19 世紀中葉，西部海岸地區，除嘉南以外，都可以見到非政治城市與政治城市分庭抗禮的情形。在鳳山縣，東港人口多於鳳山縣城；在彰化縣，鹿港盛於彰化縣城；在淡水廳，艋舺與大稻埕之發展，絕非竹塹（當時淡水廳治所在）所能比擬。那時，純由地方經濟因素所促起之河港與海港，才是各地區的主要城市。這種懸殊在 19 世紀末葉逐漸消失，行政單位的調整是影響因素，但是河港的逐漸失勢，而使新竹、彰化和宜蘭等縣城不僅是行政中心，也成為其鄉村腹地的中心城市。不過在 19 世紀末期，五千至一萬

人口的城市，大都為臺北、彰化、嘉義、臺南、鳳山五個地區的河港或海港。這些都市比起 19 世紀後半設立的一些縣城或廳城，如苗栗、恒春、卑南（即臺東）、埔里和臺中都大得多。上述的縣城或廳城，當係臺灣建省時考慮全省之統治情況而增列的行政單位。大體而言，清末的變化，一方面是河港功能的喪失，另一方面是地方行政中心在經濟功能上的增強，而在成長速度上超越原來的河、海港城市。根據一些研究指出，河、海港已漸轉化成鄉村地帶的經濟中心，他們在地方都市體系仍占著僅次於政經中心的地位（李瑞麟，1975：15）。或可說在政經中心逐漸興起之時，河、海港前期發展所留下的基礎仍未毀壞，如此使得臺灣在二百年發展以後，以二千至於一萬人口的小都市較為蓬勃。

　　臺灣一直保持著與中國大陸（特別是廈門港）之間的密切關係。臺灣自開闢之初便足以輸出剩餘的農產品，像甘蔗這樣的經濟作物，很早就栽培了。在 19 世紀中葉又陸續出產了茶、樟腦等經濟作物，而臺灣也介入了國際經濟的交換體系中。農產品一直是臺灣輸出的大宗，臺灣自己的手工業基礎發展甚慢，非農產的民生必需品很多得由大陸運送過來。這樣子，使臺灣涉入相當大量的區域貿易。與區域貿易息息相關的河港、海港逐漸興起，經濟作物可以經由水陸路由各河、海港運至大陸之港口，有的則轉運至世界其他各地區，而民生必需品也可運至河、海港，再由水陸路運轉各地。在這種區域甚或國際貿易情況下，至少在清末未形成獨占這種貿易的首要都市。又乏連貫南北的交通要道，更使得各地域間之經濟交換不見得強於它們各自與閩省港口的經濟關係。19 世紀後半，雖然其他各港逐漸沒落，但由於經濟作物的多樣化，使得淡水港的興起並未造成打狗與安平港的沒落，只是淡水的優勢逐漸增強而已（周憲文，1957：80-96；林滿紅，1978：50-65）。從政治發展而言，在 1887 年以前，臺灣最高的行政單位只及於府城，使得上層階級的取向並不以本島之府城為依歸，往往是以閩省之首都為依歸，在這樣氣氛之下，使得臺灣缺乏一個統領全島的政治文化中心。臺灣建省以後，很快就落入日人手中，當日本人以臺北為首府，數十年的經營後，才確實使臺北成為臺灣的政治、文化中心。由上述二方面來看，各種勢力都似乎使臺灣傾向於形成好幾個副地區，而無法找出一個雄霸全島的

大城。

　　這種副地區的現象，很可以從五千人以上都市的分布看出來。先從一萬人以上都市來看，臺南與臺北（艋舺與大稻埕合計）各為五萬人左右，分立在臺灣的北部和南部，其餘五座一萬至兩萬人口的城市離這些大城有段相當的距離（見表1.1）。其中鹿港與彰化距離甚近，一個海港，一個縣治，兩者合計人口在三萬左右。我們或可說，若彰化與鹿港功能合於一地的話，臺灣中部清末應有個三萬人口左右的都市，因此在臺北與臺南兩大城之間，彰化與鹿港支持了三萬左右的都市人口。再看五千至一萬人口都市的分布，嘉義加上三個河港，即樸子腳、北港與鹽水港合計亦有著三萬左右人口之地帶。鳳山與東港合計則人口在一萬四千左右。將這些五千以上之大城視為一體的話，臺北盆地支持了七萬

表1.1　1897 年市街之本省人口 *

都市名稱	等級	人口數	都市名稱	等級	人口數	都市名稱	等級	人口數
臺　南	2	49,239	北　港	14	6,293	桃　園 *	28	2,895
大稻埕	1	29,719	佳　里 *	15	6,028	大龍峒	29	2,873
艋　舺		21,054	北　斗	16	5,440	大　甲	30	2,859
新　竹	3	17,827	淡　水	17	5,434	員　林 *	31	2,857
嘉　義	4	17,281	新　莊	18	5,116	頭　圍	32	2,855
鹿　港	5	17,273	豐　原（葫蘆墩）	19	4,630	板　橋（枋　橋）	33	2,711
宜　蘭	6	15,104	士　林	20	4,015	松　山（錫　口）	34	2,702
彰　化	7	13,539	大　溪（大嵙崁）	21	3,670	苗　栗	35	2,652
麻　豆 *	8	10,027	打　狗	22	3,394	臺　中	36	2,546
東　港	9	7,534	羅　東 *	23	3,391	馬　公（媽　宮）	37	2,473
朴　子	10	7,419	後　龍	24	3,279	西　螺	38	2,308
基　隆	11	6,835	汐　止 *（水返腳）	25	3,203	竹　山（林圯埔）	39	2,259
鳳　山	12	6,421	梧　棲	26	2,946	東　勢 *	40	2,178
鹽　水	13	6,391	番　挖（芳　苑）	27	2,929	斗　六	41	2,048
合　　計		305,592**			321,647***			

* 部分係1899之數字。** 不包含麻豆、佳里。*** 包含麻豆、佳里。
資料來源：臺灣總督府第二第四統計書

左右的都市人口，臺南支持了五萬左右的都市人口；臺中地區與嘉義、雲林地區支持了三萬左右的都市人口；新竹、宜蘭、高屏地區支持了一萬左右的都市人口。這樣的都市地帶平均的分布在臺灣的西部地帶，中間的缺隙出現在苗栗和新竹之間的丘陵地帶（見圖 1.1）。

　　從區域性都市化程度來看，臺北地區已經領先臺灣其他各地，但臺南地區與臺北地區的差距並不太大；其次則為臺中地區，都市化程度約當臺北地區一半強。新竹與高雄兩地則相差甚遠；臺東地區則尚無兩千人以上之都市聚落出現（表 1.2）。

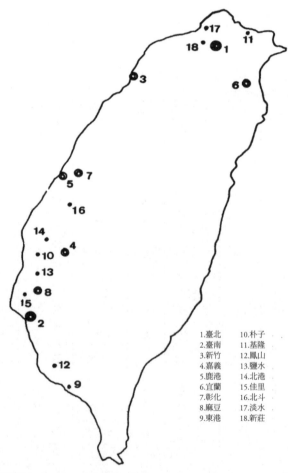

1.臺北	10.朴子
2.臺南	11.基隆
3.新竹	12.鳳山
4.嘉義	13.鹽水
5.鹿港	14.北港
6.宜蘭	15.佳里
7.彰化	16.北斗
8.麻豆	17.淡水
9.東港	18.新莊

圖 1.1　清末臺灣都市（5,000 人以上）分布

表1.2a　臺灣地區別都市人口比例，19世紀末

類別　地區	二千人以上聚落		五千人以上聚落		一萬人以上聚落		二萬人以上聚落	
	人口數	占總人口比例	人口數	占總人口比例	人口數	占總人口比例	人口數	占總人口比例
臺北	105,012	19.86	83,262	15.74	65,877	12.46	50,773	9.60
新竹	30,323	8.95	17,827	5.26	17,827	5.26		
臺中	59,456	11.16	36,252	6.80	30,812	5.78		
臺南	107,034	13.60	102,678	13.05	76,547	9.73	49,239	6.26
高雄	17,349	5.09	13,955	4.09				
全省	319,174+2,473* =321,647	12.43	253,974	9.82	191,063	7.38	100,012	3.87

*2473為媽宮(即澎湖馬公)之人口。
資料來源：同表1.1

表1.2 b　臺灣地區別都市化程度之比較，19世紀末

類別　地區	二千人以上聚落	五千人以上聚落	一萬人以上聚落	二萬人以上聚落
臺北州	100	100	100	100
新竹州	45	33	42	-
臺中州	56	43	46	-
臺南州	69	83	78	65
高雄州	26	26	-	-

資料來源：同表1.1

三、日據時代之變遷

　　就都市化程度言，臺灣在日據時期並未提升為以都市人口為主的社會，但在日據50個年頭，都市人口比例仍然是穩定成長。就2,500人以上都市人口的總和言，由清末占全省人口的14.03%增為1905年全省人口的25.50%；兩萬人口以上都市人口的總和，也由1905年全省人口的4.92%增高至1935年的15.91%。雖然以現代所謂都市化社會的標準來看，臺灣在日據末期二萬人口以上都市聚落人口總和還不及全人口百分之二十，離都市社會的境地尚遠。但這種穩定成長的原因何在？有何特點？都市成長有何地域性的變化？都市分布有什麼特徵？仍是值得

追索的問題。

　　在此先粗略比較清末與 1905 年的情形，我們仍以臺北、新竹、臺中、臺南、高雄和花東六個地區作為區域比較的單位。臺東與花蓮依舊欠缺二千五百人以上之都市聚落。其他區域的都市化程度均普遍提高，但快慢有別。區域間比較之下，臺北地區的優勢增強，臺中、臺南二地區則稍降，新竹、高雄仍然較低，這種情形普見於以各種準據所估算的都市人口比例。最值得注意的是在以一萬和兩萬以上人口之都市所估計的比例上，臺北與臺南的差距拉大。顯然這與臺北的首府地位息息相關（見表 1.3）。單從日本人的比例來看，占臺北都市區內人口的四分之一弱，約在一萬八千人左右，而臺南僅十分之一強，約六千人。二者日本人口的差距便在一萬二千人上下。此外，基隆的成長極速，是所有一萬人口以上都市中，日本人比例最高者。上述的變化對一萬人口以上都市的排名順序影響不大，除了基隆由 19 世紀末七千人的都市短短期間內人口陡增一倍，達一萬五千人上下，其餘各城原本都有一萬以上的人口（見表 1.4）。

　　五千至一萬左右城市的排名變化較大，其中以高雄與臺中的發展較為突出。二者在 19 世紀末皆是三千人左右或不及的聚落，但在 1905 年都有八千上下的人口。臺中乃中部地區的新政治中心，而高雄則為蓬勃發展的南部海港。這兩個小都市與北部的臺北和基隆一樣，日本人的比例高出其他都市甚多（見表 1.4）。簡言之，比諸清末，1905 年所增加的人口，很大部分要歸諸於日本人的移入，越大的城市越是如此。當我們以「本島人」，來計算都市人口比例時，臺北、新竹和臺中區稍增，而臺南稍降，只有高雄地區顯著增加。這樣的都市化程度上的變化，還不致於變動原有的都市序列，前 20 名的大城絕大多數仍是清末 20 名內者，只是日後高雄、臺中和基隆三個都市的日漸茁長已見端倪，它們在日據初期的成長較其他都市聚落都更快速。

　　將 1905, 1920 和 1935 三個年代的數據相比較（見表 1.3），臺北地區的優勢不斷增強。以其他地區相對於臺北地區的都市人口比例來看，原來較高的臺中和臺南地區在各種準據下所得的數值，都節節下降，而臺北與臺中和臺南地區的差距逐漸擴大，但是臺中、臺南、新竹和高雄

表 1.3　前二十名都市人口成長 1905-1935*

順位	1905 年			1905 ~ 1920 年		1920 年			1920 ~ 1935 年		1935 年		
	都市名	人口數	非本省人 %	S_1	S_2	都市名	人口數	非本省人 %	S_1	S_2	都市名	人口數	非本省人 %
1	臺北	74,415	24.44	243	102	臺北	162,782 (147,000)	33.59 (37.8)	161 (312)	155 (308)	臺北	274,157 (254,204)	36.16 (39.61)
2	臺南	50,712	11.43	226	86	臺南	76,560	18.87	44	111	臺南	110,816 (90,919)	18.45 (18.82)
3	鹿港	19,781	1.04	-5	-10	高雄	35,053 (21,651)	28.52 (42.84)	338 (371)	353 (457)	基隆	86,897 (815,016)	34.87 (33.89)
4	嘉義	19,595	6.59	95	9	臺中	24,605	37.41	276	339	高雄	85,467 (55,914)	26.92 (36.52)
5	彰化	15,528	19.36	53	68	嘉義	23,772	22.53	220 (161)	576 (326)	嘉義	73,072 (53,779)	15.88 (20.12)
6	基隆	15,345	34.96	187	170	基隆	21,804	39.63	643	1279	臺中	70,069 (53,569)	25.32 (31.42)
7	新竹	14,889	7.56	103	77	鹿港	19,572	1.83	50	52	新竹	51,025 (38,699)	12.48 (15.94)
8	宜蘭	14,493	5.88	92	85	新竹	31,934 (18,325)	9.35 (14.08)	149 (261)	436 (449)	彰化	24,817	10.18
9	東港	9,803	1.49	10	7	宜蘭	17,480	9.59	52	48	鹿港	23,707	1.81
10	麻豆	9,623	1.12	9	-9	彰化	17,367	5.30	101	87	宜蘭	21,324	11.42
11	臺中	8,025	35.51	917	1,054	東港	10,019	2.27	65	60	屏東	21,609	23.48
12	鹽水	7,257	6.46	-109	-123	麻豆	9,813	4.62	91	88	北港	14,979	12.16
13	朴子	7,274	1.69	0.1	-7	屏東 (1)	8,572	31.53	357	448	花蓮	14,939	47.49

14	高雄	7,706	16.04	267(914)	127(150)	北港	8,703	7.02	169	153	麻豆	13,624	6.57
15	東勢	6,715	1.83	104	106	東勢	8,281	4.58	76	81	東港	12,780	4.63
16	北港	6,575	1.87	102	217	朴子	7,276	2.98	99	97	豐原	11,415	7.82
17	鳳山	6,135	15.80	-37	-18	豐原	7,217	5.53	137	133	東勢	10,951	3.97
18	豐原	5,674	4.97	121	141	西螺	6,931	3.36	94	97	朴子	10,340	4.67
19	淡水	5,504	15.81	36	66	淡水	5,956	12.51	88	87	員林(3)	10,034	12.3
20	西螺	5,345	1.81	132	144	花蓮(2)	5,755	56.49	374	522	鳳山(4)	9,793	12.26
甲		1.47					2.13(1.92)					2.47(2.80)	
乙		45.23					54.44(52.49)					49.19(52.79)	

S1：以全市人口計算之轉變率
S2：以本省人口計算之轉變率
甲：第一大城人口／第二大城人口
乙：第一大城人口／最大四大城人口 × 100

*括弧內之數字為大都市1935年町別單位範圍之人口總合，較趨近於實際都市區域，無括弧者為市之行政單位人口數。非市之行政單位，是以街莊內之大字別單位之人口為準，大致排除了街莊內之農業地帶。

(1) 屏東 1905-1920：S₁(864) S₂(709)
(2) 花蓮 1905-1920：S₁(3206) S₂(2079)
(3) 員林 1920-1935：S₁(292) S₂(291)
(4) 鳳山 1920-1935：S₁(174) S₂(177)

資料來源：1905,1920,1930之臨時戶口調查和國勢調查資料

表 1.4　日據時代地區別都市化程度 *

州別	年代	二千五百人以上			五千人以上			一萬人以上			二萬人以上		
		人口數	占總人口%	都市化比值	人口數	占總人口%	都市化比值	人口數	占總人口%	都市化比值	人口數	占總人口%	都市化比值
臺北州	1905	139,877	24.78	100	109,757	19.44	100	104,253	18.47	100	74,415	13.18	100
	1920	245,677	33.06	100	213,516	28.74	100	202,066	27.19	100	184,586	24.84	100
		229,939	30.94	(100)	197,752	26.61	(100)	186,320	25.07	(100)	168,840	22.71	(100)
	1935	453,218	44.24	100	425,808	41.56	100	382,368	37.32	100	382,368	37.32	100
		427,892	41.76	(100)	400,482	39.08	(100)	357,042	34.85	(100)	357,042	34.85	(100)
新竹州	1905	43,915	8.14	34	14,889	2.85	15	14,889	2.85	15	–	–	–
	1920	61,364	10.95	33(35)	28,754	5.13	18(19)	18,325	3.27	12(13)	–	–	–
	1935	117,205	16.45	37	85,769	12.04	29	51,025	7.16	19	51,025	7.16	19
		104,879	14.72	(35)	73,443	10.31	(26)	38,663	5.43	(16)	38,663	5.43	16
臺中州	1905	83,939	14.97	60	60,914	10.87	56	35,309	6.30	34	–	–	–
	1920	122,380	15.81	48(51)	92,619	11.92	41(45)	61,104	7.85	29(31)	24,065	3.10	12(14)
	1935	219,815	18.91	43	203,315	17.49	42	150,993	12.99	35	118,593	10.20	27
		203,213	17.48	(42)	186,703	16.06	(41)	134,381	11.56	(33)	101,981	8.77	(29)
臺南州	1905	131,818	15.92	64	111,786	12.07	62	70,307	7.59	41	50,712	5.47	42
	1920	168,107	17.61	53(57)	144,405	15.13	53(57)	100,332	10.51	39(42)	100,332	10.51	42(46)
	1935	304,382	22.85	52	286,845	21.53	52	222,831	16.73	45	183,888	13.80	37
		265,192	19.91	(48)	247,655	18.59	(48)	183,641	13.08	(39)	144,698	10.86	(31)
高雄州	1905	32,540	9.01	36	23,644	6.55	34	–	–	–	–	–	–
	1920	56,915	9.81	29(32)	45,872	7.91	28(30)	31,670	5.95	22(24)	21,651	4.06	16(18)
	1935	165,959	21.96	50	142,875	19.49	47	119,856	16.36	44	107,076	14.61	39
		131,406	17.93	(43)	113,322	15.46	(39)	90,303	12.32	(35)	77,523	10.58	(30)
臺花東廳	1905	–	–	–	–	–	–	–	–	–	–	–	–
	1920	11,548	13.09	39(42)	5,755	6.52	23(25)	–	–	–	–	–	–
	1935	29,704	12.66	28	23,089	9.84	24	14,939	6.37	17	–	–	–
		–	–	(30)	–	–	(25)	–	–	(18)	–	–	–
全省	1905	432,089	14.21	–	320,990	10.56	–	224,758	7.39	–	125,127	4	–
	1920	665,901	18.22	–	530,921	14.52	–	413,497	11.31	–	330,634	9	–
		612,181	(16.74)	–	431,357	(11.80)	–	359,805	(9.84)	–	276,942	(7.58)	–
	1935	1,285,283	24.65	–	1,167,701	22.40	–	942,012	18.07	–	842,950	16	–
		1,162,286	(22.30)	–	1,044,694	(20.04)	–	818,969	15.71	–	713,607	(13.69)	–

* 括號表示在 1935 年町區域範圍內人口的總和。

資料來源同表 1.3

四地區之差距卻逐漸趨近。各地區的都市化程度普遍提高，但相對而言，臺南和臺中地區增加較緩，而臺北地區原本就都市化程度最高但在都市化成長上也相當快速，以致在 1935 年時，其都市化程度都是其他地區的兩倍以上，而且以越高的標準估算比例時，臺北地區與其他地區的差距愈大。

　　各地區不同大小的城市的成長如何呢？我們以轉變率作為比較的指標。所謂轉變率，是指每個都市在兩個年代間的成長率除以臺灣全島人口在同時期的成長率。我們以百位數來表示，一百的話，意味著該聚落的成長率與全島人口的成長率相同；超過一百越多，顯示該聚落的人口成長越快（見表 1.5）。臺北州在 1905 至 1935 年之間，小都市聚落的成長緩慢，5,000-9,999 人口之聚落在 1905 至 1920 年間，成長率均不及全省人口之成長，而大部分的五千人以下的小聚落，不是近於一百，就是低於一百。顯然臺北州的小聚落成長到 5,000-10,000 人口之後，便趨停滯。相對而言，該地區大城市的成長極為可觀，在 1905 年有三個聚落人口超過一萬人（臺北、基隆與宜蘭），其中宜蘭的成長較緩，轉變率只是 102，而基隆與臺北兩城之轉變率都高於兩百；在 1920 至 1935 年之間宜蘭的成長趨慢，而基隆人口的增加更快，臺北之成長率仍高於全省人口成長率百分之五十。總計大、小都市聚落的變化，可看出臺北與基隆是臺北州真正成長的兩個都市，而他們的獨霸局面，似乎反映著其他小都市聚落的成長緩慢。在 1935 年時，臺北地區 2,500 以上聚落的都市總人口，將近百分之八十居住在臺北與基隆。

　　在新竹地區，2,500-4,999 人的小都市聚落，在 1905 至 1920 和 1920 至 1935 年的兩個階段都有著相當的成長，但是兩個在 1930 年代才成為五千人口以上的聚落（桃園與苗栗）卻停滯下來。而該地區的第一大城新竹，在第二階段的成長率還高於第一階段，這地區也是以第一大城市的成長率最為顯著。這使得新竹地區當第一大城已擴展至四萬人左右時，尚無其他都市的人口超過一萬。臺中地區一萬以下人口的聚落，在兩個時期都有一半以上的轉變率高於一百，使得臺中州在 1935 年左右時，又增加了豐原和員林兩個一萬餘人口的都市，但是在原先超過一萬人口的城市，人口增加速度反而都低於全省人口的增加情形，惟

表1.5　以個別都市計畫之都市人口轉變率

州別	人口數／年度／轉變率	2,500~4,999 1905~1920	2,500~4,999 1920~1935	5,000~9,999 1905~1920	5,000~9,999 1920~1935	10,000~19,999 1905~1920	10,000~19,999 1920~1935	20,000~50,000 1905~1920	20,000~50,000 1920~1935	50,000以上 1905~1920	50,000以上 1920~1935
臺北州	200以上		1			1			1	1	1
	150~199	1									
	100~149	2	2			1					
	100以下	5	6	1	2		1				
	小計	8	9	1	2	2	1		1	1	1
新竹州	200以上	1	3				1				
	150~199										
	100~149	3			1	1					
	100以下	4	6		1						
	小計	8	9		2	1	1				
臺中州	200以上	3	3	1					1		
	150~199				1						
	100~149	1	1	2	1		1				
	100以下	3	4	1	2	2	1				
	小計	7	8	4	4	2	2		1		
臺南州	200以上		1						1	1	1
	150~199		1	1	2						
	100~149	1	1	1	1	1					
	100以下	3	3	5	4						1
	小計	4	6	7	6	1			1	1	2
高雄州	200以上	1	1	1	1				1		
	150~199	1	1		1						
	100~149										
	100以下	1	1	2			1				
	小計	3	3	3	2		1		1		
臺東、花蓮廳	200以上		1		1						
	150~199										
	100~149										
	100以下										
	小計		1		1						
全省	200以上	5	10	2	2	1	1	0	4	2	2
	150~199	2	2	1	4	0	0	0	0	0	0
	100~149	7	4	3	2	3	1	0	0	0	0
	100以下	16	20	9	9	2	3	0	0	0	1
	總計	30	36	15	17	6	5	0	4	2	3

資料來源：同表1.3

臺中在 1905 年才八千左右人口的小都市，迄 1920 年代就跳至兩萬餘人口，1935 年代更為五萬以上人口的都市。大體言之，臺中地區在 1905 至 1935 年間，發展較快的是一萬人以下的聚落和最大的臺中城，而介於其間的大城，彰化與鹿港的成長都不及臺灣全島人口的成長。

臺南地區一萬人口以下的小都市聚落，在 1905 至 1935 年間大致都成長緩慢，其中只有斗六和北港兩個聚落的人口持續增加。北港在 1935 年時人口將近一萬五千，為 1905 年的兩倍強。臺南地區在 1935 年份有兩個一萬以上人口的都市，麻豆與朴子，兩者在城市序列上排名已漸下降。該地區的兩個大城，嘉義在 1905 至 1920 年間成長不快。但在 1920 至 1935 年間卻由二萬三千左右人口提升為五萬以上的人口。臺南恰恰相反，在第一階段成長較快速，而在第二階段尚不及全省人口的成長。這使得臺南與嘉義之間人口差距降低。整體言之，臺南地區的都市人口，不論大小，成長速度大致都不及全島人口的增長，如此正符合臺南地區都市化相對上整體下降的情形。

高雄地區小聚落的成長似乎優於上述其他各地區，最明顯的是屏東的變化，1905 年的 3,000 左右的人口，至 1920 年有 8,572 人，而 1935 年時一躍為兩萬人口的城市，人口增加約七倍左右。不過高雄的發展也非常快速，1905 至 1935 年間人口增加七倍左右，若以擴大之後的市區而言，人口已是八萬五千。其變遷可與北部的基隆港相比擬。東港與鳳山這兩個 19 世紀末的大城則在都市排名上日漸下跌。花東地區的人口成長大致集中在臺東街與花蓮港兩地區，尤以花蓮港為最迅速，但除了這兩個都市外，只出現另外兩個二萬五千人口以上的小都市聚落。

從上面的敘述中，我們可以歸納出幾個小結論。第一、各地區的小都市聚落，並未全面發展，其中成長高於全島人口成長率的，在提高到五千至一萬人口時，成長速度趨緩，它們的基礎人口少，很少能突破一萬大關。第二、在 1905 年時，次於地區性大城，而人口在五千至一萬的都市聚落成長率甚或不及五千人口以下的小聚落，它們大部分是清朝時發展的河港或海港，但是由於小聚落累積程度不夠，使他們很多仍能維持 20 名內的地位。第三、各地區的第一或第二大城的成長率在該地區都算較高的，而且都是持續穩定的成長。不過這些大城的等級序列卻

因基隆、臺中與高雄的興起而異於清末。

　　按著我們不妨看看1905年已經有一萬以上人口之城市往後30年的變化（見表1.4）。高雄、基隆和臺中在1920年時已奠定區域大城的基礎，三者自1905年代快速成長，在1920年代都已躋身臺灣十大都市之林。基隆與高雄可以說是因海港而興起。但基隆一直是臺灣與日本交通的主要港口，也可以說是臺北首府的外港，是臺日之間的第一站。這種情形反映在基隆日籍人口比例不斷增加，在1935年的八萬人口中，將近百分之35為日本人。高雄則除了海港功能外，也變成高屏地區的區域中心，其非本省人口也大於高雄其他地區甚多。因此高雄已經取代了清末東港和鳳山（一為港口，一為政治城）而成為高雄地區最大的海港和政治城。臺中則純因日據初期取代彰化成為臺中州之首治，而漸漸成為中部地區的區域中心，但1935年時臺中之人口已經為彰化或鹿港人口的兩倍多。因此西部海岸又大致等距離地分布著六個三萬人口（以行政區言則為五萬）以上的大城市，臺北、新竹、臺中、嘉義、臺南和高雄。

　　從等級大小關係來看全臺灣日據時期都市的分布情形，臺灣並非純粹的首要模式。由第一大都市與第二大都市人口比值（見表1.4），1905年是1.47，1920年是2.13，1935年是2.47，1943年是1.81。一般而言，最大都市的相對優勢是在增強中。高雄市自1935年後的特殊成長，又使得臺北的優勢降低。這樣的比例和1955年時世界39個國家的情形相較（Linsky, 1969: 293-294），臺灣介於中間，而前十六名的國家比值都在4以上。以Zipf的等級大小關係言，第二大都市人口應為第一大都市的二分之一，臺灣的比值在2左右，並不顯得第一大都市的獨霸。再以第一大都市人口占四大都市人口總數之比例來看，在1905年時是45.23%，高於清末的39.61，至1920年時提高至52.49，但至1935年又降低至49.19。以1955年的87個國家或地區的資料來看（Mehtha, 1969: 301），臺灣日據時期的各種比值介於53和57名之間，首要的程度也不算高。再以等級大小曲線來看，顯然日據時期在大小都市的排列上，並非均勻的一條斜線。不過由於第一都市的成長，規模已不似清末那般偏低，但是在第三至第七大城間的曲線甚為平緩，顯示這些大都市

之間等級關係並不明顯，這也是導致第一與第二大都市差距擴大時，而第一大都市占最大四都市人口總數並未顯著增加（見圖1.2）。[3]

　　總而言之，臺灣在日據時期都市分布的特色，一是最大都市優勢的增強，一是地區性大都市的平衡發展。而這些都市並不集中在某一特定地區。因此臺北地區都市化上的優勢，並未導致分布在島中其他地區之次級城市的停滯成長。

　　Brian Berry（1961）在有關世界各社會之都市體系的研究中指出，國家越小，都市發展的歷史越短，政治經濟生活越簡單且經濟發展程度

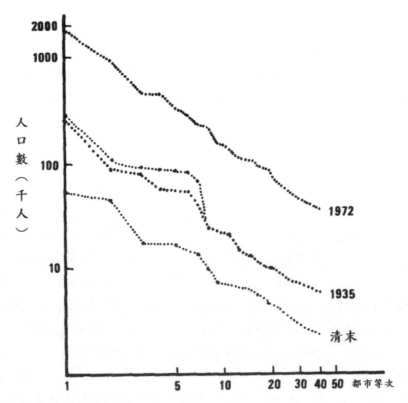

圖1.2 臺灣都市等次大小關係

---

3 以上所說的比值，是以行政單位之人口數來計算的，若以町別範圍內的人口作為都市人口，臺北與臺南的比值又加大。以町別範圍內都市人口為基礎，所形成的等級關係與以行政單位所計算者有所不同，這時候，臺南與基隆為一級，高雄、臺中與嘉義為另一級，形成二個平行層。

低的話，都市影響力擴散的情形越少，不同的都市功能易於集中在一、兩個都市，而造成首要模式。有關殖民都市的研究也強調，殖民社會的大都市通常為殖民者剝削的據點和貨物輸出和輸入的通道，常常發展出單一的獨大都市（Mcgee, 1964: 171-173）。從上述的假設來看，臺灣在日據時期，既為一殖民社會，規模也小，現代化工業亦未成長，應當出現典型的首要模式。但為何出現首要都市以下次級都市的顯著成長？為何在第一大城的優勢漸增之中，以下之次級都市仍然持續成長？同時，鄉村都市為何不能持續擴張？

　　讓我們先看殖民者移入的影響。日本人曾經嘗試農業殖民，但都未成功，因而日據時期，大部分的日本人都是都市居民。富田芳郎（1942: 15-37）更指出，臺灣鄉街（即鄉村都市）的特徵之一乃是以臺灣人為主的城鎮，而日本人大都集中在「都市」之中（即行政區劃為市者）。臺灣的本省人口在日據時期穩定而持續的成長，1935年時約是1900年的1.87倍，同期間日本人與外省人口（日據時稱為清國人或中華民國人）的成長更快，分別為七倍和十倍。但是外省人為數尚少，1935年時只有54,109人，日本人卻有269,789人。這兩類人同樣都以城居為主，但要以日本人所占的比例為主要。在以下的討論中，筆者將以本省人與非本省人為比較的基礎，但非本省人一類主要反映的應是日本人的成長。

　　為簡單明瞭計，僅以前20名較大的都市聚落為例。（見表1.4）就七大地區都市言，除了臺北和基隆的非本省人口比例持續增加外，其餘各都市的日本人口比例是1920高於1905，1935則低於1920，意味著這些都市非本省人口的成長在1920年以後低於本省人口。從轉變率來看，1905和1920之間，全市人口的成長高於本省人口，但在1920和1935之間，本省人口的成長卻高於全市人口的成長。換言之，日據後期臺灣較大都市的人口成長，已經較以本省人口的流動為主而非全受島外移民的影響。但是地區大城以下的各大都市，不論其人口增加的比例為何，除少數個例外，日本人口的比例是逐漸上升，這或意味日本人有逐漸向全島都市擴散的情形。小都市日本人口比例雖增加，除少數例外，仍低於地區性大都市。臺北以首府之尊，1935年時有81,704名日

本人，約占全省的30%上下。雖然比例頗高，尚未至於獨占的情況。而其餘大都市至少都有百分之十以上的日本人，顯示日本人以統治者的地位，已相當普及全島各大地區。因此從日本殖民者移入的角度來看，移入者固有助於臺北首府的快速增長，但也並未減低殖民移入者向其他各地擴散的趨勢。尤其當1920年以後，本省人移入都市的比例日增，日本人對都市增長的影響也相對減少。這種日本人擴散的方式可能與日本人逐漸增強臺灣農業的發展有關，要地方農業發展，必須有良好的行政體系的配合，行政體系又需隸屬於日本人統轄之下，使得日本人配合著行政體系的擴張而更分布到全島各地方都市。早期臺灣公鐵路網的建構也利於日本人後期擴散到地方都市。

　　日據時代的臺灣，在農業經濟的發展上，比起大陸各地，有著長足的進步，農村商業化的情形也較顯著，不論是米或甘蔗都納入了市場體系（Myers, 1972: 186-191；涂昭彥，1975：195-199）。在農業發展中，臺灣的工業產值也逐漸提高，在1940至42年時工業產值超過了農業產值，不過工業產值中61%屬於食品加工業，且以糖製造為主，此外在金屬品與機器設備上也告增加，但比例不大（Barclay, 1954: 37-39）。農業商業化可以促成小型鄉村都市的形成（以之為貨物集散中心），但不見得有助於小型都市快速而持續的成長。而農產品加工業，尤其是蔗糖製造業，得遷就原料產地，傾向於分布在小城市。單是農產加工業的存在，不足以吸收大量農村勞力而促使小鎮變為大城。虎尾和新營可以說是因製糖廠的存在而發展的新興都市，他們在1920至1935之間成長快速，新營的成長為全島人口成長的3.5倍，虎尾為7倍強，但這兩個小都市在1940年左右，工業戶只占全戶數的百分之10到15之間，人口在一萬至一萬五千之間。富田芳郎指出，製糖工業及其附帶之新興工業所需之物資，概與鄉村農民不同，且均由各該公司直營之消費合作社供給，故直接依靠新營之工商業者甚少。新營於1907年時才建立製糖總事務所及其工廠，但在1907至1920年間新營的成長並不快，迨1920年於此設郡役所後，再加上嘉南大圳於1930年完成後的農業發展，方使得新營人口陡增（富田芳郎，1954：8-11；1955：28-32）。因而，小型鄉村都市工業的設立，對該都市的成長，並不是那

麼直接。總而言之，農村商業化和農產品加工業固可促起小都市的某種發展，但程度有限，使得1905年排名在廿以內的都市，大部分在1935年時仍維持在廿名之內。這樣子，益發顯得地區政治經濟中心的成長較為突出。也部分解釋了都市化難以全面提升。

　　區域性大都市的成長受諸工業力量的成分也不大。在1930年時，所謂製造業人口只占七大都市就業人口的24%，而三級服務業的商業，政府與自由業和交通業各占27、15和13%。再者，臺灣的工業係以食品加工為主，而能吸引大量鄉村移民的紡織業之產值，只占工業總產值的1.7%而已（Barclay, 1954: 37-39）。總之，臺灣日據時各地區都市仍未具備現代工業的基礎。而軍需工業之引入臺灣，是在1930年代以後，尚無顯著的影響。20世紀以來發展最快速的三個都市，基隆、臺中與高雄都不是因為工業因素而興起的，從男性就業人口的比例來看，1930時，三者的製造業人口比例都未高於當時七大都市總和所計算出的比例。高雄與基隆比較特出的是在交通業，而臺中與臺南、臺北一般在政府與自由業上高於七大都市的平均比例（Barclay, 1954: 128）。所有的區域性大都市，除臺南外，都穩定且快速地成長，同時臺中的成長使得原先中部的區域城市，彰化和鹿港趨於停滯。臺南的緩慢增長，可能是安平港沒落的結果，使得南部貨物的吞吐集中於高雄。高雄港在貨物的吞吐量在1930年代末期與基隆相去不遠。高雄吞吐量在1939年為3,154,792噸，1940年為2,804,607噸（高雄港務局，1939：49），基隆在1939年時為3,280,000噸（基隆市志港務局，1957：83）。高雄在1930年代多為出超，基隆則大部分年代都為入超。日本殖民政府的鞏固地方統治，大港口的分置南北兩地，以及多少承續了清末地域大都市的雛形，可能是日據時期地區大都市穩定快速成長的主要原因。

　　至於地區間都市化程度之差異要如何解釋呢？最直接是從大都市的變化來看。前面已經提到，一萬人口以下小都市成長快慢有別，但地區性大都市多半都持續成長。當我們將人口在三萬以上地區大都市之人口從總人口中除去，再算二千五百人以上都市聚落占總人口的比例時，臺北、新竹、臺中、臺南、高雄五地區分別為9.51、10.00、13.49、10.14和11.52%，除臺中外，其餘地區相差不大。臺中地區的偏高是因為鹿

港和彰化仍具其殘餘的基礎。如此看來都市化的地區差異是因大都市的特殊發展，而非地區聚落的普遍提升。臺北地區因有首治和第一大港的存在而遙領各地區，臺中和高雄地區新興都市的快速成長，使之在都市化程度上漸趨近臺南地區，新竹地區之州治相對而言規模尚小，因之在都市化程度上還差一截。

四、光復以後之發展

臺灣光復後，僅隔數年，大陸遭變。政府於民國38年遷臺後，又激起一波島外人士大量的移入。1946年時，外省籍人口只有31,721人，到1950年時已超過五十萬人，至1957年超過一百萬人，到1980年則超過一百五十萬人，這比日據時代的日本人口數高得甚多，全省的外省人口比例由1946年的0.5%，至1956、1966、1970和1980年時分別為10.0、14.6、16.7和14.6%（臺灣省統計提要，1971：30-31；中華民國69年臺閩地區戶口及住宅普查報告第一卷：116）。顯示1950年代外省籍人口激增，至1960年代時已趨於平穩。外省人口特別集中在各省轄市、臺北市附近之城鎮以及各種軍事基地所在之城鎮。在1955年時，外省人的分布，省轄市占56.2%，縣轄市占12.4%，鎮占20.9%；至1965年時，各類都市所占外省人口之比例均低於1955年，而鄉的比例卻告增加。1960年代時，外省人口已漸漸從集中都市而到分散各地的階段，而此時本省人口在都市的比例卻告增加（李棟明，1970：78-80）。在這種變化下，外省人口占都市人口的比例先是激增，但從1950至1960年代已告平穩。譬如臺北、基隆、臺中、臺南、高雄五大都市，1947年時外省籍人口比例分別為9.9、4.1、2.1、0.9和0.4%，1957年時為37.7、27.1、18.7、15.9和22.3%，在1967年時則為36.00、29.16、23.16、19.22和24.48%（陳正祥，1959：238；李棟明，1970：83）。

40年代外省人口移入正好彌補日人離臺後某些大都市的人口銳減。以1946年和1943年的人口數字比較，臺北市人口減少了將近十萬人，基隆減少了約三萬五千人，臺中減少了二萬人左右，臺南略無增

減，高雄減少了四萬人左右（臺灣戶口統計，1943：3；臺灣省戶籍統計提要第一輯，1959：10）。在1950年代，當外省移民的數量穩定之後，臺灣都市體系有著什麼樣的變化？是否類似日據末期？陳正祥有關全省都市聚落的調查資料（1954: 261-267）可以提供我們作為比較的依據，他的標準比行政區嚴格，較能與日據時代「大字別」[4]的資料相對照。

　　依陳氏之估計，1958年時，臺灣2,500人口以上都市聚落人口的總和為3,233,560人，占當時臺灣人口的百分之32.21，遠超過1935和1940年的都市人口比例，若以五千人和一萬人以上之都市聚落來計算，1935年是23.22和14.62%，1940年是21.64和19.51%，而1958年為31.18和27.98%（陳正祥，1959：261），很明顯地，臺灣的都市化程度在光復以後又逐漸提升。地區間的都市化程度如何呢？陳氏只列出22個兩萬五千人以上的都市，我們僅能以之來作比較。從六個大地區的都化程度言，雖然標準提高，都市人口比例仍高於1935年時以兩萬以上人口所估計的都市人口比例。比較一下各地區間的差距，臺北地區的優勢與日據時代類似，新竹、臺中、臺南與花東四地區的都市人口比例頗為近似，但都不及臺北地區的三分之一，唯高雄地區有所進步，已由臺北的三分之一進為二分之一（見表1.8）。臺南地區逐漸落後的情況，在光復後的最初十年間依然顯現。

　　就前20名都市來比較（見表1.6），地區性大都市的排名稍有變動，[5]但都保持其本地區的優越地位，並無日據初期新興地區都市與原初地區都市間的替換現象。在其次一些都市的成長上，卻顯示了北部地區小都市擴張的情形，三重是臺北的邊境衛星都市，在1958年時躍入第八位，新竹地區北部的桃園與中壢人口超過三萬，進入20名以內。從都市的等次關係來看，第一大都市占最大四都市人口的比例，雖與日據中期和末期都近似，第一大都市與第二大都市的人口比高過日據時期，這意味著第一大都市首要性質的增強，或應與大量外省人的移入都市地帶有所關聯，可見證於臺北市外省籍人口比例高於其他都市。然

4　大字別資料之意義，請見表1.3的說明。
5　高雄人口超越臺南，在1943年時已發生（臺灣戶口統計，1943：3）。

表 1.6 前二十名都市人口成長，1958～1980

順位	1958 年 都市名	人口數	外省人口 %	1958～1972 轉變率	1972 年 都市名	人口數	外省人口 %	1972～1980 轉變率	1980 年 都市名	人口數	外省人口 %
1	臺北	715,000	37.64	324	臺北	1,890,760	34.99	88	臺北	2,202,704	28.67
2	高雄	250,000	23.06	514	高雄	902,187	22.54	71	高雄	1,194,637	17.20
3	臺南	201,000	16.34	252	臺南	457,923	18.20	82	臺中	556,163	18.23
4	臺中	188,000	19.34	275	臺中	450,221	24.04	126	臺南	528,419	14.19
5	基隆	165,000	27.73	182	基隆	317,354	28.54	41	板橋	395,381	15.93
6	新竹	97,600	24.92	227	三重	256,841	18.42	135	基隆	341,923	23.52
7	嘉義	83,400	14.69	384	嘉義	230,923	17.32	27	三重	321,777	9.54
8	三重	68,000	17.35	547	新竹	210,282	28.66	61	中和	250,044	33.80
9	屏東	58,700	10.81	298	嘉義	147,521	26.36	73	嘉義	242,417	13.28
10	彰化	49,700	3.85	223	板橋	145,736	27.64	916	新竹	234,396	23.00
11	左營	48,700			鳳山	129,661	29.90	229	鳳山	212,261	23.47
12	鳳山	40,000	13.16	377	中壢	116,558	37.62	439	永和	199,199	40.17
13	宜蘭	35,900	14.28	303	桃園	108,236	18.63	333	中壢	185,171	28.89
14	花蓮	32,200	26.54	370	彰化	105,972	10.66	224	桃園	179,878	14.29
15	新營	32,100	7.26	114	永和	103,166	56.64	498	新莊 (1)	172,637	11.27
16	桃園	32,040	12.61	468	新店	99,962	45.01	321	屏東	167,582	21.91
17	中壢	31,450	17.83	615	中和	93,819	44.70	890	新店	160,057	42.77
18	臺東	29,800	12.15	233	花蓮	92,733	32.93	57	彰化	150,251	8.24
19	豐原	29,720	4.98	358	豐原	83,794	10.44	232	豐原	120,082	7.23
20	鹿港	26,400	0.56	30	苗栗	71,126	19.38	28	花蓮	102,572	26.16
甲	2.86				2.09				1.84		
乙	63.33				51.09				49.14		

甲：第一大城人口／第二大城人口

乙：第一大城人口／最大四城人口×100

(1) 新莊 1972-1980：$S_1(166)$

資料來源：蔡青龍，1982；陳正祥，1959

而，區域大都市之間的等次關係仍不明顯，第三、第四、第五大都市略為偏高，自此以下才較近於緩慢斜下的直線。大體說來，平行的地區性大都市的現象，類似日據時期，但第一大都市的首要趨向卻略強於日據時期。再者北部地區的小型都市漸起，已經足以與歷史較悠長的南部小都市相抗衡。同樣的高雄市附近的衛星都市的優勢也已初露端倪。

有關光復後都市體系的變化，目前已有劉克智（1975）、蔡青龍（1982）和蔡勳雄（1984）等人的著作可資依據。劉克智與蔡青龍先生的都市標準排除了行政界限的限制，而是以都市聚落為主，他們嚴謹的都市聚落定義所定出的都市人口（劉克智，1975：37-38）比較能與日據時代「大字別」聚落相對照。蔡勳雄先生則以行政單位為基礎，在探討等級序列上可能有所誤差，特別是就1950年代的都市言，較不適合，因為越是早期，行政單位與實際都市聚落的差距越大。

在1970年代，因為都市範圍的擴張，差距已經減少，但十萬人口以下的都市這種差別仍舊顯著。雖然蔡勳雄先生的討論可能低估都市發展，他對都市分布上的說明，特別是以都會圈概念的解釋，多少已去除了行政單位的干擾，仍值得我們參考比較。他們三位對光復以後都市體系變遷的研究的主要結論包括下面幾點：

（一）臺灣都市分配已經非常趨近等級大小原則，同時地區間都市的分布也在1970年代已非常符合等級大小原則（蔡青龍，1982：228-230；蔡勳雄，1984：17-19）。

（二）1972至1980年之間，臺灣地區都市個數、都市人口、都市人口比例和都市面積都有顯著之增加，其中尤以都市人口成長率最高。都市人口之變化幅度以五十萬人以上之大都市及五至十萬之中型都市最高，但大都市組中人口之增加，主要是因為該組新增都市之影響，而不是同一都市之成長，並無都市愈大，成長愈快的現象。就個別都市言，十萬以下之中、小型都市成長率最高。北部之都市人口成長，主要是既有中、小型都市人口之增加，中部主要是因受新都市人口之增加，南部成長率低，東部都市個數仍太少（蔡青龍，1982：217-223, 231）。

（三）絕大多數的都市分布在臺灣西部的平原上，在西部又多密集在北部，北部地區的都市大都擴張得幾乎連成一片，南部也形成一都市

密集地帶，並且各都市也有連結成塊的現象，中部地區的都市則趨向臺中市集中，但比北部與南部較分散。介於臺中與高雄、臺南之間的雲嘉地區為都市最不密集者（劉克智，1975：42, 58）。

（四）大小都市在全島的分布非常符合中地原則，最大的兩個都市分布在南北兩端，其次的大城為臺中與臺南分布在高雄和臺北之間，再其次的新竹和嘉義，則分別分布在「臺中與臺北」和「臺中與臺南」之間（蔡勳雄，1984：21）。

（五）根據空間分布的狀況，大都市一般都是都會生活圈的核心都市，成長率高的中型都市則為這些核心都市在都市生活圈內的衛星都市或城鎮。顯示都會生活圈分散化的趨勢，邊緣都市的成長速於核心都市（蔡勳雄，1984：31）。

（六）五千人至兩萬人的集居地農礦業的分配比都市的分配為高，而非農礦業的分配則一致偏低，它們的非農業經濟功能都非常微弱，顯然都是為其鄰近居民提供基本經濟功能而存在的。這種小聚居地具有濃厚的鄉村色影（劉克智，1975：61-62）。

除此之外，根據筆者的資料，尚有下列幾個特徵值得一提。第一、臺灣都市成長可以分成兩個階段，1950至60年代與1970至80年代展現不同的模式。1950和1960年代顯示的是兩萬以上都市人口的普遍發展。計算1950至1972年個別都市的轉變率，我們發現臺北市的成長率雖高，其餘各都市的成長率也大部分高於全島人口成長一倍以上。很多1958年人口在二萬五千和十萬之間的都市，成長率高於臺北市。這是全島最大都市，地區大都市和其次的中型都市齊頭發展的階段。在1970年代最大都市和各地區性大都市成長普遍都不及全島人口之增長率，其次之各都市仍維持相當高的成長率。因此1960和1970年代地區性大都市以下的中型都市持續成長。第二、中型都市的發展，特別是集中在北部地區，即臺北市周圍的衛星都市，這種發展扭曲了前20名大都市的序列，只要除去北部的衛星都市，地區性的大都市誠如蔡勳雄先生指出的，仍均勻地分布在西部海岸地帶。第三、從地區間都市化程度的比較言，臺北都會區的優勢雖在，但與其他地區的差距已不如1958年那樣顯著。其他地區在1972和1980年間都市人口的轉變率均高於

表 1.7 地區別人口成長，以人口組別計算，1972-1980

區域	人口組別	61 年人口	%	69 年人口	%	成長率	S.R.
臺北	50 萬人以上	1,890,760	47.8	2,202,704	40.1	0.16	88
	10 ～ 50 萬	823,097	20.8	1,841,013	34.0	1.24	662
	5 ～ 10 萬	353,812	8.9	383,844	7.1	0.08	45
	3 ～ 5 萬	159,319	4.0	250,169	4.6	0.57	305
	2 ～ 3 萬	70,534	1.8	76,735	1.4	0.09	49
	小計	3,297,522	83.3	4,754,465	87.7	0.44	236
	地區總人口	3,956,129	100.0	5,418,568	100.0	37	198
新竹	50 萬人以上						
	10 ～ 50 萬	448,179	23.6	599,445	26.7	34	181
	5 ～ 10 萬	121,983	6.4	472,090	21.0	287	1,537
	3 ～ 5 萬	227,086	12.0	212,595	9.5	-6	-34
	2 ～ 3 萬	73,985	3.9				
	小計	871,233	45.9	1,284,130	57.2	0.47	253
	地區總人口	1,896,111	100.0	2,245,347	100.0	0.18	99
臺中	50 萬人以上			556,163	16.8		
	10 ～ 50 萬	556,193	19.4	270,333	8.2	-0.15	-275
	5 ～ 10 萬	83,794	2.9	328,848	9.9	2.92	1,566
	3 ～ 5 萬	215,884	7.5	290,942	8.8	0.35	186
	2 ～ 3 萬	135,455	4.7	212,051	6.4	0.57	303
	小計	991,326	34.5	1,658,337	50.1	0.67	360
	地區總人口	2,868,265	100.0	3,315,505	100.0	0.16	84
臺南	50 萬人以上			528,419	16.8		
	10 ～ 50 萬	688,846	22.3	242,417	7.7	-0.65	-347
	5 ～ 10 萬	50,666	1.6	117,147	3.7	1.31	703
	3 ～ 5 萬	116,864	3.8	109,604	3.5	-0.60	-33
	2 ～ 3 萬	104,304	3.4	89,980	2.7	-0.14	-77
	小計	960,680	31.1	1,087,567	34.4	0.13	70
	地區總人口	3,082,908		3,140,719		0.02	10
高雄	50 萬人以上	902,187	34.9	1,194,637	38.4	0.32	174
	10 ～ 50 萬	264,079	10.2	379,843	12.2	0.44	235
	5 ～ 10 萬	55,659	2.2	125,335	4.0	1.25	671
	3 ～ 5 萬	108,316	4.2	153,875	5.0	0.42	225
	2 ～ 3 萬	51,421	2.0	130,246	4.2	0.15	821
	小計	1,381,662	53.5	1,983,936	63.8	0.44	233
	地區總人口	2,582,872	100.0	3,107,468	100.0	20	10
花東	50 萬人以上						
	10 ～ 50 萬	157,866	25.0	102,572	16.2	-35	-188
	5 ～ 10 萬			70,971	11.2		
	3 ～ 5 萬						
	2 ～ 3 萬			29,919	4.7		
	小計	157,866	25.0	203,462	32.1		154
	地區總人口	631,210	100.0	634,912	100.0	0.60	3
總計	50 萬人以上	2,792,947	18.4	4,481,923	24.9	0.60	324
	10 ～ 50 萬	2,938,260	19.4	3,435,623	19.1	0.16	76
	5 ～ 10 萬	665,914	4.4	1,498,235	8.3	1.15	612
	3 ～ 5 萬	827,451	5.5	1,017,185	5.7	0.23	123
	2 ～ 3 萬	435,699	2.9	538,931	3.0	0.24	127
	小計	7,660,271	50.6	10,971,897	61.1	0.21	111
	全省人口	15,141,935	100.0	17,968,797	100.0	0.187	

表 1.8 **地區別都市化程度之比較**，1958, 1972, 1980

區域	1958		1972		1980	
	都市人口 %	都市化比值	都市人口 %	都市化比值	都市人口 %	都市化比值
臺北	48.20	100	83.3	100	87.7	100
新竹	14.37	30	45.9	55	57.2	66
臺中	14.18	29	34.5	41	50.1	57
臺南	13.36	27	31.1	37	34.4	39
高雄	24.90	50	57.5	64	63.8	73
花東	14.62	30	25.0	30	32.1	37

一百，唯獨臺南地區不及，臺南地區都市化的停滯，特別值得注意。
此外臺中地區在 1970 年代的轉變率高於其他地區，或許意味著臺北與
高雄邊緣地區的成長將趨緩慢，而另一波的成長將顯現於臺中地區。
第四、都市等級關係的明朗化，可以明白地見諸於地區大都市人口的變
化。日據時期地區性大都市間人口差距不顯著的情形，已不見於 1972
和 1980 年的等級關係，特別是第二大都市與第三大都市的差距變得明
顯（上述根據表 1.6、1.7 和 1.8）。對 1950 年代以後都市發展的特質有
了上述的瞭解後，我們可以進一步與光復以前的狀況比較。

　　臺灣自清末以來，都市體系迭經轉變。先是雙峰模式（臺南、臺北
市分據南北）之下領有人口大致相當的地區都市（鹿港、嘉義、彰化、
基隆、新竹和宜蘭）。日據之後逐漸轉為單峰（臺北）之下領有人口相
近的地區都市（臺南、基隆、高雄、嘉義、臺中和新竹）。至 1970 年代
則已非常趨近等級大小原則了。1970 年代的發展，固可以 Berry 的都
市影響力擴散的假說來解釋，臺灣的都市機能地已不集中在臺北，而擴
散至一些地區大都市。但從歷史演化的過程，我們卻可說是日據時期累
積的結果。從清末建省時，臺北在其全省逐漸增強的經濟地位上又加上
了全省政治中心的地位。在日本人以臺北為殖民首治之後，臺北的政治
與經濟樞紐地位已告穩定。但是在地區大都市之間，卻是地位調整的時
期。在南部高雄取代了安平的海港功能，導致了臺南的停滯發展，但高
雄的成長一時又無法完全凌駕臺南。在中部臺中取代了鹿港和彰化的地
區性地位，但鹿港和彰化殘存的基礎，多少遲延了臺中在都市排名上的

次序才告穩定，再賡續至光復以後。光復以後，除了都會地區衛星都市
的快速成長外，並無其他特殊力量促起其他足以與這些地區都市相抗衡
的新興都市。蔡勳雄先生所謂的地區大都市分布的合於中地原則，於日
據末期已告建立。當然日據時期也承繼了清末的都市基礎，臺南、嘉義
和新竹等地區都市在清朝時已多奠定了它們的地區經濟和政治中心的基
礎。

　　從地區大都市的發展，我們正可討論一下次級都市的角色。
Rondinelli 根據其協助開發中國家發展的經驗，認為次級都市是國家發
展所不可或缺的，有了良好的次級都市網絡，可以疏散都市人口的過度
集中，減低大都市的問題、刺激農村經濟，增進行政能力，減少地區間
的不平等以及減低都市貧窮和提高生產力。他所謂的次級都市是最大都
市以下人口在十萬以上的都市，並指出大部分開發國家中的次級都市在
吸引都市人口和創造均衡的人口分布上都扮演著相當微弱的角色。在清
末和日據時期，地區性核心都市人口雖不及十萬，以它們在當時社會的
功能，可以視如次級都市（1983: 9-83）。清末時，地區性大都市的空
間分布模式已經形成了，進入殖民時期，臺北市的成長甚速，但大部
分的地區性大都市都穩定地成長。1935 年時，臺北市的人口只占一萬
以上都市人口總和的31.03% 和兩萬以上人口都市人口總和的35.62%，
而地區性大都市人口總和卻分別占 52.46 和45.72% 。比起 1970 和1980
開發中國家第一大都市和次級都市人口占全部都市人口的比例，也不算
偏高。1960 年代以後，臺灣由大小都市一併成長的情形轉變為地區性
大都市成長趨慢而小型都市快速成長的地步。百萬以下十萬以上人口的
都市增至 1980 年的十八個。韓國人口與面積都大過臺灣，但漢城以外
十萬以上人口的都市才十七座（Rondinelli, 1983: 58）。總之，清末時
行政單位的陸續調整，融合了地區的經濟和政治力量，奠定了將來次級
都市發展的基礎。日據時期雖然促成臺北的特殊發展，但日本為鞏固統
治並促進農業和農產加工業的發展，仍助長了地區性都市的發展，光復
以後此基礎除了地區性大都市外，又增加了都會地區衛星都市的發展。
這種次級都市網絡的發展，不一定會促成工業化，但有助於工業的擴
散。

　　次級都市發展和都會區擴張之下，臺灣幾乎進入全面都市化的階段，但是在這種發展中，除了東部落後地區之外，還有著嘉南平原的低度發展。在日據時期嘉南地區都市化程度的增加已呈緩滯，但在1970年代不但都市人口比例偏低甚多，且在1972-1980年間都市人口的成長率尚不及全省人口的成長率。1980年時，初級行業人口占雲林縣人口的62.4%，占嘉義和臺南人口的49.5%，而全臺灣初級行業人口比例只是28.3%。雲林縣每戶全年經常收入為全省最低，臺南與嘉義各為倒數第四和第六（都市及區域發展統計彙編，1983: 128, 136-137）。日據時期地區都市化程度取決於地區大都市的發展，嘉南地區有著臺南和嘉義兩個五萬人口以上的地區都市，在都市化程度上仍僅次於臺北地區。在1980年臺南為全省第四大都市，嘉義為第九大都市，但由於南、北、中都會區的發展中，正好在雲林、嘉義和臺南的北半呈現出一大塊空隙。北部都市帶的擴張，一直到竹南一帶，而南部地區仍集中在高雄與臺南兩大都市之間。是否因為其農業特色，而在工業發展上，政府有意地迴避該地區，若是高雄與臺南都會帶無法向北擴展，雲嘉地區與其他地區在所得比例上或其他社會資源的差距，可能會愈加擴大。

五、結論

　　臺灣在清朝時為中國新開發的邊陲地帶，都市發展歷史短，並無太大的都市，可是卻有著高於中國其他省份或地域的都市化程度。這種較高的都市化程度當與雲貴這樣的邊陲地區相較時，所顯示的特徵是一萬人左右小都市的普遍發展。臺灣開發之初便涉入與島外地區的貿易往來，但這種往來並不是透過特定的一個港口，而是由本島兩岸各地的河、海港。同時臺灣地區的政治文化中心在清末才開始建立，兩項因素合起來，便導致大都市不易形成，小都市分散各地的現象。而在都市體系上所顯示的雙峯模式，意味著各都市的政治、經濟功能尚未趨於穩定，因為新興的因素，可能就改變了都市的排名序列。

　　日據時期，都市化程度較清末顯著提高。在都市體系發展上的特徵為：（1）臺北地區都市化優勢的形成，其他各地區則一直趨近臺南地區

的水準，西岸以新竹地區最落後，而花東地區一直只有少數幾個都市聚落。（2）第一大都市的優勢地位自日據中期已告穩固，而地區性大都市間仍繼續調整地位，至於日據末期地區性都市間的地位已經鞏固。（3）有些小型都市仍告發展，但到五千至一萬人時又趨停滯，使得清末的一些河、海港都市，在日據時期仍保持著僅次於地區大都市的地位。（4）地區別都市化的差異，主要受地區大都市成長的影響。大體說來，日本殖民統治者的移入，雖促成臺北市的優越發展，但是由於日本人在農業發展和農產加工業上的努力，使得日本人並未過度集中在最大都市，而在各地區都市都有相當比例的日本人。這使得在第一大都市的成長下，地區性大都市並未停滯發展。在首要性質上並不如其他小殖民國家那樣顯著，同時次級都市的發展也告穩定。

　　政府遷臺之後，短時間內也促成了臺北市的急速發展，而使第一大都市與第二大都市的比值高於日據時期，臺北市的首要地位似乎增強。外省人在初期確實是以城居為主，但1960年代以後本島內移民的蓬勃，使得外省人在都市成長上的比重減低，占大都市人口的比例也降低。工業發展促成都市化程度的大幅提升，而有都會區的形成。都會區衛星大都市的興起固然干擾了都市排名的序列，但各地區之最大都市仍為地區的核心都市，只是都市化程度上的變化很大部分已是受核心都市外衛星都市發展所左右。承續了日據時期地區大都市的基礎，臺灣已有著發展次級都市的良好基礎，而區域內衛星都市的成長更有助於次級都市的發展。在都市成長率上，地區核心都市又趨緩滯，接著是次級和小型都市的快速發展。這種發展促成了北中南的三個都市化地帶，但卻在中部南部都市化地帶中形成一個缺口，即雲嘉與嘉南地區，該地區初級行業人口比例最高，所得水準居於最低位。

　　總言之，在清朝時，臺灣很早便涉入與島外的貿易往來，商業化程度高，而帝國體系的統治力量在19世紀後半才逐漸增強，地區都市的政治經濟地位尚完全穩固，所呈現的都市特徵是高於中國內陸地區的都市化程度，都市規模尚小。日據時期，統治者帶來了大量的城居島外移民，但農業發展與農業商品化程度繼續提升，所呈現的都市特徵是，都市化程度仍然逐年遞增，不過離都市化社會尚遠，第一大都市的優越地

位趨於穩固，地區性大都市持續發展，鄉村都市也陸續興起，但累積速度不快。光復初期，大量的島外移民，彌補日人離去的都市人口銳減，但維持的是與日據末期類似的都市體系模式。但自 1960 年代步入工業化階段之後，各種規模的都市都顯著成長，大都市間的人口差距逐漸趨近等級關係，中、小型都市的成長成為地區都市化累積的最主要力量。不論如何變化，地區性的空間分布模式大致類似於清末的雛形，1970 年代的發展，是這些核心都市逐漸由中間都市化地帶的連結而串聯起來。

參考書目

行政院主計處（1982）。中華民國 69 年臺閩地區戶口及住宅普查報告，第一卷。

行政院經濟建設委員會住宅及都市發展處（1981）。都市及區域發展統計彙編。

李棟明（1969）。〈日據時期臺灣人口社會增加之研究〉，《臺灣文獻》，第 20 卷第 2 期，頁 1-28。

李棟明（1970）。〈居臺外省籍人口之組成與分布〉，《臺北文獻直字》，第 11、12 期，頁 62-86。

李瑞麟（1975）。〈臺灣都市之形成與發展〉，《臺灣銀行季刊》，第 24 期第 3 卷，頁 1-29。

李國祁（1978）。〈清代臺灣社會的轉型〉，《中華學報》，第 5 卷第 3 期，頁 131-159。

林景源（1981）。《臺灣工業化之研究》。臺北市：臺灣銀行經濟研究室。

林滿紅（1978）。《茶、糖、樟腦與晚清臺灣》。臺北市：臺灣銀行經濟研究室。

周憲文（1958）。《日據時代臺灣經濟史》。臺北市：臺灣銀行經濟研究室。

凃昭彥（1975）。《日本帝國主義下的臺灣》。東京都：東京大學出版會。

高雄港務局（1949）。《高雄港》。高雄市：高雄港務局。

基隆市文獻委員會（1957）。《基隆市志，港務篇》。基隆市：基隆市文獻委員會。

陳正祥（1959）。《臺灣地誌》。臺北市：敷明產業地理研究所。

陳正祥、段紀憲（1951）。《臺灣之人口》。臺北市：臺灣銀行金融研究室。

陳其南（1980）。〈清代臺灣社會的結構變遷〉，《中央研究院民族學研究所集刊》，第 49 期，頁 115-144。

富田芳郎（1942）。〈臺灣街の研究〉，《東亞學》，第 6 期，頁 33-72。

富田芳郎（1954）。〈臺灣鄉鎮之地理學的研究（1-3）〉，《臺灣風物》，第 4 卷第 10 期，頁 1-16；第 5 卷第 1 期，頁 23-45；第 5 卷第 6 期，頁 9-43。

臺灣省文獻委員會（1970）。《臺灣省通誌》。臺北市：臺灣省文獻委員會。

臺灣省政府主計處（1971）。《中華民國臺灣省統計提要》。臺中市：臺灣省政府主計處。

臺灣總督府（1945）。《昭和十八年末現在臺灣戶口統計》。

臺灣總督府民政部文書課（1889）。《臺灣總督府第二統計書》。

臺灣總督府民政部文書課（1901）。《臺灣總督府第四統計書》。

臺灣總督府官房文書課（1902）。《臺灣現住人口統計》。

臺灣總督府官房臨時國勢調查部（1922）。《第一回臺灣國勢調查要覽表》。

臺灣總督府官房臨時國勢調查部（1935）。《昭和十年國勢調查結果概報》。

臺灣總督府臨時臺灣戶口調查部（1907）。《昭和三十八年臨時臺灣戶口調查統計表》。

蔡青龍（1982）。〈臺灣地區都市人口之成長與分布〉，載於陳昭南、江玉龍與陳寬政主編，《社會科學整合論文集》，頁207-241。臺北市：中央研究院三民主義研究所。

劉克智（1975）。《都市人口定義之研究》。臺北市：行政院經濟設計委員會都市規劃處。

Barclay, George W. (1954). *Colonial Development and Population in Taiwan*. Princeton: Princeton University Press.

Berry, Brian (1961). "City Size Distributions and Economic Development." *Economic Development and Cultural Change* 9: 573-588.

Carter, Harold (1983). *An Introduction to Urban Historical Geography*. London: Edward Arnold.

Linsky, Arnold S.(1969). "Some Generalizations Concerning Primate Cities." Pp. 285-294 in Gerald Breese (ed.), *The City in Newly Developing Country*. Englewood Cliffs. NJ.: Prentice-Hall Inc.

McGee, T. G. (1964). "The Rural- Urban Continuum Debate: The Preindustrial City and Rural-Urban Migration." *Pacific Viewpoint* 5(2): 159-181.

Mehtha, Surinder K. (1969) "Some Demographic and Economic Correlates of Primate Cities: A Case for Reevaluation." Pp.295-308 in Gerald Breese (ed.), *The City in Newly Developing Country*. Englewood Cliffs, NJ: Prentice-Hall Inc.

Myers, Ramon (1972). "The Commercialization of Agriculture in Modern China." Pp.173-191 in W. E. Willmott(ed.). *Economic Organization in Chinese Society*. Stanford: Stanford University Press.

Pannel, Clifton W. (1973). *Tai-Chung, Taiwan: structure and function*. Chicago: Dept. of Geography, The University of Chicago.

Rondinelli Dennis A. (1983). *Secondary Cities in Developing Country*. Beverly Hills: Sage Publications.

Rozman, Gilbert (1973). *Urban Networks in Ch'ing China and Tokugawa japan*. Princeton: Princeton University Press.

Skinner, G. Willaim (1977). "Regional Urbanization in Nineteenth Century China." Pp.221-252 in Skinner (ed.), *The City in Late Imperial China*. Stanford: Stanford University Press.

Tsai, H. H. (1984). "Urban Growth and the Change of Spatial Structure in Taiwan." Paper to be

Presented at Conference on Urban Growth and Economic Development in the Pacific Region. The Institute or Economics, Academia Sinica.

* 本文曾刊於《臺灣社會與文化變遷（上冊）》，中央研究院民族學研究所專刊乙種第十六號，瞿海源、章英華主編，1986 年 6 月，頁 233-273。

第二章

都市與區域發展[*]

一、前言

　　都市發展的速度，與人類文明的進程幾乎同時併行，但是以農業為主的社會，通常只需要（或只能供應）少數且規模有限的都市。即使在正式進入農業社會的數千年之後，都市的面積依舊只占據人類居住地區的一小部分。擁有十萬人口的都市已是罕見，就算是最大規模的都市，人口也約莫只及於百萬。大都市的人口雖說起伏甚大，可以從百萬人遽降至十餘萬人，但都市人口比例的持續增加，應已是時勢潮流所趨。

　　根據歷史資料的記載，全世界大都市的人口漸次超越百萬，應是在「工業革命」之後的歐洲。例如19世紀之初的英國倫敦，人口不僅已高達百萬，直至19世紀末，更已趨近於500萬左右。似乎唯有在「工業革命」之後，人類各種生活資源的後勤支援系統（如糧食供應）皆已高度發展圓熟，才足以支撐都市人口的巨幅成長。在歐美各國，伴隨著大都市的日具規模，中小型都市也隨之如雨後春筍般快速增加。20世紀初，都市人口方超越總體人口的半數，瞬眼之間就已臻於70%甚或80%，都市化社會乃因此順勢而生。在時代潮流的驅動與帶引之下，世界各地的都市人口持續增加，非農業活動的空間集中也日益顯著。此種形態的發展模式，自然也開始由歐美逐漸擴散到世界各地，「都市化程度」於是自此成為社會現代化的指標之一。

　　回觀亞洲版圖的中國，早在19世紀之初，其都市規模就已在全世

* 本文撰寫蒙羅鈞瓊與范維君兩位助理整理資料、繪製圖表，尤美琪同學編校，特此致謝。

界占有相當重要的地位。據保守估計，當時全球共有31座人口數量超過20萬的大都市，其中就有15座位於中國。而中國的首善之都北京，人口更是已達百萬，是世界少數幾個人口百萬的都市之一。即便如此，中國的都市人口比例，卻未因此而日漸水漲船高，最高也僅占10% 左右而已（Rozman, 1976）。直到19世紀中葉，因西力東漸之故，列強租界開始在中國社會應運而生，現代都市的發展才隨之興起。雖然當時中國的整體「都市化程度」依舊有限，但部分通商口岸都市的人口遽增，卻已突破既有傳統的人口規模，且和對岸的臺灣有著相當不同的風貌。19世紀末葉的臺灣省城，雖有現代化的設施進駐，但究其都市的現代化發展進程，卻是在日本統治時期才正式開始。臺灣總督府所積極奠定的都市體系，則成為國民政府遷臺之後的都市發展基礎，隨著1960年以後經濟的快速起飛，臺灣的都市體系亦與時俱進，進入真正的都市化時期。

二、外力衝擊下的都市發展

（一）半殖民狀態下中國大陸的都市發展：通商口岸與租界

在20世紀初期前半，中國的都市發展仍隸屬於「前現代模式」，都市人口比例大約只及全國人口的10% 左右。整體而言，即使到了20世紀中葉，中國仍處於農業社會的狀態當中，無怪乎農村問題始終備受關注，且一直是社會爭議的焦點所在。自19世紀中葉以來，雖然都市化程度仍然偏低，未見絲毫現代化工業的發展痕跡，但因中國與列強簽訂不平等條約，必須廣設通商口岸，且於該地建立租界之故，現代都市的元素也隨之引入，人口也因此快速成長。但是這樣的發展，仍集中於少數設有租界的通商口岸，最明顯的就是上海、天津、青島與漢口等地，尤其是上海，其成長更具備突破傳統都市發展的指標意義。

民國肇建之時，上海的人口即已突破100萬，1920年代之時增加至200萬，至1935年更高達300萬，遠遠超越傳統的都市人口極限。天津亦是另一個指標型都市，其人口雖然不及上海之多，但在1920年時，人口亦已超過100萬，1930年時則超過150萬，凌駕於當時的首

都北京之上，成為全國第二大都市（Chang, 1982）。其餘各地的大型都市如漢口，亦曾在1930年代，人口一度高達百萬，青島的都市規模雖未超過百萬，但亦已超越山東省會的濟南。傳統的政治中心都市，向來在中國占有舉足輕重的地位，但自20世紀開始，通商口岸卻悄悄為中國的都市版圖，增添嶄新的色彩與成分。在19世紀之初，以上四個都市都尚難與其同省的政治都市互相匹敵，但是到了1950年代，卻皆已同列中國十大都市之林。

　　當時列強在其通商口岸的租界，皆有規劃各種現代化的公共設施，如電力、自來水、公共運輸和市政管理等，且重要的公共設施，全都設有跨租界營運的機制，但即便如此，整體的都市規劃仍付之闕如。各租界所在的中國地方政府，也因此在租界建設的刺激之下，試圖建構屬於自己的都市規劃體系，意圖設置可與租界比美的都市地帶。當時租界的規模以上海為最大，除有公共租界（由美英租界合併而成）之外，亦設有法國租界。上海的租界在19世紀末葉已經頗具規模，在1910年代初期，更領有12.67平方哩左右的範圍，但其發展仍只侷限於租界中區和舊法租界的2平方哩地區。到了1930年代，放眼可見的租界範圍之內，可謂皆已屋宇錯落、鱗次櫛比，全為建物所覆蓋，租界中區是核心商業地帶，一般住宅與商店亦開始往西和西南發展，大型工廠則在黃浦江北的租界東區。而位居租界南方的華界，上海城仍是兼具傳統商業與居住機能的混雜地帶，沿黃浦江建有碼頭和工廠設施，在租界北方，則分布有閘北的工廠與工人居住地帶（章英華，1984）。國民政府於1927年北伐完成之後，成立「大上海特別市」，將上海縣及其附近各縣的部分範圍，劃定歸屬該市所有。在無法收回租界的情況之下，如何建設一個可以超越「上海租界」的「上海華界」，於是成為當時國民政府的施政首要目標之一，也因此提出規模宏偉的「大上海計畫」。「大上海計畫」主要是以租界以北往黃浦江口的地帶，作為主要的發展範圍，不但有新的市中心計畫（在目前的江灣地區）、港口鐵路計畫（連結真如至吳淞港地區的發展），亦有全市分區計畫（包含南市及其以南上海市區的規劃）。上海市政府在華界規劃新市政中心，想建立足以和租界互相抗衡的都市中心，這可能是當時全中國最具野心的都市計畫，惜因抗日

戰爭爆發之故，而未能貫徹延續（唐振常、沈恒春，1989）。

　　天津自1860年起始，英、法、美三國先後在此開闢租界，直到20世紀初期為止，不但擁有九國的租界地，較早設立的租界亦持續擴大當中。1906年，有軌電車於該地正式通車，是中國最早擁有近代化公共交通的都市。相應於租界的發展，天津的地方政府在1903年就著意開發天津海河以北的地區，推動華界都市的建設，希望足以和舊城區東部以及南部的租界分庭抗禮。他們不但在新開發區設立火車站，建造西式商店和房屋，將政府機構北移，也同時鼓勵設置學校、興建工廠。此一開發計畫，固然成功吸納為數眾多的人口，但在民國時期以後，仍無法轉變整個都市因租界擴張而導致的東南向發展，最後仍形成河北新市區、舊市區（城區）以及租界彼此毗連的都市模式（羅澍偉，1993）。至於1920年代的漢口，雖然因為武漢地區已經開始展開收回租界的措施，並將租界納入規劃的考量範圍之內，也有類似於上海的都市規劃與想像，不過因為政局的瞬息萬變，武漢三鎮時分時合，都市計畫涵蓋的範圍並不一致，再加上同樣也因為抗日戰起的影響，而未能具體落實（皮明麻，1993）。

　　除了意圖擘劃可以與租界區互較高下的都市體系之外，各式工業的蓬勃興起，也是通商口岸得以快速都市化的關鍵因素之一。列強獲許在通商口岸設廠，始於19世紀末期，當時這些性質特殊的大都市，其工業多半都已具備相當程度的規模，特別是在民國肇建之後更是如此，但當時只有上海足以被稱之為工業都市。上海主要以棉織工業為主，其在民國10年至15年之間成長最為快速，在民國17年時，已經有22萬的工人；而全上海的工廠工人，在民國20年代中期，據估計更幾乎已達到50萬人之多。其工業的類別，仍以輕工業為多，包括紡織、飲食、製菸、服飾；不過也有製造交通車船與機器設備的重工業，只是大多都屬裝配性質，大部分皆為造船業。民國20年代，舉凡中國主要的工業，包括棉紡織、麵粉製造、製菸以及繰絲工業，上海不管是工廠數或工人數，皆占居全國一半以上，同時期的第二大港天津，其各類工人加總之後，則只有8萬人左右。顯然，在中國初起的工業發展當中，上海占有極為優越的地位（章英華，1984）。

　　此外，通商口岸雖設有租界，但外僑人口的數量向來不大，當時以上海的外國居民人數最多。例如1935年時，公共租界擁有外僑近39,000人，1942年時估計卻高達15萬人，當為此時日本人大量增加之故。天津的外僑人口在1937年時，約有3萬人，後因抗戰時期日本人激增，在1945年時亦曾高達10萬人左右。漢口的外僑則在1930年代都尚未超過4,000人，即使進入抗戰時期，因日僑之故也只增加到14,000人上下。這些通商口岸的大都市，其人口組成絕大部分以華人為主，即使在所謂的租界，外僑的數量也遠遠不及華人，泰半都屬華洋雜處的情形。

　　在民國20年代，因當時的局勢風雲變幻，北京和南京相繼成為國民政府的首都所在地，兩個都市同樣都先後引進許多現代化的公共設施，亦有相當實質的都市建設與人口成長。例如南京在北伐之後，於1928年正式定為首都，當年的人口數近50萬人，到了1936年則增加為75萬人。南京在1928年時，柏油馬路可說仍極為罕見，大部分的道路都是由碎石路、石片路或彈石路所組成；到了1935年左右，則約有40公里的道路，已全面改換為柏油路面。至於北京，其人口在1912年時為110餘萬人，到了1927年時，則增加至136萬多人，雖然其人口遠多於南京，但北京的街路與胡同，在1930年代大都仍為土路，只有一些主要幹道方為柏油路面。大致說來，20世紀前半葉的中國都市發展，仍以少數通商口岸的成長與建設最為突出，甚至遠勝於政治核心所在地的首都（Chang, 1982）。

（二）日本統治時期下的臺灣都市體系

　　不同於上海、天津這類通商口岸的發展，臺灣現代化都市的形成，是在日本統治時期才正式開始。在日本的殖民統治之下，各大都市先是進行局部性的市區改正，然後才慢慢推展整體的都市計畫。隨著這些都市的日益發展，逐漸取代清代的河口港市，形成以臺北市為首的都市體系，也奠定目前臺灣都市發展的基礎。

　　日本統治之初，仍延續清朝臺灣省城的基礎，以臺北府城作為臺

灣之首治，持續加以著力經營。當時尚無所謂的「臺北市」，其主要的
都市地帶（包括大稻埕、艋舺和城內三市街），各為臺北廳之下的直轄
區，行政中心則設於城內。此時的三市街作為臺灣政治經濟中心的地位
已然確立，直到1920年建立州廳制，在臺北、臺中和臺南三州分別設
市，臺北市之名方正式確立。也正是在1920年，合城內、艋舺和大稻
埕及其東南地帶為臺北市，才促使臺北的人口規模逐漸擴大，而1926
年再納入松山地區，更形構光復之後臺北市的具體地理範疇。臺北市在
1920年代，其規模已經是第二大都市的兩倍，1930年代則攀升至兩倍
半之多。於是清末時期臺南、臺北兩大都市並立的雙峰模式，在日本統
治時期已轉而成為「臺北獨尊的單峰模式」，臺北和基隆兩地加總的人
口數量，甚至遠超過臺南與高雄合計的結果。

　　除了臺北市的發展最為顯著之外，在1910年代以後，臺灣各區域
的中小型都市可謂同時成長。比較特別的是，分別位居北部和南部的基
隆港與高雄港，都是在日本統治時期之後，才積極將之建設為港口，
高雄與基隆更先後在1921年和1924年分別設市（基隆市政府民政局，
1985；高雄市文獻委員會，1988）。在基隆方面，日人方進駐臺灣，就
開始在此地進行築港工程，於1906年完成第一期工程，1912年完成第
二期工程（基隆市文獻委員會，1957）。自此之後，基隆正式成為臺北
首治與日本內地之間的連絡轉接點，在日本統治中期，其人口規模亦僅
次於臺北市和臺南市。高雄則在1908年到1912年之間進行築港工程，
其地位逐漸凌駕鄰近的鳳山，在日本統治末期更因為南進政策主導之下
的軍事與工業發展，躍身成為臺灣的第二大都市。在日本統治時期才興
起的區域都市還有臺中，為中部地區的首治所在，它在1920年即已取
代彰化和鹿港，成為臺灣中部的第一大都市。此外，尚有一些由鐵路
所串連的都市亦有所成長，並在行政上相繼設市。以1942年而言，人
口已達5萬以上的都市依序排列，分別為臺北、高雄、臺南、基隆、嘉
義、臺中、新竹、彰化和屏東。這些都市在日本統治末期都是市的行政
單位，光復之後也至少是縣以上的行政中心，同時更是該區域的經濟中
心所在。

　　在「臺北獨尊的單峰模式」形成的過程中，日本統治時期的各區域

都市,為何仍然得以擁有相當大的發展空間,這與日本統治者全面發展臺灣農業,並有良好的行政配套措施有關。日本殖民政府曾嘗試進行「海外農業移民」的政策,但惜未成功,因此來自日本的內地移民,大多以居住在行政都市為主。由於這些行政體系及其相關的機構,必須在日本人的高度控制之下,日本人因而隨之分布在各個區域中心都市。1930年時,在七個主要的都市當中,政府與專業人員的比例,臺灣人只占6.4%,日本人卻高居44%,都市內的政府與專業人員,日本人的比例更達七成之多(Barclay, 1954)。日本統治末期擁有五萬人口以上的都市,其中至少都有10%的日本人在此定居,且在各大都市中,日本人和臺灣人的居住地區,亦有非常明顯的邊界區隔。像臺北市在1935年時,為數27萬多的人口當中,竟有將近10萬皆為日本人,他們大都住在目前的中正區與大安區,以西門町一帶為其主要的商業和娛樂區;而臺灣人則普遍居住在目前萬華區的東半以及大同區的南半,大稻埕圓環方是其重要的商業和娛樂活動地帶。在其餘的都市之中,日本人分布的區域,雖未像臺北市那樣深具規模,但其地界依舊涇渭分明,十分清楚的集中座落在該都市的一角。此種在居住地域上彼此隔離的政策,與中國通商口岸的大都市非常不同(章英華,1986)。

大抵來說,日本統治時期臺灣的都市規模,尚無法與中國的大都市互相比擬,不過臺灣的都市化程度已高於中國大陸。在1930年代,擁有2萬人口的都市,其都市化程度約莫在16%左右,即使到了1940年代初期,五萬人口之譜的都市,其人口也才僅有20%上下(章英華,1995),若就這樣的數據看來,臺灣一直到1940年代,都還不能算是一個都市化社會。日本統治後期工業的產值雖然已大幅增加,但農產加工業在1940年代仍占居重要地位,且以蔗糖的製造為主,約莫占有將近六成的產值(Barclay, 1954)。除了高雄市曾大量設置軍需工業的相關措施,日本統治時期的各個區域都市,都沒有大規模的工業設施,其都市發展與人口成長,大致仍是立基在農業社會基礎之上的政治與商品交換中心。

三、巨變下的臺灣都市：國民政府遷臺與都市發展

在民國40和50年代，臺灣的都市仍保留許多日本統治時期遺留下來的建築與都市景觀。各大都市的商業區，大抵是住商混合的模式，幾乎皆為二、三層連棟的建築物，一樓作為店面之用，二、三樓則是住家。當時臺北最高的建築是「建臺百貨公司」，它是全市唯一擁有電梯的大型百貨商場；且各大都市也都仍殘留有日式住宅所構成的住宅區，其中以臺北市的規模為最大。就此時期而言，臺灣的都市雖然已有部分新建的建築，但各個都市大致仍由一至三層的連棟建築，以及大小不等的日式住宅區所構成（陳正祥，1959）。當時來自中國大陸的移民，為臺灣都市突增大量的移入人口，部分順利住進日人遣返之後所空出的住宅，但其中亦有不少人則全無棲身之地，只好就地築屋，與來自鄉村的移民，共同形成規模不等的違章建築區。自民國50年代開始，輿論即普見拆除這些「不合法」建築的聲音，但是一直到民國80年代，違章建築的問題，才算是大致處理完畢。至今雖仍有分散各地的零星殘存違建，但像民國40和50年代那類大規模的違章建築區，此時已不復見。

（一）來自中國的都市移民

民國34年日本戰敗之後，日人因遭遣返而被迫離臺，使臺灣各都市的人口，在一時之間明顯驟降。但民國38年國民政府遷臺之後，為數眾多的外省移民亦隨之來臺，這些外省移民主要居住在都市地帶，且主要集中在幾個中心都市、臺北市附近（屬臺北縣）的衛星城市，以及部分軍事基地所在的市鎮。在民國60年代之際，臺北、基隆、新竹、臺南和高雄等都市，其外省住民的人口比例都達20%以上，臺北市甚至更高達36%，基隆和新竹也有近30%的比例。根據民國54年的人口統計結果顯示，臺北市的大安區、城中區與古亭區，外省人口都占五成以上，這和臺北市作為臨時首都，因此公教人員的數量相對居多有關。公教人員在光復之初，大批進駐歸國日人原有的居住地，其他都市也都有公教人員較為集中的地區，只是不像臺北市的分布如此明顯而已。外省人大量集中的地區，尚有高雄市的左營、高雄縣的鳳山和岡山，因

當地是海、陸、空三軍基地與官校所在，故外省人口都在30%以上，左營更超過55%。高雄市的前鎮、臺南市的北區與東區、臺中市的北區，也因為軍眷或軍需工業的員工大批入住，外省人口亦超過三成以上（李棟明，1970；王甫昌，1994；章英華，1995）。

此外，國民政府為因應戰時體制的特殊需求，自民國43年起，開始大力推動疏散居民的措施，具體限制市區的建築（張景森，1993）。其中最大規模者，則是省政府於民國43年大舉遷至南投，於該地興建中興新村；並積極推動臺北市的軍公教設施，大幅遷往臺北縣郊的各大鄉鎮。例如臺北縣的永和、景美、木柵和新店，即占近四成甚或四成以上，並且從民國45年至55年的十年之間，外省人口的比例可謂逐日攀升，這都與疏散政策的主導之下，軍公教機構和其人員的分布有關。另外則是眷村的分布，許多位於臺北縣的眷村，都是座落在臺北市之防部或各軍種所屬機構之眷舍（臺灣大學建築與城鄉研究所，1993）。與此同時，臺灣的各縣市，也都紛紛因為軍事機構或軍隊的駐防，而興建大大小小的軍眷社區。此類的軍眷社區，大都位於市鎮外圍或鄰近的鄉村，在臺灣的都市快速發展之後，有許多都正好落在人口稠密之區，這也成為後來將眷村改建為國民住宅的基礎。外省人口向大都市外圍擴散，導致民國40至50年代工業化尚未開展之前，就已出現都市居民向外分散的「郊區化」現象，亦形成毗鄰大都市的部分鄉鎮，外省人比例總是相對偏高的情形。

（二）都市違章建築區的發祥

如前所述，外省人大量移入臺灣之際，主要皆定居於各大都市，以致在工業化尚未開展之前，就已出現都市居民大幅向外擴散的「郊區化」現象，也使得大都市近郊的毗鄰鄉鎮，外省人口比例總是相對偏高。而且，當時外省人所聚集的都市地區，一時之間並無足夠數量的住宅，可資容納大批的移入人口，於是在民國40和50年代，形成規模相當龐大的違章建築區，[1]容納了許多在無產權的土地上，未經合法手續

---

1 現今的違章建築，大部分皆是頂樓加蓋或房屋增建的情形，而此節所描述的違章建築，則

就任意加蓋的臨時住宅。此現象亦可見之於民國40年代初期的一項調查報告：「這些房屋都是建造於河溝兩岸的空地，空闊而車輛較少之路旁，學校院牆外面臨近馬路之長狹空地，在通過市區之鐵路路基用地等等地方。」（雷柏爾等，1954）此外，在很多未使用的公共設施用地，尤其是都市計畫道路與公園學校預定地，民眾都在未取得建築許可的情況下，任意搭蓋外觀簡陋的住宅，以作為暫時的安居棲身之地（莊心田，1965a），因而形成規模極大的聚落，一如其他開發中國家人口遽增時的情形。

　　根據民國40年代初期內政部的統計資料顯示，臺北市當時的違章建築共有15,000餘棟，高雄市有13,000餘棟，嘉義、基隆、臺中、屏東與臺南等市，數量則在200至1,000戶之間不等。由於違建對都市景觀的清潔雅緻為害甚巨，政府自然視違建為都市之沉痾惡瘤，不但針對違章建築在法令上多所限制，也訂定具體的拆除辦法。在民國40至50年代，政府首先大力掃蕩臨近主要幹道的違章建築，但是拆除違建之時，來自民間的反對聲浪與阻力甚大，於是在民國46年正式頒布〈違章建築處理辦法〉，區分為舊違建和新違建，決議前者將分期逐步拆除，後者則為即報即拆。即便法令森嚴如山，依舊無法完全控制違建的快速成長，只好數度更動新舊違建的認定基礎與拆除原則（張景森，1993），以致此一時期所形成的大規模違建區，一直要到民國80年代，才在臺灣的大都市之中銷聲匿跡。

　　綜合前論，當時的違章建築區，以臺北市和高雄市的規模數量最大。民國53年時，臺北市計有35,509間的違章建築，總計入住31,867戶、293,894人，占全市戶數的三分之一左右，總人口的28%。高雄市在民國50年代末期，則共有違章建築27,843棟，總計26,625戶、128,557人，占全市戶數與總人口的17%。臺中市的數量較少，在民國57年時約有450餘戶。以違章建築的分布狀態而論，民國40和50年代的臺北市和高雄市，幾乎隨處可見，經過多次公權力鐵腕的具體介入之後，有礙都市計畫、公衛交通以及市容美化，特別是占用主要道

　是在無產權的土地上，未經合法手續就任意加蓋的臨時住宅。

路用地的違建，在民國70年以前大致皆已積極處理，但仍有少數大型違建區，必須遲至民國80年之後，才於各大都市宣告全盤消失。在民國40年代初期，這類違章建築的住民，主要以外省移民為主，但是在民國50年代初期，由於自然災害導致的受災戶，以及大量農村人口湧入都市，臺北市本省籍的違建戶亦數量大增，約占四成左右（莊心田，1965a；高雄市綱要計畫，1971；臺中市綱要計畫，1971）。來自農村的移民，部分直接在外省籍違章區內求得暫時的棲身之處（湯熙勇、周玉慧，1999），但也有類似高雄的草衙地區，是主要以鄉村移入都市人口為主的違建區。

（三）大型違章建築區的實例

大型違建區在臺北市和高雄市的規模之大，可能是民國60年以後出生者所難以想像的。目前臺北市的中華路，從北門到小南門之間的林蔭大道，在民國80年代初鐵路地下化之前，鐵路東邊「中華商場」的八棟建築，可稱之為臺北市的主要地標之一，設店其內的各類商家，則是當年臺北市民和外地遊客的必訪之地。「中華商場」建成於民國50年，之前則是臺灣最早形成的違建區，那時沿用中國大陸的說法，多半稱之為「棚戶區」。它原先只是民國38年市政府搭建以供小販陳列販賣商品的攤棚，其主要目的，則是在減少廣見於街路之間、卻絲毫不受管轄的流動商販，但不旋踵之間即加設牆壁，成為攤商固定的居所。沿鐵路東西兩側的三線道旁，甚至在短短一年半之間，就已成為1,300餘戶的住宅區（雷柏爾等，1954）。此一地帶由鐵路兩旁的寬廣道路，因住民大幅占用而成為違章商店與住宅區，再發展成為八棟各具四層樓的商場，最終則經拆除而成為綠意滿布的林蔭大道（黃大洲，2001a），短短40年間，即歷經幾度滄桑變幻，其改易幅度不可謂之不大。另一個在民國50年代，政府即開始積極介入的違建區，則位於南機場和新店溪邊，該地共計有6,821戶，總共有20,109人蜇居其間。在違建拆除之初，為安置當地居民之故，就地或就近興建二至三層的整建住宅，以供三張犁（在大安區）和自行遷離蘭州街斯文里（在大同區）的拆遷戶居

住，或發放補助金，以期拆遷戶有能力得以自行安頓。繼則以國宅基金為主要的經費來源，興築五層樓高的廉價住宅，並於左近設立學校、市場和停車場等公共設施（莊心田，1965b），使其重獲安身立命之地。有趣的是，由於這些住宅的面積普遍偏小，居民不得已只好另行加蓋，以增加其居住面積與範圍，在當地可謂蔚為奇觀，因此目前又再度成為居住條件不良地區，而亟需即時再度更新（陳東升、周素卿，2006）。

　　臺北市的「大安森林公園」，乃是在民國83年3月29日正式完工啟用，歷經近20年的光陰睽違，大家可能早已遺忘發生在民國80、81年間的激烈抗爭。「大安森林公園」的前身是「七號公園預訂地」，它也是一個龐大蕪雜的違章建築區，在日本統治末期，此一聚落區塊，原訂將規劃為都市中央公園，只可惜最終仍未付諸實現。在政府遷臺之後，靠近新生南路的部分，就已有零星軍事機構、軍眷與學院宿舍、教會和廟宇分布其間。在民國45年公告將劃歸公園預定地之際，當地2,000餘戶的住宅當中，甚至高達三分之二的比例，皆為違章建築。民國50年代初期，信義路三段新生南路到建國南路之間的一段，為大量的違章建築所盤據，僅餘左右兩側彎彎曲曲的羊腸小徑，可供路人勉強行走。在都市計畫的道路整治之後，主幹道旁的違建大都已拆除遷移，但「七號公園預訂地」上的違建與其他建築，卻始終於該地屹立不搖。當時的市長黃大洲（2001b）日後回憶說，他們擴張房舍並無規劃，少一間臥室，加蓋一間；少一間廳房，加蓋一間；廚房太小拓出去；浴室太窄，往外改。社區內的道路狹小彎曲而複雜如迷宮的巷弄，如果沒有當地居民的帶領，而想順利進出這個社區，並不是一件容易的事。在「大安森林公園」正式興建完成，以及民國86年，「十四、十五號公園預定地」（位於南京東路一段北方與林森北路交叉口）的違建與違章市場拆除之後（湯熙勇、周玉慧，1999），民國40和50年代所發展出來的大規模違章建築區，才消失在臺北市的地圖之中。

　　高雄市也擁有極類似於臺北市的大規模違章建築區，但多數是因為工業發展，大量勞工移入而形成，其中以前鎮區的新草衙地區最具代表性。草衙一帶在光復初期，原為土地肥沃的農墾區，主要由政府放領予農民耕作，且該地之產權歸屬為國有、省有或市有。但是在民國50年

中華商場興建前（民國40年）

中華商場啟用前（民國50年）

民國78年的中華商場

今日的中華路林蔭大道

圖2.1　臺北市中華商場變遷圖

代以後，則有商人開始利用佃農破壞耕地租約，於此區興建大量違建售予外移勞工居住，且此風更因1977年賽洛瑪颱風強烈襲捲之後，政府不得不放寬重建的限制，而於該地製造為數更多的違建。這些新興的違章建築，多屬水泥磚造，與民國40年代的木造與竹造違建極為不同。雖說如此，但住宅普遍低矮、密集，巷道曲折狹小，在民國59年的「臨海特定區都市計畫」中即思大力整建，卻因違建戶未能配合拆遷，而無法遂如其願。民國70年代初期，當地廣達90公頃的土地上方，就有高達五、六千戶的違章建築，居民亦近三萬人之多，此地直到民國70年代末期，拆遷計畫才得以順利推動（曾玉焜，2002；陳東升、周素卿，2006；楊玉姿，2007）。

四、邁向都市化社會

（一）快速的都市化

民國40年代，大規模的外省移民入居臺灣都市，填補日本人離去之後遽減的人口總數，再加上臺灣各地的鄉村移民亦湧入市區，各大都市的人口可謂皆有所成長。特別是臺北市，在民國40年代末期，人口更已超過百萬人之譜。但即便如此，二萬人口以上的都市，占總人口的比例，尚不及四分之一，若以五萬人口的都市而論，更是不到20%（陳正祥，1959），這樣的都市人口比例，與民國30年代中期相較，可謂差異不大，當時的臺灣仍未躋身都市化社會之林。但到民國50年代中期的「進口替代時期」，農業與工業雖仍同步發展，但工業產值已開始超過農業產值，亦有相當數量的鄉村人口移往都市。以五萬人口以上的都市來估算，我們可以明顯看到以下事實，即臺灣的都市人口始終在持續增加當中。在民國55年時，都市人口已占總人口約莫半數，民國65年時已近六成，民國75年時更達七成，民國85年時則超過七成五。觀諸以上數據，都市人口的比例可謂一路扶搖之上，自民國60年以後，臺灣的都市化程度，已開始逐漸趨近先進國家的標準，到民國70年代則已迎頭趕上，轉而進入都市化社會的時代。

若我們觀察以行政界線作為區分的臺灣都市，其發展是相當全面性

的。臺北市在民國40年代，因為外省移民的大量湧入，其人口成長的速度迅速攀升，與高雄市之間的比值竟高達2.86，相較於民國30年代日人統治的最後階段，臺北優勢的傾向可謂日益增強。但是在民國50年代工業化逐步推展之後，臺北、高雄、臺南和臺中四大都市的人口均告同步成長，自此臺北市與高雄市之間的人口差異方逐漸縮小。此外，臺中市的成長並不亞於臺北和高雄兩市，臺南市的成長速度則不及以上三大都市，以致臺中市在民國60年代末期取代臺南，正式成為臺灣的第三大都市。除了臺北、高雄、臺中與臺南四大都市之外，其他的中型都市亦同步成長（孫清山，1997）。民國47年時，人口在十萬人以上的都市僅有5座，即為以上四大都市再加上基隆。民國55年時，迅速增加到11座，民國65年更達21座。到了民國95年，則共有21座都市的人口，已超過20萬人（見表2.1）。

　　對於開發中國家而言，在其快速都市化的過程當中，其最明顯的指標，乃是因第一大都市規模過大而衍生的「都市首要化」現象，以及大都市中違章住宅區的普遍分布。臺灣在民國60年以後，正如前節所述，違章建築已開始逐步消失，與此同時，獨尊臺北市的單峰發展模式並未出現。臺北市與高雄市的人口比值（R1），甚至從民國47年的2.85，一路跌降到民國95年的1.74，且臺北市占四大都市總人口的比例（R2），亦從民國55年的50%，降到民國95年的44%。

（二）都會發展與北部區域的人口優勢

　　以上數據所呈現出來的都市成長趨勢，顯現出某種特定的地理偏向，即大都市毗鄰地區的擴張，尤其是環繞臺北市的臺北縣。在民國55年時，前十大都市依序為臺北、高雄、臺南、臺中、基隆、嘉義、新竹、三重、屏東和彰化，除了三重之外，與光復之前的都市位階幾近相似，全都是在日本統治時期已經新列為市級的都市。三重成為第八大都市，則透露了毗鄰臺北市之臺北縣內市鎮發展的訊息。到了民國65年，板橋擠進十大都市之林，而中和、永和、新店和新莊的人口都已超過10萬。直至民國75年，連中和也名列十大都市之內，民國85年之

表2.1 臺灣都市人口及排序

	民55		民65		民75		民85		民95
1 臺北	1,441,435	臺北	2,089,288	臺北	2,575,180	臺北	2,605,374	臺北	2,632,242
2 高雄	662,202	高雄	1,080,608	高雄	1,320,552	高雄	1,433,621	高雄	1,514,706
3 臺南	414,568	臺中	561,070	臺中	695,562	臺中	876,384	臺中	1,044,392
4 臺中	377,253	臺南	537,217	臺南	646,298	臺南	710,954	臺南	760,037
5 基隆	285,464	基隆	342,544	板橋	491,721	板橋	524,323	板橋	544,292
6 嘉義	211,605	三重	284,770	三重	358,812	中和	383,715	中和	411,011
7 新竹	209,692	板橋	282,318	基隆	349,616	三重	377,498	新竹	394,757
8 三重	166,932	新竹	265,350	中和	334,663	基隆	374,199	新莊	392,472
9 屏東	147,711	嘉義	252,580	新竹	306,088	新莊	346,132	基隆	390,633
10 彰化	121,510	屏東	179,052	鳳山	271,738	新竹	345,954	桃園	384,803
11 中壢	101,450	中壢	171,734	嘉義	254,001	鳳山	309,062	三重	383,636
12 豐原	85,245	鳳山	170,350	新莊	243,706	中壢	306,473	中壢	355,707
13 桃園	80,396	彰化	162,408	中壢	241,476	桃園	283,861	鳳山	338,596
14 花蓮	78,264	桃園	155,934	永和	238,677	嘉義	262,860	新店	289,366
15 新店	76,542	中和	153,100	桃園	210,753	新店	254,078	嘉義	272,364
16 板橋	75,850	永和	150,143	彰化	203,541	永和	230,734	土城	237,000
17 鳳山	74,602	新店	141,959	屏東	202,079	彰化	224,066	永和	235,697
18 埔里	72,446	豐原	117,984	新店	198,125	屏東	214,627	彰化	235,322
19 員林	72,024	臺東	112,010	豐原	142,552	土城	202,436	屏東	216,425
20 臺東	69,984	新莊	104,971	平鎮	130,386	永康	179,214	永康	208,919
21 南投	69,948	花蓮	102,464	八德	117,487	平鎮	175,363	平鎮	200,331
R1	2.18		1.93		1.95		1.82		1.74
R2	50%		49%		49%		46%		44%
人口總數	130,212,250		16,508,190		19,454,610		21,471,448		22,790,250
五萬以上的都市人口數量	6,553,797		9,882,566		13,725,438		16,288,233		17,743,651
占總人口比例	50.33		59.86		70.55		75.86		77.86

資料來源：民國55年度「臺灣人口統計」；以及民國65、75、85年度「臺閩地區人口統計要覽」

時，新莊又復加入其中。其他三大都市毗鄰地區的發展，雖沒有一如臺北市那樣的規模與發展，例如在高雄市東鄰的鳳山，民國55年之時，人口尚且不到75,000，只約為屏東市的二分之一，可是到民國75年，

其人口已超過27萬，民國85年更超過30萬，至民國90年則近34萬，其人口數量比屏東市還多10萬人。臺南市近鄰的永康在民國95年，其人口也超過20萬人。另外值得注意的，是桃園縣內的都市發展，觀諸歷史趨勢，桃園與中壢市的人口亦節節上升，直至民國95年，兩者甚且都超過35萬，在全臺灣都市的排名序列中，分別位居第10名和第12名，與此同時，平鎮的人口亦已超過20萬人。

綜合而言，臺灣在民國60年以後快速都市化的過程當中，在大都市周圍的中小都市亦隨之發展，在人口規模前二十名的都市中，除了日本統治時代已然成形的區域都市之外，傳統四大都市的週邊都市，其成長速率尤為突出，甚至遠遠超越區域都市。如圖2.2所示，四大都市週邊的鄉鎮，亦逐漸成為擁有五萬至十萬人口的都市，此即都市發展過程中，必然會發生的「都會化現象」。而此一趨勢在臺北縣市尤為明顯，亦可見之於高雄、臺南、臺中縣市及桃園縣。在與國際都市相較的過程中，臺灣的都市往往因為以行政範圍作為主要的區分依據，而低估其都市規模的大小。以民國85年內政部所界定的都會區來看，「臺北基隆都會區」的人口，總計已超過600萬，「高雄都會區」則超過250萬，「臺中彰化都會區」接近200萬，「桃園中壢都會區」近160萬，「臺南都會區」則近120萬。而此數據到民國95年之際，又復大幅攀升，此時「臺中都會區」的人口數已超過200萬，「桃園中壢都會區」也已逼近200萬，另外還有人口不及百萬的「新竹與嘉義副都會區」。若我們仔細觀察圖2.2，即可明顯發現，從1966年至2006年的40年間，臺灣北部（如臺北縣市、基隆市、桃園縣和新竹縣市），其人口數量在5萬以上的都市，幾乎全都日漸連接成一個完整的區塊，如果我們將之視為一個大型都會區，其數量甚至可超過900萬人。

就都會區的發展而言，「臺北都會區」的發展最為顯著，其他都會區亦有相應的快速發展。如果借用「首要都市」的概念加以觀察，「臺北都會區」與「高雄都會區」的比值R1，從2.10增加到2.42，占前四大都會的比例R2，則從51.60%略降至49.28%。大體而言，相較於大多數的開發中國家，我們仍可以宣稱並未出現臺北都會獨大的首要化現象（請參見表2.2）。但是圖2.2所呈現出來的圖像，顯示北部都會已從

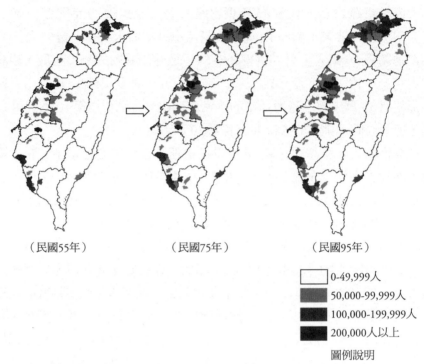

（民國55年）　　　　　　（民國75年）　　　　　　（民國95年）

	0-49,999人
	50,000-99,999人
	100,000-199,999人
	200,000人以上

圖例說明

圖2.2　五萬人口以上都市分布圖

臺北延伸連結到新竹，此仍多少意味著北部優勢有逐日增強的趨勢。

　　清朝時期的臺灣，其都市是由南逐漸向北發展，日本統治時期的第一大都市雖然是臺北，可是南部地區的人口數量仍遠居其上。在民國40年到50年代中期，臺北市的成長雖然極為突出，但到民國55年之時，北部區域占臺灣人口的總數量，仍舊只居32.6%，尚不及南部區域的33.5%。依隨「臺北都會區」的發展歷程來看，我們可以發現北部區域占臺灣人口的比重，已逐步提升到臺灣總人口的44%，至於中部、南部和東部區域，比重則均日漸降低。因此臺灣的人口，自清朝與日本統治時期以南部為重心的模式，轉向民國60年代以後「北重南輕」的狀態。在區域人口依時變化的過程中，相應的是非都會地區人口的持續外流。非都會的縣份，包括苗栗、彰化、南投、雲林、屏東、臺東、花蓮和宜蘭，在民國65年之間，其移出人口雖然遠多於移入者，但由於人

口的自然增加率，仍然得以維持人口的正成長。但是到臺灣人口成長已經低於替代水準之際，例如從民國85年至95年間，它們的人口卻大都已呈現負成長的趨勢。

表2.2　臺灣都會人口

	民65	民75	民85	民95
臺北都會	4,122,603	5,555,404	6,317,529	6,695,471
高雄都會	1,967,813	2,397,846	2,663,307	2,767,655
臺中都會	1,131,998	1,512,826	1,981,341	2,218,527
桃園都會	814,877	1,179,963	1,603,429	1,905,973
臺南都會	830,154	1,018,039	1,185,704	1,255,450
新竹次都	485,837	533,357	613,981	706,347
嘉義次都	328,679	345,778	366,392	374,644
R1	2.10	2.31	2.37	2.42
R2	51.60	52.18	50.28	49.28
北部都會	5,423,317	7,268,724	8,534,939	9,307,791
中部都會	1,131,998	1,512,826	1,981,341	2,218,527
南部都會	3,126,646	3,761,663	4,215,403	4,397,749

資料來源：同表2.1。此處之數據以民國85年界定的都會範圍為其依據

表2.3　臺灣四大區域人口

	1966	1976	1986	1996	2006
全人口	13,021,215	16,508,190	19,454,610	21,471,448	22,790,250
	100.00	100.00	100.00	100.00	100.00
北部區域	4,244,807	6,140,567	8,006,040	9,131,334	10,044,036
	32.60	37.20	41.15	42.53	44.07
中部區域	3,836,291	4,429,552	4,949,451	5,454,437	5,726,543
	29.46	26.83	25.44	25.40	25.13
南部區域	4,361,789	5,298,696	5,867,302	6,273,186	6,438,441
	33.50	32.10	30.16	29.22	28.25
東部區域	578,328	639,375	631,817	612,491	581,260
	4.44	3.87	3.25	2.85	2.55

資料來源：同表2.1

五、都市化、都會化與產業發展

本節將呈現都會產業發展，以及相應的北部優勢，有關產業分析中的各都會，包括中心都市與其鄰近的縣，與前節都市人口分析中的都會不同，非都會區則包含苗栗縣、彰化縣、南投縣、雲林縣、屏東縣、臺東縣、花蓮縣和宜蘭縣。在四種產業分布圖中，以直條顯示各地各產業之僱用員工數，另在以臺北都會為基值 (100)，計算其他地區相對的百分比值，藉以呈現各都會在特定產業的相對分量。

（一）工業化與都市化

臺灣的都市發展，與工業化的程度可謂密切攸關，民國50年代中期至70年代中期，是所謂的「出口導向時期」，勞力密集工業在此時期蓬勃發展，也是都市發展最為快速的時期。在民國60年前後，都市人口已經超過全國人口的50%，民國80年時增至75%，可以說是高度都市化的社會，此後都市人口比例的增加則趨於緩慢。臺灣的製造業在民國50年代以後明顯成長，根據民國65年和75年的工商普查，製造業僱用人數的比例都超過50%，以從業人數而言，製造業、營造業和水電煤氣業合計的二級產業，同樣在民國60和70年代，都超過包含商業與服務業在內的三級行業。在此一時期當中，除了「臺北都會區」之外，其他的都會及非都會地區，製造業的就業人數，都明顯大於運輸、銷售與服務業。若我們具體觀察臺灣各大都會區的發展，[2]往往中心都市是以三級行業為重，中心都市以外的週邊地區，則是以製造業為主。這意味著在人口快速成長的地區，特別是民國60和70年代，於5-20萬人口的中小型都市蓬勃發展的製造業，是吸引人口移入的主要動力。

針對製造業的發展，政府很明顯是採取分散而非集中管理的政策。民國55年「高雄加工出口區」成立，民國59年與60年，則分別有「楠梓加工出口區」和「臺中加工出口區」的順勢而生。民國61和62年前後所開發的工業區，多數位於中、南部的農村或地方市鎮，而至民

---

2 有關產業分析中的都會，包括中心都市與其鄰近的縣，與都市人口分析中的都會不同。

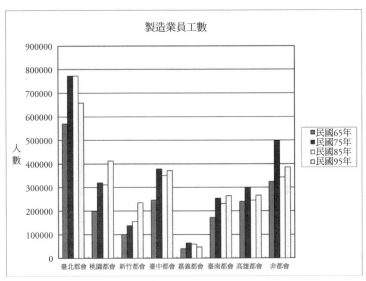

	臺北都會	桃園都會	新竹都會	臺中都會	嘉義都會	臺南都會	高雄都會	非都會
民國65年	100	35	18	43	7	30	42	57
民國75年	100	41	18	49	8	33	39	64
民國85年	100	40	20	45	8	30	32	45
民國95年	100	63	36	56	7	40	40	59

圖2.3 都會製造業員工數及百分比值

資料來源：民國65、75、85、95年版「中華民國臺閩地區工商普查報告」

國74至81年，則平均分配於各縣市（陳東升、周素卿，2006）。此種
製造業的分布取向，固然也見諸於非都會地區，但最大的發展地帶，仍
是在都會地帶的外圍地區。過去的相關研究指出，在臺灣都會區之內，
其中心都市以外的人口成長率，與其鄰近之中心都市的統合管理機能相
關性較小，和其自身的產業結構反倒關係重大（熊瑞梅，1992），此種
說法也再度驗證此一事實，即在各大都會的外圍，其中小都市的人口成
長，可謂深受製造業發展的影響。根據工商普查所記載的員工人數資
料，臺灣的製造業員工，在民國65年時將近有190萬人之多，仍占產
業僱用員工總數的一半以上。民國75年時則一度超過270萬，85年雖
降至近250萬，但到民國95年又再度提升至264萬。雖然還沒有回復
到民國75年的水準，但若以各都會製造業員工數相對於臺北市的比值

來看,其他的都會除高雄以外,相對比重均見提升,甚至是非都會區又提升到高於民國65年的比值。這也再度確認製造業的分布一直屬較為均勻的狀態。

(二)資訊電子業的北部優勢

在民國75到85年之間,臺灣製造業的僱用人數減少,這樣的情形,除了「新竹都會區」之外,普見於各都會縣市和非都會縣。製造業僱用人數的遞減,顯示「去工業化」的傾向,但若從其他的指標加以觀察,製造業的產值和員工薪資卻仍然持續增加,只是相對於商業和服務業,占總產值的比重為之降低而已。雖說如此,根據「民國85年工商及服務業普查初步報告」顯示,民國85年製造業的生產總額,仍占約53%,若再加上其他的二級產業,則高居62%。若就此觀之,製造業僱用人數之所以下降,似乎反映某種轉型的跡象。

雖然製造業整體僱用人數日益減少,但製造業依其類別不同,亦顯示各自有異的發展趨勢。如民生化學工業僱用的人數雖然減少,資訊電子業與金屬機械工業則顯見增加。再就生產總額而論,資訊電子業在1991年,仍位居四大製造業之末,但是在1996年之際,已成為四大製造業之首。再看僱用人數的變化,民國76年為474,348人,到了民國86年增至577,725人,北部區域的比例則由64.6%增至73.16%,主要的成長在北部的「新竹都會區」和「桃園中壢都會地帶」。民國95年時,製造業人口與民國85年相較之下已有所成長,資訊電子業的成長,也持續見於桃園和新竹都會區,民國86至96年的年平均增加率,甚且超過5%,「臺中都會區」也有大致相近的年平均成長率,「臺南都會區」的成長率更高達10%。至於「臺北都會區」則明顯為負成長,「高雄都會區」亦只有2%。

民國71年至80年製造業的發展,其主要目標在於引進高級技術和人才,民國69年在新竹設立了第一個科技園區,成功發展臺灣的半導體工業,也促進新竹地區的發展。新竹市在臺灣的都市位階,也從民國55年的排名第七,逐步降到民國85年的第十,到民國95年則又回升

到第七，應是科技園區及其相應發展的結果。

　　至於電子資訊業，則是在北部地區的三個都會區全面發展。在75年時，以「臺北都會區」的僱用人數為最多，位於「臺北都會區」與「新竹都會區」之間的「桃園都會區」，其資訊電子業的僱用人數，更從民國75年時僅及「臺北都會區」之半，到95年時則遠超過「臺北都會區」。至於南科的臺南園區、中科的臺中園區，則分別於民國86年和91年設立，臺南和臺中都會區的資訊電子業，在85至95年間的顯著成長，或許亦與之相關。甚至非都會的資訊電子業員工數的相對分量也呈現增加的趨勢。但是由於臺中和臺南都會以及非都會區的資訊電子業，規模原本就小，因此北部在這方面所占的優勢仍然極為明顯，但我們也看到資訊電子業，已開始往其他區域發展的跡象。

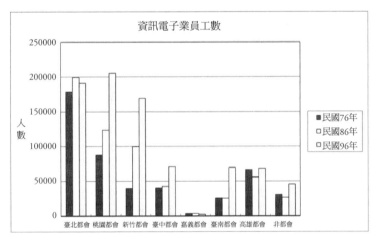

	臺北都會	桃園都會	新竹都會	臺中都會	嘉義都會	臺南都會	高雄都會	非都會
民國76年	100	49	22	23	2	15	37	17
民國86年	100	62	50	21	2	13	28	14
民國96年	100	107	88	37	1	36	36	24

圖2.4　都會資訊電子業員工數及百分比值

資料來源：民國76、86、96年版「中華民國臺灣地區工業統計調查報告」

（三）產業服務業、分配銷售業與臺北都會的優勢

　　另外一項與北部優勢有關的指標，則是產業服務業的發展。在全球化與網際網絡盛行的時代，製造業可以在全球不同的地方設廠，於是，在全球經濟網絡中占有一席之地的大都市，就扮演中樞管理的功能，往往有利於各國處於全球貿易節點之大都市的發展。

　　臺灣自民國60年代起，臺北市就一直是臺灣與美日之間的國際貿易節點，除了貿易行的分布居高不下之外，產業服務業一直位居全臺灣的核心地位，始終呈現穩定發展的趨勢。產業服務業包括金融、保險、會計、法律、房地產與其他工商服務業，在民國65年時的僱用員工數，接近24萬人，不及個人服務業的略超過30萬人，但是到了民國85年，卻已經超過社會與個人服務業，民國85年時，僱用人數更逼近百萬，遠超過個人與社會服務業20萬人之多，其成長的速度可謂驚人，遠超過其他各大行業，到民國95年時，則超過110萬人。

　　產業服務業有空間高度集中的傾向，尤其是最大都會（如臺北都會區）的獨占地位更日益顯著。臺北市產業服務業的員工僱用人數，民國65年時為58,481人，民國75、85、95三個年度則分別為252,945、356,762、552,955人，30年間增加約九倍之多。其他的都會區雖然亦見逐年成長的情況，但是與「臺北都會區」始終存在著相當大的差距。「臺中都會區」在民國65年時，只有「臺北都會區」的17%，民國85年時略為提高到20%，但至民國95年，仍只是臺北市的16%。高雄都會在民國65年時是臺北市的23%，比值逐年下降，到了民國95年，只是「臺北都會區」的16%而已。臺南與臺中都會區相較之下，其所占的比例更低，並且呈現逐年減弱的趨勢。至於非都會區，在這方面的相對分量更是明顯降低。唯獨「桃園都會區」與「新竹都會區」，其數量雖不及高雄與臺中都會區之多，但相對來說，比例卻呈現逐年上升的情況，似乎存在某種由「臺北都會區」向外擴散的趨勢。臺灣的都市在人口分布上，雖然沒有發生「首要都市」的現象，但是「臺北都會區」以外地區的僱用人數，卻只及「臺北都會區」的70%，顯見「臺北都會區」在產業服務業的首要地位。

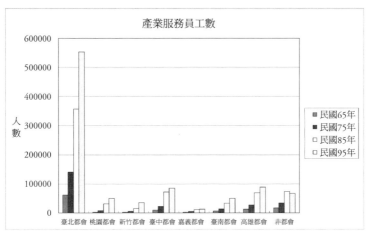

	臺北都會	桃園都會	新竹都會	臺中都會	嘉義都會	臺南都會	高雄都會	非都會
民國65年	100	5	5	16	5	11	22	29
民國75年	100	6	4	16	4	10	20	24
民國85年	100	9	4	20	3	9	19	21
民國95年	100	9	6	6	2	9	16	12

圖 2.5 都會產業服務業員工數及百分比值

資料來源：同圖 2.3

　　至於分配銷售業，則包括交通運輸、通訊與傳播，以及批發和零售業，其數量位居三級行業之首，同樣也呈現「臺北都會區」及「北部地區」的發展優勢。其僱用的總體員工數，民國 65 年約為 101 萬人，到95 年時超過 243 萬，大約增加兩倍之多，雖有相當成長，但速度不及產業服務業。在民國 65 年，臺灣其他都會區總計的員工數，約是「臺北都會區」的 2.5 倍，到民國 95 年則只為臺北的 1.05 倍。此中最大的變化，即是非都會縣相對比重的驟降，從民國 65 年只及於「臺北都會區」的 40%，降到民國 95 年只餘 24%。其他如桃園、新竹和臺中都會區，比重雖略有增加，但嘉義、臺南與高雄則比重略為下降。民國 95年時，「臺中都會區」和「臺南都會區」分配銷售業的僱用人數，均為「臺北都會區」的 22%，但六個都會縣市的僱用人數總和，卻只有「臺北都會區」的 81%。相對於人口數量而言，「臺北都會區」的優勢仍然相當明顯。尤其是分配銷售業中的零售業，照理應是分散傾向較強的行

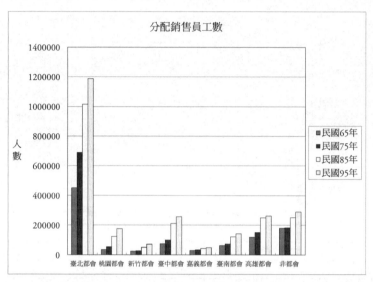

	臺北都會	桃園都會	新竹都會	臺中都會	嘉義都會	臺南都會	高雄都會	非都會
民國65年	100	8	6	17	7	14	27	40
民國75年	100	8	4	14	5	11	22	27
民國85年	100	12	5	21	4	12	24	25
民國95年	100	15	6	22	4	12	22	24

圖2.6　都會分配銷售業員工數及百分比值

資料來源：同圖2.3

業，但值得注意的是，零售業的員工數，在民國85年之間，臺中、嘉義和臺南三大都會區，其相對於臺北的比例均告下降，尤其以「高雄都會區」最為明顯。

六、都會人口與產業之擴散與分化

（一）都會人口的擴散

　　我們在上述兩節皆提到都會化的現象，大都市周圍的市鎮人口，在過去明顯持續增加，中心都市的人口，亦呈現往都市外圍地帶疏散的傾向。與此同時，都市外圍地帶的產業發展與中心都市，也同時吸引其他區域的人口大量移入，在此兩種勢力的交相運作之下，都市外圍的人口

成長，已逐漸超過中心都市，其占整個都會人口的比例，甚至還超越中心都市。臺北市很早即開始其都會化的過程，在民國40年代即因為疏散政策的施行，人口開始往西及西南的臺北縣地區疏散。高雄和臺中則隨後加入都會化的行列，臺南的都市擴張雖然不如上述三個都會區那麼明顯，但也已出現毗鄰鄉鎮快速成長的現象。

　　在這樣的都會化過程當中，整體都會區的人口，自然也會出現再分配的狀況。例如民國45年人口密度原就偏高的延平區，人口開始逐漸遞減，自民國50年代開始，臺北市的龍山、建成、中山、古亭和大同區（大約是現在的萬華區、大同區與中正區），亦出現負成長的狀況，且此現象仍有一直向外擴散的趨勢。而高雄市的鹽埕、前金和新興區，臺中市的中區和東區，以及臺南的中區、西區和北區，在民國50和60年代，亦相繼呈現人口減少的情形。大致來說，民國40年代原為商業中心的地區，最早開始呈現人口減少的現象，由臺北市開始為此一趨勢拉開序幕，其他三大都市的舊商業核心，亦從民國50年代隨後跟上，也相繼呈現人口日益減少的情形。而舊商業核心的人口一旦減少，都市人口一旦同時向中心都市以及都會的外圍擴散，這就是都會化的現象。

　　如此這般的都會化現象，以臺北市及其週邊地帶的發展最為明顯，也最趨近西方國家都會化的模式。臺北市作為「臺北都會區」的中心都市，在民國65年時占都會人口的比重已不及一半，到民國95年甚至連四成都不到。這主要是因為臺北舊市區的人口比重，相對明顯降低的結果，其在民國65年時仍占約40%，30年之後卻只占20%。而臺北市自民國57年起開始併入的新市區人口，從占全都會人口的14%，增加到95年的18%，而臺北縣都會地帶的人口比重，亦從50%增加至60%，由此可見，中心都市的人口比重已經不及外圍的都會地帶。高雄、臺中和臺南都會的人口分布模式，則和「臺北都會區」略有不同之處。首先，以上三個區域當中，其中心都市與都會外圍的人口相對比重，並沒有出現太大的變化，高雄市在民國65年時，占總都會人口的54.91%，到95年時則為54.73%，其增減幅度並不明顯。而臺中市的人口比重，則從民國65年的49.56%降到85年的44%，但到民國95年時，又反彈回升到47%，只出現微幅降低的趨勢。

表2.4　都會分區人口比例：舊市區、新市區、都會外圍

	民65	民75	民85	民95
臺北市	50.68	46.35	41.24	39.31
舊市區	36.26	28.70	23.67	20.24
新市區	14.41	17.65	17.57	19.07
臺北外圍	49.32	53.65	58.76	60.69
高雄市	54.91	55.07	53.83	54.73
舊市區	42.77	41.94	38.47	36.66
新市區	12.14	13.13	15.36	18.07
高雄外圍	45.09	44.93	46.17	45.27
臺中市	49.56	45.98	44.23	47.08
舊市區	32.72	27.83	22.02	21.13
新市區	16.84	18.15	22.21	25.95
臺中外圍	50.44	54.02	55.77	52.92
臺南市	64.71	63.48	59.96	60.54
舊市區	56.23	50.09	44.32	42.22
新市區	8.48	13.39	15.64	18.32
臺南外圍	35.29	36.52	40.04	39.46

資料來源：同表2.1

　　臺南市則從民國65年的64.71%，持續下降到95年的60.54%，降低約4個百分點。這三個都會區較明顯的變化，是出現在中心都市之內的舊市區與外圍地帶。從民國65年到95年，高雄市的舊市區占都會人口的比例，從42.77%降至36.66%，臺中市則從32.72%降到21.13%，臺南市更由56.23%，一路下滑到46.81%。至於在民國65年和95年間，其中心都市的外圍地區，占都會人口的比例，高雄市約為12.14%和18.07%，臺中市為16.85%和25.95%，臺南市則為8.48%和13%。這三個中心都市的新市區，人口相對比例的增加，遠大於中心都市以外的都會地帶，其人口由中心都市向外擴散的趨勢，明顯不如臺北市。

（二）都會產業與人口的分化

　　在以上都會人口的變遷過程當中，中心都市和其外緣的都會地帶，在民國70年以前，都同步吸引大量的臺灣農村人口移入，雖然有其不

同的產業基礎，但我們可以觀察到「產業服務業為主的中心都市」與「製造業為主的都會外圍」之間的對比。以工業發展聞名的高雄市，到了民國90年以後，其轄內各個行政區，除了左營和楠梓之外，都是三級產業人口多於二級產業的情形。至於高雄縣，則依舊是以二級產業與一級產業為主。臺北市很早就開始出現三級產業優勢的現象，到民國85年，只有南港區和內湖區的二級產業人口略高於三級產業，直至民國90年，各區的三級產業人數，更遠高於二級產業。至於臺北縣的都會地帶，在民國90年前後，亦有六個市鎮的三級產業僱用人口高於二級產業，但若論及其他人口眾多的縣轄市，二級產業的人口仍明顯多於三級產業。民國95年，臺北縣開始出現製造業僱用人數減少的情形，但整體而言，仍是二級產業的比重遠大於三級產業的情形。「臺中都會區」則到民國90年以後，依然維持臺中市以三級產業為主，二級產業則主要分布在臺中縣都會地帶的趨勢。「產業服務業為主的中心都市」與「製造業為主的都會外圍」，直至本世紀初，依然呈現明顯的分化（陳東升、周素卿，2006）。

　　在中心都市日益強化三級產業的過程之中，各大都市產業服務業的空間分布模式，亦開始隨之轉變，商業與服務業亦從舊核心區向外擴張，而形成新的產業服務業中心，此種傾向以臺北、高雄和臺中三大都市最為明顯。民國50和60年代的臺北市，已可發現金融和工商服務業在中山區快速成長；到民國70年代，則是在忠孝東路四段（也就是中山、大安、和松山三區的交界處），形成東區的商業中心，與昔日以西門町為核心的舊商業中心同時並列；直至90年代，則開始著力發展「信義計畫區」，它也因此成為臺灣唯一與住宅功能明顯有別的零售業與辦公大樓區，東區商業中心的重要性，因此開始凌駕於西門町之上（夏鑄九，1987；章英華，1995；陳東升、周素卿，2006）。高雄市則由舊日的鹽埕鬧區，直接跳過政府機關所在的核心地帶，在民國70年代，形成前金和新興區的新商業服務中心，而部分新成立的購物中心，也開始轉向前鎮區發展。至於臺中市，其在新市政中心尚未完成的民國70年代，是沿中港路往西北方向發展，但到民國80至90年代，卻已凌駕中區的舊商業中心。在各都市分別形構新商業核心的同時，其舊核心亦

各自開展視野不同的新規劃方案，或由地方人士自力發起社區營造的計畫。例如臺北市西門町一帶的轉型、臺中市綠川與柳川一帶與干城地區的更新，以及高雄市鹽埕區週遭公共設施的興建及愛河的整治，都是在全面起飛與現代化的都會當中，力求保有其在地特色及其特殊的商業中心地位的現象。

在臺灣傳統四大都市的都會化過程之中，只有臺北市呈現人口相對比例不及都會外圍的情形，甚至還出現全市人口負成長的現象。但這並不意味著臺北市已顯現衰退的跡象，臺北市在批發零售業方面的產值，仍非臺北縣所能比擬；臺北市在金融保險、工商服務業與不動產業的成長，不曾稍緩。臺北市與臺北縣不僅在產業上，有極為不同的發展情境，自民國80年以來，臺北市的工作人口與居住人口，其教育程度在大專以上的人口比例，也一直明顯高於臺北縣，此種差距甚且出現逐年擴大的現象，這反映在「臺北都會區」中，其中心都市與都會外圍居民之間的社經地位差距。其他的都會區，雖然三級行業還沒開始在都會外圍蓬勃發展，但中心都市與都會外圍之間，其居民的社經地位也始終有所差距（章英華、范維君，2010）。這種中心都市的優勢取向，與西方在都會化的過程之中，郊區居民所擁有的社經地位優勢不盡相同。在民國97年，臺北市與臺北縣教育程度在大專以上的人口比例，分別為57%和36%，相差21個百分點；高雄市與高雄縣分別為40%和26%，相差14個百分點；臺中市與臺中縣各自為47%和28%，相差19個百分點；臺南市和臺南縣則為40%和26%，相差14個百分點。

在民國60年代，因應臺灣都會的外圍地帶大量的製造業工廠與人口的進入，其住宅的供給，在臺北都會地帶是以四層和五層的公寓為主，在其他的都會區，則是以二層和三層的連棟住宅為主，都屬於低成本、高密度的發展。土地的開發案在地方派系與財團的經營之下，快速因應民眾對住宅的需求，但卻也造成對公共利益和大眾生活品質的犧牲。因應這樣快速的都會成長，人們所依賴的並非自用汽車，而是機車。民國75年時，臺灣的機車數超過700萬輛，是自用汽車的七倍。民國90年代當臺灣每千人自用汽車擁有數在亞洲僅次於東京，但臺灣的機車數近1,500萬輛，遠超過小客車的570萬輛。有學者認為相較於

北美與西歐的「汽車依賴」，臺灣是極少數的「機車依賴」的社會，機車對於一般勞工與學生，幾乎成了不可或缺的交通工具。機車雖然解決了一般民眾的交通問題，卻造成了臺灣都會特有的交通問題以及臺北都會以外地區公共運輸系統發展的困境。此外，在都會住宅大量興建的過程中，公共設施的建立，不但無法配合住宅的快速增長，停車、垃圾、超大型的國中與小學、公園綠地面積偏低，以及環境污染等公共問題的困境，都會外圍皆比中心都市更為嚴重，這應是臺灣各大都會未來亟待解決的共同問題（王振寰，1996；陳東升，1995；章英華、王振寰，2005）。

民國70年以後，在各大都市的住宅中，六層以上電梯大樓所占的比例顯著增加。在住宅型式轉變的過程中，也帶起了民國70年代中期以後房價的漲勢。依據國富調查，在民國77年至80年之間全臺灣住宅每坪單價上漲了60%。臺北市上漲幅度並非最大，但是到民國80年時，每坪平均單價已達21萬元，已非一般中等或中下階級可以負擔，於是有無住屋者運動對高房價的抗議。民國80年時，臺北縣的平均每坪單價約10萬5千元，臺中市是15萬3千元，高雄市是10萬8千元，各都會之間房價的差異，並不十分懸殊。特別是臺中市的房價，在預期未來的發展心態下，更高於高雄市。不過到了民國80年代中期，除了臺北市之外，各地房價開始下滑，臺北市到了90年代初期開始下滑。在90年代又開始另一波的漲潮，特別是臺北都會的漲勢更是一枝獨秀。營建署的資料顯示，當臺中市和高雄市雖然漲到平均每坪13萬元，尚未恢復到80年代的高點時。而臺北市的平均每坪單價，已經高達49萬，新北市則亦有25萬，甚至桃園與新竹縣市亦顯示較強的漲幅，這又是臺北都會甚至是北部地區在臺灣發展優勢的後果之一，這次的高房價，同樣有著激烈的社會反應，雖然沒有街頭運動，但引發了社會住宅的訴求。

七、競爭的都市與地方政府

在臺灣民主化的歷程之中，特別是在民國80年代以後，縣市首長必須重視地方的發展，並提出相應的願景，以實際的成績形構都市或在地特色，建立地方競爭的優勢，才能別出蹊徑，各大都市的政府都有面對全球競爭與挑戰的抱負，也逐步展現其邁向國際的積極性（章英華、蔡勇美，1997；章英華、王振寰，2005）。

臺北作為首善之都，自然負有引領風氣之先的義務，到民國90年代之際，應可說已正式躋身國際都會之林。「國家戲劇院」和「國家音樂廳」在民國76年宣告啟用，成為全臺灣的國際藝文活動中心；「世界貿易中心」則於民國79年揭幕，臺灣才擁有舉辦國際會議與商業展覽的正式場地；再加上臺北市政府的新廈完工，為後來的「信義計畫區」奠定良好的基礎。繼之而來的則是最困難的「中華商場」與「七號公園預定地」違建拆除案，取而代之的則是八線道的中華路林蔭大道，以及具有都市心肺功能的「大安森林公園」。在80年代，信義區的百貨公司、娛樂設施亦逐步完成，繼而101大樓啟用，成為臺北市最熱門的地標之一。於是，「信義計畫區」成為臺灣少見的商業與服務業專區，連接各商業大樓的空橋，以及各大樓地下停車場，專為摩托車另闢的貼心停車空間，在在都展現有異於其他國際都會商業中心的嶄新風貌，臺北市舊核心的西區，也處處可見新的發展態勢，臺北車站地下化與捷運的交會，開展出臺灣最大規模的地下商店街，西門町徒步區則成為吸引青少年活動的主要中心，龍山寺周邊地區的整治，更企圖為鄰近的商家再造生機。

臺北市在交通體系方面，自民國70年代開始，就已著手進行鐵路地下化、都市快速道路以及捷運的興建工程，並在民國80年代中期逐一完成，捷運系統的路網也在民國90年代日漸成形，對於臺北縣市之間的交通往返，可謂幫助極大。在忍受板南縣與淡新線建設期間的十年交通黑暗期之後，臺北都會的居民，的確已經開始享受捷運帶來的便利與舒適。工業轉型的年代，讓臺北市的製造業同樣也展現其全新的風貌。先是「內湖工業園區」於民國94年廠商正式進駐，繼而「南港

軟體工業園區」的第一期工程，於民國88年宣告完成，其二、三期工程，以及「國際會議中心」的接續完成，更使臺北東區的版圖逐步向外延伸。

　　高雄市則揭示其專屬「海洋都市」的特色，其於民國70年代緩步提出的規劃與構想，於民國80年代以後日漸落實。與此同時，「內惟埤文化園區」的一、二期工程亦相繼完成，隨著「市立美術館」及其他設施的正式啟用，可謂標舉出一種別具特色的文化地景。至於愛河歷經長年的整治終告功成，更足以改變人們對高雄城區的舊日印象。文化園區附近的凹子底農16專區內，在民國90年代陸續完成森林公園與世運場地，透過獎勵投資與區段徵收等策略，企圖吸引大型企業的進駐，希望形成如臺北「信義計畫區」一般的辦公金融中心和百貨商圈。更見其企圖與野心者，則是作為海洋都市特色而推動的「多功能經貿園區」。此一計畫自民國83年首次提出，從民國88年開始正式推展，在民國90年代各項設施則相繼完工。在特定的文化休閒園區，不僅完成真愛碼頭、漁人碼頭和香蕉棚的建設工程，「流行音樂中心」的設置，也正在積極規劃當中。在特定的倉儲轉運區中，「臺糖物流園區」與「軟體科技園區」均已開始進行招商，國際級的貿易展場也可望於近期之內完工。特定核心經貿專業園區，計畫引進大型購物中心、複合辦公大樓；「統一夢時代商場」亦已正式開業，吸引家樂福與宜家家居等大型賣場進駐，中鋼企業大樓亦已動土興建。以上的建設開發案，加上捷運已於民國97年開始通車，高雄亦成功主辦「世界運動會」，身為海洋都市的高雄市，也逐步朝進軍國際都市之路邁進。

　　而位居臺灣第三大都市的臺中，在民國75年時，企圖將臺中從單一的商業核心轉為多核心的模式，並建議將舊市中心的市政府，遷移到新興的七期重劃區。市政中心在民國99年時方落成啟用，但是民國77年開幕的「國立科學博物館」、民國78年峻工的「省立美術館」（於88年改為國立），業已展現都市核心逐步向西移動的跡象。在提升臺中市國際形象的政策主導下，市府提出「生活首都」的願景，試圖吸引世界級的「古根漢美術館」來臺設館，雖然未果，但臺中的「大都會歌劇院」與「圓滿戶外劇場」都已興建，再加上95年完工的「洲際棒球

場」，臺中市在藝術與運動方面，更已擁有國際級的展演場地。此外，「臺中都會公園」座落於臺中縣市的交界之處，與臺北和高雄一樣，臺中都會亦已著手建構可為都市心肺的森林公園。在製造業的轉型方面，「中部科學園區」的臺中基地位於西屯與大雅之間，在92年7月正式營運；位於南屯的「精密機械科技創新園區」，於95年完成園區事業用地之招商；接著則是使用多年的「水湳機場」吹起熄燈號，並同步推出「經貿生態園區」的計畫。臺中港於民國90年前後開始建立自由貿易港區，「清泉崗機場」在94年起已成為國際機場，「臺中都會區」也正如同臺北和高雄都會區一樣，在全球化的世界網絡中，試圖攻占一席之地。

　　除了三大都市之外，各大縣市亦開始展現其企圖心。臺南市在維護其古都風貌之外，亦著手整治運河，並爭取且積極配合「南部科學園區」的開發案。臺北縣具體規劃「板橋新都心」與「新莊副都心」，整治淡水河沿岸，思與臺北市分庭抗禮。桃園縣則提出航空城的構想，與新竹縣市一樣致力於招商和科技產業的發展。其餘各縣亦都努力於傳統產業、農業生技產業及觀光產業的開展。地方的努力固然是將來各自發展的契機，但是在全球化與資訊化的網絡時代，愈是座落於個別國家與國際往來樞紐位置的都市及其週遭城區，愈具發展的潛力與前景。「臺北都會區」以至於桃園、新竹都會區的優勢，即在其位於國際交通的樞紐位置。未來臺灣在高鐵和國際航空的發展，若各個縣市的願景未能遂如己願，反而可能會持續增加北部地區的優勢。

　　由於缺乏像臺北都會既有的大眾運輸系統，難以構成便利的公共交通網，高雄的捷運終究必須面臨日益虧損的命運；至於規劃中的臺中捷運系統，是否能夠在財務上收支平衡，亦難有正面肯定的答案。「高雄小港國際機場」與「臺中清泉崗機場」的航空客貨運載量，與「桃園國際機場」差距甚大、難以並論。臺中港的貨運吞吐量雖然有所增加，但規模相對仍小；高雄港在國際貨運的排名，在近幾年以來，更備受亞洲其他港口的競爭與衝擊，其貨櫃量的排名，更由民國92年的第6位，降到民國96年以後的第12位，貨櫃量甚至還呈現負成長的狀況。海運功能的發揮，是「臺中都會區」與「高雄都會區」可以增加其國際優勢

的強項，高雄港貨運競爭力的下降，則是其明顯可見的隱憂。比較樂觀
的是，「臺中都會區」和「臺南都會區」的資訊電子業員工僱用數，在
1995 年以後都明顯成長，顯現科技園區的效果已然開始發酵。五都的
體制勢必會改變中央與地方政府的關係，五都再加上將升格為准直轄市
的桃園縣，正好包括臺灣的五大都會。如何在中央與地方政府的共同努
力之下，開發既與國際接軌又能兼具地方特色的產業與生活環境，由五
都帶領其毗鄰非都會區的共同發展，或許才能避免北部區域與其他區域
的差距日益擴大。

八、結語

　　20 世紀前半葉，不論是中國或臺灣的都市發展，都在備受外國勢
力的衝擊或控制之下而開始驅動。在中國大陸主要是個別通商口岸的擴
張，少數都市的人口持續增加，特別是上海，已躋身世界級的大都市，
但中國整體的都市化程度，並無大太的改變。臺灣則是在日本的殖民統
治之下，逐步形成全島各區域的都市體系，且在臺北市的相對優勢擴張
的過程中，各區域的行政與經濟中心也都同步發展。雖然都市的規模仍
小，都市化的程度卻明顯提高。臺灣，則承繼日本統治時期的基礎工
事，在演進的過程當中，成為高度都市化的社會。

　　臺灣的都市發展進程，相較於大部分的開發中國家而言，算是較為
均衡發展的案例。在民國 40 與 50 年代來自中國的移民，開始大量湧入
臺灣都市之後，導致大都市的違章建築區。不過在接連的工業發展與持
續的經濟成長之下，大型的違章建築區，在大都會之中都未持續擴張。
各類都市在臺灣全面成長的情境，不論從個別都市或從都會比較的觀點
來看，都同步成長。面對全球化的浪潮，臺灣的製造業在民國 80 年代
出現外移現象，製造業就業人口數曾減少；但是在此同時，產業服務業
與分配銷售業顯著成長，製造業中的資訊電子業的快速擴充，導致製造
業的人口在民國 85-95 年間再度成長。但是臺北都會區在產業服務業的
優勢未曾稍減，在分配銷售業的分量持續增強，而電子資訊業的發展特
別集中於桃園與新竹都會，以致北部優勢日益增強。如此的發展態勢，

不但是北部人口優勢的重要因素，更是北部地區房價漲勢整體高於中南部都會地帶的原因之一。而作為北部以及全臺灣中心地帶的臺北市，其房價的飆漲更甚於民國70年代和80年代之交的情況，拉大了臺北市與臺中市和高雄市房價的差距。

在西方都市的都會化過程中，必然伴隨著「郊區化」的現象，都市人口明顯由都市向鄰近地區（郊區）擴散，再接下來則是產業向鄰近地區（郊區）擴散的過程。但是在臺灣的都會化過程中，固然也可見人口由中心都市向毗鄰鄉鎮疏散的情形，但這些鄰近大都市的鄉鎮，主要是以其製造業的蓬勃成長，吸引鄉村移民前來此地定居，且它是與中心都市同步快速成長。臺灣在民國60與70快速都市化的年代之後，雖然有相應的住宅開發案應運而起，使臺灣的違章住宅區域，很快就得以受到抑制，但是臺灣的都市住宅，相較於西方都市而言，仍面臨品質較差和明顯的公共秩序和公共安全的問題。

在全球化的衝擊之下，各地方政府（特別是都會所在的地方政府），都展現高度的企圖心，以企圖招商進駐或發展高科技與多元的文化產業。在五都的行政體制形成之後，如何在工商發展與居住品質之間取得平衡，如何展現地方的特色，並在維持臺北都會的國際競爭力之餘，亦能同時維續其他都會的同步發展，都是臺灣未來必須面臨的嚴苛挑戰與課題。

參考書目

王甫昌（1994）。〈光復後臺灣漢人族群通婚的原因與形式初探〉，《中央研究院民族學研究所集刊》，第76期，頁43-96。

王振寰（1996）。《誰統治臺灣：轉型中的國家機器與權力結構》。臺北市：巨流。

皮明麻（1993）。《近代武漢城市史》。北京：中國社會科學出版社。

李棟明（1970.6）。〈居臺外省籍人口之組成與分布〉，《臺北文獻》，第11/12期，頁62-86。

唐振常、沈恒春主編（1989）。《上海史》。上海：上海人民出版社。

夏鑄九（1987.7）。〈一個都市中心的興起：忠孝東路四段的個案研究〉，《當代》，第15期，頁60-72。

孫清山（1997）。〈戰後臺灣都市之成長與體系〉，載於蔡勇美、章英華主編，《臺灣的都市社會》，頁63-103。臺北市：巨流。

高雄市文獻委員會（1988）。《高雄市發展史》。高雄市：高雄市文獻委員會。

基隆市文獻委員會（1957）。《基隆市志，港務篇》。基隆市：基隆市政府。

基隆市政府民政局（1985）。《基隆市志，行政篇》。基隆市：基隆市政府。

張景森（1993）。《臺灣都市計畫（1895-1988）》。臺北市：業強圖書。

莊心田（1965a）。〈臺北市違章建築問題剖析與解決途徑之商榷（上）〉，《警察學術季刊》，
　　　第 8 卷第 3 期，頁 35-45。

莊心田（1965b）。〈臺北市違章建築問題剖析與解決途徑之商榷（下）〉，《警察學術季刊》，
　　　第 8 卷第 4 期，頁 27-36。

陳正祥（1959）。《臺灣地誌》。臺北市：敷明產業地理研究所。

陳東升（1995）。《金權城市：地方派系、財團與臺北都會發展的社會學分析》。臺北市：巨
　　　流。

陳東升、周素卿（2006）。《臺灣全志，卷九，都市發展篇》。南投市：國史館臺灣文獻館。

陳寬政（1981.12）。〈臺北都會區的人口分布與變遷〉，《人口學刊》，第 5 期，頁 51-65。

章英華（1984）。〈清代以後上海市區的發展與民國初年上海的區位結構〉，收入《中國海洋
　　　發展史論文集》，頁 175-248。臺北市：中央研究院三民主義研究所。

章英華（1986.11）。〈臺灣都市區位結構的比較研究：以臺北、臺中、高雄為例〉，《臺大社
　　　會學刊》，第 18 期，頁 25-50。

章英華（1986）。〈清末以來臺灣都市體系之變遷〉，載於瞿海源、章英華主編，《臺灣社會
　　　與文化變遷》，頁 233-273。臺北市：中央研究院民族學研究所。

章英華（1995）。〈近代臺灣社會生活空間的都市化〉，收入《臺灣近代史》，頁 163-185。南
　　　投市：臺灣省文獻會。

章英華、王振寰（2005）。〈亂序之間：都市化與區域發展〉，載於王振寰、章英華主編，
　　　《凝聚臺灣生命力》，頁 101-123。臺北市：巨流。

章英華、蔡勇美（1997）。〈臺灣的都市經驗──過去、現在與未來初探〉，載於蔡勇美、章
　　　英華主編，《臺灣的都市社會》，頁 523-554。臺北市：巨流。

曾玉焜（2002）。《高雄市各區發展淵源》。高雄市：高雄市文獻委員會。

湯熙勇、周玉慧主編（1999）。《臺北市十四、十五號公園口述歷史專輯》。臺北市：文獻委
　　　員會。

黃大洲（2001a）。《更新：中華路的重建》。新店市：正中書局。

黃大洲（2001b）。《蛻變：大安森林公園的誕生》。新店市：正中書局。

楊玉姿（2007）。《前鎮開發史》。高雄市：前鎮區公所。

雷柏爾、全漢昇、陳紹馨（1954）。《臺灣之城市與工業》。臺北市：臺灣大學。

臺灣大學建築與城鄉研究所（1993）。《臺北縣綜合發展計畫部門發展計劃（二）交通運
　　　輸、住宅、環境保護》。板橋市：臺北縣政府。

熊瑞梅（1990）。〈臺灣都會人口變遷及有關區位擴張的假定〉，《中國社會學刊》，第 14

期，頁65-95。

羅澍偉主編（1993）。《近代天津城市史》。北京：中國社會科學出版社。

Barclay, George W., (1954). *Colonial Development and Population in Taiwan.* Princeton: Princeton
    University Press.

Chang, Ying-Hwa (1982). *The Internal Structure of Chinese Cities, 1920's and 1930's: An Ecological
    Approach.* Ph. D. dissertation, Department of Sociology, Princeton University.

Rozman, Gilbert (1976). *Urban Network in Russia, 1750-1800.* Princeton: Princeton University
    Press.

* 本文曾刊於《中華民國發展史：社會發展（上冊）》，章英華等著，2011 年 11 月，頁
149-184。臺北市：政治大學、聯經出版社。

第三章

臺灣都市發展與教育空間分布的變遷：
兼論社會活動空間的演變[*]

一、前言

　　對都市發展的研究，往往是以人口數作為最直接的展現工具，我
們可以從人口的自然和社會增加的結果來說明都市成長的過程，我們
可以由都市人口所展現的大小位階關係來說明都市體系的變化（Breese,
1968；Rozmam, 1973；Skinner, 1977；Carter, 1983）。最近有都市體
系的研究，都認為都市人口的成長並不能直接就反映社會資源的分配
（Smith, 1985），因此都市體系與人類活動的關聯，並不只從人口規模
便可以推論出來。人口往往只是一個果而已，其他社會資源分布的結
果，反而更能瞭解人類活動性質。人與都市的關係，最自然想到的是日
常活動中，如購買東西、前往工作場所以及從事一些休閒活動。但在本
文中所要看的活動空間，是以人的整個生涯為著眼點。人們常會因為一
些長期的活動而在他生命中變換了生活的地點。在現代生活中，教育設
施的分布以及工作機會的分布，是人們在生命中更改居住地點的兩個最
重要的原因。而都市的發展與教育與工作機會的關聯性十分密切。因此
在本文中所說的空間活動的演變，指的是因為求學以及工作在居住空間
上所產生的變遷。

　　臺灣可以被認為是一個都市化的社會，大概要等到 1960 年代以

* 本文有關臺灣都市發展與人口移動的討論，除部分新添材料外，主要取材自章英華
　（1986），有關 1950 年代以後教育設施分布的討論，則取材自章英華（1990）。初稿在研討
　會中，承評論人蔡明哲教授以及游鑑明教授等多位與會者指正，據以參考修訂，謹此致
　謝。

後。但是臺灣現代的都市體系、現代的教育設施以及現代的交通系統，都是在日據時期奠定了基礎。我們也看到，臺灣的都市發展一直有其累積性。不過從日據以來，因為政治與經濟體制的變化以及遷徙性質的轉變，都市體系以及全島居民之間的關聯也有其變化。本文企圖在已有的臺灣史研究的基礎之下，從教育體制的變化，觀察其與都市發展及都市體系的關聯性，進而觀察這樣的關聯性所反映的臺灣居民在社會活動空間上的演變。本文先討論臺灣在整個 20 世紀都市發展，以及都市吸引外來人口的模式；接著說明教育資源在都市與區域分布模式上的變遷，最後才以出生地、幼年居住地與最高學歷就學地以及目前居住地之間的關聯，討論社會活動空間上的演變。

二、臺灣的都市發展與人口移動

（一）19 世紀以前

　　臺灣在整個清朝，都可以說是新開發的邊陲地帶。在日本領臺之前，人口大概只在 250 萬上下。臺灣農業移民所展現的一個特色是區域性。也就是，移民是從不同地區的口岸移入臺灣，而在口岸延伸的腹地從事其農業營生。整個臺灣西部的開發，雖然有由南而北的先後之分，但是各地大部分的移入者，都不是從清初最早開發的臺南地區向外擴散的結果（尹章義，1989）。對一些中部與北部重要家族的研究，如霧峰的林家（Menskill, 1986；黃富三，1987）、龍井的林家（許雪姬，1990）、新竹的鄭家（張炎憲，1988）、北埔的姜家（莊英章等，1986）、以及板橋的林家（王國璠，1984）等，都是從所開墾地區鄰近的港口直接進入的。在 19 世紀後半，臺灣人口的成長來自島外人口移入的分量，已經大不如前，人口的增加相當成分是島內人口自然增加的結果。在整個 19 世紀，我們可以看到一些島內人口移動的現象，但是這種人口的移動，大部分還是農業移民，在臺灣從原來的定居地移往開發潛力更大的地方。

　　陳亦榮（1986）整理臺灣 2,190 部的族譜資料，就其中清查出記載島內遷徙的例子，其中農業遷徙的有 83 例，因械鬥遷徙的有 19 例，因

商業遷徙則僅 15 例。而因械鬥遷徙到目的地之後，絕大部分仍是以農業營生，因此可以看作農業遷徙的特例。從兩千餘部族譜中整理出一百多個遷徙的例子，其中固然有些可能是因為族譜記載不清而掩藏了一些遷徙的個案，但應可以說明，島內再遷徙的案例，並不是主流。再從所得到一百出頭的農業遷徙個案中觀察，若我們將臺灣分成臺北、新竹、臺中、臺南、高雄以及東部六個區域，則在我們可以確定地理位置的個案中，52 件為區內的移動，31 件為鄰區的移動，14 件為跨一區以上的移動。在以區內移動為主，鄰區移動為次的狀況下，這種人口的移動，並不是造成區域間人口比重變化的原因。到了 19 世紀依舊如此，以可以肯定為嘉慶年間及其以後的農業遷徙案例而言，41 例中，區內的有22 件，鄰區的有 12 件，跨區的只有 7 件，同樣也說明 19 世紀的農業遷徙模式，並未顯示特別的變化。

　　19 世紀臺灣的人口，呈現相當明顯的區域間的變化。若以新竹及其以北地方，嘉義及其以南地方區分為北部與南部，其中的地區為中部，而花蓮與臺東為東部，1811 年時，北部和東部占人口的百分比，分別為 13.2 和 17.6，南部則占七成左右。到了 1893 年，北部與中部分別占全島人口的 30.1 和 26.4 %，南部雖然仍擁有較多的人口，但百分比降至 43（臺灣省通誌，卷二人民志：人口篇）。從以上的農業遷徙模式的分析，我們可以說南部在人口相對分量上的減少，北部與中部的增加，並不是區域間人口遷徙的結果，而大部分仍是島外人口移入所致。而北部與中部的同步增加，多少可以作為佐證。更直接的證據是臺灣北部在 19 世紀發展經濟作物所需要的勞力，大部分是來自福建而非本島（林滿紅，1978）。

　　相應於這種移民的區域發展，是貿易的區域性。臺灣在農業上的潛力，使得與中國大陸之間形成了農業與手工業的分工。當臺灣居民以農產品與大陸交換手工業產品時，是由散布在沿海的各港口直接與大陸的口岸互通有無，而不是只透過少數特定的港口（卓克華，1990）。來自農業移民以及與島外貿易共同展現的區域性，使不同地區的港口，都得到了幾乎是同等的發展契機。這就是小都市在全島各區域普遍形成的主要因素。因應統治的需要而建立的府、縣城，同樣是清朝臺灣都市發展

的動力之一，但是在府縣城的設立時，大都避開了港口都市，比起農業
生產和島外貿易二者交集的港口都市，則分量仍然弱些。我們在 19 世
紀中葉以前，除了臺南府城之外，其他地區，都可以看到港口都市在人
口規模上大於行政都市的例子（章英華，1986）。到了 19 世紀末期，將
臺灣提升為省，而將省城定位於北部經濟快速發展的都市地帶，即目前
臺北市時，全島政經中心的雛形才略為彰顯。綜合言之，直到 19 世紀
末葉，都市尚未成為吸引島內人口的重心，在移民與對外貿易的區域性
以及政治位階低的情況下，都市規模小，海港都市相對於行政都市的優
勢，成為臺灣都市體系的特色。

（二）20 世紀前半

　　當日本人領有臺灣之後，帶來另一波的島外移入人口。這群人口不
同於以往的農業移民，而是為著鞏固殖民統治，促進臺灣與日本之間農
工分化貿易往來，帶來為數不少的來自日本的都市移民。日本統治者為
了能汲取臺灣的農業資源，在有計畫的改進臺灣的農業水準以供給日本
市場之時，逐漸發展了統治臺灣的行政體系，造成了各州廳治所在都市
的穩定發展。當鐵路與分在南北的兩個深水港，基隆與高雄，構成了臺
灣的主要交通體系之後，清朝時在臺灣西岸分布的港口都市失去優勢，
主要的行政都市，逐漸成為區域的經濟核心，而成為區域的中心都市，
取代了過去港口都市的地位。另外一種新的政治經濟關係是，臺灣與日
本的聯結，並不是像過去般透過許多的小港口，而是經由臺北、基隆而
與日本本土發生各種往來。這種優勢在活動與人口數量上同時展現出
來。在工業成長上，由於早期政策上對臺灣與日本分工的定位，以致農
產加工一直占工業的最大部分，除了高雄在 1930 年代以後，因為南
進政策所展開的大型工業所吸引的人口，躍升為臺灣的第二大都市之
外，大部分增長的成長，是因為行政體系與區域貿易的擴張，而非工業
發展導致的結果。

　　在以上的發展過程中，日據時期都市體系與清代最不相同的是，第
一大都市與第二大都市之間的差異逐漸明顯，19 世紀末是雙峰模式，

臺南和臺北（指艋舺與大稻埕）幾乎相等，日據時則成為以臺北為尊的單峰模式。其次則是行政都市與新興海港都市的規模超過了清代的港口都市。1935 年時，超過兩萬人口的都市，分別是臺北、臺南、基隆、高雄、嘉義、臺中、新竹、彰化、鹿港、宜蘭與屏東。除了鹿港之外，不是州治，便是升格為市的行政單位。一些舊日的港口都市，如鹿港、北港、東港和朴子等，與同州內行政都市的差距日漸擴大，而港口都市的發展完全集中在基隆與高雄兩都市。在以上區域都市發展的趨勢下，日據時期的都市人口比例穩定成長，以 2,500 人口以上的都市人口總和而言，占總人口的百分比，從 1905 年的 14 增加到 1935 年的 25。兩萬人口以上都市的人口總和提升的幅度更大，從 1905 年的百分之五到 1935 年的百分之十六。第一大都市占全人口的分量，則從 19 世紀末的五十分之一，提高到日據末期的二十分之一。這當然意味著都市規模的擴大了（章英華，1986）。

　　總之，從 1905 到 1945 年之間的都市體系變遷的特色是，第一大都市相對於區域都市的成長優勢，以及區域都市在區域內顯現相當的成長優勢。這樣都市成長的人口來源何在？日本殖民者帶來的都市移民，當然是主要的成分之一。以 1935 年的數據觀察，臺北、基隆、高雄、臺中這幾個都市，其町區範圍內的日本人占人口總數的三分之一以上，列為市的行政單位，最少亦有百分之十五左右的人口為日本人。除了日本人的移入之外，各區域都市吸納人口範圍，是相當區域性的。根據溫振華的研究（1986；1988；1994），臺北市的人口主要來自臺北州，而臺中市的來自臺中州。臺北和臺中二市附近的街庄都呈現高遷出率，顯示近距離的人口流動。高雄市情形特殊，高雄市四周地區並沒有高遷徙率的問題，而高雄市人口的性比例又高於臺北市，因此認為，高雄市的移入人口應屬較長距離的移民。不過尹建中的研究（1969）明白指出，日據時期，高雄的人口很大部分來自澎湖。這與高雄幾個梯次建港的勞力需求密切相關。以澎湖相對於高雄的關係，也可以說是區域內的遷徙行為了。

　　如此的遷移模式下，都市成長並未根本改變區域人口之間的相對分量。在 1905 年時，人口最多的是臺南地區（926,322），其餘

依次是臺北（564,515）、臺中（560,573）、新竹（522,092）、高雄
（360,799）和東部地區（49,223）。1940年時，臺南（1,487,999）仍是
人口最多地區，再依序為臺中（1,303,709）、臺北（1,140,530）、高雄
（857,214）、新竹（783,416）和東部地區（234,596）（臺灣省通誌，卷
二人民誌：人口篇）。這期間，臺中地區人口數量超過了臺北地區，高
雄地區則超過了新竹地區，而臺中與臺北地區相對位置的改變，更說明
了最大都市的成長與整個地區的人口成長並不直接相關。雖然有著以上
的變化，南部地區仍占臺灣人口最大的比例，與19世紀後半的情形依
舊相似。日本人結束臺灣的統治離開臺灣之後，導致主要都市流失大量
的人口。可是1949年國民政府遷臺之後，又帶來以外省人為主的一波
都市移民。以1950年的資料來衡量，區域間人口的相對位置依舊如日
據末期，主要都市間的大小位階關係仍然相似。

（三）20世紀後半

在1950至1960年代之間，都市的變化，受到外省人都市移民性質
的影響相當大。陳紹馨（1979）和龍冠海（1972）都明白指出，臺北
市邊緣的鄉鎮，都有著都會化的現象，但這時的都會化，是因為中心都
市無法容納大量的外省移民，而在戰時政策的考量下，將人口疏散到中
心都市邊緣地帶，並非經濟發展所導致的結果（許阿雪，1989）。這樣
的情形也同樣出現在高雄市和臺中市，高雄的情況更特殊。軍事基地分
布在左營和鳳山，導致這兩個小都市在臺灣的都市位階快速提升，依
陳正祥（1959）的估計，二者在1957年時分居第11位和12位。到了
1961年，臺北和高雄地區的人口增長最快，這樣的結果，是島外移民
以及島內的人口移動所共同造成的。不過在1960年以後的人口移動，
基本上是島內人口大量遷徙的結果，在塑造了都市的成長過程中，也導
致了全島區域人口相對位置的大調整。這時候，不只是臺北市優勢，而
是整個北部優勢的鞏固。

在1958年時，臺北的衛星都市中，只有三重列名前二十大都市之
林。在1972年加入了板橋、永和、新店和中和，1980年則再添新莊。

更特別的是，板橋、三重和中和在1990年的人口規模，只小於日據以來的區域中心都市，臺北、高雄、臺中和臺南，位列第五、第六和第七，凌駕各縣級的中心都市，如新竹、嘉義、彰化和屏東。另外其他臺灣北部的都市，在1990年時，依序還有基隆、新竹、中壢、桃園和平鎮。1990年前二十名的都市中，北部占了12座，而舊臺北州的範圍內就占了9座。這種都市人口成長的趨勢，更向桃園和新竹方面延伸。在其他區域，同樣也看到區域都市附近地帶人口的成長，只是不像北部地區那麼突顯。在高雄地區，鳳山的人口超過了屏東；臺南市旁的永康，是嘉南地區，除臺南市和嘉義市之外，唯一超過十萬人口的鄉鎮級行政單位。臺中市鄰近的大里、太平和豐原，與臺中和彰化市，同時是臺中地區中超過十萬人口的都市聚落。全臺灣的都市發展，在1960年代之後，似乎都是以四大都市為中心而向各自的鄰近地帶擴展的情形。我們可以說這是都會化的現象。臺北地區都會化的現象最顯著，以致於它不只是在都市規模上，在區域人口上也位居臺灣第一。這與日據時期，都市與區域人口成長不相關聯，是有著相當大的差異（章英華，1986）。

　　這樣的都會化所吸引的人口，也不同於日據時期只限於區域內的遷徙模式。自1960年以來，臺北市的移入者，七成來自臺北都會以外地區，臺北縣則六成來自臺北都會以外地區。而人口的來源地，遍及臺灣的各個區域。臺北、臺中、臺南和高雄市在1980年代的遷徙資料都顯示，這幾個都市吸入的人口，少則三、四成，多則七成，是來自日本時期州以外的地區（章英華，1995）。這樣跨區域的流動，普遍出現在主要的區域都市和其鄰近地區。這樣的成長可以說是工業化所促成的，但卻不能完全歸因於製造業的成長，製造業的發展所促成的三級產業的成長可能更為關鍵。在各種環境變遷和教育提升之下，製造業和三級產業的擴張逐步增強了人口集中於都市地區的趨勢（Speare et.al, 1988）。服務業的發展對人口向區域都市以及其附近地帶的集中，可能比製造業還強。相對於服務業，臺灣製造業的空間分布，是比較均勻的（施添福，1982）。我們或可以推論說，快速發展的中小型都市，固然以製造業的成長是最重要的因素；但是就大都市及其衛星都市，製造業也見成長，所異於一般中小都市的是其高比例的服務業人口。區域中心都市附近的

衛星都市，吸收了相當數量的在中心都市工作的服務業人口，臺北市附近的幾個縣轄市，如板橋、中和、永和以及新店是最典型的例子（章英華，1993）。

三、教育設施的分布與都市發展

（一）殖民與教育都市化：日據時期

　　臺灣在清領時期，有官方的儒學與書院，有民間自辦的書院、義學、書塾和社學，層次雖有不同，但作為科舉預備學校的性質，大致相同。同時，也沒有一階一階升上去的學級關係，各類學校的學生都可以直接參與科舉考試，只有府縣儒學才限定經學政主考及格的秀才。但是各個儒學並無正規的課程，只是在規定的時間參加月課與歲考，這和日日上學的學校，大不相同。除了府縣學必須設在府縣治所在的都市之外，其餘學校則分散在臺灣各地的大小聚落，並無特別集中的模式，或由都市大小位階所形成的等級關係。到了日據時期，為了展現其現代發展的企圖，提高殖民地的水準，也是殖民政府努力的方向之一，而現代的學校體制則是其中的一環。

　　日本殖民政府在教育上的最大成就是國民教育的普及。雖然因種族之分，有日本人就讀的小學校和臺灣人就讀公學校之分，但公學校兒童就學率從1918年的二成升到1943年的七成（男性有八成，女性亦達六成），以同時期的世界水準而言，這是相當的成就，遠超過當時的中國大陸。作為這個普及率基礎的是，公學校幾乎普遍存在於臺灣的每一個街或庄。這樣的普及，大致上是沒有城鄉差別的。不過在公學校層級以上的學校，則與都市的行政位階密切關聯。而教育的都市化，也是在這個層次以上才彰顯出來。

1. 中學校與職業學校的設置與分布

　　中學的設置，是從總督府所在的臺北開始，而逐次往全島的其他都市漸次擴展，而這種擴展的先後次序，大致與都市的行政位階相契合。以下依建立年別分別列出迄1944年止成立的男子和女子中學：

男子中學建立年代與地點

學校	縣市	年別	學校	縣市	年別
** 臺北一中	臺北市	1898	* 花蓮中學	花蓮港	1936
** 臺南一中	臺南市	1914	** 臺北三中	臺北市	1937
臺中一中	臺中市	1915	* 屏東中學	屏東市	1938
* 臺北高校	臺北市	1922	淡水中學	淡水街	1938
臺北二中	臺北市	1922	臺北中學	臺北市	1938
* 新竹中學	新竹市	1922	國民中學	臺北市	1939
** 臺中二中	臺中市	1922	長榮中學	臺南市	1939
臺南二中	臺南市	1922	臺東中學	臺東街	1941
* 高雄中學	高雄市	1922	臺北四中	臺北市	1941
* 嘉義中學	嘉義市	1924	彰化中學	彰化市	1942
* 基隆中學	基隆市	1927	高雄二中	高雄市	1944

** 以收日籍學生為主的學校。

* 在1938年時日籍學生數占多數的學校。

資料來源：《臺灣學事報》，昭和15（1940）年；汪知亭（1959）

女子中學建立年代與地點

學校	縣市	年別	學校	縣市	年別
臺北三高	臺北市	1897	* 屏東高女	屏東市	1932
** 臺北一高	臺北市	1904	* 蘭陽高女	宜蘭街	1938
臺南二高	臺南市	1916	淡水高女	淡水街	1938
** 臺南一高	臺南市	1917	長榮高女	臺南市	1939
* 臺北二高	臺北市	1919	虎尾高女	虎尾街	1940
彰化高女	彰化市	1919	臺東高女	臺東街	1940
** 臺中高女	臺中市	1921	臺中二高	臺中市	1941
* 嘉義高女	嘉義市	1922	高雄二高	高雄市	1943
* 基隆高女	基隆市	1924	馬公高女	馬公街	1943
* 新竹高女	新竹市	1924			
* 高雄高女	高雄市	1924			
* 花蓮高女	花蓮港	1927			

** 以收日籍學生為主的學校。

* 在1938年時日籍學生數占多數的學校。

資料來源：《臺灣學事報》，昭和15（1940）年；汪知亭（1959）

　　從以上設立的年代，我們可以將日本殖民政府在中學的擴展上分成三個時期，1910年以前，1910和1920年代以及1930年以後。共同

於三個時期的特徵是，男校和女校的設置大致是同步的。在1910年以前，日本對臺灣的統治尚未穩定，這時的中學校都位於總督府治所在，合計男校和女校亦只有三所而已。在1910和1920年代，持續穩定的建立新的中學，主要是以州治所在地為設置地點，於是擴展到臺南、臺中、新竹和高雄，而嘉義和基隆作為重要的地方都市，花蓮則是開發東部的主要樞紐，在1920年代也都設立了男中和女中。在彰化設立女中，專事容納臺籍女生，大概是考慮臺籍居民以彰化為多的情形。到了1930年代中期，最大的特色是私立中學的設置，以及向州治以外較小的地方中心發展，宜蘭、彰化、屏東、虎尾、馬公等地的中學都是在1938年以後才設立。高雄在這時候設立了第二所的男中和女中，這意味著高雄的分量，在1930年代以後，可以與臺中和臺南並驅。在1944年時，以公立中學而言，臺北是男女校各四所，再加一所大學預備學校的臺北高等學校（高等學校學歷應高於一般中學），臺中、臺南和高雄是各兩所的情形，其他地區則各一所或僅止一所。這是一種分散中仍有高低位階的模式。為了配合戰時的徵兵制，在1942年開始設置青年學校，收納12至19歲國民學校已畢業而未繼續就學者，分設普通科（修習兩年）、本科（修習五年），其分布較中學為廣（臺灣年鑑，1944：497-498）。因設置時期短，戰後以之為皇民化運動的組織，完全廢止（臺灣省教育廳，1955），本文的統計數字並不將之包含在內。

　　職業學校中，有實業補習學校，大都併置於公學校，到了1944年，共有九十所，這樣的學校大概只能算是初等職業學校，其分布應當是遍及全島的。相應於中學校的是中等職業學校，其設置則晚於中學校。1910年代只設立了四所，第一所是臺北工業學校，再來有臺北商業學校、嘉義農林學校、和臺北商業學校。1920年代只添加了兩所，即宜蘭農林學校和屏東農業學校。農業方面的學校設在嘉義、屏東和宜蘭，多少反映著1920年代以前殖民政府發展臺灣農業的政策目標。1930年代後半才開始積極設立職業學校，在1936至1944年之間，設立了十五家學校。其中工業職校，占了八家，農校五家，商校一家，一家水產學校。其中一所農業學校和兩所工業學校是由商校改制而來（臺灣年鑑，1944：492）。這樣的發展，是戰時的特殊政策，對農工兩

類學校加以擴充，為增加「副戰力」縮減商業學校的規模。在1940年代，臺北有兩所工業學校、一所商業學校，臺中和高雄有一所工校、一所商校，臺南則工校和農校各一所。其餘地方都市同樣只有一所職業學校，工校、商校或水產學校。職校的分布，同樣是分散各地方都市之時，有著相應於都市規模的差異模式。只是學校大都成立在殖民統治的最後十年，基礎難說穩固。1943年時，實業學校的學生數為13,042人，遠低於男女中學校合計的27,060人（臺灣年鑑，1944：503）。

　　大家都知道，日本總督府在教育上有著明顯的種族差別待遇，日籍在臺人士有著遠高於本地臺灣人的就學機會。這樣的差別，普見於各地的中等學校。在臺北、臺中、臺南和高雄，都有著以日籍為主和以臺籍為主的中學校或女子高校。而在同時收容日本人和臺灣人的男、女中學，則往往是日本人多於臺灣人。在1944年時，中學校的臺灣人學生數，則只有12,115人，少於日本人約4,000人。高職的情形，農業學校一直是以本地臺灣人居多外，商業與工業學校迄1941或1942年仍是日籍居多的情形，但是到了戰爭最後的兩年，臺籍學生人數達到8,212人，超過了日籍學生數（汪知亭，1959）。日本殖民政府在中等學校的發展上，雖然建立了普遍的區域基礎，但是所容納的學生數與公學校的發展相比，是完全不能比較的。而在大部分時期，不論是普通或者職業中學，日籍學生比例都超過臺籍學生。

2. 專門學校與大學的設置與分布

　　臺灣總督府在19世紀末，初掌臺灣之時，便設立了國語學校與醫學校。國語學校師範部後來轉變成師範學校，而醫學校正式成為醫學專門學校，臺灣才算有了真正的高等教育。

　　師範學校的修業年限與中學校幾乎類似，但以其訓練師資的專門性質，以及師範生在當時的社會地位，我們還是可以將師範教育視為高等教育的一環。在1920年代前後，先設立了三所師範學校，臺北第一師範、臺南師範以及臺中師範，至1928年增設了臺北第二師範。至1940年才又於新竹設立臺中師範分部，在屏東設立臺南師範分部。因此大部分的日據時期，師範學校只存在於北、中、南的區域中心都市，而臺

北的分量又大些。至於專科學校，在1919年成立臺北高等商業學校，1943年改名為臺北經濟專門學校；1919年成立總督府農林專門學校，經過二度改名，在1928年併入臺北帝國大學，為附屬農林專門部，但最後在1942年遷往臺中，更名為臺中農林專門學校。總督府醫學校在1919年正式稱為醫學專門學校，1936年併入臺北帝國大學，為帝大附屬醫學專門學校。工業方面，在1931年成立臺南高等工業學校，1942年更名為臺南工業專門學校。女子專門學校成立於1943年，設在臺北。因此在日據末期，臺北有商業、醫學和女子三所專門學校，臺中有一所農業專門學校，臺南有一所工業專門學校。臺灣唯一的大學，臺北帝國大學，成立於1928年（汪知亭，1959；鍾清漢，1993；臺北帝國大學一覽，1932）。

帝大與專門學校對臺籍本地人的差別待遇，更為嚴重（汪知亭，1959；吳文星，1992；鍾清漢，1993；張清溪，1994）。醫學專門學校，由於早期醫學校的設立，在於訓練本地人士，在這樣的傳統下，迄1940年，臺籍學生人數都超過日本籍者。雖然在1942年以後的三年間，日本籍學生都超過了臺灣籍者。但已經為臺灣本地造就了相當數量的高等教育人士，也是日據時期地方領袖最主要的來源。至於其他的專門學校，每年招生人數不超過三百，又以日本人占絕大部分，所教育出來的臺灣本地學生的數量甚小。這樣的都市化，對臺灣的影響，可能又更不如中等教育。師範教育在1930年代以後，日本人的優勢逐漸增強，1940年代初期，日本籍學生數，每年都在兩千人以上，但是臺籍學生都在五百以下，1942年更只有147人。不過，在1919和1927年之間，每年的臺籍師範生數都超過一千。這也造就了臺灣另外一批的高等教育分子。

從唯一的位於臺北的帝國大學，到分布在臺北、臺中和臺南的專門與師範學校，再到分布於州治都市以及更次一級地方都市的普通與職業中等學校，以及普及的公學校，整個臺灣在日本總督府統治之下，學校教育由大學以至中學，構成了相應於首府，區域中心都市、州治都市以及地方都市的層級關係。在層級越高的教育上，臺北的獨占性越強，同時臺北在中等學校的分布上，也形成相應於其首治位置的較大分量。從

表3.1 中，我們可以看到，臺北州只占全島近二成的人口，而占中等以
上學校的學生數卻近五成。當我們只以臺籍學生觀察時，亦占了近四
成。其餘各地區，相對於其人口數，都有著偏低的中等以上學生數的分
布，以臺籍學生為對象，則偏低的情形較為減弱。臺北州一枝獨秀的情
形，非常清楚。由於高等教育機構稀少，對臺灣籍學生的差別待遇極其
嚴重，前往日本就學，只有財力上足以支持，反而成為更容易的機會。
據估計，留日臺籍人士「自各帝國大學畢業者約一千人，自各國立及私
大學畢業者約兩萬人，自各專科學校畢業者有四萬人，合計約六萬餘
人，……遠超過殖民精英教育設施所培養的」（吳文星，1992）。從高
等教育著眼，本島的層級關係之外，還必須考慮殖民母國的角色。

表3.1 臺灣中等以上學生數分布，1938

地區	人口數	%	學生	%	集中係數	臺籍學生	%	集中係數
臺北	1,095,381	19.54	10,531	46.82	239	3,295	39.48	202
新竹	764,564	13.64	1,277	5.68	42	481	5.76	42
臺中	1,264,117	22.55	3,164	14.07	62	1,441	17.27	77
臺南	1,447,860	25.82	4,657	20.71	80	2,134	25.57	99
高雄	851,271	15.19	2,148	9.55	63	900	10.78	71
東部	182,657	3.26	713	3.17	97	95	1.14	35
合計	5,605,850	100	22,490	100		8,346	100	

* 集中係數是以學生比例除以人口數比例再乘以100，超過100越多顯示該地區有著相對於其
人口比重較多的學生比例。
資料來源：《昭和十三年臺灣人口動態統計》；《臺灣學事報》，昭和十五年版

（二）教育資源的擴張、分散與集中：1950 年代以後

　　至 1950 年代初期，臺灣的中等以上教育設施是就日據時期的基礎
加以調整。首先是大部分日據的實業補習學校改為縣立中學，以初中部
為主。其次則是日據時期的中學校與女子高等學校，經少數合併之後，
全部改成省立中學，而無省立中學設置的縣治與交通要衝，則將縣立中
學改制為省立中學；實業學校改制為三三制的高初級職業學校。師範
學校，則新竹與屏東分部獨立之外，臺東與花蓮則各增設一所。專科以
上學校在 1953 年時尚只六所，1954 年時為九所，1955 年時達十五所

（臺灣省教廳，1955）。就以上的描述，大致可以推論說，在1950年代初期以前，中等以上教育設施雖有增加，但與日據時期的整體狀況相去不遠。因此，我們就以1950年代以後的資料觀察戰後臺灣教育設施的擴充與空間分布。

　　為了呈現戰後臺灣教育的發展，我們以1956、1966、1976和1986四個年期中等以上學生數在全省各縣市分布的情形來說明，特別以學生數相對於人口數的比值來說明集中情形的變遷。我們假定教育資源的分布與各地區人口的比重成等比，如教育資源的分布均勻，那麼學生比例相對於人口比例的值是1，大於1時，則表示某一縣市或地區在這類學校的分布上較為優勢。戰後臺灣教育的發展過程中，九年國教的實施，是相當重大的變革。在1968年，實施國中教育之後，初級中學的分布與國小教育一般，相對於人口的分布，是沒有地區上的差異的。因此在1956和1966的比較時，初中與高中合為中學，而1976與1986的數字只包含高級中學。（見附表3-1）

　　1956年的教育組成是以普通中學和大學為主，專科生和中職生占學生比例都低。中職生在四大區域的分布與其人口分布的比重大略相等，集中係數趨近於1。以縣市言，則偏重在臺北、臺中、臺南和高雄四市以及嘉義縣。中學生的分布則顯示北部的優勢。以縣市別而言，偏集於臺北、臺中、臺南和高雄四市和新竹縣。新竹和嘉義都是日據時期的州治，這樣的中等學校的空間分布情形，與日據末期大致相同。在大學和專科學校的分布上，是更明顯的北部優勢。以縣市而言，北部集中在臺北市，中部在臺中市，南部在高雄市，這是日據時期專門學校改制為大學所反映的分布狀況。專科則是以臺北縣所占的比例最高，基隆亦較高。專科學校比起大學，設在中心都市的傾向較弱。整體說來，高等教育在1956年的北部優勢，以及臺北、臺中和臺南三個區域中心都市的優勢，多少亦是日據狀況的延續。

　　接著讓我們觀察1956年以後各級學校空間分布的變化。中等學校在學生數的擴張之下，區域間的相對差距幾乎消失，這應該是國中教育普及的結果。以1976和1986兩年的情形觀察，高中的區域差距仍在，北部的集中係數分別為1.28和1.15，都高於高職者。職業學校的區域

差異，在 1970 年代以後，可以說是消失了；但高中的分布仍略顯北部優勢。高中和高職同樣還是呈現區域中心都市的優勢，臺北、臺中、臺南、高雄四市高中的集中係數分別是 1.89、1.74、1.96 和 0.92，而高職則為 1.56、1.41、1.32 和 1.11。高中的集中現象又大於高職。1960 年代以後高職在學人數遠超過高中的學生數。

　　高等教育方面，大學和專科呈現不同的模式。專科在 1960 年代以後，發展的速度超過大學。1956 年時，專科人數是大學的五分之一，1986 年則超過大學學生數。北部專科學校的集中係數，在 1956 年高於大學，但由 2.7、1.71 和 1.54，再降至 1986 年的 1.31。後三年期的數值都低於大學。專科在南部的擴散情形最為顯著，集中係數從 0.31、0.80 和 0.88，再升至 1986 的 0.98。而最值得注意的是，臺南、嘉義和屏東三縣的相對優勢還強過臺南市和高雄市，顯示較大的擴散面。中部在專科的成長上較為遲滯，同時集中臺中市的情形顯著。北部大學學生數的相對優勢是減弱中，集中係數從 2.60 逐漸下降至 1.59，但是集中情形仍高過專科。臺北優勢減弱，並非向各區域的分散，而是中部地區的獨特成長。集中係數從 1945 年的 0.28 升至 1986 年的 1.02。這種情形，最主要是臺中市是臺北市以外大學最集中的都市。臺中市在 1986 年的集中係數為 6.94，遠超過臺北市的 2.63。南部的成長緩慢，僅只分布在臺南和高雄二市。在北部，臺北市的優勢仍在，但自 1960 年代已往臺北縣、桃園縣和新竹縣擴展，顯示北部在大學教育上較全面的擴展。

　　總的來說，從 1956 年以來，臺灣中等以上學校分布上的區域差距逐漸縮小，中心都市的優勢亦減弱中。高中與職業學校大致已趨近人口比重。高等教育的分布，則北部的優勢仍在，大學的區域差距大於專科。北部相對優勢減弱，部分是因為占全臺灣地區人口比例增強的緣故。以實際的比值來看，1986 年時，北部的大學生數占全臺灣的六成五，而專科學生數占五成三，仍超過其他地區的總和，保持明顯的差距。最值得注意的是，在高等教育逐漸擴散的過程中，中部和南部各有所得，中部在大學部門強過南部，而南部在專科方面則較優勢。各區域中心都市在大學、高中和高職所占的分量仍大過其人口的比重，但越是層次高的教育設施，集中的情形越明顯。

　　整個教育資源在空間上的擴展，最特別的還是南部專科和中部大學的發展。大學的發展主要在 1963 年以前，那時除了臺北市以外，就屬臺中的大學數目最多，而又以私立大學為主。政府在 1963 年禁止設置大學，但是以私立大學學生數的增加作為吸收更多高中生的方法。這導致臺中市和中部地區相對優勢的增強。而在 1960 年代以後，所鼓勵的是高職和專科學校的設立（教育年鑑，1976；陳舜芬，1993），這也使得專科相對於大學，以及高職相對於高中，在區域分布差距和中心都市優勢的減弱。而南部在專科上私人興學的比重，在南部地區人口比重降低的過程中，則顯得更加突出。政府在政策上，以經濟發展為著眼點，在學校設立的政策，導致了大學與專科以及高中與職校在空間分布上的不同發展途徑。

　　在 1986 年以後，教育部又開放私立大學的設置，陸續成立了一些新的大學或學院。在這過程中，新學校的學生數尚少，而幾個三專以及師專的改制，影響較大，師專的分布一直考慮到區域的均衡，而改制的三專又多位於臺北市，因此整個高等教育的空間分布模式，在新學校未茁壯之前，大致仍如 1986 年一般（中華民國教育統計，1993）。另外值得留意的是，大學教育在 1950 年代以後，幾乎是完全仰賴臺灣本身的高教設施，這與日據時期有所差異。不過在研究所以上的教育，則在相當時間是以美國為主要的就學地。可是在 1970 年代，臺灣高教設施所吸收的研究生數量已經超過了留學生的數量，因此與日據時期大部分依靠島外的情形，也有了變化（中華民國教育統計指標，1989）。

四、個人生涯的空間移動

　　閱讀有關日據時代的一些研究，我們發現受到高等教育者回鄉工作的傾向似乎高過留在全島中心都市傾向，不論是有關師範生（吳文星，1979）、醫師（陳君愷，1992）、婦女（游鑑明，1994）或社會領導階層（吳文星，1992），都給讀者如此的印象。而在學校教育的成長上，我們看到日籍與臺籍學生在就學機會上嚴重差別待遇之外，同時看到在教育機構工作人員上更為極端。中等以上各類學校的教師中，臺籍者，

在各校不是零就是個位數（汪知亭，1959）。這意味著，因為對殖民者的優惠，殖民政府限制了首治以及區域中心都市對本島高學歷者在工作上的吸引力。因此高等教育的集中，並不見得導致高等教育者在工作地點上的集中。而在1950年代以後的發展，在教育逐漸普及的過程中，同樣仍出現高等教育設施北部集中的優勢，而三級產業在臺北都會區的同步發展，則使得高教學歷者，顯示較強的集中趨向。我們僅以日據時代以及1990年代的一些材料來觀察以上的推論。

　　表3.2呈現是以1937年出版的《臺灣人士鑑》中居住在臺北以及嘉義和臺南市的人為樣本，觀察地方精英分子在出生地與最終學歷所在地的分布上所呈現的模式。臺北市作為總督府的所在地，如我們前一節中明白呈現的，在中等以上教育設施上，相對於其他地區，具備相當強的優勢。在我們可以確認出生地和就學地的名人中，49位是公學校以下程度的，20位中學程度者，87位專科以上學歷者。中學學歷者相對於其他學歷者，人數少得很多，臺南和嘉義市的樣本更是如此。可能的原因是，中學畢業者的人數遠不及公學校以下畢業者，而中學學歷者，要被列入名人錄的可能性又遠低於大專以上學歷者。基本上，由於是以名人為對象所列出的名單，在代表性上多少是有些不夠的。

表3.2　出生地與就學地，臺北市、嘉義市與臺南市：日據末期之名人

	居住臺北市者				居住臺南、嘉義市者		
	公學	中學	大專		公學	中學	大專
本州生 本州就學	40 81.6	16 57.1	39 40.2	本州生 本州就學	18 94.7	1 50.0	1 2.5
本州生 外國就學	0	0	24 24.7	本州生 臺北就學	0	1 50.0	12 30.0
外州生 本州就學	0	8 28.6	15 15.4	本州生 外國就學	0	0	21 52.5
本州生 外州就學	9 18.4	4 14.3	0	外州生 外州就學	1	0	3 7.5
外州生 外國就學	0	0	19 19.6	外州生 外國就學	0	0	3 7.5
合計	49	28	97	合計	19	2	40

資料來源：《臺灣人士鑑》，1937

　　從這個樣本，我們在臺北市看到的是，公學校出身者，大都是在本州內就學，而在外州出生和就學者，占不到兩成。低教育程度者，大都直接因職業的原由才首度移居大都市。中學程度者，本地出生與本地就學者的比例亦占了六成。但是外地出生者，是先經過教育的過程，再落入職業管道的情形者，要比外地出生外地就學者要強。而本州出生在外地受中學教育，再到臺北市工作的例子，未曾出現。至於大專以上學歷者，在本州出生者，占約六成五，但與中學程度不同的，相當比例是在日本，而非本島的其他地區取得最高學歷。另外則是由外州移入的大專以上學歷者，或是在臺北市，或是在日本得到最終學歷之後，然後以臺北市為其事業發展的場域。同樣的，沒有在臺北州出生者在外州就學之後再回臺北工作的個案。在我們的樣本中，臺北市吸收外地出生的中學學歷者與專科以上學歷者的力量，大約是相等的。

　　在臺南和嘉義兩市所呈現的狀況和臺北明顯不同。在公學以下學歷者，19 位之中有 18 位是在本州出生的，也是本州就學，而僅止一位係外州移來者。相對於臺北市，嘉義和臺南市對外州低學歷移入者的吸力更低於臺北市。在高學歷者之中，在本州出生者占了近八成五，顯然在吸收外地來的高學歷者，臺南和嘉義的力量低於臺北市。另外的特色是，在本州就學者，只有一人，本州出生的高學歷者，幾乎都是在外地就學，一則是在臺北市，再則是在日本，而日本就學的比例還大過在臺北就學者。臺南地區在日據時代就缺少高等教育設施，僅止臺南工業專門學校一所，而這所學校成立於 1931 年，其畢業生迄 1937 年，還不到收入名人錄的氣候。臺南師範訓練出來的學生，若未再深造，因只從事公學校的教學，也很難收入名人錄中。但師範學校的學生，生在本地學在本地的傾向應該相當高的。我們的資料所呈現的最有意義的是，高學歷樣本中，在日留學的人數明顯超過在臺北市受教育者。換言之，島內臺北以外中心都市的高學歷人士，對本島高等教育設施仰賴的程度，還不及對殖民母國者。中學一類的樣本太少，很難加以推論，我們的推測是，吸引州外人士的力量，不會超過大專程度者，但是在本州內受教育的比例應該高於大專程度者，同時很少在去日本留學者只停留在中學教育階段。

　　對1950年代以後，定居者在出生地和就學地的分布模式，我們只對照臺北市縣與臺灣南部地區，含雲林、嘉義、臺南、高雄、屏東和澎湖等地的居住者。這樣的選擇在於，臺北市縣的都市發展基本上已成為都會區，是1950年代以後吸收人口最多的地區，而在高等教育的優勢，從日據時期一直延續下來。南部地區雖然有高雄市的發展，但是整體說來，一直是人口流出的主要地帶，在1950年代以後，不只在全島的人口比重相對下降，而在人口絕對數上，也已不及北部地區（見表3.3）。我們只以這兩個地區的說明，大致可以與前面有關日據時名人的分布模式相對比。資料是來自筆者最近與同事合作計劃的問卷結果。由於九年國教實施，對教育設施的分布具相當關鍵的影響，因此我們以45年次為分界點，分成年長與年輕的兩個年齡組，分別討論出生地與就業地的分布模式。這樣的年齡分組，部分也可以推論時序上的變遷。

　　由於年輕組和年長組的樣本數相似，在選擇了高中職以上的樣本之後，而年輕組在人數上的增加，反映著教育的提升，在臺北市縣是由高中職以至大學學歷者的人數穩定增加，而南部地區在高中職與專科部分增加，在大學則兩組樣本幾乎相同。意味著臺北市縣在大學學歷者的分布上平分秋色，從外地來者，大部分是在外地就讀高中職。在年輕組中，本地出生的比例增加到七成，而在三成外地出生者中，又大部分是在外地的成長，優於南部地區。居住在臺北市縣的年長組，本區與外區出生者幾受高中教育者。另外，臺北市縣出生者在外地就學的比例極低。這樣的數字有著以下的意義：第一，高中階段的教育在全島的分布大致上是均勻的，因此，各地區的居民大致是在本地區受教育。而區域外的流動，大致上是受工作機會的吸引。第二，本地出生者的分量增強，北部地區在吸引各地人口的高峰期過後，吸引外來高中職畢業者前來工作者的比例會相對減低。

　　在臺北市縣的專科學歷者樣本中，年長組來自外區達五成五，高過本區出生的比例。相對於高中職樣本，外區出生而在臺北市縣就學的比例與外區出生外區就學的比例相當。意味著，專科學歷者在就學過程中就流入臺北市的比例，要高過高中職學歷者。這種傾向在年輕組依然存在，不過年輕組中，在本區出生的比例達七成，同時在本區受教育的情

表3.3　十五歲居住地與最後就學地：臺北市縣與臺灣南部，1994
A. 居住臺北市縣者

	高中職		專科		大學	
	年長組	年輕組	年長組	年輕組	年長組	年輕組
本區出生	80	267	18	81	19	55
本區就學	48.2	66.9	35.3	58.3	37.3	51.4
本區出生	4	10	5	18	8	16
外區就學	2.4	2.5	9.8	12.9	15.7	15.0
外區出生	18	25	14	21	16	20
本區就學	10.8	6.3	27.5	15.1	31.4	18.7
外區出生	64	97	14	19	8	16
外區就學	37.3	24.3	27.5	13.7	15.7	15.0
合計	166	399	51	139	51	107

B. 居住南部地區者

	高中職		專科		大學	
	年長組	年輕組	年長組	年輕組	年長組	年輕組
本區出生	127	290	25	51	6	9
本區就學	78.9	89.2	64.1	60.0	14.3	20.9
本區出生	11	15	8	29	25	27
外區就學	6.8	4.6	20.5	34.1	59.5	62.8
外區出生	15	2	2	1	2	2
本區就學	9.3	0.6	5.1	1.2	4.8	4.7
外區出生	19	18	4	4	9	5
外區就學	11.8	5.5	10.3	4.7	21.4	11.6
合計	161	325	39	85	42	43

* 資料來源：「都市意象、居住環境與居住選擇」，國科會計畫問卷資料，章英華、陳東升、伊慶春執行

形也遠強過在外區就學者，與高中職學歷者近似。至於大學學歷者，在本區出生者的比例，年長組為五成二，年輕組為六成六，這樣的比例及變化與高中職和專科學歷的樣本類似；不過外區出生本區就學的比例，是外區出生外區就學者的兩倍。顯示著1970年以前臺北地區在高等教育上的優勢，外區出生者，往往在受教育之時已在臺北地區居住相當一段時日了。在年輕組，則外區出生本區就學的比例與外區出生就學的比例趨近，與專科學歷者相似。北部地區在專科與大學教育上的吸力，相對而言是減弱了。

　　居住在嘉南地區者，出生與就學的模式極單純。不論是高中職、專科或大學學歷者，都以本地出生者占最大部分，同時年輕組在本地出生的比例都高於年長組。但在就學地點上，則不太相同。高中職的本區出生者，以在本地就學者占絕大部分。專科者在本區就學的比例仍占大部分，但是在外區的比例已經超過高中職者。不過在大學部分，外地就學者的比例占絕大部分，與專科呈現正恰相反的情形。

　　與日據時期的模式相比較，南部地區並沒有什麼大的改變，教育程度較低者，大都是在本地區出生在本地區受教育，教育程度高者，卻因為在教育資源分布的劣勢而必須在外地求學。觀察日據末期和我們的兩個年齡組，對外區的吸引力約略呈現先升後降的情形。依目前的觀察，這樣的變化，可能是因為外省人移入初期所導致的結果，當外省第二代融入臺灣本地的流動過程之後，人口流出區的出生與就學模式又恢復到內部流通的模式。比較重要的是觀察像臺北市縣這樣的人口吸收地區的變化。臺北市在日據時期人口的流入，整體看來，主要是以州內的流動為主，但是從人士鑑中的樣本，我們已看到中學以上學歷者有相當比例來自州以外地區，已經顯示全島的中心都市對高教育程度者的吸引力。這種吸引力在戰後持續增強，不論是高中職、專科或大學學歷的年長組，都顯示高於日據末期的外區比例者，可是接著在年輕組回復趨近日據末期的比例。由於臺灣在 1950 年代以後教育程度的在高中以上的提升，因此在對照日據時期大專程度的分布情形時，要以目前研究所以上人員分布的情形來對比。日據大專學歷者的就學地，一方面顯示臺北市的優勢，可是顯示更強的殖民母國優勢。留學日本歸來工作的情形，在臺南和嘉義市可以找到 21 個例子，而臺北市內外州出生的留學者只有 19 位，這多少顯示了留學者返回原居地區的傾向較前往臺北工作的傾向強。在 1950 年代以後，出國者主要是在大學畢業以後，而對碩士以上人才需求殷切者，主要是教育學術與政府機構，如在 1984 至 1986 的需求量為 3,462 人，大專院校占了六成，政府及公營事業占約二成五（張潤書等，1978），而大專院校在北部特別是臺北市縣的高度優勢，留學返臺服務者集聚臺北都會區的傾向甚強，不過這還需要實際的資料來證實。

五、結語

　　臺灣在19世紀之前，農業移民帶動了全島人口的成長，由於移民的區域性，與大陸本土的產業分工，形成了小都市均勻分布不同地區，通常是該地區的港口都市，而港口都市的規模也往往凌駕行政都市之上。在19世紀，臺灣南、中、北的人口比重逐漸調整，已非南部獨大的情形。該時期雖有島內移動的例子，但這種人口的調整大部分還是島外移入的結果，從事農業的移入者還是主力。

　　在20世紀之初，當日本殖民統治穩固之後，地區行政都市的經營是相當重要的一環，在功能上不只是政治中心，同時還是經濟中心。作為全島首治的臺北，在人口上的優勢逐漸增強，與第二大都市的差距擴大，日據時期都市體系以臺北為首的單峰模式，不同於19世紀末，臺北與臺南並立的雙峰模式。這時期，臺北和其他區域都市的成長，來自日本的都市移民是主要的力量外，也有島內人口的流入，後者主要都是在州的行政範圍的流動。在20世紀的前半，臺灣還不算是一個都市化的社會，但主要的區域或地方中心都市的規模已經奠定。值得注意的是，區域都市的發展，並未導致區域人口相對分量的調整，臺北市雖然快速成長，但是臺北州的人口比重還不及臺南和臺中州。到了1950年代以後，都市成長與區域成長並行，臺北的優勢持續，而臺北附近衛星都市的成長更超越了區域中心都市與地方行政都市，展開了都會化的過程，也導致了北部優勢的形成。這樣的變化也擴展到高雄市與臺中的邊緣地帶，但規模不及臺北都會地帶。在都會發展過程中，都市已經是以全島為吸引人口的範圍，在臺北特別顯著，比重也最大。

　　臺灣的新式教育體制在日本殖民統治之下才正式建立，除了公學校的普及而無城鄉太大的差距外，中等以上學校的設立幾乎是與都市發展同步的，是教育設施都市化的現象。在1910年以前，只是三兩所學校設立在臺北，在1910年代以後則逐步擴展到州治，再到更次一級的地方中心都市。專科以上高等教育，直到1920年前後才展開，總共還不到十所。其分布，更是限定，只在臺北、臺中和臺南三市，臺北又擁有最大的數量。中等以上學校的分布，更與都市大小位階十分契合，臺北

的分量最強，其次是臺中、臺南。以州的單位觀察，臺北州的優勢特別突出。在1940和1950年代，臺灣的教育分布狀況大致仍如日據時期，專科以上學校的北部優勢和區域中心都市優勢甚至還強過日據時期。在1960年代以後，中等以上學校快速擴張，學生總數絕非日據時期所能比擬。這樣的擴張下，各地區中心都市在中等學校的設立仍具優勢，但是區域與區域之間的差距已經縮小甚多，相對於人口的分布大致是均衡的。專科以上學校的分布，中心都市的優勢一直存在，但更明顯的是北部地區相對於人口分布的優勢只是稍微減弱，與其他地區差距仍大，大學以上的分布，更是如此。由於北部地區的高等教育已經往臺北市縣以外地區擴散，因此在1960年代以後的高等教育的分布，不只是臺北市的優勢，也是北部地區的優勢。

　　日據時代的都市發展，以臺灣籍人口而言，還是個區域現象，但在1950年代以後，則成為全島性的跨區域現象。在教育資源的分布上，我們看到的是，在日據時期的教育都市化的過程中，臺北市在中等學校的優勢明顯，而在高等教育的優勢更是一枝獨秀。在1950年代以後，臺灣的中等以上教育持續擴張。在中等教育的分布上已經趨近相對於人口的均勻狀態，但在高等教育的擴張上，卻仍顯示地區上的差距，但不只是臺北市的優勢，還是整個臺北都會區，甚至北部的優勢。這種分布情形，與日據時期多少還是有其延續的地方。整個人口分布的差異，還是要等到整個產業結構變化之後，才能夠展現出來。我們從既有的資料觀察到的是，日據時期在主要都市提供了較多的中等以上教育的機會，但是因為族群間的差別待遇，以致教育所造成的活動空間上的移動，不如其實際學生數的反映。更重要的是，高等教育者所能獲得的工作，在族群的差別待遇下，受到更大的限制。因此就算到全島最大都市就學，最後還是回歸鄉里的成分大。而在1950年代以後，整個三級產業的發展，使得到外地就學者，特別是到大都會者，離鄉的可能性較強。在日據時期，比較多的是因教育離鄉，因工作回鄉的情形。而在1960年代以後，則是因教育離鄉，因工作而留在受教育的都會地帶的情形較強。

　　我們運用了一些日據時的材料和筆者自己收集的材料試圖對上述的變化加以印證。從臺北以外的地區來觀察，我們取南部地區為例。由於

整個南部相對而言，是人口分量減低，或甚至是人口流失地區。其人口的吸引，與臺北都會相比較都是比較地區性的。不論取得最高教育的地點何在，不同教育程度者，都是以本地出生的占最大部分，在1960之前，顯示各層學歷者區外流入比例的增加，但是繼而又是區內分量的增強。同時，高中與專科者大都是以區內受教育為主，而大學學歷者才是區外就學為主的情形。這種高教育者區外就學的情形與日據時期並無二致。但是日據時期特別的地方是，高學歷者受日本高教的吸力比本島首治還強。如果我們上一段的假設成立，可能要觀察的是，臺北市對州外不同學歷者吸引力的變化。若臺北市在日據時期吸引外州前來的情形與臺南和嘉義相似，則符合我們上一段的推論。但實際的數字顯示，臺北市日據時期地方名人中，中學學歷者和大專學歷者，都有近四成的人來自外州。臺北市對外地高教育者的吸力仍強過其他的區域都市。日本殖民政策固然可能減少高教學歷者在工作上跨州的移動，但高教育者數量小，其跨州的移動也不太可能反映出整個地區的跨州移動。

　　光復之後的變化，則仍顯示臺北都會區對中等以上學歷外來人口較強的吸力，同時教育程度越高的移入者，在臺北市縣受教育的比例，要更高過在外區受教育者。而與日據時期最大的差別是，高中程度的移入者，大都是在臺北都會地區以外受教育的，這應該是高中階段教育較普遍分布的結果。另外，年輕組在本地出生的比例普遍要高於年長組，意味著臺灣區域間人口的比重大致趨於穩定，以致人口在區內的流動會超過區間的流動。但是首要的都會區在吸引外來高學歷者的吸力還是較大，根據1990年的臺閩地區人口普查數，臺北市縣占臺灣地區人口總數的29 %，不過卻占大學學歷人口的48%，研究所學歷人口的54%。光復後與日據時期在吸引高學歷者的最大差異，可能是在留學歸國的一群。在日據時期，我們多少有證據說明留學者返鄉的情形較強，而光復以後，依一般的觀察，在臺北都會的情形最普遍。因此就留學的一群人而言，在日據可能是直接由居住地前往日本，再回鄉工作，而在光復之後，則是到臺北都會就學，再留美，最後則是留在臺北都會。首要都會對高等教育者的吸力，似乎還是強於日據時期。

參考書目

《中華民國教育統計指標》，創刊號（1989）。

《中華民國教育年鑑》，第四次（1966）。

《中華民國教育統計》（1993）。

《昭和十三年臺灣人口動態統計》（1939）。

《昭和十五年版臺灣學事報》（1939）。

尹建中（1969）。《澎湖人移居臺灣本島的研究》。臺北市：臺灣大學考古人類學研究所碩士
　　論文。

尹章義（1983）。《張士箱家族移民發展史：清初閩南士族移民臺灣之一個案研究
　　（一七〇二——九八三）》。臺北縣：張士箱家族拓展史研纂委員會。

尹章義（1989）。《臺灣開發史研究》。臺北市：聯經出版公司。

王國璠（1984）。《板橋林本源家傳》。臺北市：林本源祭祀公業。

吳文星（1979）。《日據時期臺灣師範教育之研究》。臺北市：臺灣師範大學歷史學研究所碩
　　士論文。

吳文星（1992）。《日據時期臺灣社會領導階層之研究》。臺北市：正中書局。

汪知亭（1959）。《臺灣教育史》。臺北市：臺灣書店。

李瑞麟（1975）。〈臺灣都市之形成與發展〉，《臺灣銀行季刊》，第 24 卷第 3 期，頁1-29。

李國祁（1978）。〈清代臺灣社會的轉型〉，《中華學報》，第 5 卷第 3 期，頁131-159。

林滿紅（1978）。《茶、糖、樟腦與晚清臺灣》。臺北市：臺灣銀行經濟研究室。

卓克華（1990）。《清代臺灣的商戰集團》，臺北市：臺原出版社。

施添福（1987）。《臺灣的人口移動和雙元性服務部門》，臺北市：師範大學地理學系。

張炎憲（1986）。〈臺灣新竹鄭氏家族的發展型態〉，《中國海洋發展史論文集（二）》，頁
　　199-217。臺北市：中央研究院三民主義研究所。

張清溪（1994）。〈九十年來的臺灣學校教育〉，《臺灣經濟發展論文集》，頁403-445。臺北
　　市：時報文化公司。

張潤書等（1988）。《加強輔導海外學人及留學生回國服務措施之研究》。臺北市：行政院青
　　輔會。

章英華（1986）。〈清末以來臺灣都市體系之變遷〉，載於瞿海源、章英華主編，《臺灣社會
　　與文化變遷》，頁233-273。臺北市：中央研究院民族所。

章英華（1990）。〈都市體系、區域發展與教育均等〉，社會資源的空間分布研討會論文。臺
　　北市：中央研究院民族學研究所。

章英華（1993）。〈臺北縣移入人口與都市發展〉，載於蕭新煌、章英華等著，《臺北縣移入
　　人口之研究》，頁53-78。板橋市：臺北縣立文化中心。

章英華（1995）。《臺灣都市的內部結構：社會生態的與歷史的探討》。臺北市：巨流圖書公

司。

許雪姬（1990）。《龍井林家歷史》。臺北市：中央研究院近代史研究所。

許阿雪（1989）。《光復後臺北市都市政策之研究》。臺北市：臺灣大學土木工程研究所碩士
　　論文。

陳亦榮（1986）。《清代漢人在臺灣地區遷徙之研究》。臺北市：中國文化大學史學研究所碩
　　士論文。

陳紹馨（1979）。〈最近十年間臺灣之都市化趨勢與臺北都會區之形成〉，《臺灣的人口變遷
　　與社會變遷》，頁537-570。臺北市：聯經出版公司（原文發表於1963年）。

陳舜芬（1993）。《高等教育研究論文集》。臺北市：師大書苑。

陳君愷（1982）。《日本統治時期臺灣醫生社會地位之研究》，臺北市：師範大學歷史學研究
　　所。

莊英章、陳運棟（1986）。〈晚清臺灣北部漢人拓墾形態的演變——以北埔姜家的墾闢專業
　　為例〉，載於瞿海源、章英華主編，《臺灣社會與文化變遷》，頁1-43。臺北市：中央研
　　究院民族學研究所。

黃富三（1987）。《霧峰林家的興起》。臺北市：自立晚報。

游鑑明（1994）。《走過兩個時代的臺灣職業婦女訪問記錄》。臺北市：中央研究院近代史研
　　究所。

溫振華（1986）。《二十世紀初之臺北都市化》。臺北市：臺灣師範大學歷史研究所博士論
　　文。

溫振華（1986）。〈日據時期臺中之都市化〉，《思與言》，第26卷第1期，頁81-100。

溫振華（1994）。〈日據時代高雄地區人口的流動〉，載於黃俊傑主編，《高雄歷史與文化論
　　集》，頁117-132。高雄市：陳中和基金會。

《臺北帝國大學一覽》，昭和6年（1931）。

《臺閩地區人口暨住宅普查報告書》（1990）。

《臺灣人口動態統計》，昭和13年（1938）。

《臺灣年鑑》，昭和19年（1944）。

臺灣省文獻委員會（1970）。《臺灣省通誌》，卷二人民志：人口篇。臺北市：臺灣省文獻委
　　員會。

臺灣省教育廳（1955）。《十年來的臺灣教育》。

臺灣新民報社（1937），《臺灣人士鑑》。

龍冠海（1972）。〈臺北郊區四市鎮之人口結構與變遷之研究〉，載於龍冠海主編，《臺灣城
　　市人口調查研究》，頁53-78。臺北市：東方文化書局。

戴寶村（1984）。《清季淡水開港之研究》。臺北市：師範大學歷史研究所碩士論文。

鍾清漢（1993）。《日本植民地下における臺灣教育史》。東京：多賀出版。

麥斯基爾（Meskill, J. M.）（1986）。《霧峰林家：臺灣拓荒之家，1729-1895》，王淑琤譯。

臺北市：文鏡文化事業公司。（原著出版年：1979 年）

Breese, Gerald (1969). *The city in Newly Developing Country: readings on urbanism and urbanization.* Englewood Cliffs, NJ: Prentice-Hall.

Carter, Harold (1983). *An Introduction to Urban Historical Geography.* London: Edward Arnold.

Rozman, Gilbert (1973). *Urban Network in Ch'ing China and Tokugawa Japan.* Princeton: Princeton University Press.

Skinner, G. William (1977). "Regional Urbanization in Nineteenth Century China." Pp.221-252 in Skinner (ed.), *The City in Late Imperial China.* Stanford: Stanford University Press.

Smith, Carol A. (1985). "Theories and Measures of Urban Primacy: A Critique." Pp.87-117 in Timberlake, M (ed.), *Urbanization in the World Economy.* Orlando: Academic Press.

Speare, Alden. Jr., Paul K.C. Liu, Ching-lung Tsay (1988). *Urbanization and Development, the Rural-Urban Transition in Taiwan.* Boulder: Westview.

＊本文曾刊於《臺灣近百年史論文集》，張炎憲、陳美蓉、黎中光主編，1996 年 8 月，頁 249-273。臺北市：吳三連基金會。

附表 3-1　各級學校學生數分布概況，民國 45 年至 75 年

民國 45 年

地區	人口(數)／比例	大學學院	專科	中學	師範	職業
臺北縣	0.072	0.037	0.328	0.061	0.015	0.020
		0.513	4.573	0.857	0.210	0.278
宜蘭縣	0.033	0.000	0.000	0.035	0.000	0.014
		0.000	0.000	1.064	0.000	0.440
桃園縣	0.044	0.032	0.000	0.033	0.000	0.049
		0.719	0.000	0.740	0.000	1.110
新竹縣	0.044	0.000	0.000	0.058	0.084	0.030
		0.000	0.000	1.332	1.924	0.692
苗栗縣	0.042	0.000	0.000	0.047	0.000	0.016
		0.000	0.000	1.115	0.000	0.379
臺中縣	0.058	0.000	0.000	0.031	0.000	0.058
		0.000	0.000	0.540	0.000	1.184
彰化縣	0.085	0.000	0.000	0.052	0.000	0.103
		0.000	0.000	0.609	0.000	1.209
南投縣	0.038	0.000	0.000	0.029	0.000	0.006
		0.000	0.000	0.758	0.000	0.159
雲林縣	0.065	0.000	0.000	0.041	0.000	0.057
		0.000	0.000	0.640	0.000	0.885
嘉義縣	0.067	0.000	0.000	0.053	0.000	0.099
		0.000	0.000	0.791	0.000	1.465
臺南縣	0.076	0.000	0.000	0.043	0.000	0.082
		0.000	0.000	0.564	0.000	1.084
高雄縣	0.057	0.000	0.000	0.044	0.000	0.026
		0.000	0.000	0.759	0.000	0.456
屏東縣	0.061	0.000	0.105	0.067	0.088	0.029
		0.000	1.723	1.092	1.441	0.480
臺東縣	0.018	0.000	0.000	0.011	0.068	0.009
		0.000	0.000	0.620	3.724	0.669
花蓮縣	0.024	0.000	0.000	0.019	0.067	0.025
		0.000	0.000	0.805	2.832	1.051
澎湖縣	0.009	0.000	0.000	0.006	0.000	0.007
		0.000	0.000	0.662	0.000	0.726
臺北市	0.089	0.718	0.397	0.178	0.266	0.173
		8.066	4.457	1.999	2.992	1.942
基隆市	0.021	0.000	0.109	0.025	0.000	0.013
		0.000	5.196	1.205	0.000	0.640
臺中市	0.027	0.087	0.061	0.054	0.153	0.083
		3.277	2.292	2.021	5.737	3.113
臺南市	0.031	0.115	0.000	0.052	0.149	0.043
		3.762	0.000	1.711	4.874	1.398
高雄市	0.040	0.011	0.000	0.060	0.110	0.057
		0.271	0.000	1.525	2.794	1.447
北區	2,838,422	14,550	3,335	66,508	2,403	19,765
	0.302	0.787	0.834	0.390	0.365	0.300
		2.603	2.759	1.291	1.208	0.992
中區	2,957,725	1,613	244	38,397	1,005	20,930
	0.315	0.087	0.061	0.225	0.153	0.318
		0.277	0.194	0.715	0.485	1.008
南區	3,202,282	2,330	420	60,367	2,288	23,016
	0.341	0.126	0.105	0.354	0.348	0.349
		0.369	0.308	1.039	1.020	1.024
東區	391,948	0	0	5,153	885	2,192
	0.042	0.000	0.000	0.030	0.134	0.033
		0.000	0.000	0.724	3.222	0.797
總計	9,390,377	18,493	3,999	170,425	6,581	65,903

民國 55 年

地區	人口(數)／比例	大學學院	專科	中學	師範	職業
臺北縣	0.084	0.187	0.227	0.077	0.000	0.050
		2.225	2.699	0.914	0.000	0.593
宜蘭縣	0.030	0.000	0.015	0.024	0.000	0.023
		0.000	0.488	0.812	0.000	0.754
桃園縣	0.047	0.034	0.015	0.047	0.000	0.032
		0.738	0.320	1.005	0.000	0.681
新竹縣	0.042	0.012	0.032	0.054	0.108	0.023
		0.286	0.760	1.294	2.591	0.562
苗栗縣	0.038	0.001	0.000	0.036	0.000	0.020
		0.018	0.000	0.949	0.000	0.523
臺中縣	0.054	0.000	0.000	0.031	0.000	0.056
		0.000	0.000	0.578	0.000	1.020
彰化縣	0.077	0.000	0.012	0.056	0.000	0.075
		0.000	0.154	0.728	0.000	0.970
南投縣	0.037	0.000	0.000	0.029	0.000	0.063
		0.000	0.000	0.791	0.000	0.756
雲林縣	0.059	0.000	0.000	0.044	0.124	0.026
		0.000	0.000	0.741	2.090	0.439
嘉義縣	0.063	0.000	0.067	0.060	0.000	0.075
		0.000	1.073	0.949	0.000	1.199
臺南縣	0.069	0.000	0.056	0.055	0.000	0.063
		0.000	0.810	0.795	0.000	0.907
高雄縣	0.056	0.000	0.030	0.046	0.147	0.034
		0.000	0.531	0.824	2.613	0.598
屏東縣	0.059	0.000	0.059	0.057	0.164	0.059
		0.000	1.004	0.964	2.791	1.004
臺東縣	0.021	0.000	0.000	0.010	0.059	0.017
		0.000	0.000	0.476	2.867	0.845
花蓮縣	0.024	0.000	0.008	0.019	0.000	0.025
		0.000	0.345	0.806	0.000	1.041
澎湖縣	0.009	0.000	0.000	0.006	0.000	0.007
		0.000	0.000	0.665	0.000	0.837
臺北市	0.101	0.431	0.272	0.140	0.133	0.186
		4.249	2.680	1.382	1.307	1.833
基隆市	0.022	0.049	0.000	0.031	0.000	0.024
		2.214	0.000	1.414	0.000	1.107
臺中市	0.029	0.213	0.151	0.053	0.027	0.055
		7.390	5.241	1.822	0.930	1.905
臺南市	0.032	0.058	0.021	0.051	0.029	0.047
		1.824	0.676	1.610	0.921	1.493
高雄市	0.047	0.015	0.005	0.036	0.209	0.076
		0.325	0.744	1.560	4.423	1.604
北區	4,113,202	49,082	25,241	216,899	618	43,215
	0.326	0.713	0.560	0.373	0.240	0.338
		2.189	1.719	1.146	0.738	1.037
中區	3,727,617	14,721	7,353	128,128	388	29,617
	0.295	0.214	0.163	0.220	0.151	0.232
		0.725	0.552	0.747	0.511	0.785
南區	4,228,544	5,030	12,128	219,642	1,414	49,685
	0.335	0.073	0.269	0.378	0.550	0.388
		0.218	0.803	1.127	1.642	1.160
東區	558,955	0	368	16,775	152	5,376
	0.044	0.000	0.006	0.029	0.059	0.042
		0.000	0.184	0.652	1.335	0.950
總計	12,628,318	68,833	45,090	581,244	2,572	127,891

民國 65 年

地區	人口(數)／比例	大學學院	專科	中學	師範	職業
臺北縣	0.106	0.178	0.155	0.085	0.071	0.062
		1.672	1.458	0.799	0.665	0.580
宜蘭縣	0.026	0.000	0.012	0.029	0.020	0.019
		0.000	0.466	1.110	0.748	0.733
桃園縣	0.054	0.051	0.042	0.054	0.040	0.062
		0.931	0.771	0.993	0.741	1.145
新竹縣	0.038	0.025	0.043	0.041	0.029	0.040
		0.673	1.135	1.081	0.756	1.051
苗栗縣	0.033	0.000	0.008	0.035	0.021	0.037
		0.000	0.249	1.073	0.632	1.116
臺中縣	0.054	0.000	0.017	0.051	0.035	0.055
		0.000	0.317	0.954	0.649	1.006
彰化縣	0.068	0.008	0.006	0.063	0.038	0.051
		0.119	0.087	0.925	0.566	0.756
南投縣	0.031	0.000	0.006	0.032	0.010	0.022
		0.000	0.187	1.029	0.334	0.689
雲林縣	0.049	0.000	0.000	0.042	0.030	0.028
		0.000	0.000	0.859	0.612	0.584
嘉義縣	0.051	0.000	0.040	0.051	0.049	0.045
		0.000	0.785	1.005	0.968	0.884
臺南縣	0.058	0.000	0.083	0.058	0.058	0.055
		0.000	1.448	1.002	1.002	0.964
高雄縣	0.059	0.000	0.037	0.052	0.021	0.057
		0.000	0.626	0.883	0.355	0.967
屏東縣	0.053	0.000	0.049	0.054	0.032	0.051
		0.000	0.937	1.028	0.600	0.969
臺東縣	0.018	0.000	0.005	0.016	0.008	0.015
		0.000	0.309	0.936	0.438	0.847
花蓮縣	0.021	0.000	0.008	0.022	0.013	0.024
		0.000	0.374	1.016	0.619	1.143
澎湖縣	0.007	0.000	0.000	0.007	0.004	0.007
		0.000	0.000	0.985	0.576	0.981
臺北市	0.127	0.393	0.304	0.142	0.188	0.190
		3.108	2.402	1.126	1.485	1.499
基隆市	0.021	0.031	0.018	0.023	0.128	0.025
		1.495	0.858	1.095	6.157	1.188
臺中市	0.034	0.217	0.100	0.039	0.094	0.045
		6.392	2.931	1.159	2.779	1.325
臺南市	0.033	0.059	0.009	0.038	0.050	0.044
		1.828	0.272	1.173	1.550	1.340
高雄市	0.062	0.037	0.058	0.066	0.063	0.068
		0.598	0.935	1.066	1.013	1.103
北區	6,140,567	99,516	88,483	460,583	125,334	117,628
	0.372	0.678	0.574	0.374	0.475	0.397
		1.824	1.543	1.005	1.277	1.068
中區	4,429,552	33,052	20,153	283,614	57,568	63,765
	0.268	0.225	0.131	0.230	0.218	0.215
		0.840	0.487	0.858	0.813	0.803
南區	5,298,696	14,146	43,471	440,792	75,552	183,154
	0.321	0.096	0.282	0.358	0.286	0.348
		0.299	0.879	1.115	0.892	1.085
東區	639,575	0	2,057	46,744	5,491	11,564
	0.039	0.000	0.013	0.038	0.021	0.039
		0.000	0.345	0.980	0.537	1.008
總計	16,508,190	146,714	154,164	1,231,733	263,945	296,111

民國 75 年

地區	人口(數)／比例	大學學院	專科	高中	職業
臺北縣	0.143	0.170	0.155	0.070	0.084
		1.192	1.087	0.493	0.590
宜蘭縣	0.023	0.000	0.013	0.026	0.012
		0.000	0.570	1.117	0.812
桃園縣	0.064	0.064	0.053	0.047	0.071
		0.990	0.817	0.733	1.095
新竹縣	0.019	0.038	0.045	0.040	0.039
		1.955	2.339	2.069	2.012
苗栗縣	0.029	0.000	0.014	0.022	0.026
		0.000	0.501	0.751	0.912
臺中縣	0.061	0.000	0.024	0.037	0.055
		0.000	0.397	0.608	0.901
彰化縣	0.064	0.013	0.019	0.039	0.045
		0.196	0.299	0.604	0.696
南投縣	0.028	0.000	0.010	0.015	0.018
		0.000	0.357	0.521	0.644
雲林縣	0.041	0.000	0.010	0.036	0.021
		0.000	0.244	0.875	0.515
嘉義縣	0.043	0.000	0.050	0.048	0.046
		0.000	1.163	1.116	1.084
臺南縣	0.052	0.000	0.094	0.049	0.044
		0.000	1.975	0.932	0.840
高雄縣	0.056	0.000	0.040	0.029	0.051
		0.000	0.705	0.522	0.906
屏東縣	0.047	0.000	0.047	0.035	0.042
		0.000	1.004	0.741	0.895
臺東縣	0.014	0.000	0.003	0.013	0.012
		0.000	0.214	0.890	0.858
花蓮縣	0.019	0.000	0.014	0.018	0.020
		0.000	0.770	0.983	1.076
澎湖縣	0.005	0.000	0.000	0.006	0.006
		0.000	0.000	1.114	1.141
臺北市	0.135	0.353	0.241	0.254	0.211
		2.626	1.793	1.887	1.564
基隆市	0.018	0.015	0.021	0.025	0.019
		0.828	1.160	1.353	1.052
臺中市	0.036	0.252	0.087	0.063	0.051
		6.942	2.396	1.743	1.411
臺南市	0.034	0.058	0.006	0.066	0.044
		1.728	0.183	1.963	1.315
高雄市	0.068	0.037	0.052	0.063	0.076
		0.542	0.769	0.923	1.112
北區	7,699,952	126,724	129,680	89,897	191,798
	0.402	0.640	0.528	0.462	0.442
		1.589	1.313	1.148	1.096
中區	4,949,451	52,479	37,965	38,197	85,827
	0.259	0.265	0.155	0.196	0.198
		1.024	0.508	0.759	0.765
南區	5,849,599	18,881	73,646	60,402	142,220
	0.306	0.095	0.299	0.310	0.328
		0.312	0.979	1.051	1.072
東區	631,817	0	4,296	6,059	14,066
	0.033	0.000	0.018	0.031	0.032
		0.000	0.530	0.943	0.982
總計	19,130,819	198,084	245,407	194,555	433,911

註：各縣市之第一列為人口或學生數之比例，第二列為集中係數。
　　區域之第一列為人口數，第二列為人口或學生比例，第三列為集中係數。
資料來源：章英華（1990）

第四章

都市化、階層化及資訊落差[*]

一、前言

（一）研究動機

　　微軟總裁 Bill Gates 於 1990 年底在 Comdex 電腦展著名的演講中提到，西元 2000 年以後，我們將處於一個「資訊隨手可得」（Information at Your Fingertip, IAYF）年代，我們的社會將因資訊爆炸和滲透至各個層面而全然改觀。以目前發展態勢看來，Bill Gates 的預測是正確的，只是沒料到所謂的「資訊隨手可得」年代會來的這麼快速，在 1990 年代中期已產生很明顯的效果及其衝擊程度及層面會那麼大（Andrews, 2000）。「資訊隨手可得」的發展最重要的當屬讓我們突破資訊限制，其中最重要的關鍵可歸因於網際網路的整合程度加深及運用普及化。雖然讓網路運用普及化的因素很多，但最大功臣當屬 WWW 及 HTTP 的誕生，使得個人及組織在購買、交換、和銷售資訊，比以前更為便宜及快速（Berners-Lee, 1999）。「資訊隨手可得」在突破資訊限制的層面，最明顯的是打破傳統時／空對人類行為的約制，因此網路應用的動態演變過程及其對人類社會和行為影響的過程便是值得探討的課題。傅仰止（2001）曾以邊疆隱喻（the frontier metaphor）說明探尋網路拓荒過程

*　1. 本文作者為林季平、章英華。

　　2. 感謝瞿海源教授及人口學刊二位隱匿名評審的批評及建議，亦感謝交通部統計處提供資料及該處張惠蓉小姐相關之協助，白郁婷文字輸入，和柯音如（國科會研究計畫助理 NSC 91-2415-H-194-009）及黃奕嘉（國科會研究計畫助理 NSC 93-2415-H-001-036）的研究協助。

中的特質，並指出該過程和傳統拓荒精神類似，允許擺脫傳統的約制及
社會慣俗性（conventionality）的羈絆。

　　過去這十年來資訊技術革命性的變革亦帶動所謂新經濟及資訊社會
的崛起（Castells, 2000），並對我們原本習以為常的工作及居住安排、
生產模式、社會組織和政治結構等產生重大影響及衝擊。所謂新經濟，
按照 Castells（2000）的定義，簡而言之係經濟活動全球化和資訊化
的新生產模式，該模式具有勞動、資本、技術等要素以全球性為市場
及流通速度比傳統模式來的快之特性。因此面對上述變革，我們所面
臨社會經濟環境已截然不同於 Bell（1976）、Kendrick（1961）、Solow
（1957）、及 Toffler（1980）等工業主義或後工業主義學者所強調的面
向。Katz（1988）及 Castells（2000）等學者認為，面對資訊社會之崛
起，我們應以資訊主義（informationalism）來建構新的社會範型，並
強調資訊社會的新經濟，係以知識為基礎，藉由資訊科技的運用及傳
播，將生產體系重新以另一種方式組織起來，使得生產力達到最大化的
一種生產體系。

　　在資訊體系逐漸發展的過程中，資訊科技如何影響社會不均等便
一直是重要的議題。在1970 年代末期和1980 年代初期，就開始資訊差
距（information gap）的討論；樂觀的看法是這種資訊差距只是在新傳
播科技初期現象（Compaine, 1988），不必採取任何行動，而且更有學
者認為這樣的新科技可以縮短城鄉差距（Sardella, 1981）。但相當數量
的學者認為資訊差距極可能發生，主要的考慮是，網絡的基礎設施需要
相當的投資與技術，需要足夠的人口使用，以及使用的家庭或個人都需
要支付相當的費用（Downs, 1985；Comstock et al., 1978；Compaine,
1988）。

　　簡言之，此一科技的普及所需要的成本與技能遠高於電話與電視等
傳播設施的運用，1990 年代以來則以數位落差來描述資訊科技所造成
的不均等現象。雖然網際網路的使用已相當普及，但是網際網路使用
的不均等不只存在於已開發中國家與開發中國家，已開發國家在族群之
間、不同社會階層之間、城鄉之間等差距不僅持續著，還有增加的情形
（Tseng and Ho, 2001）。不論對資訊科技抱持任何樂觀的看法，只要很

難短期達到普及的境地，對於其所關聯的不均等現象便值得長期觀察。在資訊差距或數位落差的討論中都市與鄉村的差距一直是重要的面向之一，本文便針對此一面向，討論臺灣都市化與資訊化之間的關聯（Lin, 2001； NTIA, 2001）。

（二）研究議題

　　都市化是人類社會及經濟活動程度及層次最具體的表徵。因此一個都市體系的演變歷程有其階段性的特徵，且和整個經濟生產模式的演變息息相關（Klessen and Paelinck, 1979）；例如，Hall（1988）認為都市演化模式可分為郊區化、去都市化（deurbanization）、及都市收縮等三個主要階段，[1]並和經濟上對都市的投資歷程（投資，離投資〔disinvestment〕，及再投資）的模式環環相扣（Harvey, 1978；Castell, 1976），亦和 Sassen（1988；1991）強調的生產模式係由工業化至去工業化（deindustrialization），及生產命令中心集中化的現象息息相關。在資訊科技新經濟型態及全球化影響下，都市功能及都市體系之演變歷程無可避免和資訊化息息相關，促使都市結構及其階層等特性產生根本的質變。就目前演變趨勢來看，由於都市階層的最頂層亦是整個經濟的命令中心及社會活動核心，因此可預見的是都市階層的最頂層亦將是資訊化程度最深的地方及資訊科技最大的受益者。

　　有關都市體系及其層級的發展和資訊科技之關聯，Townsend（2001）提到目前的解釋面向可由二大方向來切入。第一個解釋面向稱之為「都市消解架構」（urban dissolution framework），認為當面溝通可減少交易成本，是形成都市聚集最重要因素之一，但由於電傳（telecommunications）發展會減少人們每天面對面溝通的需要，進一步癱瘓都市基本機能，致使人口及經濟生產的空間活動產生去中心化的現象，這就是所謂的都市消解作用（Campanella, 1998）。都市消解的論點雖然在許多領域獲得認可，卻缺乏廣泛經驗事實的支持。

---

1 事實上都市亦可能發生都市復甦（urban revival）現象，請參閱 Frey（1990）及 Frey and Speare（1992）。

　　第二個解釋面向是由 Hall（1966）首先提出的「全球都市」（global city）觀點及其所衍生的相關研究（Friedmann and Wolff, 1982）。這個面向認為，全球都市的經濟活動，由以製造業為主型態轉變至以商業、服務業、及金融保險業為主的過程基本上就是全球化過程的具體表徵，並且強調上述之發展及演變，基本的核心所在就是資訊科技之發展使得經濟活動空間限制得以克服（Castells, 1996；Sassen, 1995）。由於都市體系和資訊科技之發展和全球化及經濟結構轉型的過程息息相關，Hall（1997）因此提出都市層級之分類及界定方式，除了傳統的考量面向外，最重要的是要加入資訊、資本、及權力在空間流動的質量。此一觀點固然強調經濟活動空間限制的減弱，但並不主張生產活動就去中心化；如 Sassen（1988；1991）強調，在生產模式由工業化至去工業化（deindustrialization）的過程中，生產的命令中心（command center）卻更集中化。

　　基本上，上述兩個觀點是互相抵觸論點。從都市消解論的觀點，人們在資訊工具（包含網際網路）的近用上並不受到居住地的限制，都市與鄉村居民在資訊工具的使用上是均等的，最終還因減低人際溝通的需要而將泯除都市與鄉村之間的差異。第二種觀點則強調，在資訊科技新經濟型態及全球化影響下，都市功能及都市體系之演變歷程無可避免的都會受到資訊化的衝擊。

　　首先，就目前演變趨勢來看，由於都市階層的最頂層亦是整個經濟命令中心及社會活動的核心，因此可預見的是都市階層的最頂層亦將是資訊化程度最深的地方及資訊科技最大的受益者。相對的，有些傳統製造業都市，由於缺乏生產命令中心的功能，在全球化的區域交換之中並未占有節點的位置，整個發展將會逐步減緩或衰頹；例如一些以製造業為其主要產業的舊工業都市，如美國的匹茲堡、底特律與英國的伯明罕等，從 1980 年代開始人口遞減，製造業亦走下坡。這樣的都市若未能在高服務業的辦公空間或高科技產業上有所作為，則轉型極為困難，其網絡運用的能力亦較弱（Orum, 1995；Shaw, 2001）。

　　再則，最近一些有關資訊都市的研究發現都市層級及其發展和資訊化程度呈現強烈的關聯性，大都會和一些所謂的「新興網路都市」

（network city）基本上還是資訊及網際網路的主宰者，也還是社會經濟活動的主控者；例如 Townsend（2001）觀察1969-1999年間美國網路骨幹建構過程及美國網際網路活動的演變歷程，發現新型態的網路城市及全球都市正在興起，相同的情形「可能」也在世界其他地方發生。這些新型態的都市，經濟相當繁榮，不僅是高級人力的匯集地，亦是投資最愛的地方，其重要特徵是技術革新的提供者而非輸入者，它們同樣在網際網路的使用上亦高過一般的都市。簡言之，網路的興起和都市的功能及生產結構變動環環相扣，由於都市各階層間資訊化程度不一，資訊空間差距將是無可避免的現象。資訊空間差距，很容易產生相對應的空間知識差距，進而造就我們所謂的「資訊都市富域」（urban information rich）和「資訊都市窮域」（urban information poor）。相對於屬於個人層次面的「科技新貴」，我們亦可稱「新興的資訊都市富域」係另一形式的「資訊都市新貴」。

　　傳統的都市研究，大都是以都市人口規模作為綜合指標而區分都市層級。立基於如此的分層，一些研究證實，除了城鄉差距之外，層級愈高的都市資訊化程度會愈大。但是，從以上有關全球化與資訊都市的討論，我們可以看到一些都市層級所無法反映的現象。在一國或一社會中最高層級的都市，往往仍是經濟與社會活動的主控核心，資訊化程度最深，受惠於資訊科技也最大。一些傳統製造業大都市由於轉型困難致使人口規模開始減少，但其人口規模很可能仍遠大過新興的網路或高科技都市，只不過是其資訊化程度卻不見得較強，因此我們很可能發現一些都市層級與資訊運用比例不相符合的情形。

　　當我們從都市層級角度探討資訊科技運用時，不能不注意都市層級本身就反映社會階層的空間分化。在資訊或數位落差的研究中，人們的教育程度、職業性質、收入水準等都與都市化程度同樣被認為是重要的影響因素。而都市相較於鄉村，居民的教育程度與收入都普遍較高，屬於三級行業的人口也較多（章英華，1997a），因而所謂的城鄉差異，可能只是上述因素的反映而已。就如都市社會學的人口組成論認為，不同都市之間或都市與鄉村之間的差異，最主要反映的是人口組成特性的差異。都市層級或都市與鄉村之間的差異，就反映著其人口在教育、職業

與收入上的差異。因此都市化與網際網路近用關聯性的統計分析中,如果加入了教育別、職行業別或收入等變數,都市化與網際網路近用之間的關聯將會減弱或消失。但是從副文化的觀點(Fischer, 1984),我們可以推論說,高等教育程度者以及運用資訊科技行業越集中的都市,資訊科技的推廣越可能獲得較有利的環境,因而其居民較易於接受新的資訊科技,較易於獲得學習運用資訊科技的機會,應可以反映出教育別與職行業別之外;在探討臺灣都市化與階層化對生活型態影響的一項研究時,指出都市化蘊含階層空間分化的成分,但仍具獨立於階層化的影響效果(章英華,1997a)。因此在討論都市化對資訊化的影響時,我們也很可能觀察到獨立於階層化的效果。[2]

　　相似的議題,曾淑芬(2001)從人力資本論與後工業社會主義,知溝理論(theory of knowledge gap)與資訊差距、資訊社會之就業結構變遷、以及社會階層的極化的面向切入,根據1,119份電訪問卷結果,指出在臺灣人力資本論在職業地位取得及流動上還是具有相當的解釋力;教育及資訊程度對個人的資訊近用及技能、社會聲望及薪資收入有最重要的影響外,資訊亦顯示顯著的空間落差;就國內的職業流動而

---

2 探討都市化對都市社會問題或都市居民社會心理的影響,都市社會學有決定論(determinism)、組合論(compositional theory)與副文化論(subcutural theory)(Fischer, 1984)。最早是決定論的說法,認為都市因其規模大、人口密度大、人口異質性高,會加速經濟競爭,減弱社會團體的凝聚力,並且淡化了人與人的連繫,導致了都市人的心理失調與都市社會的解組。但組合論卻認為都市所以產生問題,是因為各式各樣人們聚居在都市裡所導致的結果。副文化論則主張,都市因其規模大,各式各樣人士都能達到相當的數量,並且聚集在一起,發展共同的興趣。一些非慣俗團體,如同性戀團體,新興宗教團體,只有在都市中才達到關鍵多數,可以形成副文化團體,並擁有其自有的生活環境。這些異質團體在都市中在與其他團體的接觸過程中,很可能有所摩擦,導致更強的內部團結,並造成一些社會問題。不論主張決定論或副文化論,都必須面對組合論各種人士集結的挑戰,在統計分析時,當控制了各種社會經濟變數之後,才可能主張都市化程度的獨立效果。數位落差的討論,主要屬於資源分配的議題,採借副文化論的觀點,我們可以主張如正文中所推論的,即高教育人口與資訊相關行業的聚集,會造成更有利的運用資訊科技的環境,更增強都市人運用資訊科技的動機與機會,這並非都市人口特質所能完全解釋的。Fischer(1995)在檢討副文化理論20年來的相關研究時,曾警告說運用個人層級的資料可能會低估一些集體現象,譬如較大都市參與特定副文化人口的比例不如小都市,可是因其參與的人口絕對數較大,可以形成更多的制度化的組織或團體。就參與人的比例與制度化組織與團體就有著不同的推論。但我們的推論仍在網路使用者的比例,而不是推廣網路的機制,因此倒不必擔心這方面推論的問題。

言，技術密集的勞工的確有較高的職業聲望及薪資，但結果沒有出現
Castells（1988）所預測的中產階級大幅衰退現象，而是呈現所謂的上
層衰退（the declining upper）情形。

　　在探討都市化、階層化及資訊空間時，過去的都市化發展態勢及歷
程是一個不能忽略的事實。臺灣在日本統治時期，主要受到臺灣及日
本間農工分化的貿易往來及後期工業化政策所影響，雖然臺灣尚不能
稱之為都市化社會，臺北－高雄南北雙極（dual poles）的態勢及臺北
優勢的確立已經形成（Barclay, 1954；章英華，1997b）。戰後至1980
年代，臺灣的都市發展亦有其階段性；1950年代主要特色是延續日本
統治時期發展態勢，但都市化已日漸明顯，1960年代至1970年代初期
則是快速都市化時期，主因係快速經濟發展及大規模城鄉遷徙所致；
至1980年代臺灣經濟結構進入另一波轉型，都會區中心都市成長已見
緩和，但周圍城鎮則快速成長（孫清山，1997）。在此過程中，臺灣大
都市的層級基本上仍是臺北高雄兩大都市分立於南北兩地，臺中則在
1950年代以後取代了臺南的位置。除了三大都市附近的衛星都市的快
速發展之外，直到目前三大都市以及其他主要地區中心都市的位階都沒
有太大的改變。

　　相較於前述的過去發展態勢，1990年代的臺灣已處於另一種全新
的情況。由於產業轉型的效果在1990年代已逐漸浮現出來，加上資訊
及網路產業的空間分化非常快速，臺灣的都市體系及其內在社經生態可
能已產生結構性的變化，其資訊化程度可能已經不能完全由以人口規
模所定位的都市層級來說明。雖然有關網路對本土社會影響的研究相當
多，但都市研究和網路研究二大面向的結合，則仍不多見。本文主題係
探討臺灣目前的都市化、階層化和網際網路近用的關係，目的在（1）
運用既有的個體研究資料，先從總體面的角度切入，據以探討臺灣資訊
使用空間落差的型態及特徵，（2）接著運用相同的研究資料，我們從個
體面切入，在控制住都市化程度及一些個人特徵和階層變數後，進一步
研究個人運用網路的主要因素，及（3）根據前述的個體研究結果，輔
以其他資料（主要是普查及人力運用調查原始資料）和既有一些文獻，
回過頭來說明及解釋資訊使用空間落差的一些可能成因。

　　本文主要架構如下：第二節簡要說明研究的主要資料來源及特性，並說明所運用的研究方法及模型；第三節目的在探討都市體系與一些社會經濟因素與資訊落差的關係，先以各都市地區資訊運用變動情形及標準化粗上網率，藉以描述臺灣都市體系總體面的資訊近用空間落差，接著運用個體模型，於控制住其他重要因子後（如年齡及教育等），從個體面研究各都市階層網路運用的差異；根據第三節的發現，第四節再以其他總體資料說明與都市層級不符的資訊落差現象，包括探討高雄市為何是臺灣都市及「資訊空間體系」的「奇異點」及其原因何在；最後第五節是本研究的結論。

二、資料及研究方法

（一）資料及定義

　　我們研究資料係以一些大型調查的原始資料為主體，主要來源包括（1）交通部1999年及2001年「臺灣地區民眾使用網際網路狀況調查」、（2）中研院社會所「四期一次社會變遷基本調查」、及（3）行政院主計處1996-2000年「人力運用調查」和1990年及2000年「戶口及住宅普查」。但在探討都市化和個人的資訊化及其決定因子時，我們的主體研究資料是2001年「臺灣地區民眾使用網際網路狀況調查」及中央研究院「四期一次社會變遷基本調查」。我們的主體研究資料之問項皆記錄受訪者網路使用情形、居住地及其他基本個人社經特徵；在問項的量度方面，雖然兩者有某些程度差異（例如受訪者網路使用情形），但基本上允許我們探討本文主題，即都市化、階層化和網路近用之間的關聯性。我們以網路近用作為資訊或數位落差的指標，並探討此種落差而顯示的空間落差。最近，對於資訊落差的討論，很多都質疑以網路使用與否這樣簡單指標適合與否。當然，我們不能否認資訊落差可以就網路使用的各種方式與內容，而獲得更豐富、更有意義的發現，不過在臺灣網路使用人口只是在40%左右，邁向50%進程時，單就網路使用與否的討論仍有其值得探索的地方，其顯示在空間上的都市間或城鄉之間的差異，亦有其意義。

　　前述二種主體研究資料各有其優劣之處。「四期一次社會變遷基本調查」之樣本數（計1,960筆合格受訪者）雖然較2001年「臺灣地區民眾使用網際網路狀況調查」（計6,072筆合格樣本）來的少，但「四期一次社會變遷基本調查」資料所包括的面向則遠較2001年「臺灣地區民眾使用網際網路狀況調查」來的豐富，但缺點是由於樣本數相對較少，四期一次調查資料空間面向的資訊則顯得相對薄弱，無法如交通部「臺灣地區民眾使用網際網路狀況調查」資料般，允許我們進行較細的都市化層級分類。[3]簡言之，2001年「臺灣地區民眾使用網際網路狀況調查」較適合探討都市化和網路近用間之關聯，而「四期一次社會變遷基本調查」則較適合探討階層化和網路近用之關聯。由於二者各有擅長，本研究乃同時採用這二筆資料進行分析，期使都市化、階層化、及資訊近用差異之關係能更加明確。

　　由於「四期一次社會變遷基本調查」和2001年「臺灣地區民眾使用網際網路狀況調查」測量面向並不完全一致，在運用這二筆資料時，有關都市化層級的分類及網路近用的定義方式，二者間是有所差別的。在運用「四期一次社會變遷基本調查」時，我們依據該資料最原始的都市化地區分類，將都市化地區分成六大類：（1）臺北市、（2）高雄市、（3）省轄市、（4）工商／綜合性／服務性市鎮、（5）新興鄉鎮、和（6）山坡／偏遠／坡地鄉鎮。至於衡量資訊落差，係以網路近用，即上網與否來衡量。有關上網者／非上網者之定義係利用該調查「傳播行為」類的問項「您平常大概多久上網一次」，將上網者定義為個人上網頻率為「每天一次以上」、「每週二、三次」及「每週一次」者；而上網頻率很低者，我們視同「非網民」，將其和從不上網者均歸類為非上網者。各地區的網路近用程度，則以該地區上網比例為指標。「四期一次社會變遷基本調查」資料尚有許多豐富的變數，可資運用來反映都市化和網路運用的階層性或選擇性，我們運用主要的變數包括有學生、性

---

3 包括（1）基本狀況、（2）教育狀況、（3）宗教信仰、（4）傳播行為、（5）全球化、（6）工作、成就與期望、（7）經濟態度、（8）政治參與、（9）國家與族群認同、（10）政黨傾向、（11）政治支持及態度、（12）政治自由化、（13）政治功效、（14）家庭結構與生活、（15）就業狀況等15種類別問項。

別、婚姻狀況、年齡、教育、個人國際化經驗、（主觀的）社會階級、家庭每月所得、國外親友數、和行業。

在使用交通部2001年「臺灣地區民眾使用網際網路狀況調查」時，由於該筆資料之樣本數夠大及在抽樣時已考慮到區域人口數之相對權數，有關都市化地區之分類方式，我們係以縣市別為基礎將臺灣的都市化地區分為下述各大類：（1）臺北市、（2）高雄市、（3）新竹市、（4）臺中市、（5）其他省轄市、（6）臺北縣及桃園縣、（7）臺中縣及高雄縣、（8）東臺灣（宜蘭縣、花蓮縣和臺東縣）、（9）其他農業縣。上述都市化地區之分類方式，基本上考慮都市化程度與層級，以及中心與非中心都市區隔的面向。根據人口規模，依序是臺北市、高雄市、臺中市、其他省轄市；我們將新竹市特別自成一類，主要是考慮到作為臺灣高科技發展的重鎮，可以觀察它與其他省轄市之間是否呈現明顯的差異；臺北縣和桃園縣可以視如臺北大都會區的郊區縣，臺中縣是臺中市的郊區縣，高雄縣則是高雄市的郊區縣，臺北縣與桃園縣的都市化程度應高於高雄縣和臺中縣，而其他農業縣和東臺灣三個縣的都市化程度依序遞減。至於網路近用亦是以上網與否為指標，衡量一地區資訊化程度，同樣的我們仍以該地區的上網比例為衡量基礎。

在運用2001年「臺灣地區民眾使用網際網路狀況調查」資料時，上網者／非上網者之定義方式和運用中研院資料時之定義方式有些差異。在使用交通部資料時，所謂上網者係問卷回答是「目前還在上網」者，而「目前已不上網」或「沒上過網」者則歸類為非上網者。雖然遠不若「四期一次社會變遷基本調查」變數來的豐富，2001年「臺灣地區民眾使用網際網路狀況調查」尚提供一些變數可用來反映都市化和網路運用的階層性或選擇性，我們運用時主要的變數包括有非勞動人口（學生、家庭主婦、及其他非勞動力）、性別、年齡、教育程度、和行業。

至於各項變數對網路運用傾向的影響，都市化程度之理論預期應扮演一正向作用角色，原因是都市層級高低亦通常和地區資訊化程度高低密切相關，不過由於都市的特質不同，本研究也觀察偏離這樣的模式。教育、社會階級及所得等變數是典型的社會階層變數，理論預期是教

育、所得、及社會階層愈高，資訊運用之限制愈少且資訊需求愈大，故
對網路運用有一正向作用。在臺灣社會變遷基本調查資料的分析中，我
們以個人教育程度、家庭每月所得與主觀社會階級作為社會階層變項。
另外我們還使用了行業別變項，一則作為控制變項（包含了無業者、家
庭主婦），再則也可以觀察較偏白領的工作（社會與個人服務、金融保
險不動產、運輸通信）與偏藍領工作（製造業）之間的差異。在交通部
網際網路調查資料的分析中，直接的社會階層變項，只有教育程度。此
外我們亦運用了行業別變項，包括軍公教、金融保險不動產、服務業／
商業、資訊相關產業。另外亦有家庭主婦與非勞動人口作為控制變項。
由於行業別變項的分類較細，與教育程度配合，也有一些社會階層的意
味。再則亦可藉以觀察各種行業，特別是資訊相關產業，是否有其特別
資訊工具近用的特色。

　　由於網路運用是新興社會型態，會產生年齡層資訊運用的落差，故
網路運用預期將高度傾向選擇學生及年輕的族群；家庭主婦學習與運用
資訊科技的機會少；國際化經驗代表各人觸角對外延伸的程度，個人國
際化程度愈高，則資訊需求愈大，故對使用網路有一正向作用，因此國
際化的變數（如出國經驗和國外親友數）預期有一正向作用。為了澄清
都市化、階層化與資訊化之間的關係，學生、性別、婚姻狀況、年齡及
個人國際化經驗等，都有必要視為控制變數，但也可以觀察他們與資訊
化的關係是否如以往之預期。

（二）模型：網路運用二項選擇邏輯模型

　　在探討個人的網路使用行為時，本研究係以離散選擇理論（discrete
choice theory）所建構的二項邏輯選擇模型（binary choice logit mode）
為基礎（參見 McFadden, 1974；Ben-Akiva and Lerman, 1985；Train,
1986），藉以探討網路使用的決定因子及其相對重要性，並進一步釐清
都市化、階層化和資訊落差之關聯。所謂網路運用之選擇，係將研究對
象視為一個潛在網路使用者，其網路運用情形可分成「使用」及「不
使用」二種狀況。依據該模型，令 P_i（Internet）表第 i 人選擇「使用網
路」之機率，則 P_i（Internet）之數學式可表示成：

$$P_i(Internet) = \frac{Exp(U_{ni})}{1 + Exp(U_{ni})} \, , \, \text{其中} U_{ni} = X_{ni}\beta_n \, , \quad\quad (1)$$

式 (1) 的 U_{ni} 表第 i 人使用網路之效用函數 (utility function)，是 Xni 和 β n 的線性組合；Xni 係一列向量，其元素包括第 i 人居住地的都市化層級、階層類的變數、和基本人口及社經特徵的個體變數、及其他代表個人或都市化地區特徵的總體變數；而 β n 則是相對應於 Xi 的縱向量係數，β n 之估計值是以最大概似法 (maximum likelihood method) 估計而得。各虛擬變項的類別與參考組，均明確列於表格中。

　　至於評估模型適合度（goodness of fit）的方式，我們係以 McFadden（1974）提出的 Rho- square 為標準，定義為 *Rho-square =* 1 － *L/L₀*，其中 L 是模型的對數最大概似值，而 *L₀* 是虛無模型的對數最大概似值；雖然 *Rho-square* 可能值係判於 0 和 1 之間，依實證經驗，事實上若 *Rho-square* 大於 0.2 時，模型的適合度及解釋能力已算是相當高了。本文所謂的「最適模型」（the best model）係指模型中所有的解釋變數的係數估計結果皆具有實質的意義，且其係數估計值皆顯著不等於 0；本文所謂的「縮減模型」（reduced model），指的是刪除「最適模型」中的某一組解釋變數後的模型；至於評估「縮減模型」中被刪除的變數解釋能力的方式，我們是比較「最適模型」和「縮減模型」*Rho-square* 數值的變化情形，若變化愈大表示該組被刪除的解釋變數對「最適模型」的解釋能力愈大。

　　最後尚有一點要強調的，本文研究重點是在臺灣都市體系所呈現的資訊落差現象，但運用個體層次的「網路運用模型」和前述重點並不衝突，理由是該個體面的「網路運用模型」的解釋變數係由（1）總體面的自變數（即都市層級的虛擬變數）和（2）個體面的個人因子（如年齡、教育、婚姻狀態、性別、行職業、個人及家庭所得等）自變數所構成；我們重點在探究代表都市層級的各虛擬變數對個人運用網路的相對解釋能力，而模型中引入個體面的個人因子主要是要控制影響個人網路運用的其他效果。但這裡要強調的是：宏觀的都市層級體系落差之決定因子，除了由其內部人口特質等要素決定外，亦深受都市體系內部結構等總體性變數的影響，由於本研究並沒在個體模型裡充分引用代表都市

體系內部結構特質的總體性變數，這將是我們面臨的重要研究限制之一。

三、資訊化的決定因子

（一）資訊的空間落差

　　依臺灣最近幾年網路發展趨勢，「資訊隨手可得」對很多人來說已由理想轉變成事實。表4.1係整理自交通部1999年和2001年「臺灣地區民眾使用網際網路狀況調查」，結果顯示這二年間臺灣上網人口計成長250萬人（1999年為420萬人，2001年為670萬人），上網人口比例已由1999年時的24%，升至2001年時的36%。

　　上述事實說明了臺灣的資訊化程度一直在快速發展及深化當中。但若進一步觀察不同都市化地區網路運用變化情形，臺灣的資訊化過程及結果事實上有存在相當大程度的空間落差。表4.1顯示臺灣三大都會區當中，以臺北都會區增加近一百萬上網人口最為顯著，而高雄及臺中都會區增加的上網人口大致相等，約38萬人左右，其他都會區及非都會區（特別是東部地區）雖亦有成長，但不若三大都會區來的顯著。若觀察三大都會區上網人口成長率，上網人口成長率最快的地方分別是臺中縣和高雄縣，而且只有臺北都會區的中心都市之成長率稍高於其他衛星鄉鎮市，高雄及臺中都會區的中心都市之成長率則明顯低於其他衛星市鎮。

　　單由上網人口變動數及變動率尚不足以說明都市階層和資訊落差間的空間意象，我們有必要進一步觀察各都市階層上網比例的落差。依表4.1結果，無論在2001年或1999年，臺灣的都市化程度和規模不必然和上網比例成正比；例如依上網比例高低，臺灣各都市化地區可分成：（1）高度上網比例地區（臺北市、臺中市、和新竹市），（2）中度上網比例地區（高雄市和臺北／桃園縣），（3）中低度上網比例地區（臺中／高雄縣、嘉義市及臺南市），及（4）低度上網比例地區（西部農業縣和東部地區）。若進一步觀察上網比例的成長情形，臺灣的上網比例提升了12%（1999年24%，2001年36%），增幅最大者依次為新竹市

表 4.1 臺灣各都市化地區資訊化變動程度：1999-2001 年 12 歲以上的上網人口及比例

居住地	12 歲以上之上網人口						上網比例 [1]			
	1999 年（萬人）	2001 年（萬人）	1999-2001 年增加數（萬人）	1999-2001 年增加數（排序）	1999-2001 年成長率（%）	1999-2001 年成長率（排序）	1999 年（%）	2001 年（%）	1999-2001 年增加率（%）	1999-2001 年增加率（排序）
全臺灣	419.3	669.9	250.7	-	59.8	-	24.1	36.3	12.2	-
1. 臺北都會區										
臺北市	82.2	124.7	42.5	3	51.7	7	38.7	54.9	16.2	3
臺北縣/桃園縣/基隆市	119.7	175.9	56.2	1	46.9	8	28.3	37.7	9.3	8
2. 高雄都會區										
高雄市	29.8	52.5	22.7	4	76.3	3	25.6	40.9	15.4	5
高雄縣	18.8	34.8	16.0	7	85.3	2	17.9	33.8	15.8	4
3. 臺中都會區										
臺中市	23.5	40.4	16.9	6	71.9	4	32.6	48.8	16.2	2
臺中縣	21.1	42.5	21.5	5	101.7	1	19.4	33.9	14.5	6
4. 其他都會區										
新竹市	8.8	15.1	6.3	10	71.3	5	30.6	47.9	17.3	1
嘉義市/臺南市	19.6	27.6	8.0	8	41.0	10	24.6	33.5	9.0	9
5. 非都會區										
其它縣市	80.5	134.0	53.5	2	66.5	6	15.9	26.4	10.4	7
東部地區（含宜蘭）	15.3	22.3	7.0	9	45.9	9	17.2	25.1	7.9	10

[1] 上網比例 = 12 歲以上之上網人口／12 歲以上人口 ×100。

資料來源：交通部 1999 及 2001 年「臺灣地區民眾使用網際網路狀況調查」原始資料

（17%）、臺中市（16%）、和臺北市（16%），接下來才是高雄都會區（約15%左右）。就以上的地區分布，各都會區內的中心都市的上網比例高於都會縣，都會區的比例高於非都會區，多少都相應於都市層級，但是新竹市的比例與臺中市相當，高雄市的比例低於臺中市與新竹市，則與其都市層級未成正比。

　　為了進一步比較資訊的空間落差的情形，我們接著計算臺灣主要都市的標準化粗上網率。表4.2係臺灣主要都市12歲以上人口的年齡別上網率、粗上網率、及標準化粗上網率。表4.2顯示年齡別上網率係年齡的遞減函數，各地上網率皆以12-19歲年齡層達到最高，然後隨著年齡上升而逐漸下降，且多數地區50歲以上民眾之上網率皆低於一成。至於年齡別粗上網率，各主要都市皆呈現先升後降的型態，通常以20-29歲為高峰，之後則見逐漸下降。至於標準化粗上網率部分，係分別以「臺北市」和五大都市以外的「其他縣市」為標準化的計算基準；表4.2顯示五大都市的標準化粗上網率，無論係以「臺北市」抑或「其他縣市」為標準化計算基準，各地區的兩組標準化粗上網率呈現的結果差異不大，皆顯示先升後降的年齡層分布趨勢，且不分年齡的標準化粗上網率仍以臺北市最高，其次為新竹市，臺中市再次之，南部地區的高雄市及臺南市殿後。

　　簡言之，我們若以上網人口和上網率，抑或標準化粗上網率來當成一地區資訊化程度的指標，發覺都市化程度和規模基本上和資訊化程度成正相關，臺灣資訊化程度的空間梯度之型態為：北高南低及西高東低。新竹市作為臺灣資訊科技的最大集中地，可以視為典型的新興資訊富域；另外一個值得特別注意的是高雄都會區，尤其是其核心都市：高雄市，該市雖為臺灣第二大都會區，但資料顯示高雄市資訊化程度和其都市化規模卻完全不相稱，比臺中市、臺北縣和桃園縣還低，和別的省轄市相比，高雄市上網人口比例也沒高出多少。在資訊化的年代及根據國外都市發展及變遷的經驗，高雄市相對偏低的上網比例給人感覺相當突兀，因此為何高雄市是個「例外」是值得進一步探討的問題。

表4.2 臺灣五大都市12歲以上人口的標準化粗上網率

地區別	人數 （萬人）	上網人數 （萬人）	年齡別上網率 （%）	粗上網率 （%）	標準化粗上網率	
					以臺北市為 標準（%）	以其他縣市 為標準（%）
全臺灣						
所有年齡組	1,844.8	669.9	36.3	36.3	36.3	36.3
12-19歲	282.4	183.6	65.0	10.0	8.2	10.5
20-29歲	372.3	214.8	57.7	11.6	12.3	11.3
30-39歲	379.5	156.3	41.2	8.5	8.9	8.3
40-49歲	345.8	86.3	25.0	4.7	5.5	4.5
50歲+	464.8	28.8	6.2	1.6	1.4	1.6
臺北市						
所有年齡組	227.0	124.7	54.9	54.9	54.9	54.0
12-19歲	28.6	22.3	77.9	9.8	9.8	12.6
20-29歲	48.5	35.2	72.7	15.5	15.5	14.3
30-39歲	48.9	33.4	68.2	14.7	14.7	13.8
40-49歲	50.2	25.8	51.3	11.4	11.4	9.2
50歲+	50.7	8.0	15.7	3.5	3.5	4.1
高雄市						
所有年齡組	128.4	52.5	40.9	40.9	41.7	41.6
12-19歲	19.4	15.2	78.3	11.8	9.9	12.7
20-29歲	24.4	16.2	66.1	12.6	14.1	13.0
30-39歲	25.2	9.6	38.2	7.5	8.2	7.7
40-49歲	25.7	9.2	35.9	7.2	7.9	6.4
50歲+	33.6	2.3	7.0	1.8	1.6	1.8
臺中市						
所有年齡組	82.8	40.4	48.8	48.8	45.6	45.4
12-19歲	10.2	7.9	77.7	9.5	9.8	12.6
20-29歲	21.7	16.0	74.0	19.4	15.8	14.5
30-39歲	22.5	10.9	48.6	13.2	10.5	9.8
40-49歲	11.9	4.1	34.4	4.9	7.6	6.2
50歲+	16.6	1.4	8.6	1.7	1.9	2.2
臺南市						
所有年齡組	61.3	20.3	33.2	33.2	34.4	34.3
12-19歲	8.7	5.0	57.9	8.2	7.3	9.4
20-29歲	12.3	6.9	56.5	11.3	12.1	11.1
30-39歲	9.9	4.4	43.9	7.1	9.5	8.9
40-49歲	16.5	3.3	19.9	5.3	4.4	3.6

50 歲 +	14.0	0.7	5.3	1.2	1.2	1.4
新竹市						
所有年齡組	31.5	15.1	47.9	47.9	49.4	49.1
12-19 歲	3.2	2.5	77.3	7.9	9.8	12.5
20-29 歲	7.3	4.8	65.3	15.2	13.9	12.8
30-39 歲	6.7	5.0	75.0	16.0	16.2	15.2
40-49 歲	5.8	1.9	32.9	6.1	7.3	5.9
50 歲 +	8.4	0.9	10.2	2.7	2.3	2.6
其他縣市						
所有年齡組	1,313.8	416.9	31.7	31.7	31.5	31.7
12-19 歲	212.3	130.7	61.6	10.0	7.8	10.0
20-29 歲	258.1	135.7	52.6	10.3	11.2	10.3
30-39 歲	266.2	93.0	34.9	7.1	7.5	7.1
40-49 歲	235.7	42.0	17.8	3.2	3.9	3.2
50 歲 +	341.5	15.5	4.5	1.2	1.0	1.2

資料來源：交通部2001年「臺灣地區民眾使用網際網路狀況調查」原始資料

（二）資訊化要素及都市化和階層化的效果：二項邏輯選擇模型分析[4]

　　相對於上節總體面的描述，本節主要是從個體面的個人決策面向，運用二項邏輯選擇模型（使用網路 vs. 不使用網路），在控制其他重要因子後（如年齡及教育等），研究各都市階層對網路運用的影響；也就是說，本研究以個人網路運用情形代表個人資訊化類型，探討個人居住地都市化類型，及其人口和社經特徵等階層性變數對網路運用的影響。

　　本節分析的主要個體資料來源分別為（1）交通部2001年「臺灣地區民眾使用網際網路狀況調查」和（2）「四期一次社會變遷基本調查」。如前所述，這二筆資料各有其優劣之處，前者優點是樣本數較

---

4 本小節個體模型設計及其估計的結果，允許我們計算資料中每一個體的「上網」及「不上網」的機率；若我們將資料中每一個體的「上網」機率依都市化程度地區別彙整（aggregation）起來，這些依都市化程度地區別彙整的數字就是都市化程度地區別總體的「期望」上網人數，若再將都市化程度地區別總體的「期望」（expected）上網人數除以該地區相對應的人口數，就是都市化程度地區別總體的「期望」上網比例；而3.1小節的結果，是所謂總體「觀察到的」（observed）上網比例，是由「觀察到的」上網人口除以該地區相對應的人口得來的，故總體的「期望」和「觀察到的」上網比例是相對應且本質一致的，差別只在一個是「期望」，而另一個是「觀察」的而已。

大，都市化類型和資訊化關係較易呈現出來，缺點是可資運用的解釋變數較少；後者之優點是可資運用的解釋變數較豐富，缺點是樣本數較少及都市化類型和資訊化關係較難呈現出來。由於這二種資料具有互補性，茲就上述二種資料之分析結果陳述如下。

1. 網路運用之決定因子：根據2001年「臺灣地區民眾使用網際網路狀況調查」資料

本項資料合乎研究的個體觀察值計5,300筆，模型估計的最適結果整理如表4.3，由於模型之 Rho- square 約為0.40，因此模型估計結果之解釋能力很令人滿意。首先我們先說明個人居住地所屬都市化類別對其資訊運用的影響。依表4.3都市化地區別的估計係數，在控制住其他重要變數後，估計結果顯示個人網路運用傾向以新竹市（0.7896）最高，其次分別為臺北市（0.6784）和臺中市（0.5042）；高雄市雖然是臺灣第二大都市，但其居民網路運用傾向（0.4446），並沒有和高雄市之都市規模及程度有明顯的關聯；至於其他省轄市（基隆、嘉義、和臺南），其居民網路運用傾向亦沒有顯著高於西部農業縣。

在三大都會區周邊地帶（臺北縣／桃園縣、臺中縣、和高雄縣），我們發現一些有趣現象，即（1）臺北縣及桃園縣居民網路運用之傾向（0.1447），並無原先預期般比臺中縣及高雄縣（0.3321）來的高；（2）臺北縣和桃園縣居民網路運用之傾向雖然高於西部農業縣，但實證結果並不顯著；（3）反之，臺中縣和高雄縣居民網路運用程度明顯高於西部農業縣；（4）東臺灣的居民網路運用之傾向係全臺最低。總而言之，估計結果基本上合乎我們的預期，新竹市及臺北市和臺中市可謂臺灣的網路都市，是典型的臺灣資訊都市富域，但較為特殊的是高雄市，雖為第二大都市，不過其資訊化程度相對而言較低，是為臺灣相對的資訊都市窮域。

在我們的統計模型中，當控制住都市化和其他變數的作用之後，個人的網路運用傾向顯著的受個人年齡、教育程度、及從事的行業所影響。首先，就年齡而言，由於12-19歲、20-29歲、30-39歲、及40-49歲（50歲以上為參考組）之估計係數分別為4.0641、1.9598、1.5436、

表 4.3 網路使用二項邏輯選擇模型及其決定因子：根據交通部 2001 年「臺灣地區民眾使用網際網路狀況調查」12 歲以上受訪者

自變數	估計係數	t 值	相對重要性 Rho-square 降低值	相對次序
1. 常數項	-5.0881	-19.2**		
2. 非勞動人口（參考組：勞動人口）			14.6	5
學生	0.6296	3.1**		
家庭主婦	0.1516	0.6		
其他非勞動人口	0.0817	0.3		
3. 男性（參考組：女性）	0.2092	2.7**	6.5	6
4. 年齡（參考組：50 歲 +）			663.5	2
12-19 歲	4.0641	21.6**		
20-29 歲	1.9598	12.2**		
30-39 歲	1.5436	9.5**		
40-49 歲	1.1364	6.8**		
5. 教育程度（參考組：小學及以下）			891.7	1
國中	0.3693	2.4**		
高中	1.2862	8.7**		
專科	2.9380	17.7**		
大學及研究所	3.7869	22.1**		
6. 都市化地區別（參考組：其他地區）			41.8	4
臺北市	0.6784	5.1**		
高雄市	0.4446	2.8**		
新竹市	0.7896	2.7**		
臺中市	0.5042	2.7**		
其他省轄市	0.0509	0.3		
臺北縣及桃園縣	0.1477	1.4		
臺中縣及高雄縣	0.3321	2.5**		
東臺灣（宜蘭／花蓮／臺東縣）	-0.2685	-1.4		
7. 行業（參考組：其他行業）			54.2	3
資訊相關產業	1.7274	7.0**		
製造業	0.9502	4.5**		
服務業／商業	0.8554	4.3**		
金融保險不動產業	1.1215	4.0**		
軍公教	1.2433	5.6**		
摘要統計量：				
1. 樣本數	5,323			
2. 2*(Loglikelihood - Loglikelihood (null))	2,593			
3. d.f.	25			
4. Rho-square	0.3926			
5. Mod. Rho-square	0.9757			

參考組：不使用及現已不使用網路者。

資料來源：交通部 2001 年「臺灣地區民眾使用網際網路狀況調查」

** ：99% 顯著水準

* ：90% 顯著水準

表 4.4 網路使用二項邏輯選擇模型及其決定因子之相對重要性：根據交通部 2001 年「臺灣地區民眾使用網際網路狀況調查」12 歲以上受訪者

自變項	最適模型		教育		年齡		行業		都市比值		非勞動人口		性別	
	係數	t值	係數	t值	係數	t值	係數	t值	係數	t值	係數	t值	係數	t值
1. 常數項	-5.0881	-19.2	-4.1059	-19.4	-3.5998	-18.3	-4.1762	-20.9	-4.8995	-19.3	-4.8296	-24.3	-4.9133	-19.2
2. 非勞動人口（參考組：勞動人口）														
學生	0.6296	3.1	1.0883	6.1	1.9974	11.6	-0.3342	-3.1	0.7041	3.5	-	-	0.5769	2.9
家庭主婦	0.1516	0.6	-0.0189	-0.1	-0.0131	-0.1	-0.8174	-4.4	0.2241	0.9	-	-	0.0175	0.1
其他非勞動人口	0.0817	0.3	0.1215	0.5	-0.4131	-1.9	-0.8852	-4.7	0.1677	0.7	-	-	0.0524	0.2
3. 男性（參考組：女性）	0.2092	2.7	0.2551	3.6	0.1732	2.5	0.1608	2.1	0.1958	2.6	0.2013	2.6	-	-
4. 年齡（參考組：51 歲 +）														
12-19 歲	4.0641	21.6	3.2010	20.1	-	-	4.1049	21.8	3.9846	21.5	4.3964	25.8	4.0488	21.5
20-29 歲	1.9598	12.2	2.7667	20.1	-	-	1.9646	12.3	1.8920	12.0	2.0608	13.1	1.9283	12.1
30-39 歲	1.5436	9.5	2.1281	15.4	-	-	1.5297	9.5	1.4910	9.3	1.5893	10.0	1.5108	9.3
40-49 歲	1.1364	6.8	1.3532	9.4	-	-	1.1172	6.7	1.1155	6.8	1.2319	7.5	1.1165	6.7
5. 教育程度（參考組：小學及以下）														
國中	0.3693	2.4	-	-	0.8813	6.9	0.3544	2.3	0.3818	2.5	0.3736	2.4	0.3766	2.4
高中	1.2862	8.7	-	-	1.4665	12.6	1.3127	8.9	1.3002	9.0	1.2977	8.7	1.2938	8.8
專科	2.9380	17.7	-	-	2.8224	21.2	3.3017	18.4	2.9834	18.3	2.9801	17.9	2.9408	17.8
大學及研究所	3.7869	22.1	-	-	3.5114	25.1	3.9011	23.1	3.9089	23.4	3.8479	22.4	3.7995	22.3
6. 都市化地別（參考組：其他地區）														
臺北市	0.6784	5.1	1.2607	10.6	0.4308	3.7	0.7232	5.6	-	-	0.6974	5.2	0.6761	5.1
高雄市	0.4446	2.8	0.6744	4.7	0.2638	1.9	0.4602	2.9	-	-	0.4587	2.9	0.4376	2.8
新竹市	0.7896	2.7	1.0787	4.1	0.5440	2.1	0.8752	3.0	-	-	0.7908	2.7	0.7740	2.6

	係數	t	係數	t	係數	t	係數	t	係數	t	係數	t	係數	t
臺中市	0.5042	2.7	0.8670	5.2	0.3908	2.3	0.5462	2.9	-	-	0.5086	2.7	0.4989	2.7
其他省轄市	0.0509	0.3	0.2311	1.5	-0.0091	-0.1	0.0849	0.5	-	-	0.0453	0.3	0.0386	0.2
臺北縣及桃園縣	0.1477	1.4	0.2867	3.0	0.0769	0.8	0.2034	1.9	-	-	0.1708	1.6	0.1453	1.4
臺中縣及高雄縣	0.3321	2.5	0.2900	2.5	0.2232	1.9	0.3469	2.7	-	-	0.3383	2.6	0.3258	2.5
東臺灣（宜蘭／花蓮／臺東縣）	-0.2685	-1.4	-0.1869	-1.0	-0.2344	-1.3	-0.2856	-1.5	-	-	-0.2783	-1.4	-0.2527	-1.3
7.行業（參考組：其他行業）														
資訊相關產業	1.7274	7.0	2.2125	10.3	1.8216	8.4	-	-	1.8236	7.6	1.3595	7.5	1.6757	6.8
製造業	0.9502	4.5	1.0023	5.4	1.0167	5.4	-	-	0.9787	4.8	0.5830	4.5	0.9452	4.5
服務業／商業	0.8554	4.3	1.1047	6.2	0.9820	5.5	-	-	0.9396	4.8	0.4815	4.4	0.8087	4.1
金融保險不動產業	1.1215	4.0	1.7966	7.2	1.2665	5.0	-	-	1.2617	4.6	0.7472	3.3	1.0599	3.8
軍公教	1.2433	5.6	2.2272	11.3	1.3441	6.8	-	-	1.2530	5.8	0.8680	6.0	1.2017	5.5
摘要統計量：														
1. 相對重要性排序	-		1		2		3		4		5		6	
2. 樣本數	5,323		5,323		5,323		5,323		5,323		5,323		5,323	
3. 2*(Loglikelihood-Loglikelihood (null))	2,593		1,702		1,930		2,539		2,551		2,579		2,587	
4. Decrease in 2*(Loglikelihood-Loglikelihood (null))	-		892		663		54		42		15		7	
5. d.f.	25		21		21		20		17		22		24	
6. Rho-square	0.3926		0.2576		0.2921		0.3844		0.3862		0.3904		0.3916	
7. Mod. Rho-square	0.9757		0.9646		0.9663		0.9692		0.9639		0.9723		0.9746	

參考組：不使用及現已不使用網路者。

資料來源：交通部 2001 年「臺灣地區民眾使用網際網路狀況調查」

及 1.1364，說明了年齡對網路運用有一強烈負向作用，且 12-19 歲年齡層網路運用傾向遠高於其他年齡層。至於教育的選擇性，由於估計係數隨教育程度增加而增加（國中，0.3693；高中／職，1.2862；專科，2.9380；大學及研究所，3.7869），教育對網路的運用傾向合乎理論的預期呈現強烈正向作用，即所謂的教育正向選擇。最後有關行業的選擇性，合乎預期的是資訊相關產業從業人員的網路運用傾向最高（1.7274），但有趣的是軍公教的網路運用傾向（1.2433）比金融保險不動產業（1.1215）來的高，這和我們原先預期不太一樣。

除了都市化、教育、年齡、及行業對個人網路運用之選擇有顯著影響外，其他控制變數對個人網路運用之選擇亦有顯著作用。首先，非勞動人口相對勞動人口而言，學生網路運用之傾向（0.6296）明顯高於勞動人口，家庭主婦（0.1516）及其他非勞動人口（0.0817）網路運用之傾向雖高於勞動人口，但估計結果並不顯著。就網路運用的性別選擇性而言，男性明顯高於女性。

接著我們亦進一步評估這些變數對模型的解釋能力及其相對重要性。評估某一組解釋變數在模型解釋能力及相對重要性的方式，係觀察刪除該組變數後模型卡方數值降低情形，若降低愈大代表其解釋能力及重要性就越大。解釋變數相對重要性之排序亦整理於表 4.3，詳細結果參考表 4.4。依表 4.3 結果，個人網路運用與否最主要的因素是教育，其次是年齡，行業及都市化在模型之重要性分別居第三及第四；至於勞動狀態及性別，反而顯得較不重要。

現在我們進一步討論各重要變數在解釋個人網路運用傾向之關聯。根據表 4.4 整理的結果，就最重要的變數教育而言，發覺若刪除教育之後，各變數估計結果會有很大的變化；其中較顯著者包括：（1）「學生」的重要性會增加，（2）「12-19 歲」使用網路的傾向會下降，相對的其他年齡組會上升，（3）臺北市使用網路傾向會高於新竹，且（4）軍公教網路使用傾向和資訊相關產業會不分軒輊。其次，若沒控制住年齡（即刪除年齡該項變數後），受影響最大的變數是「學生」，其估計係數將由最適模型的 0.6296 升至 1.9974。若沒控制住都市化變數，影響較大的變數是行業，發覺在刪除都市化變數之後，資訊相關產業、商

業、和金融保險不動產業的重要性會增加，究其原因主要是上述產業的
地理空間聚集效應遠較別的行業來的強的緣故。

2. 網路運用之決定因子：根據「四期一次社會變遷基本調查」

「四期一次社會變遷基本調查」可資運用之樣本計1,960筆，如前
所述，該筆資料樣本數雖然較少，但問項內容反而較為豐富。依資料所
能提供的資訊，本模型解釋變數計分成八大類，包括（1）都市化地區
別、（2）（主觀）社會階級、（3）家庭每月所得、（4）行業、（5）教育
程度、（6）年齡、（7）國際化經驗、及（8）其他基本控制變數（學生
身分、籍貫、性別、婚姻狀態）。表4.5係運用該筆資料，個人網路運
用的二項邏輯選擇模型及其決定因子之最適估計結果；至於解釋變數在
最適模型之相對重要性及其相對解釋能力之細節，結果整理成表4.6。
由於最適模型之Rho- square為0.40左右，因此最適模型之解釋能力亦
相對令人滿意。

在控制住其他變數後，我們首先討論都市化對個人選擇網路運用之
影響；表4.5顯示除了「臺北市」有相當高的網路運用傾向外，臺灣其
他都市化地區間，並沒有顯示網路運用傾向有任何統計上的顯著差異，
原因可能是樣本數不足所致。即使如此，估計結果仍透露出都市化和個
人選擇網路運用的關聯。首先，臺北市居民使用網路之傾向顯著的比其
他地區高出甚多，而第二大都會區的核心地：高雄市，其居民使用網路
之傾向除了遠比臺北市來得低之外，亦比屬於「其他都市」、「新興鄉
鎮」、和「山地／偏遠／坡地鄉鎮」居民來得低，雖然估計結果統計上
並不顯著。至於其他類型的都市化地區，個人網路運用傾向和交通部資
料所反映出來結果相似，唯一不同之處是，「四期一次社會變遷基本調
查」資料顯示「山地／偏遠／坡地鄉鎮」居民使用網路傾向不比「其他
都市」居民來得低，這是和交通部資料所估計結果不一致的地方。

由「四期一次社會變遷基本調查」資料得到的估計結果和由交通部
資料得到的結果相似的地方是，教育及年齡是網路運用最重要的決定因
子。「四期一次社會變遷基本調查」資料顯示，由於「高中」、「專科」、

表4.5 網路使用二項邏輯選擇模型及其決定因子：根據中研院「四期一次臺灣地區社會變遷基本調查」

自變數	估計係數	t 值	相對重要性	
			Rho-square 降低值	相對次序
1. 常數項	-6.6612	-14.0**		
2. 基本控制變項：學生、籍貫、性別、及婚姻狀態			3.6	7
學生（參考組：非學生）	0.5534	1.1		
男性（參考組：女性）	0.1880	1.2		
單身（參考組：非單身者）	0.1459	0.7		
3. 國際化變數			14.2	3
有出國經驗（參考組：無出國經驗）	0.6595	3.6**		
國外親友人數（參考組：「無國外親友」及「1-9人」）				
10-19 人	0.1374	0.5		
20 人 +	0.1054	0.3		
4. 年齡（參考組：50 歲 +）			70.7	2
20-24 歲	2.9591	6.4**		
25-29 歲	2.5430	6.8**		
30-39 歲	2.1479	7.0**		
40-49 歲	1.4995	4.9**		
5. 教育程度（參考組：國中及以下）			116.8	1
高中	1.6172	4.9**		
專科	2.3920	6.9**		
大學	3.1090	8.5**		
研究所	3.5754	7.3**		
6. 都市化地區別（參考組：工商市鎮、綜合性市鎮、服務性鄉鎮）			7.8	5
臺北市	0.5880	2.7**		
高雄市	0.0031	0.0		
其他都市	0.2432	1.0		
新興鄉鎮	0.1373	0.6		
山地／偏遠／坡地鄉鎮	0.2295	0.9		
7. 社會階級（參考組：工人階級及下層階級）			6.9	6
中下階級	0.7016	2.1**		
中層階級	0.7224	2.5**		
上層／中上階級	0.6699	2.2**		
8. 家庭每月所得（參考組：10 萬元以上）			1.4	8
0-4 萬元	0.0269	0.1		
4-7 萬元	0.1389	0.6		
7-10 萬元	0.2489	1.0		
9. 行業（參考組：其他行業）			11.4	4
製造業	0.0885	0.4		
運輸通信業	0.6613	1.8*		
金融保險不動產業	0.7186	2.5**		
社會及個人服務業	0.4826	2.4**		

摘要統計量：

1. 樣本數	1,960
2. 2*(Loglikelihood - Loglikelihood (null))	721
3. d.f.	29
4. Rho-square	0.3855
5. Mod. Rho-square	0.9788

參考組：不常使用及從不使用網路者。
資料來源：中研院「四期一次臺灣地區社會變遷基本調查」
** ：99% 顯著水準
* ：90% 顯著水準

「大學」、和「研究所」相對應的估計係數分別為 1.6172、2.3920、3.1090、及 3.5754，說明了網路運用的選擇性係教育的正向選擇。在年齡選擇性部分為，「20-24 歲」、「25-29 歲」、「30-39 歲」及「40-49 歲」之估計係數分別為 2.9591、2.5430、2.1479、及 1.4995，說明了年齡對網路運用有一負向作用，亦即網路運用傾向年紀較輕者。

　　除了上述都市化、教育、和年齡之變數外，其他的個人社經特徵亦對選擇使用網路之傾向有重大影響。首先，就個人主觀認定的社會階層而言，相對於「工人／下層階級」，由於「中下階級」、「中層階級」、和「上層／中上階級」相對應的估計係數分別為 0.7016、0.7224、及 0.6699，這顯示社會階級對個人選擇使用網路有一正面作用，亦即網路運用選擇性係社會階級的正向選擇；但值得注意的是，我們由估計係數得知，「中層階級」的網路運用傾向不僅高於「中下階級」，亦遠高於「上層／中上階級」。另外一個代表社會階層的重要替代變數係家庭所得，表 4.5 估計結果說明家庭所得對網路運用的作用亦相當明確且合乎預期，即家庭每月所得水準對個人網路運用傾向有明確的正向作用。

　　由於上述二個變數係主客觀社會階層的重要替代變數，且我們於模型中已控制了年齡及教育的作用，前述估計結果說明了：網路運用並非是在社會頂層菁英份子的專屬權利，社會頂層菁英份子雖有較高的網路運用傾向，但屬社會階層中間光譜者，其網路運用傾向亦不遑多讓，又因為該階層占所有人口最大比例，故網路化及都市化的最重要者支持者係屬中層階級者；也就是說，在臺灣資訊都市的發展過程裡，社會頂層的菁英份子或許是扮演一關鍵角色，但真正使資訊都市得以發展的係中層階級的人；因此臺灣資訊都市的發展並無出現中層階級萎縮或弱化的

情形。

　　至於行業別網路運用的選擇性，由表4.5之估計係數顯示，金融保險不動產業（0.7186）是網路運用程度最高產業，其次是運輸通信業（0.6613）和社會及個人服務業（0.4826），製造業（0.0885）網路運用傾向沒有顯著的比別的行業高。此外，個人國際化經驗亦對網路運用傾向有明確影響，我們預期國際化經驗和程度對個人網路運用有一正向作用，在這裡獲得證實。依表4.5，證明了有出國經驗者較無出國經驗者顯著的較傾向選擇使用網路；又因為國外親友數係人際網路及社會資本的對外延伸及擴展，因此預期國外親友數對網路運用應有一正向作用，表4.5結果顯示該預期是正確的，雖然統計上並不顯著（原因是有紀錄的國外親友數樣本太少所致）。在控制住上述變數後，其他基本控制變數（學生、性別、和婚姻狀態）對網路運用傾向之影響亦合乎預期（參考表4.5），即網路運用傾向學生、男性及單身者，只是統計上不顯著而已，此一不顯著結果如分析所示，是控制了年齡與教育程度的結果。

　　總而言之，和由交通部資料估計結果類似的是，教育和年齡是個人網路運用的最重要決定因子，其次才是國際化經驗、行業、和都市化程度；在控制住上述變數（特別是教育和年齡）後，性別和婚姻狀態則顯的相當不重要了。但與交通部資料得到結果不同的是，在刪除教育變數後，都市化程度之重要性（臺北市除外）並沒有顯著提升（參考表4.5）；我們進一步追蹤「四期一次社會變遷基本調查」資料後，發覺原因係樣本數太少，及地區別抽樣和地區別人口分布比例不夠契合所致。

　　接著我們依據表4.6結果，進一步討論各重要變數對解釋個人網路運用傾向的相對重要性及關聯性。首先，若刪除最重要的變數：教育，和由交通部資料得到結果類似，各重要變數估計結果會有很大變異。較顯著者計有（1）「學生」的解釋能力會增加，（2）年齡的重要性會提升，但主要在年輕族群，（3）臺北市的重要性會加大，（4）（主觀）社會階級和家庭每月所得解釋能力會增加，但以中上階級和高所得家庭較明顯，及（5）製造業和社會及個人服務業的重要性會提升。若刪除次重要的因子年齡後，發覺（1）「學生」及「單身」的解釋能力增加，及（2）家庭所得的模型之解釋能力會大幅提升，但家庭所得的選擇性差異

表 4.6　網路使用二項邏輯選擇模型及其決定因子之相對重要性：根據中研院「四期一次臺灣地區社會變遷基本調查」

自變項	最適模型 係數	t值	教育 係數	t值	年齡 係數	t值	國際化變數 係數	t值	行業 係數	t值	都市化地區 係數	t值	社會階級 係數	t值	基本控制變項 係數	t值	家庭所得 係數	t值
1. 常數項	-6.6612	-14.0	-6.2993	-15.4	-5.4234	-14.3	-6.3460	-14.0	-6.4968	-14.1	-6.4591	-14.1	-6.2564	-15.0	-6.5370	-14.0	-6.6776	-14.0
2. 基本控制變項：學生、性別、及婚姻狀態																		
學生（參考組：非學生）	0.5534	1.1	1.6014	3.4	0.9990	2.4	0.5254	1.1	0.3435	0.7	0.5467	1.1	0.5861	1.3	-	-	0.5249	1.1
男性（參考組：女性）	0.1880	1.2	0.3386	2.3	-0.0162	-0.1	0.1375	0.9	0.1893	1.3	0.1525	1.0	0.1542	1.0	-	-	0.1949	1.2
單身（參考組：非單身者）	0.1459	0.7	0.3426	1.7	0.8612	5.3	0.1559	0.8	0.1702	0.8	0.1715	0.8	0.1222	0.6	-	-	0.1548	0.7
3. 國際化變數																		
有出國經驗（參考組：無出國經驗）	0.6595	3.6	0.8911	5.1	0.4322	2.6	-	-	0.6397	3.6	0.6975	3.8	0.7104	4.1	0.6414	3.5	0.6833	3.7
國外親友人數（參考組：「無國外親友」及「1-9人」）																		
10-19人	0.1374	0.5	0.3589	1.4	-0.0156	-0.1	-	-	0.1680	0.6	0.1762	0.7	0.1633	0.6	0.1155	0.4	0.1595	0.6
20人＋	0.1054	0.3	0.4987	1.6	-0.0220	-0.1	-	-	0.1041	0.3	0.1449	0.5	0.0662	0.2	0.0757	0.2	0.1375	0.4
4. 年齡（參考組：50歲＋）																		
20-24歲	2.9591	6.4	3.3257	7.6	-	-	2.5795	5.9	2.7831	6.2	2.8930	6.3	2.9590	6.7	3.2167	8.2	2.9969	6.5
25-29歲	2.5430	6.8	2.9533	8.4	-	-	2.2632	6.3	2.4309	6.7	2.4640	6.6	2.5661	7.2	2.6348	7.7	2.5888	6.9
30-39歲	2.1479	7.0	2.4292	8.5	-	-	2.0772	7.0	2.0781	7.0	2.0845	6.8	2.1510	7.3	2.1692	7.1	2.1632	7.0
40-49歲	1.4995	4.9	1.6370	5.7	-	-	1.4268	4.8	1.4148	4.8	1.4982	4.9	1.5185	5.2	1.5077	4.9	1.5092	4.9
5. 教育程度（參考組：國中及以下）																		
高中	1.6172	4.9	-	-	2.1966	7.1	1.7055	5.3	1.6761	5.2	1.6086	4.9	1.7389	5.6	1.6314	4.9	1.6469	5.0
專科	2.3920	6.9	-	-	2.9762	9.1	2.5679	7.6	2.5206	7.5	2.4281	7.0	2.5839	7.9	2.4424	7.0	2.4257	7.0
大學	3.1090	8.5	-	-	3.5448	10.2	3.2600	9.2	3.2577	9.2	3.1399	8.6	3.2970	9.6	3.2313	8.9	3.1658	8.7
研究所	3.5754	7.3	-	-	4.1140	9.0	3.8030	8.0	3.7571	8.0	3.6280	7.4	3.7673	8.1	3.7246	7.6	3.6643	7.5
6. 都市化地區別（參考組：工商市鎮、綜合性市鎮、服務性鄉鎮）																		
臺北市	0.5880	2.7	0.7888	3.7	0.3888	2.0	0.6859	3.2	0.5882	2.8	-	-	0.5856	2.8	0.5749	2.6	0.6090	2.8
高雄市	0.0031	0.0	0.0919	0.3	-0.1850	-0.6	0.0761	0.2	-0.0728	-0.2	-	-	-0.0047	0.0	0.0298	0.1	-0.0191	-0.1
其他都市	0.2432	1.0	0.1133	0.5	0.1055	0.4	0.2833	1.2	0.2381	1.0	-	-	0.2167	0.9	0.2482	1.0	0.2600	1.0
新興城鎮	0.1373	0.6	0.0889	0.4	0.1432	0.7	0.1224	0.5	0.0563	0.2	-	-	0.1292	0.6	0.1318	0.6	0.1441	0.6
山地／偏遠／坡地鄉鎮	0.2295	0.9	0.0508	0.2	0.2513	1.1	0.1958	0.8	0.1946	0.8	-	-	0.2075	0.9	0.2434	1.0	0.2157	0.9
7. 社會階級（參考組：工人階級及下層階級）																		
中下階級	0.7016	2.1	1.4287	4.5	0.6740	2.2	0.8295	2.6	0.7796	2.4	0.7024	2.1	-	-	0.6592	2.0	0.7681	2.3
中層階級	0.7224	2.5	1.3176	4.8	0.7420	2.8	0.8392	3.0	0.7751	2.8	0.7185	2.5	-	-	0.6877	2.4	0.7604	2.6
上層／中上階級	0.6699	2.2	0.9955	3.3	0.6642	2.3	0.7222	2.4	0.7631	2.5	0.6476	2.1	-	-	0.6751	2.2	0.6882	2.2

項目	係數	t	係數	t	係數	t	係數	t	係數	t	係數	t	係數	t	係數	t	係數	t
8. 家庭每月所得（參考組：10萬元以上）																		
0-4萬元	0.0269	0.1	0.2819	1.2	0.2982	1.4	0.0369	0.2	0.0303	0.1	0.0322	0.1	0.0837	0.4	0.0222	0.1	-	-
4-7萬元	0.1389	0.6	0.5924	2.5	0.3845	1.7	0.2163	0.9	0.1933	0.8	0.1604	0.7	0.2179	0.9	0.1405	0.6	-	-
7-10萬元	0.2489	1.0	0.7470	3.1	0.5334	2.3	0.3545	1.5	0.2973	1.2	0.3017	1.2	0.3420	1.5	0.2481	1.0	-	-
9. 行業（參考組：其他行業）																		
製造業	0.0885	0.4	0.1685	0.9	0.1975	1.0	0.0911	0.5	-	-	0.0479	0.2	0.0584	0.3	0.0836	0.4	0.0975	0.5
運輸通信業	0.6613	1.8	0.7223	2.1	0.7180	2.2	0.6573	1.9	-	-	0.6581	1.8	0.6692	1.9	0.6638	1.8	0.6852	1.9
金融保險不動產業	0.7186	2.5	0.9929	3.6	0.6168	2.4	0.6939	2.5	-	-	0.7637	2.7	0.7632	2.8	0.7109	2.5	0.7514	2.6
社會及個人服務業	0.4826	2.4	0.9458	4.9	0.2904	1.5	0.4683	2.4	-	-	0.4424	2.2	0.5029	2.6	0.4399	2.2	0.4878	2.4
摘要統計量：																		
1. 相對重要性排序			1		2		3		4		5		6		7		8	
2. 樣本數	1,960		1,960		1,960		1,960		1,960		1,960		1,960		1,960		1,960	
3. 2*(Loglikelihood - Loglikelihood (null))	721		604		650		707		709		713		714		717		719	
4. Decrease in 2*(Loglikelihood - Loglikelihood (null))	-		117		71		14		11		8		7		4		1	
5. d.f.	29		25		25		26		25		24		26		26		26	
6. Rho-square	0.3855		0.3231		0.3477		0.3779		0.3794		0.3814		0.3818		0.3836		0.3847	
7. Mod. Rho-square	0.9788		0.9729		0.9739		0.9761		0.9752		0.9742		0.9762		0.9763		0.9763	

參考組：不常使用及從不使用網路者。

資料來源：中研院「四期一次臺灣地區社會變遷基本調查」

會大幅減少；換句話說，若沒控制住年齡該項變數，雖然高所得者仍較低所得者有較高使用網路之傾向，但差距不若原先最適模型般來的那麼明顯。

四、臺灣都市階層及資訊空間體系的「奇異點」：高雄市

　　根據上一節地區別標準化粗上網率及網路運用二項邏輯選擇模型的估計結果，我們發覺都市化、階層化、和資訊化之間存在密切的關聯性，一般的型態是都市化程度和資訊化程度呈現正相關，然尚有一個問題有待進一步澄清，那就是高雄市雖為第二大都市，但其資訊化程度和其都市規模為何不成比例？前述問題我們必須對其成因做進一步論述，我們的論證方式是先直接運用 1,990 及 2,000「戶口及住宅普查」和 1996-2000「人力運用調查」各年的原始資料，再間接輔以一些文獻事實，這些論證方式當然不可能是全面的，只能提出部分可能原因及解釋，目的在提供進一步的討論空間。

　　有關第一個問題，本研究結果告訴我們，臺灣的資訊空間體系所顯現出來的資訊空間落差，主要原因除了都市化地區社經環境的階層性差異外（如區域所得水準、產業結構、地方財政能力等），另一重要原因是由於各都市階層內部人口（如教育和年齡）及社經特徵（如行業和所得）組成的差異所致。雖然臺灣目前區域發展是北重南輕，但傳統的南北雙極（dual poles）的型態（即臺北地區 vs. 高雄地區）基本上還是很明顯的，因此臺灣「預期」的資訊空間梯度之型態和特徵應是南北雙峰及西高東低；但如前所述，臺灣真實的資訊空間梯度係北高南低及西高東低，和理論預期有些許差異，主要原因是高雄市係臺灣都市階層及資訊空間體系的一個「奇異點」（singular point）。

　　也就是說，在臺灣的都市化層級裡，依過去發展態勢臺北市仍為臺灣最重要的資訊重鎮，新竹市成為資訊都市新貴並不令人意外，反到是高雄市雖為臺灣第二大都市，但高雄市資訊化程度事實上比臺中市及新竹市來得低，是一令人相當意外的現象。由於高雄市該「奇異點」具有弱化了都市化和資訊化關聯性的作用，這也是為什麼值得我們進一步討

論高雄市的原因。

　　根據前面模型的估計結果，知道個人網路運用最主要的決定因子是教育、年齡、和行職業。因此在探討高雄市為何會成為「奇異點」時，有必要瞭解高雄市和別的地區在教育、年齡、及行職業組成的差異。為了回答上述問題，我們進一步利用1996-2000年「人力運用調查」，計算過去五年來（1996-2000），臺灣各主要都市地區的教育、年齡、行業、和職業的平均組成，並進一步比較其差異。首先就教育和年齡組成而言，表4.7顯示高雄市15歲以上具有專科以上教育程度者，占其15歲以上人口比例為26%，但和其他縣市相比，只比臺北縣／桃園縣（21%）及其他都市化較低之地區（16%）高外，遠低於臺北市水準（39%），亦比臺中市（31%）和新竹市（27%）來得低，這說明了高雄市在臺灣的都市層級雖位於高層，但其人力資本事實上並不算高；其次，在年齡的組成部分，高雄市年輕人口（15-29歲）比例（34%）比臺北市（29%）來的高，但和臺中市（34%）、新竹市（33%）、及臺北縣／桃園縣（35%）的水準相比差異並不大。但若觀察行業別組成，表4.7亦說明高雄市服務業人口只占其勞動人口65%，但臺北市和臺中市卻分別高達78%和70%；至於職業組成，高雄市專業及經理人員，和技術人員比例（33%）遠較臺北市（49%）和臺中市（39%）來得低。

　　上述事實說明雖然高雄市的人口平均年齡相較之下還算年輕，但由於高雄市人力資本並不比其他都市來的高，不但其服務業從業人口比重相對偏低，其專業技術及經理人員比重亦不如臺北市、新竹市和臺中市。所以無論是由交通部2001年的「臺灣地區民眾使用網際網路狀況調查」，亦或根據「四期一次社會變遷基本調查」，在控制著其他變數後，網路運用二項邏輯選擇模型顯示高雄市網路運用水準比不上臺北市、臺中市和新竹市，事實上並不令人意外。當控制了一些人力資本變數之後，高雄市仍顯示低於其他都市網路運用的水準時，就意味著高雄市有著不利於個人資訊使用的整體都市特質。現在問題是：高雄市在1930年代至1970年代是一個各方面發展皆相當迅速的都市之一，面對1990年代全球化及資訊化的發展，高雄市和臺灣別的都市相較之下，其資訊化程度和其在臺灣都市體系的位階反而不太相稱，變成本文所謂

表 4.7　臺灣各主要都市化地區 15 歲以上人口教育及年齡組成：1996-2000 年年平均

統計變項	15 歲以上人口		地區別組成（％）					
	總數（萬人）	組成（％）	臺北市	臺北縣／桃園縣	高雄市	臺中市	新竹市	其他地區
總數	1,685	100.0	100.0	100.0	100.0	100.0	100.0	100.0
教育								
小學及以下	468	27.8	17.2	25.6	21.4	19.4	25.4	32.8
國中	296	17.6	11.8	18.3	14.9	14.4	15.8	19.3
高中	559	33.2	32.6	34.9	37.8	35.8	32.0	31.8
專科	193	11.5	16.3	12.1	13.3	15.9	13.8	9.4
大學	147	8.7	18.6	8.1	11.4	12.8	10.1	6.0
研究所	21	1.3	3.6	1.1	1.2	1.8	2.9	0.7
年齡								
15-19	197	11.7	10.3	12.5	12.1	12.2	11.6	11.6
20-24	185	11.0	9.4	11.4	11.3	10.4	10.8	11.1
25-29	183	10.9	9.7	11.1	10.9	11.4	10.8	11.0
30-34	191	11.4	10.8	12.1	11.1	12.7	11.8	11.1
35-44	366	21.7	23.5	23.3	22.6	23.7	22.1	20.3
45-54	231	13.7	15.8	13.5	15.1	13.5	13.2	13.1
55-64	156	9.3	9.0	7.6	8.6	7.7	8.6	10.2
65+	176	10.5	11.5	8.5	8.3	8.3	11.0	11.5
行業								
農業部門	83	8.8	0.4	2.2	2.0	1.8	2.4	15.1
工業部門	360	38.0	21.9	45.1	33.5	28.1	44.5	39.7
服務業部門	504	53.2	77.7	52.7	64.5	70.1	53.1	45.1
職業								
專業及經理人員	101	10.7	21.1	10.4	13.7	14.8	12.6	7.6
技術人員	151	16.0	28.1	18.6	18.8	23.8	15.6	11.2
行政人員	99	10.4	14.8	10.7	13.7	9.9	11.8	8.9
買賣及服務工作人員	164	17.3	17.1	15.4	21.1	23.8	17.5	17.2
農事工作人員	82	8.7	0.4	2.2	1.7	1.8	2.3	15.0
技術工	124	13.1	6.8	13.3	12.5	8.8	14.2	14.8
操作及組裝工	177	18.7	7.6	23.3	14.0	13.6	18.2	20.1
體力工	50	5.3	4.3	6.0	4.7	3.4	7.7	5.3

資料來源：行政院主計處 1996-2000 年「臺灣地區人力運用調查」原始資料

的臺灣相對的資訊都市窮域呢？

　　要回答臺灣都市資訊落差動態變遷過程及其關鍵因素並不是件簡單的事，這涉及到許多政治、經濟、社會、文化、和區域變遷等面向，已可獨立成為一個非常大的研究議題，不是本文所能回答的；雖然如此，我們還是必須做些基本討論及提出看法。面對這個問題，基本上我們認為應該從臺灣政經及社會結構劇變的 1980 年代開始談起；高雄市變為「臺灣相對的資訊都市窮域」，依過去變遷經驗，我們認為最主要原因是：雖然過去 20 年來，臺灣經濟結構大抵仍能持續成功轉型，但臺灣經濟結構轉型和國外經驗類似的是，在空間分布的向度並不是均質的（Sassen, 1988；Saxenian, 1999）；也就是說，傳統上較具區域優勢的地方不必然是轉型後新經濟生根或茁壯的所在地，新經濟結構有可能在別的地方出現。高雄市過去二十年來區域經濟結構轉型和臺灣整體經濟結構轉型的步調及方向並不一致，新經濟並沒有在高雄市生根茁壯，反而在臺灣別的地方出現（如新竹市）或在原本已有相當優勢的地方持續成長（如臺北市等）。

　　上述解釋當然不是唯一原因，但作者認為應該是主要原因。為了支持我們的論點，可用 1980 年代末期臺灣的人力在各主要都市及區域間移轉的情形加以佐證，選擇 1980 年代末期為觀察的時點，主要理由是該時期是臺灣經濟結構開始由傳統勞力密集產業轉型進入服務業及資訊產業最關鍵的年代，因此該時期的勞工流動最能反應出臺灣都市及區域經濟結構轉型對人力需求質量的改變。

　　根據 Lin（1998）及 Lin and Liaw（2000）利用 1990 年臺灣「戶口及住宅普查」原始資料發現，臺灣區域人力資本移轉的方向基本上和區域經濟結構變遷對人力需求質量改變的大方向相當一致（圖 4.1）：1985 至 1990 年間，臺北市勞動人口淨移轉的型態係只吸收／保留高人力資本者，但對低人力資本者有相當強的排斥／阻礙作用（A）；臺北市的外圍地帶：臺北縣，雖然是臺灣勞工流動的最大贏家，吸收勞工的總量非常大，但勞工流動教育的選擇性並不強烈，甚至還有點偏向負向的教育選擇（B）；相同時期臺灣的矽谷效應在新竹市開始出現，新竹市吸引了許多高級人力，特別是教育程度最高的勞工（C）；相對的同時期

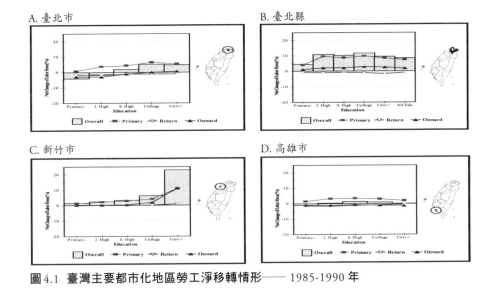

圖4.1　**臺灣主要都市化地區勞工淨移轉情形**—— 1985-1990 **年**

的高雄市，在1985 到1990 年間吸收的勞工數量不僅很少，而且其所吸
納勞工的人力資本並不算高，偏向中低教育程度者（D），這和高雄市
於1920 年代至1980 年代初對勞動人口有非常強大的吸引力形成強烈的
對比。

　　在討論完1980 年代後半段臺灣的區域發展及人力資本變遷大局
後，我們有必要進一步看整個1990 年代的變化大方向，據以呼應前面
有關臺灣資訊空間體系的差異。表4.8 係根據1990 年及2000 年「戶口
及住宅普查」，目的在說明1990 年代臺灣主要都會區人力資本的變動情
形。[5]表4.8 顯示，一般而言，都會區人口成長動能主要集中在其周邊
地帶，但核心地區人力資本的改進卻遠較其周邊地區更為明顯，這間
接支持何以都市中心地帶的資訊運用程度會比其周邊來得高的緣故。
若我們進一步比較各都會區核心地帶教育組成的變化，發現高中職及
以下組成減少最多的分別為新竹（-11.42%）、臺北（-10.91%）、臺中

---

5 這裡的都會區分類主要係依據行政院主計處「統計地區標準分類」的都會區分類加以修改
　而成。

表 4.8 臺灣各都會區人口變動及教育組成變化：1990-1999 年

都會區分類	2000 年 人口數 （人）	1990-2000 人口 成長率 （%）	高中／職 及以下 組成變 化（%）	排序	大專 組成變 化（%）	排序	研究所 組成變 化（%）	排序
全臺灣	20,058,954	11.03	-8.30	-	7.38	-	0.92	-
臺北都會區 - 核心	2,770,821	-4.78	-10.91	14	8.61	6	2.31	2
臺北都會區 - 週邊	3,332,498	20.50	-9.05	9	8.17	7	0.88	8
中壢桃園都會區 - 核心	508,603	30.30	-8.87	8	7.87	9	1.00	6
中壢桃園都會區 - 週邊	828,298	36.43	-8.41	5	7.69	10	0.72	10
新竹都會區 - 核心	329,198	21.81	-11.42	15	8.87	2	2.55	1
新竹都會區 - 週邊	222,699	22.14	-10.28	12	8.87	3	1.41	3
臺中彰化都會區 - 核心	978,443	23.62	-9.81	11	8.67	4	1.14	4
臺中彰化都會區 - 週邊	695,017	31.77	-7.88	3	7.42	12	0.46	13
嘉義都會區 - 核心	251,915	5.51	-7.92	4	7.12	13	0.81	9
嘉義都會區 - 週邊	93,338	13.59	-6.25	1	5.91	14	0.34	15
臺南都會區 - 核心	671,489	8.18	-8.54	6	7.64	11	0.90	7
臺南都會區 - 週邊	401,026	27.64	-10.44	13	9.86	1	0.58	12
高雄都會區 - 核心	1,348,447	10.64	-9.69	10	8.62	5	1.07	5
高雄都會區 - 週邊	1,098,315	14.66	-8.65	7	8.03	8	0.62	11
非都會區	6,528,847	2.03	-6.27	2	5.83	15	0.44	14

註：
（1）臺北都會區－核心：臺北市；
　　臺北都會區－週邊：基隆市，板橋市，三重市，中和市，永和市，新莊市，新店市，樹林鎮，三峽鎮，淡水鎮，汐止鎮，土城鄉，蘆洲鄉，五股鄉，泰山鄉，林口鄉，深坑鄉，石碇鄉，三芝鄉，石門鄉，八里鄉，平溪鄉，雙溪鄉，貢寮鄉，金山鄉，烏來鄉，瑞芳鎮，萬里鄉；
（2）高雄都會區－核心：高雄市；
　　高雄都會區－週邊：鳳山市，林園鄉，大寮鄉，大樹鄉，大社鄉，仁武鄉，鳥松鄉，岡山鎮，橋頭鄉，燕巢鄉，彌陀鄉，梓官鄉，旗山鎮，美濃鎮，杉林鄉，屏東市，麟洛鄉；
（3）臺中彰化都會區：核心：臺中市及彰化市；
　　臺中彰化都會區－週邊：潭子鄉，大雅鄉，烏日鄉，大肚鄉，龍井鄉，霧峰鄉，太平鄉，大里鄉，和美鎮，花壇鄉；
（4）中壢桃園都會區－核心：中壢市及桃園市；
　　中壢桃園都會區－週邊：楊梅鎮，龍潭鄉，平鎮鄉，新屋鄉，觀音鄉，鶯歌鎮，大溪鎮，蘆竹鄉，龜山鄉，八德鄉；
（5）臺南都會區－核心：臺南市；
　　臺南都會區－週邊：七股鄉，安定鄉，仁德鄉，歸仁鄉，關廟鄉，永康鄉，湖內鄉，茄萣鄉；
（6）新竹都會區－核心：新竹市；
　　新竹都會區－週邊：竹北市，竹東鎮，新埔鎮，芎林鄉，橫山鄉，北埔鄉，寶山鄉；
（7）嘉義都會區－核心：嘉義市；嘉義都會區 - 週邊：水上鄉，中埔鄉；
（8）非都會區：非上述所屬鄉鎮市區。
資料來源：由 1990 年及 2000 年臺灣戶口及住宅普查原始資料計算而得

（-9.81%）、高雄（-9.69%）、中壢桃園（-8.87%）都會區，大專教育組成增加最多的分別是新竹（8.87%）、臺中（8.67%）、高雄（8.62%）、臺北（8.61%）、中壢桃園（7.87%）都會區，而研究所組成增加最多的係依序為新竹（2.55%）、臺北（2.31%）、臺中（1.14%）、高雄（1.07%）、中壢桃園（1.00%）都會區。綜合上述發現，我們可歸納出人力資本改進最多的依序為新竹、臺北、臺中、高雄、中壢桃園都會區，這和本文前面描繪的臺灣內部資訊空間梯度的型態相當一致。

　　此外，本研究結果顯示臺北（桃園）縣亦有使用網路不顯著的問題，我們追蹤資料的特性後，認為不是樣本數太少的問題，主要原因是「臺北（桃園）縣」的解釋能力被「教育」奪走之故。理由如下：已知教育是最重要變數，檢視「刪除教育」之後的估計結果（參考表4.4），發現臺北縣網路運用的程度是相當顯著的，且資訊化程度和高雄縣及臺中縣差不多。現在問題是：何以控制教育該項變數後，臺北縣之資訊化程度變得不顯著，且低於臺中縣及高雄縣？最合理的理由是：如前所述，過去15年來臺北縣人口成長主要來源是遷徙，雖然淨遷入量非常大，是臺灣內部遷徙的最大贏家，但事實上教育選擇性不若臺北市及其他地區來的強，雖然吸收相當多高教育程度者，但流入的中低教育程度者亦不少，致使臺北縣遷徙教育的選擇性還稍微偏向負向的教育選擇（圖4.1B）；也就是說，臺北縣人力素質事實上並沒受益於人口遷徙。根據前述結果，可以解釋：在進一步控制教育後，由於臺北縣高教育程度者已「幾乎解釋完了」臺北縣的網路運用傾向，因此「臺北縣」該項虛擬變數才變得不顯著。

　　簡而言之，臺灣目前資訊空間落差和都市及區域的發展息息相關，自1980年代末期新經濟對臺灣區域經濟發展的區隔效應開始逐漸浮現，致使高雄市自1930年代開始發展，以重化工業為主的傳統區域優勢開始逐漸流失，亦逐漸失去吸引高級人力的能力，且該情形在1990年代基本上沒有太大改變；反之，臺北市受益於新經濟及服務業快速發展，繼續保持它傳統的區域優勢，其人力資本因勞工流動的教育選擇機制而持續增強；新竹市是臺灣最典型的新經濟發展的受益者，由以前相當不受青睞的「風城」轉變成所謂的「資訊都市新貴」。因此，面對

1990年代臺灣資訊產業及服務業部門快速成長的時代，相對於其他資訊都市富域及新興資訊新貴，高雄市在臺灣傳統的區域優勢不若以往般來的顯著。在新興產業尚未在臺灣第二大都市及其周邊生根及產生顯著的產業關聯效果前，高雄市難免顯露出其區域經濟結構調適能力的疲態及障礙。依過去20年來臺灣都市及區域發展的態勢及結果及我們的研究的實證發現，這是我們將高雄市歸為臺灣都市體系中所謂的「相對的資訊都市窮域」的主要原因。

五、結論

本研究已利用2001年「臺灣地區民眾使用網際網路狀況調查」及「四期一次社會變遷基本調查」，以二項邏輯選擇模型探討個人網路運用的選擇機制，並輔以1996-2000年「人力運用調查」及1990年及2000年「戶口及住宅普查」等其他資料，藉以說明都市化、階層分化與資訊落差之間的關聯。本研究主要發現是在臺灣都市的層級愈高，資訊化程度會愈大，資訊空間差距和都市階層有明顯關聯。一般的型態是都市化程度和資訊化程度呈現正相關，臺灣「預期」的資訊空間梯度之型態和特徵應是南北雙峰及西高東低，但臺灣真實的資訊空間梯度係北高南低及西高東低，和理論預期有些許差異，主要原因是高雄市係臺灣都市階層及資訊空間體系的一個「奇異點」。

資訊發展造就了「資訊富域」和「資訊窮域」新階級，似乎是資訊社會不可避免的事實。既有的都市層級可能影響到網際網路使用的差異，但是新興科技特別是資訊科技的發展，可能加入新的影響。例如，新竹市便以高科技與資訊產業之發展，與臺北市和臺中市同為臺灣的網路都市，可謂為臺灣的「資訊都市富域」，新竹市則可視如臺灣「資訊都市新貴」範型。高雄市雖身為臺灣第二大都市，但其居民網路運用傾向並沒和高雄市之都市規模相呼應，是為臺灣資訊的空間梯度最重要的「奇異點」，相對於新竹市、臺北市和臺中市，可謂為臺灣「相對的資訊都市窮域」；至於臺灣其他省轄市（基隆、嘉義、和臺南）資訊化程度，我們發現並未顯著高於西部農業縣，東部地區（宜蘭及花東地區）

則是臺灣資訊化最低的地方。

　　臺灣的資訊空間體系所呈現出來的資訊空間落差，重要原因是都市化地區社經環境的階層性差異及都市內部人口及社經特徵組成差異所致。由於高雄市該「奇異點」具有弱化都市化和資訊化關聯性的作用，我們亦因此認為值得進一步探討背後的原因。高雄市奇異點的形成原因很多，但我們認為主因係高雄市過去20年來區域經濟結構轉型和臺灣整體經濟結構轉型的步調及方向並不一致，新經濟並沒有在高雄市生根茁壯，反而在臺灣別的地方出現或在原本亦有相當優勢的地方持續成長。如此的發展方向連帶影響高雄地區人力資本質與量的組成；例如我們以1996-2000年「人力運用調查」及1990年及2000年「戶口及住宅普查」資料，探討臺灣的都市體系教育、年齡、及行職業組成及其變動，發現和由「臺灣地區民眾使用網際網路狀況調查」及「四期一次社會變遷基本調查」所透露的臺灣內部資訊空間梯度的型態是相當一致的。當然，詳細情形尚待學界進一步釐清。

　　本研究亦指出，資訊落差和階層分化密不可分。控制住都市化變數後，個人的網路運用傾向受個人教育程度、收入、主觀階級地位、以及從事的行業所影響。教育呈現強烈正向作用；行業的選擇性以資訊相關產業從業人員網路運用傾向最高，其次是軍公教和金融保險不動產業；軍公教從業人員有相對偏高的網路運用傾向，應該係近年政府在公部門致力推動資訊化所致。年齡則是教育之外最強的影響因素，對網路運用有一強烈負向作用。特別是2000年時的20歲以下的年齡層，其網際網路的使用，遠高於其他較長的年齡層，或許意味在二、三十年後的未來，不會使用網路的人將是極少數。資訊使用上有著除了都市化、教育、家庭所得以及行業對個人網路運用之選擇有顯著影響外，其他變數對個人網路運用之選擇亦有顯著作用。例如，個人國際化經驗對個人網路運用傾向有著明確的正向作用。此外，非勞動人口比勞動人口較有網路運用傾向，主因係學生的高度上網傾向所致，在控制學生該項變數後，我們發覺屬非勞動人口的家庭主婦及其他非勞動人口之網路運用傾向雖高於勞動人口，但統計上並不顯著。

　　無論從家庭所得抑或主觀社會階層認知，社會階級對個人選擇使用

網路呈現出預期的正面作用,亦即網路運用係社會階級的正向選擇。
但要強調的是,在控制住教育及年齡後,自認屬於社會最頂層的人,上
網傾向事實上並沒有比自認是中產階級者來的高。網路運用並非是在社
會頂層菁英份子的專屬權利,社會頂層菁英份子雖有較高的網路運用傾
向,但屬中層社會階層者的網路運用傾向亦不遑多讓,又因為該階層占
所有人口最大比例,故網路化及都市化的最重要支撐者屬中層階級;也
就是說,在資訊爆炸年代,低人力資本者淪為資訊窮人是明顯事實,社
會頂層的菁英份子或許是扮演一關鍵角色,但資訊富人不必然是社會最
頂層的菁英份子,我們認為中產階級才是資訊社會最大受益者及支柱,
亦是使資訊都市得以發展的「中堅份子」,因此臺灣資訊都市的發展並
無出現中層階級萎縮或弱化的情形,該項結果亦和曾淑芬(2001)的
研究結論類似。

　　最後,臺灣最近十年來都市體系內部階層結構的動態演變,和臺灣
之經濟及社會迅速融入世界體系關係密切。臺北繼續為臺灣之命令中
心,新竹成為資訊都市新貴,高雄則變為相對的資訊都市窮域,基本上
反映了臺灣經濟活動全球化及傳統製造業轉衰頹和高科技製造業及服務
業部門興起的事實。前面文獻提到全球都市、都市消解及新興網路都市
三大架構可用來解釋資訊發展與都會發展的面貌,雖然這三大架構不是
本研究的論述所能完全驗證的主題,但我們的研究除了呈現都市之間的
差異之外,亦指出臺灣都會區範圍內,中心都市之資訊化程度比其周邊
城鎮來的高。其他文獻資料亦說明都市化地區人口占全人口比例和非農
勞動人口占全勞動人口比例這三十年來亦同時上升中(雖然上升速度已
趨緩)。這些現象或可間接證明臺灣的都市之間與城鄉之間的差異,並
未因資訊的發展而完全消解。另外,近幾十年來的社經發展態勢亦顯示
臺灣融入國際體系的程度比以前更加深入,若要比較前述三大架構何者
較適合解釋臺灣資訊都市之發展,我們認為全球都市及新興網路都市的
論點可能較都市消解架構更適合解釋臺灣都市體系功能演變和資訊發展
的動態歷程關聯。最後,本研究係都市的資訊空間及階層分化的初探,
尚有許多議題及問題值得進一步深入研究,包括以更具地區代表性的資
料更精確呈現不同層級都市之間資訊落差,各地區資訊產業發展的探

討，以及在網際網路使用之外，更深入評估各層級都市地區間處理資訊或網際網路使用內容的差異。

參考文獻

Andrews, Paul（2000）。《微軟的創新推手：轉戰網路的始末》（*How the Web Won: The Inside Story of How Bill Gates and His Band of Internet Idealists Transformed a Software Empire*）。陳瑞清譯。臺北市：天下文化。

Berners-Lee, Tim（1999）。《一千零一網：WWW 發明人的思想構圖》（*Weaving the Web*）。張介英及徐子超譯。臺北市：臺灣商務印書館。

Saxenian, AnnaLee（1999）。《區域優勢：矽谷與一二八公路的文化與競爭》（*Regional Advantage: Culture and Competition in Silicon Valley and Route 128*）。彭蕙仙及常雲鳳譯。臺北市：天下文化。

孫清山（1997）。〈戰後臺灣都市之成長與體系〉，載於蔡勇美、章英華主編，《臺灣的都市社會》，頁64-103。臺北市：巨流圖書公司。

章英華（1986）。〈清末以來臺灣都市體系之變遷〉，見瞿海源、章英華主編，《臺灣社會與文化變遷》，頁233-73。臺北市：中央研究院民族學研究所。

章英華（1997a）。〈都市化、階層化與生活型態〉，載於張苙雲等主編，《九〇年代的臺灣社會》，頁232-263。臺北市：中央研究院社會學研究所。

章英華（1997b）。〈臺灣的都市體系——從清到日本統治〉，載於蔡勇美、章英華主編，《臺灣的都市社會》，頁34-61。臺北市：巨流圖書公司。

傅仰止（2001）。網路世界的邊疆隱喻與非慣俗性，中央研究院社會學研究所週五論壇講稿，2001/03/30。

曾淑芬（2001）。《臺灣地區數位落差問題之研究》。臺北市：行政院研究發展考核委員會委託研究（RDEC-RES-086-001）。

Barclay, George (1954). *Colonial Development and Population in Taiwan*. Princeton: Princeton University Press.

Bell, Daniel (1976). *The Coming of Post-industrial Society: a Venture in Social Forecasting. 2nd ed.* New York: Basic Books.

Ben-Akiva, M., and S.R. Lerman (1985). *Discrete Choice Analysis: Theory and Application to Travel Demand*. MIT Press, Cambridge, MA.

Campanella, T. J. (1998). "Antiurbanism and the image of the city in new media culture." Paper presented at Imaging the City, Massachusetts Institute of Technology (http//web.mit.edu/imagingthecity/ www/abstracts. Html).

Castells, Manuel (1976). "Theory and ideology in urban sociology". In *Urban sociology: Critical*

Essays, edited by C.G. Pickvance. New York: St. Martin.

Castells, Manuel (1988). *The Information City: Information Technology, Economic Restructuring, and the Urban-Regional Process*. Cambridge, MA: Blackwell.

Castells, Manuel (2000). *The Rise of the Network Society, 2nd Edition*. Blackwell Publishers Ltd.

Compaine, Benjamin (1988). *Information gaps: myth or reality. In Issues in New Technology*, edited by Benjamin M. Compaine. NJ: Ablex, Norwood.

Comstock, George et al. (1978). *Television and Human Behavior*. New York: Columbia University Press.

Downs, Anthony (1985). "Living with advanced telecommunications." *Society* 23(1): 26-34.

Fischer, Claude S. (1984). *The Urban Experience, 2nd ed.* San Diego: Harcourt Brace Jovanovich.

Fischer, Claude S. (1995). "The subcultural theory of urbanism: a twentieth-year assessment." *American Journal of Sociology* 101(3): 543-577.

Freidmann, J. and G. Wolff (1982). "World city formation: an agenda for research and action." *International Journal of Urban and Regional Research* 6: 309-344.

Frey, W. H. (1990). "Metropolitan America: beyond the transition." *Population Bulletin* 45(2): 1-49.

Frey, W. H., and Speare, A. Jr. (1992). "The revival of metropolitan population growth in the United States: an assessment of findings from the 1990 census." *Population and Development Review* 18(1): 129-146.

Hall, P. (1966). *The World Cities*. London: Weidenfeld and Nicolson.

Hall, P. (1988). "Urban growth in Western Europe." in *The Metropolis Era*, edited by M. Dogan and J. D. Kasarda Vol. 1. New York: Sage.

Hall, P. (1997). "Modelling the post-industrial city." *Future*, 29: 311-322.

Harvey, David (1978). "The urban process under capitalism: a framework for analysis." *Internal Journal of Urban and Regional Research* 2: 1010-1131.

Katz, Raul L. (1988). *The Information Society: an International Perspective*. New York: Praeger.

Kendrick, John W. (1961). *Productivity Trends in the United States*. National Bureau of Economic Research, Princeton, NJ: Princeton University Press.

Klessen, L.H. and J. H. Palelinck (1979). "The future of large towns." *Environment and Planning A* 11(11): 1095-1104.

Lin, Ji-Ping and K.L. Liaw (2000). "Labor migrations in Taiwan: characterization and interpretation based on the data of the1990 census." *Environment and Planning A* 32(9): 1689-1709.

Lin, Ji-Ping (1998). *Labor Migration in Taiwan. Doctoral dissertation*. School of Geography and Geology, McMaster University, Ontario, Canada.

Lin, Nan (2001). *Social Capital: A Theory of Social Structure and Action*. Cambridge, UK: Cambridge University Press.

McFadden, D. (1974). "Conditional logit analysis of qualitative choice behavior." In *Frontiers in Econometrics*, edited by P. Zarembka. New York: Academic Press.

National Telecommunications and Information Administration (NTIA)(2001). "Falling through the net: a survey of the "have-nots" in rural and urban America." Pp.7-15 in *The Digital Divide: Facing a Crisis or Creating a Myth*, edited by Benjamin M. Compaine. Cambridge, Massachusetts: The MIT Press.

Orum, Anthony M. (1995). *City Building in America*. Boulder: Westview.

Sassen, S. (1988). *The Mobility of Labor and Capital: A Study in International Investment and Labor Flow*. London: Cambridge University Press.

Sassen, S. (1991). *The Global City: New York, London, Tokyo*. Princeton University Press.

Sassen, S. (1995). "On concentration and centrality in the global city." In *World Cities in a World System*, edited by P.L. Knox. and P.J. Taylor. Cambridge: Cambridge University Press.

Shaw, Douglas V. (2001). "The post-industrial city." Pp. 284-294 in *Handbook of Urban Studies*, edited by Ronan Paddison. London: Sage Publications.

Solow, Robert M. (1957). "Technical change and the aggregate production function." *Review of Economics and Statistics* 39: 214-231.

Toffler, A. (1980). *The Third Wave*. New York: Morrow.

Townsend, Anthony M. (2001). "The internet and the rise of the new network cities, 1969-1999." *Environment and Planning B: Planning and Design* 28: 39-58.

Train, K. (1986). *Qualitative Choice Analysis: Theory, Econometrics, and an Application to Automobile Demand*. Cambridge, MA: MIT Press.

Tseng, Shu-Feng and Chin-Chang Ho (2001). "The global digital divide and social inequality: universal or polarized?" Paper presented at the Annual Meeting of The American Sociological Association.

* 本文曾於 2001 年 12 月 28 日於中研院社會所舉辦的第四屆「資訊科技與社會轉型」研討會發表；為研討會論文「都市化、階層化和資訊化之關聯」（章英華、林季平合著）的修改版。

第二篇

都市發展與都市內部結構

第五章

臺灣都市區位結構的比較研究：
以臺北、臺中、高雄為例[*]

一、前言

　　有關臺灣大都市或都會區人口成長、擴散以及密度的分布，近年來已經完成了數個經驗研究（陳寬政，1981；黃萬居，1981；鄭彩夷，1984；Graff, 1976）。這些研究多少都在驗證所謂的「西方型」與「非西方型」都市的對比。所謂西方型都市的人口密度分布係市中心點的密度先增後減，隨著都市成長，人口往郊區移動，形成郊區化。在這樣的過程下，密度斜率穩定下降，最後則密度的最高點不在市中心，而在緊臨中心的第二環。於是人口密度由較高至最高，然後逐步向外緣遞減。反之，非西方型都市，市中心點的密度，不但維持最高，還一直穩定增加。都市化地區的擴張未導致密度斜率降低，都市中心的擁擠程度有增無減。

　　最近的研究都指出，臺北和臺中市區或都會區人口密度分布的變化皆符合西方型。除了市中心仍係最高密度所在地之外，市中心的人口密度的確逐年遞減，而人口分布的密度斜率也漸次降低。陳寬政（1981：7-16）和鄭彩夷（1984：57）的研究更明言，如此的人口擴張模式，正符合 Burgess 所主張的同心圓說。但是，Burgess 的模型最主要之處不是人口密度的分布，而是以社會階層區分的不同性質人群的分布。此即日後都市區位模式探討的起源。同樣的，這方面也有「西方的」、「非西方

---

[*] 本文初稿曾於中研院三民所報告，並得國科會七十五年度論文獎助，陳家倫小姐協助統計電腦處理和繪製表格，謹此一併致謝。

的」,「現代的」、「非現代的」,以及「工業的」、「前工業的」等對比。
就我們的日常觀察,臺灣大都市住商混合以及郊區高層住宅的分布,並
不符合西方都市的住居特性。因此,在密度斜率降低和人口郊區化的過
程下所展現的住居分布模式,是否也符合所謂的西方型,可以成為另一
個探討的重心。民國69年的人口與住宅普查,經主計處整理提供了村
里別資料,包含許多人口特質的數據,恰可以讓我們在都市人口密度之
外,探討其他特質分布的情形,可惜我們無法像上述的密度研究一樣,
進行長期資料的分析。不過,不同大小都市的比較,應該足以提供相當
的討論基礎。

二、文獻檢討:從古典區位模型到因素區位分析

　　都市社會學中的區位理論認為,在人口集中的過程中,基於競爭的
原則,有著隔離(segregation)、侵蝕(invasion)、和持續(succession)
等過程。經由這種過程,許多特性相同之人,聚居一地,形成所謂的自
然區(natural areas)(Mellor, 1977: 212-217)。而古典的區位模型則進
一步指稱,這些自然區有其特定的空間分布模式。它們都認為都市有著
中心商業區(the central business district,簡稱 CBD),占據著都市土
地的最優勢位置(即地價最高之處)。商業區因着都市人口的增加而逐
漸擴張,再加上輕型工業設施或沿著商業中心的邊緣發展,或從之沿著
主要交通線(如鐵路或河流)分布,就構成了某種都市景觀,相應於如
此的景觀而形成不同的居住環境。通常社會階層相似者,經濟能力以及
對住宅的要求類似,易於集結而居,因此都市可以根據居住者的社會階
層特性,分化成好幾個地帶。簡言之,古典區位模式,只討論工商及相
關設施的分布,以及相應的居住地帶的階層分化。

　　這方面的討論當以 Burgess(1925)提出的同心圓說為始點。他主
張說,都市的土地利用係環繞著都市的經濟核心而構成,而且距離都市
核心的遠近和社會階層的高低成正相關。都市核心是商業金融和行政中
心,而緊鄰這中心的是過渡區(transitional zone)。過渡區因受工商業
的侵蝕,環境破敗,逼走了中等和工人階級的居民,而成為靠內係工廠

而在外是低收入者、移民、甚至罪犯和娼妓的滙聚地，他們因能力所限，不得不棲息該地。工人階級既想接近工作地，又思避開過渡區，於是在後者之外形成工人階級區。再外則為優雅的住宅區，為中等階級聚居地。最後則係通勤區，包括一些衛星都市和郊區，常在都市行政範圍之外。Hoyt（1939）則以扇形說修正 Burgess 的說法。他也承認都市經濟核心的優勢地位，但認為，高價位住宅區沿主要交通路線分布，通常在較高而不畏水的地段；工業區沿河谷、水道和鐵路發展；較低階層則分布在高價位住宅區和工業區之間。各類居住地帶以商業核心為起點形成數個扇面。Harris 和 Ullman（1951）則另主多核心說，這些核心並不依任一中心而組成。不過從二人所假設的地圖，仍可見高級住宅區較遠離中心商業區。相對於上述有關現代都市的區位模型，Sjoberg（1960: 91-103）提出所謂的前工業都市的模型。他認為，前工業都市的核心乃政治宗教中心，商業設施附屬於該中心，高階層人士為維繫其權威和地位，必須不時接觸政治與宗教活動，在交通不便的情況下，集居於都市中心地帶，社會階層特性係由中心向外降低。

至 1940 年代，興起了社會地區分析（social area analysis），認為都市住居的分布模式，無法僅以社會階層這一個因素說明。1960 年代則秉持社會地區分析的假設，運用因素分析，從眾多變項中探索出幾個向度，據以說明不同因素的空間分布模式，這就是因素區位分析（factorial ecological analysis）（Gist and Fava, 197: 149-180）。因素區位分析主要根據三組變項：社會階層或社經地位（socio-economic status），以教育和職業為指標；家庭狀態（familism），以生育率、婦女就業率和住宅類型為指標；以及種族或民族別（ethnicities or races）。以社經地位作為區分原則，理由在於，人們對於自己所樂意模仿的對象，願盡量縮短彼此的社會距離，至於自己所不欲接觸者，則思增加之。在社會階層明顯分化的社會裡，都市中高階層人士常聚居一起，使他們的居住地帶成為一種地位的表徵。社會中上升流動的人們傾向於移居該地區，而有志於爬升者，也可能早就有此打算。人們不是隨意就可購得所想望的住宅，於是因能力所及，而有不同的居住地帶，呈現不同的地位象徵。在種族或民族分化明顯的社會，都市內同一種族或民族

的人,為保持連繫和相互支持,也趨向聚居一起。家庭狀態則根據另一項原則,即家庭生命循環(family life cycle)。家庭的住宅選擇,反映著家庭人數、結構以及活動等的特質。家庭的組成不斷改變,雖尚不致於迫使人們不斷更換居所,但住宅遷移最容易發生的情況不外乎,初婚之時,初得子女之時,以及子女成長而離家之時,這是由一對年輕夫婦、育有子女之家庭,轉而至僅一對年老夫婦甚至鰥寡情況的循環過程。因著上述特質的轉化,所需要的服務和活動以及室內空間皆所不同。都市的不同地帶提供不同方式的服務場所與不同大小的住宅,適合不同的家庭組成,而反映出一種居住型態(Timms, 1971: 85-112)。

　　至於這幾個因素的分布情形,有關已開發社會之都市的研究雖有著些許甚至矛盾的結果,但一般都指出,社會階層地位主要係以扇形分布為主,家庭狀態呈同心圓分布,少數民族則是多核心狀分散各處(Murdie, 1976: 267)。社會階層的分布似乎支持 Hoyt 的說法。家庭狀態分布的立論基礎則是,不同社會階層人士都有著由小至大的家戶,內環地區的住宅適合人口簡省的家戶,外環區適合人口數多,組成複雜的家戶,各扇面都有這樣由內向外的不同住宅群,呈同心圓分布。至於少數族群,在現代都市裡均可以占據高低不等的社會地位,以及不同類型的家戶組成,可是他們又有聚居的傾向,於是稍帶隔離的形成數個組群,零散分布各地帶。近幾十年來的研究,也認為區位因素的分化反映著社會發展的程度(Timms, 1971: 252)。上述現代都市的分化現象,在開發中或前現代都市裡並不具備。如 Abu-Lughod 的開羅研究顯示(1969: 208-210),不同社經層級的人們保有各自特有的家庭狀態。高社經地位者呈現西方式的生活型態,婦女工作比例高,生育率低;低社經地位者展現著傳統的婦女家庭角色與高生育率。在開發中或前現代都市裡,種族與家庭狀態可能都與社經地位密切關聯,而社會階層的分布係由中心向邊緣降低。Schwirian(1974)更從波多黎各與加拿大都市的比較推論說,區位分化不只反映社會發展程度,也可見諸開發中國家的大小都市,規模大者愈趨近現代模式。

　　臺灣近幾十年來的發展可以說是開發中國家的姣姣者,經研究也發現大都市的密度分布的變化符合西方型。那麼區位模式又如何呢?目前

僅林瑞穗（1980）曾利用民國69年普查的資料探討臺北都會區的區位模式，但因其地區單位係以區或鄉市鎮為之，較為粗略，並且也沒有分析空間分布。以臺灣目前大都市的擴展而言，最好是以都會區為探討資料，但因為市區以外都市地帶的村里別地圖很難收集，目前暫先以臺北、高雄、臺中三個規模大小不同的市區，一則探討因素區位分化的狀況，再則論列因素分布的空間模式，正可稍稍檢定上述各項有關現代和前現代都市的假定，然後進一步思考臺灣都市區位結構的特質。

三、研究方法與變項之取擇

　　行政院主計處將民國69年的戶口暨住宅普查資料整理出村里別檔，為本研究提供了必要的基礎。其中可以塑造的變項非常豐富，但本文是以所謂的現代型與前現代型的比較為起點，故而參照這類研究，選擇最精簡的幾個變項進行分析。

　　變項可大致分為三組。第一組為社會階層或社經地位，包括教育（20歲以上受過大專教育人口的比例）與職業（15歲以上就業人口中專業技術人員和行政主管人員的比例）。第二組為家庭狀態，包括有偶婦女生育率（以過去12個月當中活產嬰兒數除以有偶婦女數所得的比例），婦女勞動力（15歲以上婦女中就業人口的比例），以及住宅類型（六層樓以上公寓大廈住宅單位數除以住宅總單位數所得的比例）。住宅類型這一變項較成問題。依據一般立論，住宅類型反映的是家庭循環過程中不同階段的需求，因此大都以獨門獨院住宅的數量當指標。而臺灣目前獨門獨院的不少屬老舊住宅；除了少數地段，離市中心較遠處，也是以公寓式或連棟式的房屋居多，獨門獨院並非妥當的指標。在臺灣的新興住宅，是所謂的六樓以上的電梯大廈，這類大廈家宅的面積可能大於其他家宅，但也許反映的是社會階層特性。第三組是籍別。臺灣除山地同胞之外，其餘人群都算同文同種，但由於特殊的歷史條件，外省與本省之間可以作為區分的標準。因此以外省人占總人口數的比例來與其他地方的種族別或民族別的狀況比較。

　　我們採主要成分（principal component）因素分析，取固有值

（eigen value）大於 0.6，即解釋量超過百分之十者，經 varimax 直角轉軸後，再界定各因素的特性。藉以討論區位分化的情形。至於空間分布，係以因素分數的分布方式為基礎。每個里都可以因素係數計算得因素分數，即代表它在該特質上的高或低。接著依同心環和扇面將各市區分成幾個地帶，由環與扇交叉成數十格。然後取同心環的中點距離成比例變項，扇面為名目變項，進行共變分析（analysis of covariance），以觀察環圈與扇面的解釋力。同時，還計算全部的里或扇面內的里在各因素上與同心環距離的相關。[1]最後則將各交叉格因素分數的平均數以圖表示，觀察實際的空間分布狀況。

　　我們係以各都市的商業中心作為考慮分環圈和扇面的起點。內環二圈距離各為 1.5 公里，以外各圈則為 2 公里，扇面的頂角均為 30 度。臺北市是以延平、建成、城中和龍山這四區所構成的商業核心沿淡水河邊的中點，約為城中與延平區在淡水河邊的交點。由此往東分成五圈。扇面則起自淡水河岸在上述中點南邊的一段為邊，向北構成七片扇面。原應形成 35 個交叉格，但靠淡水河邊的南北兩扇面，南缺外三環，北缺內二環，實際僅 30 個交叉格（見圖 5.1 中 1.a）。臺中市以臺中火車站為圓心，由鐵路線將市區分成西北、東南兩部分，自圓心向外形成四環圈。因臺中市區很大部分在西北這面，於是將之分成六扇面，大致是依通過圓心與鐵路垂直的中正路為主軸，兩側各三扇面；鐵路東南僅分成 90 度角的兩扇面，總共八扇面。東南的半圓並不完整，靠西一扇只三環，東扇僅二環，共形成 29 個交叉格（見圖 5.1 中 1.b）。高雄則以鹽埕區的三角頂點為圓心，將旗津區排除在外，以海岸線為兩緣的扇邊，共成五扇面，向東分成四環圈，總計 20 個交叉格（見圖 5.1 中 1.c）。

1　Schwiriam（1974）係以實際距離為變數，本研究因技術所限，只能取各環圈之中點距離。

四、研究發現與討論

（一）區位分化

　　表5.1 是以固有值0.6 為準取得的因素，經直角轉軸後而形成的旋轉因素矩陣。首先，三座都市第一因素的高負荷值都一致落在教育和職業兩變項，顯然反映著社經地位特質。唯臺中市的已婚婦女生育率在因素一也具中等負荷值，不過與教育和職業呈相反關係。意味著高社經階層分布地帶，婦女生育率低，此正符合對前現代社會都市的描述。各市因素二的最高負荷量都落在省籍變項，同時教育和婦女生育率都具中度負荷量，不過婦女生育率與教育和省籍都呈相反關係。值得注意的是，高雄市的婦女就業率在因素二也具高負荷值，此將於空間分布一節中才詳細論列。僅管各市因素二的負荷值分布有異，最高值既皆一致落於省籍變項，似仍可名之為省籍因素，乃外省人居多的反映。但外省人口比例高地帶與低婦女生育率有關，是不是意味著外省人具備低生育傾向？根據臺灣省家庭計畫所生育力調查的數據，外省人的差別生育率控制地區別後仍都低於閩南與客家人（丁庭宇，1986：131-133）。但是有關臺北的 25 變項的因素分析，發現外省籍人口比例，亦與幼年人口比例呈反比（章英華，1986：68-69），因而我們也可從另一方面思考。

　　早期外省人的居住地帶可以分成兩類型。都市內環係日本人移出地帶，由大量移入的外省居民所據，都市外環常見軍眷村。如臺北市，就筆者的研究（章英華，1986：36-43；68-69），外省人一則集中於城中區東偏以及大安和古亭區，此正是日據時期的日人居住區，另外則散處其他地方，不是近軍事機構，就是眷村。內環地帶，係都市內發展階段僅遲於舊核心者，所包含的家庭，不論省籍，進入家庭循環末期者比例較高，故而生育率低。而眷村，大致設於民國40 年代，居於眷村者，以育有子女或子女已經成長的家庭為多，因此也顯示偏低的婦女生育率。省籍與生育率的關係，可以肯定，不僅是生育態度的差異，很可能也是外省籍人口聚集區家庭類型所導致的結果。

　　第三和第四因素各市的差異頗大。臺北市的高負荷值落在婦女生育率、婦女就業率以及住宅類型，這很典型的反映着家庭狀態。高雄的第

表5.1 **旋轉因素矩陣（因素負荷量）**

臺北市

	因素一	因素二	因素三	共同性
職業	0.7944	0.2729	0.2961	0.7870
教育	0.8213	0.4689	0.3216	0.9957
婦女生育率	-0.2295	-0.4904	-0.5199	0.5634
婦女就業率	0.1113	0.0837	0.5454	0.3210
住宅類型	0.2943	0.0563	0.4549	0.2902
省籍	0.2613	0.7200	0.0768	0.5924
固有值	1.5132	1.0623	0.9742	
各因素解釋之變異量（%）	25.22	17.70	16.24	

臺中市

	因素一	因素二	因素三	因素四	共同性
職業	0.9321	-0.0544	0.1622	0.0863	0.9011
教育	0.8441	0.3835	0.0338	0.1076	0.8630
婦女生育率	-0.4822	-0.4726	-0.0587	-0.2088	0.4990
婦女就業率	0.0940	0.1731	0.5958	0.1815	0.4294
住宅類型	0.0952	-0.0542	0.1476	0.5755	0.3714
省籍	0.0942	0.8324	0.2459	-0.1701	0.7884
固有值	1.9071	1.0881	0.4751	0.462	
各因素解釋之變異量（%）	31.78	18.13	7.91	7.70	

高雄市

	因素一	因素二	因素三	共同性
職業	0.8649	0.2083	0.2883	0.8678
教育	0.8924	0.3620	0.2012	0.9617
婦女生育率	-0.2742	-0.6484	-0.1377	0.5150
婦女就業率	0.1093	0.5625	0.0541	0.3282
住宅類型	0.1687	-0.0065	0.4678	0.2499
省籍	0.1580	0.7242	-0.1732	0.5729
固有值	1.6712	1.4283	0.39	
各因素解釋之變異量（%）	27.85	23.81	6.60	

　　三因素和臺中的第四因素，較高的負荷值都只落在住宅類型，而臺中第三因素的較高負荷值僅落於婦女就業率。因此，在家庭狀態的變項上，高雄和臺中都不見清晰的模式，這種變項很大部分係由第一和第二因素所解釋了。臺中與高雄在第三和第四因素的變異，使我們在討論空間模式時，必須考慮。不論如何，這兩個都市家庭狀態變項的散處各因素，多少顯示其因素分化性質尚不夠純粹。唯臺北集結一起，反映著低生育率，高婦女就業率、高大廈比例及高生育率、低婦女就業率低大廈比例的對比。臺中市的第三因素僅顯示婦女就業率高低的對比；高雄的第三與臺中的第四因素則為住宅類型的反映。

　　從上述討論中，我們不難發現臺北市在社經地位，省籍以及家庭狀態三者間的分化最為清楚，非常符合所謂現代都市的區位分化模式。臺中與高雄的家庭狀態變項，不是與他組變項絞揉一起，就是各自分立而不相聯。尤其臺中婦女生育率與社經地位都在因素一之下具高負荷值，此顯然近似所謂前現代模式。但是否就此而區分高雄介於臺北和臺中之間，還是難以定論。因為高雄的家庭狀態變項與籍別清楚的顯現於同一因素，而又與臺中一般，住宅類型自成一因素。高雄與臺中如何定位，還是要等到空間分布討論後，才能下決斷。同時何以住宅型態在臺北並未像臺中、高雄那般與家庭狀態特質分化開來，也是得繼續思索的問題。

（二）社會經濟地位的空間分布

　　表5.2 是以共變數分析說明臺北、臺中和高雄三市在因素一，即社會經濟地位的空間分布模式。很明顯的，臺北與高雄類似，而臺中自成一格。臺北與高雄僅在扇面的解釋變異量上達顯著水準，而臺中則在扇面與環圈兩方面都達顯著水準。再從因素分數與同心環距離之間的相關來觀察，臺北呈顯著的輕度正相關，高雄呈顯著的輕度負相關，似乎前者的社經地位有著些微的離心趨勢，而後者卻是些微的向心趨勢，不過一旦控制扇面後，二者社經地位與距離的相關減低不少，也不具統計顯著性。至於各扇面內社經地位與距離的關係，臺北有兩扇面達顯著水

表5.2 因素一之因素分數與同心環距離之共變分析因素分數平均數與同心環距離之相關

扇面	臺北市			臺中市			高雄市		
	N	平均數	相關	N	平均數	相關	N	平均數	相關
1	47	-0.2255	0.0855	12	-0.1425	-0.8441**	109	-0.2483	0.1430
2	108	-0.1995	0.4962**	20	0.1540	-0.9172**	69	0.1659	0.0284
3	98	-0.2501	0.1890	46	0.2076	-0.2258	85	0.7286	-0.0340
4	160	0.0492	-0.0803	44	-0.1318	-0.1925	79	0.0811	-0.0640
5	90	0.6816	-0.3260**	23	0.1270	-0.3357	51	-0.6596	-0.2718
6	168	0.3482	0.0483	19	-0.2305	-0.0515			
7	109	-0.6491	-0.1904	13	-0.6285	-0.3982			
8				19	0.6058	-0.1312			
總相關	780	0.1630**		196	-0.3009**		393	-0.1255*	
淨相關	-0.0101			-0.3833**			-0.0263		

F 值之共變分析									
變異來源	均方（自由度）		F 值	均方（自由度）		F 值	均方（自由度）		F 值
扇面	0.1778(6)		29.6**	0.1282(7)		5.0873**	0.2074(4)		25.95**
同心環	0.0012(1)		1.2	0.1122(1)		31.1667**	0.0055(1)		2.75
互動效果	0.0579(6)		9.7**	0.1037(7)		4.1151**	0.0256(4)		3.2
殘值	0.7631(766)			0.6559(180)			0.7615(383)		

*p<0.01, **p<0.001

準，但一為正相關，一為負相關；高雄的各扇面內均不具顯著相關。大體言之，臺北與高雄兩市社經地位係以扇形分布傾向為主。臺中市則不論扇面或環圈所解釋的變異量均達顯著水準。同時，不論控制扇面與否，社經地位因素分數都與同心環距離呈顯著負中度相關；而控制扇面時的相關係數大於總相關係數，至於各扇面內因素分數與距離之關係，雖僅第一和第二扇面才顯著，但各扇面都一致為負相關，不似高雄和臺北有扇面間方向相反的情形。概言之，臺中市人口社經地位的空間分布，雖可能顯現扇面間的差異，但環圈的影響極為顯著。其分布與距離呈反比，亦即越是高社經地位人口越傾向於居住在都市內環。

臺北市人口超過二百萬，高雄市大於一百萬，而臺中僅五十萬。依共變分析的結果，前二者社經地位的空間分布傾向扇者，而後者環圈的影響顯著。這種差別似乎符合較大都市社經地位的分布趨近現代型都市

的假設。我們不妨進一步從圖觀察這樣的分布。臺北與高雄社經地位最偏低的地帶都在扇面的兩翼，臺北係瀕淡水河地帶，而高雄則為瀕海地區。河與海並未因其景觀促成較高級住宅區的發展。再檢視各扇面內社經地位與環圈的關係，臺北與高雄也顯示約略相同的情形。幾乎都不呈線型關係，而是社經地位以內環最低，中環高，而外頭又低。同時，由最高環圈降轉，頗為急遽。唯高雄各扇面內，社經地位最高的環圈在一點五至三公里以及三至五公里的範圍，而臺北則多在三至五或五至七公里的環圈（見圖5.1中1.a,1.c,1.d和1.f四者）。臺中的分布圖也顯示明顯的環圈模式，內二環的優勢非常清楚，最高社經地位的環圈，在各扇內，不是第一環，就是第二環，至第三環便急驟下降（見圖5.1中1.b和1.e），都在三公里半徑之內。唯第三扇內，其最高環已迄三至五公里的範圍。不過臺中最突出的是，社經地位最高的地區位於扇面二和扇面三的最內環，不似高雄、臺北，最高者乃見於第三環。高社經階層的內環居住傾向，似乎又意味着臺中市在社經地位分布上確趨近於前現代模式。

　　從臺北、高雄和臺中三市的比較中，除了上述的扇形與環圈分布的差異外，引出兩個值得考慮的問題。首先，高雄的一點五公里以及臺北三公里半徑內地區，社經地位都偏低，而臺中則偏高。如此意味着較大都市的核心地區呈現類似 Burgess 所謂過渡區的跡象。但這可以說是商業勢力擴張和侵蝕的結果嗎？由臺北與高雄的發展而言，應該考慮新興商業勢力與舊商業勢力間的競爭關係。特別是，我們在臺北的研究發現新興商業勢力的分布與高社經地區相互重疊。因此，大都市新興商業區的發展，一方面可能配合新興高社經地位區的建立，同時也導致舊商業區的更新困難，使後者人口社會經濟地位的分布上，逐漸偏低。在小型都市，並無新興商業區的競爭，就比較缺乏此種現象。此種商業發展與人口社經地位分布的關係，值得深入探討。

　　其次，臺北與高雄的高階層地區大致都位居中環，臺北在三至七公里間，高雄在三至五公里間。臺中情況雖異但在三、四兩扇面，三至五公里間也顯略高。高階層環圈的距離，隨著都市規模，越大者越遠。似乎反映著，高階層地帶循著某些扇面逐漸往外延伸。值得探究的是，各

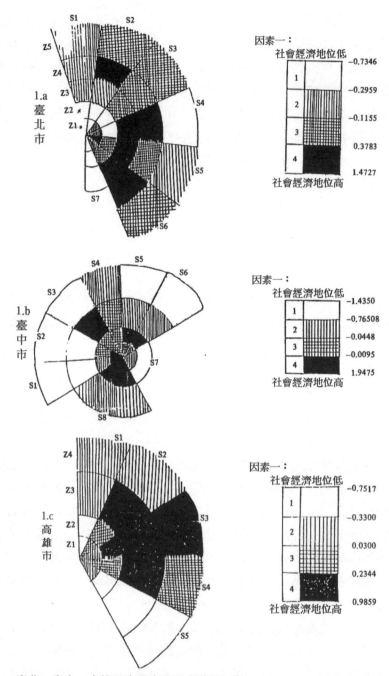

圖5.1　臺北、臺中、高雄三市因素一分布狀況比較 -1

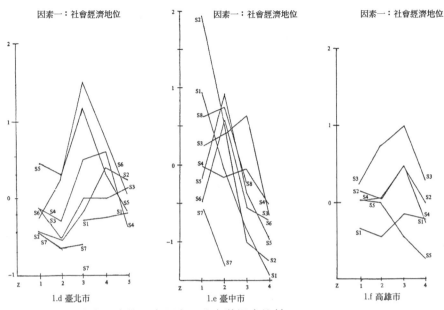

圖5.1　臺北、臺中、高雄三市因素一分布狀況之比較 -2

都市裡，這種擴張會繼續嗎？外環可能取代中環的地位嗎？從圖5.1中
1.d 至 1.f 的曲線圖裡，我們清楚看到，各扇面最外環的平均值遠低於中
環，也不見得高於內環。依目前臺北和高雄的發展而言，外環都以四、
五樓公寓住宅的發展為主流，房屋價位與中環者差距頗大。同時，中環
本身仍替舊更新中，存在著的相當數量的低層建築陸續配合市場需要，
可以變成公寓大廈，因而中環地帶可能繼續強化其階層特性。臺北市北
邊的二、三兩扇面，分布略異於南邊四、五、六的三個扇面，前者因素
分數的平均值均低於後者，但却顯示由內環往外環趨高的情形。不過這
些扇面（屬士林、北投和內湖地區），除少數地段外，目前仍以高密度
住宅的興建為主，並未提供其於中環的住宅型態，所以不太可能取代南
面三扇中環地區在社經地位上的優勢。

　　總之，就目前發展的階段而言，各都市的高階層地帶確循某些扇面
發展，人口百萬以上的都市已極明顯。但各扇面中，社經地位的高低並
非由內而外逐漸高升，而是由低而高而低的分布。高社經階層的分布仍

不脫離中心都市的範疇，郊區尚無取而代之的跡象。這種發展，可以
循幾方面去思考。第一、在居住喜好方面，一般人並不特別偏好獨院住
宅，甚至有研究還指出，中國人較能忍受高密度的居住環境（Mitchell,
1971）。第二、從都市的發展來看，臺灣都市的快速膨脹，導致外環地
區因為地價之故，很早就成為中、下級住宅分布地帶，很難再發展出異
於中環地區的大量獨院式住宅。第三、大都市外圍的衛星都市也一併發
展，而逐漸成為大都市的郊區。而這些衛星都市很多係以工業為其主要
機能，而形成外圍地帶生產體力工居多的情形。

（三）因素二（省籍）的空間分布

在節（一）已略為申述因素二反映省籍的分布。由於高雄市因素二
還包含婦女就業率，不似臺北與臺中只在婦女生育率和省籍方有著高負
荷量，因此我們先以臺北和臺中省籍的空間分布開始討論。表5.3為因
素二的共變分析。臺北和臺中兩市扇面所解釋的變異皆達顯著水準，
環圈則否。自因素分數與同心環的關係而言，臺北的總相關雖達顯著水
準，控制扇面後，相關係數還不及臺中。至於扇面內因素分數與同心環
的關係，臺北市的第一、第二和第三扇面都具顯著正相關，省籍的分布
與同心環的距離呈反比，但這三個扇面因素分數平均值均低，可能因其
內環數圈，正是臺北舊核心的延平、大同以及士林區的舊商業中心與瀕
河的社子，向來是本省人居優地區，而外環偏北投、內湖方面，外省籍
人口比例稍多，就導致顯著的相關。至於外省籍分布居優地區，以第
五、第六扇面為主，却不見因素二與環圈距離的顯著相關。臺中市雖見
兩扇面因素二與同心環間的顯著相關，方向一正一負，亦不見一致的環
圈關係。所以，整體而言，臺北與臺中兩市因素二的分布，係以扇面為
主，外省人口比較集中在某幾幅扇面。

如圖5.2中2.a所示，臺北順著東南發展的第五和第六扇面，在因
素二的分布上最為突出，這正是日據時期文教設施與日籍人口居住地所
在，以及其延伸地帶。由城中、大安、古亭，到木柵和景美。由圖5.2
中2.b可以看到，這兩扇面內，此種特質最高的地帶都屬中環，尤其是

表 5.3　因素二（籍別）因素分數與扇面、同心環距離之共變分析

	因素分數平均數與同心環距離之相關								
	臺北市			臺中市			高雄市		
扇面	N	平均數	相關	N	平均數	相關	N	平均數	相關
1	47	-0.4979	0.4267**	12	-0.3975	-0.0417	109	0.2852	0.3243**
2	108	-0.3783	0.3306**	20	-0.1795	0.3700	69	-0.2370	-0.6449**
3	98	-0.3627	0.3244**	46	-0.2000	0.0354	85	0.0478	-0.4850**
4	160	-0.0039	-0.0112	44	0.2378	0.4864**	79	-0.1206	-0.5291**
5	90	0.5126	-0.2331	23	0.4622	-0.1704	51	0.0355	-0.3296**
6	168	0.5224	-0.0287	19	0.5411	-0.6476**			
7	109	-0.3007	0.1780	13	-0.3538	-0.1427			
8				19	-0.2932	-0.4271			
總相關	780	0.1625**		196	0.1407		393	-0.0727	
淨相關		0.0601			-0.1401			-0.1309**	
	F 值之共變分析								
變異來源	均方（自由度）		F 值	均方（自由度）		F 值	均方（自由度）		F 值
扇面	0.2710(6)		50.1852**	0.1440(7)		5.2821**	0.0591(4)		7.3375**
同心環	0.0028(1)		3.1111	0.0006(1)		0.1538	0.0440(1)		22**
互動效果	0.0222(6)		4.0926**	0.1454(7)		5.3333**	0.1137(4)		14.2125**
殘值	0.7361(766)			0.7101(180)			0.7833(383)		

*p<0.01,　**p<0.001

第三環，大約是大安和古亭二區所含地段。該二區正是光復後外省人最集中的地方。甚或可說是日據時國別籍隔離狀況的殘餘。不過，籍別隔離的狀態，隨時間逐漸沖淡。

　　臺中最突出的是第四和第五扇面。但兩扇面內的分布狀況不同，第四扇面乃內環低往外逐漸變高，第五扇面則為內高中低而外環又高的情形（見圖 5.2 中 2.b 和 2.e）。最值得注意的是，第二扇面的最外環因素分數的平均值高高在上。臺中少數扇面獨霸的情形沒臺北那般強烈，略見多核心分布的傾向。臺中省籍分布狀況也可以從日據時期居住地帶的轉換而解釋嗎？日據時期臺中的主要日人分布地段係第一和第二扇面的內二環（見圖 5.2 中 2.b），即今日市政府所在地南側左近（Pannell, 1973: 44），然而這地帶因素二的分數僅在次高或更低的四分位數。外

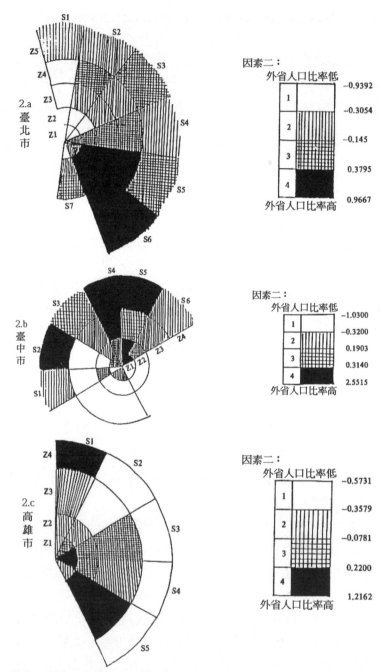

圖5.2　臺北、臺中、高雄三市因素二分布狀況之比較 -1

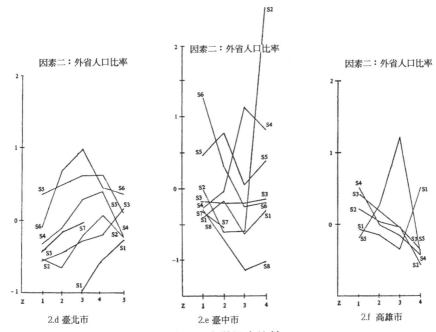

圖 5.2　臺北、臺中、高雄三市因素二分布狀況之比較 -2

省人內環居住地帶位於第五和第六扇面，早期為軍事地區（Pannell, 1973: 92），目前部分係省府辦公處所。臺中又異於臺北的是，內與外環的因素分數平均值，高於中環。此種分布最關係者，還是軍事機構與軍眷區的分布。臺北與臺中在行政機能上差別甚鉅。前者係全臺首治，中央政府機構聚集，帶來許多外省人口，早期以日人居住地帶為主，後來則順此地帶延伸，形成非常突出的扇形地帶。臺北邊緣地帶原亦多軍眷區的分布，但近幾十年來郊區的擴張，吸引大量新進人口，可能淡化了軍眷特質。臺中僅有部分省府機構很本上仍只是地方行政中心，以市政單位為主，日據時期日人居住帶在光復後可能並未為外省公教人員所聚居。反而是以軍事設施和軍眷區為主導。同時其邊緣地帶發展不如臺北，眷村人口的分布可以明白反映出來，外環的二個因素分數平均高的地區，正是南屯與西屯一帶眷村所在。這種隨軍事地區分布的情況，使得臺中在扇面的分布上，不像臺北那般一致，而略呈多核心狀態。不論臺北和臺中外省籍人口分布背後原因何在，所反映的低生育率的人口特

質，都可以取節（一）中所提出的理由來解釋。

　　高雄市在共變分析和相關表上，都顯示異於臺北與臺中的情形。不論扇面，同心環圈或互動效果，皆達顯著水準，而互動效果所解釋的變異量還大過扇面與同心環變異量的總和。再檢視相關表，總相關原不顯著，控制扇面後相關係數提高，不過仍屬低度相關。最值得注意的是扇面內因素分數與同心環距離的相關均達顯著水準。平均數最高的扇面一與同心環呈正比，也就是越外圍因素分數越高。其餘諸扇面則為負相關，同時平均數越低者相關係數越大。何以如此？我們得仔細檢視因素二的分布圖（見圖5.2中2.c和2.f）。圖中清楚顯示第五扇面最為突出，其第三環的因素分數平均值居全市之冠。有趣的是第五扇面整體的平均值僅位於五個扇面之中點。該扇面的第三、第四環大致都屬前鎮區，外省人口比例在全市十一區中倒屬第五，因此這兩環圈的高平均值值得進一步探討。當審視第三環的十三個里時，我們發現五個里的因素分數特別高，其餘八里則偏低。故而其高平均值很可能是少數極端個案所導致的結果。但這還解釋不了，何以第二至第五扇面因素分數與同心環均呈反比。我們知道在營區外省人口比例獨樹一幟，幾乎近於百分之五十，其餘各區都只百分之十五左右，僅楠梓較高，為百分之二十六。由於左營地區外省籍人口比例夠強，我們認為，若將左營地區除去，因素二所反映的不是省籍特性，可能是家庭狀態，也就是說這一因素所區分的地區是高生育率、低婦女就業率以及低生育率與高婦女就業率之間的對比。由於省籍分布最強的地區與此種特質正相契合，故也反映了省籍特性。

　　由於前鎮乃高雄的主要工業區，楠梓亦有加工出口區，我們懷疑，此種特性也許受製造業女工數量的影響。我們不妨檢視一下高雄十一區省籍比例、婦女就業率以及製造業女工比例。

　　就上表所示，左營、楠梓和前鎮俱屬製造業女工比例、婦女就業率較高地區。可是其他地區的婦女就業率與製造業女工分布並不對稱，可能由別種行業所決定。外翼兩扇面與製造業有關。第五扇面因素分數雖與環圈呈負相關，那是第四環急遽下降的結果，否則也一如第一扇面，係由內往外逐次提高（見圖5.2中2.f）。其餘三扇面則是由內環向外遞

表 5.4 高雄市省籍、婦女工作狀況

	全市	鹽埕	鼓山	左營	楠梓	三民	新興	前金	苓雅	前鎮	旗津	小港
外省人比例（%）	17.20	14.08	16.62	47.24	26.69	8.10	13.51	15.56	15.91	14.44	15.51	13.34
婦女就業率（%）	28.63	31.15	26.41	29.04	32.02	26.71	29.16	29.65	28.06	30.88	24.97	27.57
製造業女工比例（%）	40.07	23.06	43.47	45.07	55.25	34.37	21.57	26.35	31.89	50.33	54.70	53.60

資料來源：民國 69 年臺閩地區戶口及住宅普查報告，表 4、24、30，高雄市

減，可能與商業與服務業的分布有關。不論如何，這種就業結構影響了居住地帶婦女就業率與生育率。從左營獨強的外省人比例，我們似可推論說，外省人口的變異量，絕大部分係由該區所解釋。當扣除左營之後，因素二的分布，置於家庭狀態一部分而討論，較為妥切。

　　總結上述的討論，我們可以說，光復以後外省籍所落入的特殊情境，使得各都市均存在著外省人集居比例較高的地區。臺北因其政治首府地位，外省人在政府遷臺後迅速填補了日人離去的空間地帶，而形成明顯的扇面；其餘高比例的里則隨政經機構零散分布，並未造成地區特性。臺中與高雄則因軍事機構與軍眷區的分布，而偏多核心分布，只是高雄的左營成為難得一見的大塊外省人聚居地。這種籍別的分化，似乎是職業特性導致之居住模式，若臺北無那樣的政治特性，多核心分布的可能性甚大。

（四）家庭狀態與住宅類型的分布狀況

　　如區位分化一節所述，僅臺北市在家庭狀態方面呈現相當具體的因素，婦女生育率、婦女就業率和住宅類型都落在同一因素上。臺中則三個變項分處於三個因素。高雄則是住宅類型落於其他因素，而婦女生育率和婦女就業率與省籍變項絞揉一起。承上節討論，我們推論說，去掉左營地區，因素二反映的是家庭狀態。因此我們不妨先討論臺北與高雄，然後才推及臺中。

　　臺北與高雄的高負荷量都落在婦女生育率和婦女就業率，且兩變項

間呈相反關係。從共變分析來看（臺北見表5.5，高雄見表5.3），也呈現相當有趣的類似，扇面、環圈與互動效果的解釋量都達顯著水準。臺北因素三，不論總相關與淨相關都大於高雄市，但是扇面內因素分數與同心環距離之關係幾乎雷同，除了第一扇面為顯著正相關外，其餘各扇面皆具顯著負相關。意味著各扇面內，越遠離都市核心地區者婦女生育率越高而就業率越低。圖5.3中3.a明白顯示，臺北市的內環圈屬家庭狀態特質次高地帶，最高地帶分布於第二或第三環，至第四、第五環則告降低，且其平均值亦大致低於最內環（見圖5.3中3.c）。從扇面觀之，則中間三扇（第三、四和五）最為特出。大體言之，臺北市高家庭狀態特質是由內環而外環逐漸提升；自扇面觀之，則係由中間向兩翼漸次提高。至於高雄，若去除第一扇面第五環（即左營楠梓地帶），就呈

表5.5　臺北、臺中因素三因素分數與扇面、同心環距離之共變分析

因素分數平均數與同心環距離之相關					
	臺北市			臺中市	
扇面	N	平均數	相關	N	平均數	相關
1	47	-0.7770	0.4068**	12	0.0567	-0.1660
2	108	-0.1906	-0.3377**	20	-0.2335	-0.3260
3	98	0.2348	-0.2298	46	-0.0080	-0.2495
4	160	0.1431	-0.4534**	44	0.0918	0.1853
5	90	0.3160	-0.4991**	23	0.1083	0.4783*
6	168	-0.0102	-0.2826**	19	0.2479	0.0012
7	109	-1.1378	-0.3747**	13	-0.2123	0.1675
8				19	-0.1105	0.3569
總相關	780	-0.2887**		196	0.0365	
淨相關		-0.3481**			0.0228	
F 值之共變分析						
變異來源	均方（自由度）		F 值	均方（自由度）		F 值
扇面	0.1428(6)		26.4445**	0.041(6)		1.3946
同心環	0.0955(1)		106.1111**	0.0245(1)		5
互動效果	0.0398(6)		7.3704**	0.0457(6)		1.5544
殘值	0.7221(766)			0.8890(182)		
*$p<0.01$, **$p<0.001$						

現與臺北類似的模式。這種由內而外或由中而兩翼家庭狀態特質提升的情形，是不是可以就家庭生命循環階段的需求而解釋？也就是如西方研究所言，因住宅類型而差異，大家庭傾向於居住外環，而較小家庭則居於內環？

　　根據筆者對臺北市的研究（章英華，1986：66-68），在 25 個變項的因素分析中，發現婦女生育率並不代表家庭大小，只是反映了地區內

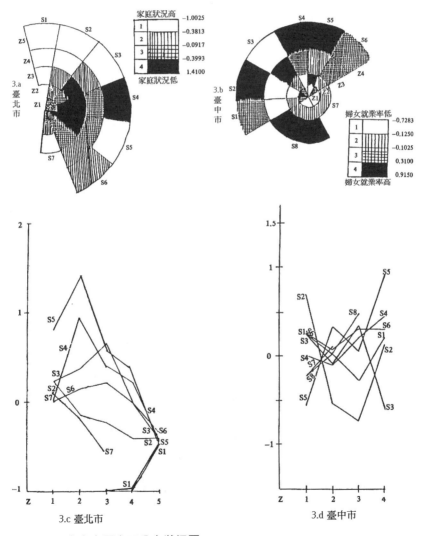

圖 5.3　臺北、臺中市因素三分布狀況圖

年輕育齡婦女較多。總生育率以及戶量這種反映家庭規模的變項係由其他因素所解釋。所以，上述所謂家庭狀態特質高或低與都市地區發展先後以及吸收移民的過程有關。發展愈遲的地方吸收年輕夫婦的可能愈大，於是反映出較高的生育率。至於婦女就業率方面的變化，尚得考慮不同婚姻狀況婦女的就業情形。一般而言，臺灣已婚婦女就業率雖逐年增加，仍遠不及未婚婦女（呂玉瑕，1983：112）。臺北、臺中與高雄三市亦然。同時年輕女子若值育齡，工作比例也不高，高雄市的育齡婦女的就業比例還低於全部的已婚婦女。因此，高就業率與低生育率的絞揉，一方面可能因為家庭已屆循環末期，子女長成，未婚女兒出外工作；一方面也可能是單身職業婦女人數多的結果。在都市內環區可能係二者累加的效果；至於外圍區，如高雄的前鎮、左營、楠梓，則可能是女性就業需求量大的製造業所導致的情況。總而言之，臺北與高雄共同顯示的是，對此一家庭狀態特質，都市發展階段以及就業需求二者所能解釋的，要強過家庭的住宅類型。

臺中的家庭狀態特質變項分落於不同因素。若婦女生育率可由因素一的分布解釋，係由內環向外環提高的情形，正與高雄和臺北的模式雷同。所異者在於婦女就業率的分布。因素三的共變分析顯示（見表5.6），環圈與扇面的解釋力均未達顯著水準。如圖5.3中3.b所示，這因素的空間分布係明顯的多核心狀態。在高雄我們發現婦女就業率與大型工業地帶的分布有關。臺中是否因其工業分布的多核心狀態而導致此種結果？此外臺中市的婦女就業率與生育率何以不落入同一因素也值得探討。目前尚未尋得線索，皆待異日補充。

三都市的家庭狀態特質都顯示由內向外增高的傾向，生育率以外環

表5.6　婦女就業狀況

婦女類別	未婚	已婚	過去十二個月生產子女者
臺北（%）	49.03	25.78	27.42
臺中（%）	49.69	19.58	缺失
高雄（%）	59.81	25.71	16.08

資料來源：民國69年臺閩地區戶口及住宅普查報告，臺北市、高雄市，以及二卷三冊

地帶居高。猛然一看，我們也許覺得，這不正是西方都市內家庭狀態的分布模式嗎？但以臺北為例，我們發覺，循環末期，子女成年而未分離的家庭，偏向於居住中環和內環。所以，都市內環較多居住年代相當長的家庭，而外環則多新婚不久正值生育高峯的循環初期家庭。這些年輕家庭，不見得因為需求大型家屋而往邊緣新興地區尋覓棲身之所，北市郊區居民的居住密度並不大於中環各區（章英華，1986：34）。很可能因為邊緣地帶新屋多，又合於他們的經濟能力。就此我們得進一步探討都市居民的住宅選擇偏好，以及都市住宅類型的特性。當一個家庭邁入循環中期，經濟基礎穩固後，其住宅的選擇，是內環、中環抑外環地帶呢？依筆者初步的觀察，不見得以外環為優先（章英華，1986：70）。同時，都市外圍地帶亦呈高密度發展，也不見得提供異於中心都市的住宅類型。

表5.7　臺中因素三、高雄因素四與扇面、同心環距離之共變分析

因素分數平均數與同心環距離之相關						
	臺中市因素四			高雄市因素三		
扇面	N	平均數	相關	N	平均數	相關
1	12	-0.2892	-0.1726	109	-0.2831	-0.3298**
2	20	-0.2935	-0.5499*	69	0.1062	-0.2868*
3	46	0.2022	-0.4730**	85	0.4635	-0.1748
4	44	0.1895	-0.5908**	79	0.0573	-0.2353
5	23	-0.0491	-0.1704	51	-0.2724	-0.4313**
6	19	-0.2258	-0.0911			
7	13	-0.1238	-0.2773			
8	19	0.0279	-0.2110			
總相關	196	-0.3831**		393	-0.3467**	
淨相關		-0.3969**			-0.2902**	
F 值之共變分析						
變異來源	均方（自由度）		F 值	均方（自由度）		F 值
扇面	0.1064(7)		38**	0.2050(4)		28.5**
同心環	0.1249(1)		31.2250**	0.1003(1)		55.7222**
互動效果	0.0472(7)		1.6857	0.0106(4)		1.5
殘值	0.7128(180)			0.6841(383)		
*p<0.01,　**p<0.001						

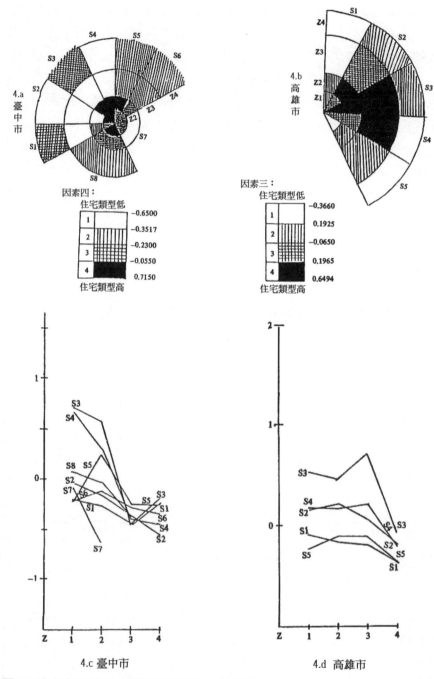

圖5.4 臺中市因素四,高雄市因素三分布狀況圖

　　臺中與高雄的最後一因素，高負荷值都只落在住宅類型上。表 5.7 即為對此因素的共變分析，二市呈現非常類似的狀況。扇面與同心環的解釋量均達顯著水準，與同心環距離，不論控制扇面與否，均具顯著相關，唯高雄經控制扇面後，相關係數略為減低。因此，除了扇面間的差異外，扇面內亦具隨環圈而變化的情形。兩市俱有三扇面住宅類型之因素分數與環圈距離呈顯著負相關，未達顯著水準之扇面，亦一致均呈負相關。這都意味著越往外環高樓大廈建築物的比例越低。

　　再觀察圖 5.4，我們發現高雄與臺中的中間扇面都在住宅類型特質上遠高於其他扇面。就商業分布模式言，高雄的第三扇面，臺中的第三、第四扇面，其內環均為全市商業核心（行政院經合會都市發展處，1971：43-44；1971a：23-24）。高雄顯示係由中間扇面向兩翼遞減的情形。臺中係向四周擴展，不像高雄只是半圓，缺乏由商業核心扇面向兩側遞減的狀況。兩市最大的不同還在環圈的分布情形。如圖 5.3 中 3.d 所示，高雄由第一環至第三環變化不大，至第四環才逐降，顯示高雄的高層住宅已擴展至五公里範疇。臺中的高住宅類型特質，仍侷限在第一環和第二環，即三公里以內範圍，同時由第二至第三環遽降的情況較高雄顯著。因此在住宅類型上，臺中的內環、外環對比勝過高雄。臺北的住宅類型與家庭狀態變項同落於第三因素，若以該因素反映住宅類型的分布狀況，似乎與高雄雷同。以扇面言，是由中間扇面往兩翼降低；以環圈言，高特質之扇面，也是以五公里範疇內之環圈此種特質最強（見圖 5.3 中 3.a, 3.c）。我們所難以理解的是為何在因素結構上，臺北異於臺中與高雄。

　　在區位分化及變項的討論中，我們曾明言，在臺灣無法以獨院家宅來區分地區的住宅特性。當我們輔以六層樓以上住宅單位比例作為指標時，還是難以肯定這類型住宅所代表的意義。從臺中、高雄、臺北的比較，可以見到越大城市，此種特質往外擴散的趨勢。不過，仍然是都市偏內環地帶或近商業核心地帶的特質。最值得注意的是，三都市高樓大廈分布區雖未與高社經地區完全重疊，但極大部分乃共容並存。這在臺灣或許是人所共見的現象，但當與西方模式比較時，頗富意義。就此，我們往後需要進一步明瞭我們都市住宅的類型及其意義。

五、結論

　　從以上的分析，我們首先發現，臺北的社經地位，省籍和家庭狀態三組變項分化極為清晰，都符合區位分化的假定。而高雄和臺中的家庭狀態變項分別落於不同的因素。臺中市的婦女生育率在因素一具高負荷值，且婦女就業率與住宅類型各自成一因素。高雄的婦女就業率高負荷值落在因素二，而住宅類型另成一因素。就此，我們很難排比高雄與臺中的分化程度。再從各因素的空間分布來看，臺北與高雄社經地位因素的分布，僅扇面具顯著解釋能力；臺中除扇面外，同心環的效果頗為明顯。在省籍因素的空間分布上，臺北亦以扇面解釋為重；臺中雖扇面的解釋顯著，但扇面與環圈的互動效果甚強，從分布圖觀之，略呈多核心狀態；高雄則以左營為獨強地帶。至於家庭狀態因素的分布，臺北與高雄雖不論扇面或同心環的解釋都達顯著水準；但臺中僅住宅類型顯示同心環的分布模式，而在婦女就業率上，卻是不折不扣的多核心模式。以臺中社經地位因素的分布言，是比高雄趨近所謂的前現代都市模式。從區位分化和空間分布兩方面的分析似乎支持 Schwirian 有關開發中國家不同規模都市的假設。但是在解釋空間分布模式時，却無法直接套用 Timms 的理論。

　　在社經地位分布上，雖有郊區高級住宅區的形成，但臺北和高雄係以中間幾處的中環地帶最居優勢，臺中則係內二環。這種內環或中環高社經地帶與大廈分布帶頗相重疊，但我們沒有理由說，這些地帶的住宅供應人口較少的家戶。此類地區仍替舊換新中，可能繼續增強其社會經濟地位上的優勢。但這些扇面缺乏向外圍再擴散的潛力，因為其外圍地帶已經密佈著高樓群，而這些高樓群並未以不同類型的居住方式與中環住宅區相競爭。在人們仍以近便為住宅選擇的主要考慮因素之下（朱瑞玲，1986：106），此種中環優勢將持續下去。

　　至於省籍因素的分布，臺北形成極強的扇面，這完全是臺北居全臺灣政治中心的結果。一方面它的外省籍人口眾多（其人口為高雄的二倍，外省人口却為高雄的三倍強），再者這些人很多初來便從事政府機構工作。而高雄與臺中，此種特質以外環地帶較強，這得訴諸於軍眷區

的存在。如此的現象很難單單以同族相吸來說明。外省人隨統治政府來臺，而落入了特殊的職業類屬，也侷限了他們的居住地帶。當省籍職業分化的情況淡化後，此種特質也當逐漸淡化。此外，省籍與婦女生育率常相伴隨，並不見得反映著傳統與非傳統生育傾向的對立，部分原因可能是，外省人比例高處多循環末期家庭。如果民國40年代的外籍人口逐漸逝去，此種關聯應當也逐漸消散。

最後，家庭狀態因素的分布雖都幾乎有著由內環向外環的一致變化。但我們發覺，都市內環多單身工作者以及循環中、後期的家庭，而外環多循環初期的家庭。顯然，這絕非落於不同循環階段的家庭需求特定家宅類型所導致的結果，而關係到都市地帶發展的先後。發展遲者位於都市邊緣，地價便宜，吸引較多的育齡夫婦，於是顯示高婦女生育率、低婦女就業率。為進一步瞭解這一現象，我們應該對都市居民居住地選擇進行深入的探討。

本研究僅是初步的探索，文中以一些相關資料澄清區位模式，下一步得利用普查中更豐富的變項以驗證筆者所下的推論，也可找出非正統的三組變項所能看到的其他區位分布特質。

參考書目

丁庭宇（1986）。《社會經濟變遷與人口轉型》。臺北市：巨流出版社。

朱瑞玲（1986）。〈住宅與居住的公共環境品質〉，見文崇一等合撰，《臺北市新興工商地區與老舊地區生活品質的比較研究》，頁103-168。臺北市：臺北市政府研考會。

行政院戶口普查處（1982）。《中華民國六十九年臺閩地區戶口及住宅普查報告》。臺北市：行政院戶口普查處。

行政院經合會都市發展處（1971）。臺中市綱要計劃。臺北市：行政院經合會都市發展處。

行政院經合會都市發展處（1971a）。高雄市綱要計劃。臺北市：行政院經合會都市發展處。

呂玉瑕（1983）。〈婦女就業與家庭角色、權力結構之關係〉，《中央研究院民族研究所集刊》，第56期，頁111-143。

林瑞穗（1980）。〈臺北都會區的區位因素分析〉，《臺大社會學刊》，第14期，頁113-124。

陳寬政（1981）。〈臺北都會區的人口分布與變遷〉，《人口學刊》，第5期，頁51-69。

章英華（1986）。〈人口與都市發展〉，見文崇一等合撰，《臺北市新興工商地區與老舊地區

生活品質的比較研究》，頁11-102。

黃萬居（1981）。〈臺北市人口分布與變遷之研究〉，中國文化大學政治學研究所碩士論文。

鄭彩夷（1984）。〈臺中都會區的人口分布及其變遷之研究〉，東海大學社會學研究所碩士論文。

Abu-Luhgod, Janet (1969). "Testing the Theory of Social Area Analysis: The Ecology of Cairo, Egypt." *American Sociological Review*, 34 (April): 198-212.

Burgess, Ernest W. (1925). "The Growth of the City: An Introduction to Research Project." In Robert E. Park, Ernest W. Burgess and R. D. Mchenzie.(eds.), *The City*. Chicago: University of Chicago Press.

Gist, Neol P. and Sylvia F. Fava (1974). *Urban Society*. NY: Crowell.

Graff, Michael A. (1976). *Changing Urban Population Density Gradient in Taipei*. Ph.D. Dissertation, Department of Geography, Michigan State University .

Harris, Chauncy D. and Edward L. Ullman (1951). "The Nature of Cities." Pp.237-247 in Paul K. Hatt and Albert J. Reiss, Jr.,(eds.). *Cities and Society*. NY: The Free Press.

Hoyt, Homer (1939). *The Structure and Growth of Residential Neighborhoods in American Cities*. Washington, D.C.: Federal Housing Administration.

Janson, Carl-Gunnar (1980). "Factorial Ecology: An Attempt at Summary and Evaluation." *Annual Review of Sociology* 6: 433-455.

Mellor, J. R. (1977). *Urban Sociology in an Urbanized Society*. London: Routledge & Kegan Paul.

Mitchell, Robert Edward (1971). "Some Social Implications of High Density Housing." *American Sociological Review*, 36 (1): 18-29.

Murdie, R. A. (1976). "Spatial Form in the Residential Mosaic." Pp. 237-272 in D. T. Herbert and R. J. Johnston, (eds.), *Social Areas in Cities, Vol. I:Spatial Process and Form*. London: John Wiley & Sons.

Pannell, Clifton W. (1973). *T'ai-Chung, Taiwan: Structure and Function*. Department of Geography, The University of Chicago.

Schwirian, Kent R. and Ruth K. Smith (1974). "Primacy, Modernization, and Urban Structure: The Ecology of Puerto Rican Cities." Pp. 324-338 in Schwirian (ed.), *Comparative Urban Structure: Studies in the Ecology of Cities*. Lexington: D. C. Heath.

Sjoberg, Gideon (1960). *The Preindustrial City: Past and Present*. NY: The Free Press.

Timms, D. W. G. (1971). *The Urban Mosaic: Towards a Theory of Residential Differentiation*. Cambridge: Cambridge University Press.

* 本文曾刊於《臺大社會學刊》，1986 年 11 月，第 18 期，頁 25-50。

第六章

臺北縣移入人口與都市發展

一、前言

　　討論臺北縣的都市發展，必須事先考慮一個前提。臺北縣的各鄉鎮市正好圍繞著臺灣的政治經濟文化中心的臺北市，臺北縣的發展和臺北市的發展不可分割。在政府的規劃中，如早期的林口新市鎮的規劃，是以收納臺北市的外溢人口為出發點。在經建會的生活圈和衛生署的醫療圈的規劃中，臺北市和臺北縣的大部分地區都是在共同的考量之下。一些有關臺灣都市發展的研究，同樣也很自然的將臺北都會區同時考慮，都會區內各地的交互關係，不被視為都市與都市之間的聯繫，而被視為一個都市的內部問題。在這樣發展的一體性之下，我們也不能忽略，臺北市和臺北縣分屬於不同的行政管轄之下，而這種行政管轄還蘊含著行政位階和地方政府財源上的差距。這又使得臺北市和臺北縣的發展並不能完全視為同一運作的整體。我們是從這樣的前提之下去探討臺北縣的都市發展。

二、臺北縣的都市發展：從外省移民、島內城鄉移民到都會區內部的遷徙

　　陳紹馨（1963）早期的研究裡，便指出臺北市及其附近地區在民國40年代的都會化現象。的確在民國40年代，三重、板橋、永和、中和以及新店的人口成長率已經高於臺北市的各區，這種高度成長除三重之外，一直維持到民國60年代末期，至70年代初期才緩慢下來。這一

時期臺灣都市發展的一大特徵，便是臺北市以西和以南的新店溪和大漢溪流經地帶的快速發展。在日據時期，全省以人口數為準的前二十名都市，臺北縣境以內只有臺北市。到了民國40年代末期，首先是三重名列第八；至民國60年代初期，三重、板橋、永和、新店、中和都已擠身前二十名之列；到了60年代末期，新莊也在二十名之內（章英華，1986：262）。這樣的發展的結果，使得臺北縣相互毗連的六個縣轄市的規模，可以與臺北市相比擬，同時其規模更遠超過日據以來臺灣的其他區域大都市，如高雄、臺中和臺南。

　　民國40年代以至50年代的都會化，並不完全是都會產業提升的結果。在民國50年以前，外省籍移入人口是臺北都會地帶發展的重要基礎。在政府遷臺之初，臺北市作為中央政府的臨時首都，面臨著兩個問題，一是大量外省人口的移入，一是中共犯臺的威脅。在40年代初期的防空疏散政策，打算疏散主要都市的人口，一方面可以避免戰爭的破壞，一方面可以疏解中心都市人口的壓力。整個計畫包括公家機構的移出市區和限制人口移入中心都市，這樣的計畫在臺北市推行的最為積極，如省政府的移往中興新村，就是這樣考慮下的措施（許阿雪，1989：20-21；蔡采秀、章英華，1992：21-22）。

　　這一政策，最明顯的結果之一，便是外省人口在臺北市以外臺北縣地區的快速成長。以臺北縣人口成長最快的六個市而言，民國40至45年，板橋、三重、新莊和新店外省人口的年平均成長率分別為21.9、24.7、13.2、32.6%，本省人的才3.9、10.5、2.8、2.8%。這四市在45至50年時，除了三重，外省人的成長率都遠大於本省人。我們缺乏永和以及中和40至45年的資料，但兩地45至50年的成長率與上述各地呈現同樣的模式。不只是成長率的懸殊，而在人口數的增加上，外省籍的亦超過本省籍的。在臺北縣其他的鄉鎮，在民國40和50年代同樣可以看到外省人口成長率大於本省人口的情形，但由於這些地區外省人口的基數小，因此所添加的人口有限。但是在民國60年以後，則各個行政區，幾乎都呈現本省人口成長率高於外省人口的情形，由於本省人口的基數本來就大，外省移入者對人口增加的貢獻便顯得不重要了。這可以反映在外省人口占各行政區人口的比例上。大部分鄉鎮市外省人口比

例的最高點是在民國50年代，至60和70年代，則逐漸降低。永和市在55年時外省人口占六成、中和以及新店在四成左右，但是在78年都只在三成與四成之間。不過延續50年代發展基礎之下，使得永和、中和以及新店成為臺灣行政區之中，外省籍人口比例偏高的地帶（章英華，1992：10-14）。

　　50年代中期以後，臺灣地區的人口大量湧入臺北都會地帶。60年代初的人口資料，便明白反映臺北縣六縣轄市在臺灣都市位階上的躍升。在移入人口的籍別組成上，也反映了這個趨勢，各行政區都是本縣籍人口以及外省籍人口比例降低，本縣以外的本省人口比例增加。就是在外省籍人口比例偏高的中和、永和、新店，其非本縣籍的本省籍人口數量也超過外省籍人口（臺北縣統計要覽，1982：20-21；1992：24-25）。在50和60年代，除了上述六縣轄市之外，五股、泰山和鶯歌同樣顯示相當的人口成長率，而在70年代，則樹林、汐止、土城和蘆洲繼起為人口高成長地帶。這些在民國40年以後流入人口相繼增加的鄉鎮市，大致是離臺北市越近發展越早，反之則越晚。另外值得注意的是，這些顯示人口遷入的鄉鎮市，除汐止之外，都在臺北市的西與南。相對於這些地區，臺北縣也存在著人口流出地區，大致都在沿海地帶和東北的山區，包括石碇、坪林、烏來、三芝、石門、金山、萬里、瑞芳、貢寮、雙溪、平溪、淡水、深坑、八里、林口、三峽。其中淡水、深坑、八里和三峽在70年代也顯示人口流入的趨勢。不過大體而言，臺北縣的都市發展，是以臺北市以西和以南的臺北盆地為主，而臺北市西北的沿海和山區，則是人口稀少且逐漸流失的地方。

　　臺北市與縣之間的人口變遷最近幾年的重要趨勢是，臺北市的人口成長逐漸緩滯，甚至顯示人口減少的情形。而臺北縣的成長率亦逐漸降低，不過在臺灣諸縣市中，仍是人口成長最快地區之一。臺北縣民國80至81年的人口成長率，僅次於臺中縣、桃園縣，與臺中市大致相當，但其人口的增加數卻是全省最大的（人口統計季報，1992：12-15）。雖然區域之間的遷徙是臺北縣都市地帶人口成長的重要基礎。但是自民國50年代以來，臺北市與臺北縣之間的人口流動亦極其頻繁。根據民國55、69和79這三年度的普查資料，移入臺北縣的人口

中，來自臺北市的一直占四成左右；而臺北市的移入人口中，來自臺北
縣的則不到三成。再則，69年的普查遷移資料顯示，臺北縣遷出人口
中，五成強是遷往臺北市，而臺北市的遷出人口中，七成的是遷往臺北
縣。這一方面顯示臺北市縣同時吸收臺北都會區以外的全省人口，另一
方面顯示，進入臺北市以後便是在市縣之間尋找適當的住處。若加上在
臺北市縣之內不同鎮鄉市區之間的流動情形，則都會內的流動的分量更
重。在人口成長率逐漸減緩之際，都會區內居住遷移的現象要比區域之
間的流動現象更為重要。

三、產業發展

　　民國50年以後的人口成長，與臺北縣鄰近臺灣首治的位置以及相
應的產業和居住特性，密切關聯。臺北縣的產業發展最明顯的特徵是，
農林漁牧業的分量變得微不足道，而製造業大幅擴張。基本上，現居農
林漁牧業的人口，就可以反映其提供的就業數量。民國65年時，其農
林漁牧人口，有91,881人，而同年製造業所僱用的員工人數為351,363
人，幾乎是前者的四倍（65年工商普查，臺北縣：8）。至民國75年，
臺北縣的農林漁牧人口，只有73,018人，製造業僱用員工數達539,176
人，是前者的七倍半（75年工商普查，臺北縣：3）。除製造業相對於
農林漁牧業的絕對優勢之外，從另一方面的比較，則是臺北縣在民國
50年代以後，一直是以製造業為產業發展的最重要部門，相對而言，
商業與服務業的發展，與臺北市完全不能相比。結果是，臺北市與臺北
縣在產業構造上有著明顯的對比。

　　在臺北都會範圍內，在民國50年代初期政府第一波開發工業用地
時，北部地區十八個編定用地中，臺北縣就有九個，而其中八個都在臺
北市以西的臺北盆地，包括三重的頂崁、新莊的頭前與西盛、蘆洲的溪
墘、樹林的山仔腳、板橋的泗汴頭、中和的廿八張、新店的大坪林，另
外則是臺北市東臨的汐止樟樹灣。在民國59和62年間又增編樹林、泰
山和土城三個工業區。在69至71年間再開發五股、林口和瑞芳工業區
（許松根、莊朝榮，1991：41-62）。目前這些工業區，大部分已劃入各

鄉鎮市的都市計畫區之內。在這樣的發展脈絡下，臺北縣的工業發展在民國60年代的臺灣，是最蓬勃的地區之一。臺北縣都市計畫區內的工業用地，在民國70年代初期是全臺灣各縣市中面積最廣的（許松根、莊朝榮，1991：120）。不過臺北縣工業用地的擴張在70年代中期緩滯下來，而為桃園和臺中兩縣所超越。臺灣在70年代，整體工業用地的擴張都緩慢下來，臺北縣在臺灣工業上的優勢地位，在相對分量稍微減弱，但在絕對數量上，依然可觀。

　　相對而言，臺北市在製造業上，是刻意的限制。臺北市製造業所僱用的就業人數在65年是192,966人，在75年時為211,292人，略有增加。但是占全市僱用人數的比例，在十年間，由近四分之一，降到略低於二成。我們同時可以看到，臺北市都市計畫區域內的工廠用地不到五百公頃，還不及臺北縣的五分之一，至於僱用的員工人數，則是臺北縣的五分之二。另一方面，在三級產業上，卻呈現正恰相反的情形。臺北縣在65年的三級產業僱用101,839人，占全縣總僱用人數的二成左右，而臺北市的三級產業僱用量有489,051人，占臺北市總僱用量的六成強。到民國75年，北縣的僱用量增至174,616人，臺北市增至790,601人，分占各自總僱用量的23.02和71.08%，臺北市在三級產業上的成長，高於臺北縣，二者間絕對數的差距更為拉大。在層次較高的三級行業，縣市的差距更大。75年時，商業的市縣比值為五與一，而金融與工商服務業為八與一。臺北市以三級行業，臺北縣以二級產業為各自發展的特色，極其明顯（65年工商普查，臺北市：8；臺北縣：8；75年工商普查，臺北市：3；臺北縣：3）。民國76至79年的資料（工業統計調查報告，1990：67）顯示，臺北縣在二級產業的僱用人數持續減低的趨勢，整個臺灣地區亦同樣是製造業人口逐年降低的情形。整體而言，北市與北縣之間的產業分化，不會有戲劇化的改變。

　　當我們將這樣的產業構造與居住人口的職業特性相比較時，呈現臺北市與縣之間的一種因產業分化而形成的居住關係。民國65年時，北縣居住人口從事製造業的，只有230,210人，尚比其製造業僱用人數少了約12萬人，顯示臺北縣提供的製造業就業機會，還可以吸引臺北縣以外的就業人口。75年時，臺北縣的居住人口中，從事製造業的達

502,710 人，與製造業僱用人數的差距，在 4 萬人以內。在臺北縣工業
容量增加的過程中，製造業居住人口增加速度更快。製造業居住人口逐
漸趨近製造業僱用量，反映製造業發展和人口成長之間的關聯。目前臺
北縣製造業所僱用員工大部分就是縣境內的居民。在三級行業上，臺北
縣則不能自足。65 年時，臺北縣的居住就業人口中，屬於三級產業的
有 303,542 人，超出其三級產業僱用人數約 20 萬人。民國 75 年，北縣
從事三級行業的居民增至 570,243 人，超過其三級產業僱用員工數幾乎
達 40 萬人。這使得北縣居民從事三級行業工作者，勢必往北縣以外地
區流動，大部分應該是以臺北市為工作的目的地。

四、都會居民的活動空間

以上就業模式的縣市差異，就蘊含著縣市之間居民日常活動的關
聯。民國 69 年普查的通勤資料（卷一：342-343）顯示，臺北縣 15 歲
以上就業人口中，四分之一強前往臺北市工作。各行政區之間呈現相
當的差異。永和與新店居住就業人口前往臺北市工作的，分別占 50 和
42%，占三成至四成以上的行政區依序是中和、深坑和汐止，占二、三
成之間者依序為板橋、石碇、三重。這顯示諸縣轄市與部分臨近臺北市
的行政區，在通勤上與臺北市較密切的關係。這種關係應該是三級行業
的就業人口所反映的。

在表 6.1 中，所顯示的是民國 78 年住宅調查結果。在樣本出現的
鄉鎮市裡，我們可以看到幾個明顯的傾向。第一，非受僱者（包括有僱
員和沒有僱員的自營作業者以及無酬家屬）在本鄉鎮市區工作的比例達
八成以上，比起受僱者（包括公私機構），前往臺北市工作的比例低很
多。第二、三級行業的受僱者前往臺北市工作的比例在五成五，遠大於
二級行業受僱者不到二成的比例。同時，二級行業的受僱者不但在本行
政區工作的比例高，在臺北縣其他地方工作者的比例也比三級行業高。
以臺北市縣而言 這意味著在北縣居住的二級行業就業者，以在所居住
的鄉鎮市區工作的傾向最強，其次是臺北縣內其他地方，而前往臺北市
的情形不多。三級行業者，前往臺北市工作的傾向最高，其次在所住行

表6.1　臺北縣家戶家計主要負責人工作地點分配，78年

居住地		工作地	臺北市	本鄉鎮市	本縣其他鄉鎮市	其他	總計
三重市	二級	受僱者	10.59	64.71	22.35	2.36	85
		非受僱	6.52	76.09	8.70	8.70	46
	三級	受僱者	40.00	36.36	16.36	7.27	55
		非受僱	13.51	86.49	0.00	0.00	74
板橋市	二級	受僱者	19.87	46.36	27.15	6.62	151
		非受僱	5.56	83.33	11.11	0.00	54
	三級	受僱者	54.55	31.31	8.08	6.64	99
		非受僱	17.28	80.25	1.23	1.23	81
新莊市	二級	受僱者	12.36	49.44	31.46	6.74	89
		非受僱	9.52	80.95	4.76	4.76	21
	三級	受僱者	37.50	39.58	20.83	2.08	48
		非受僱	3.57	96.43	0.00	0.00	56
新店市	二級	受僱者	25.00	63.89	8.33	2.78	72
		非受僱	0.00	92.86	7.14	0.00	14
	三級	受僱者	65.75	28.77	4.10	1.37	73
		非受僱	41.18	58.82	0.00	0.00	34
永和市	二級	受僱者	45.45	20.45	34.09	0.00	44
		非受僱	22.22	77.78	0.00	0.00	9
	三級	受僱者	67.86	17.86	8.93	5.36	56
		非受僱	16.67	72.22	5.56	5.56	36
中和市	二級	受僱者	22.68	45.36	27.84	4.12	97
		非受僱	4.76	85.71	9.52	0.00	21
	三級	受僱者	65.82	11.39	16.46	6.33	79
		非受僱	3.51	85.96	10.53	0.00	57
其他鄉鎮	二級	受僱者	13.27	54.87	24.78	7.08	113
		非受僱	3.23	87.10	9.68	0.00	31
	三級	受僱者	50.00	18.00	28.00	4.00	50
		非受僱	12.07	82.76	3.45	1.72	58
合計	二級	受僱者	19.20	50.69	26.11	4.00	651
		非受僱	6.12	82.65	9.18	2.04	196
	三級	受僱者	55.87	25.87	14.35	3.91	460
		非受僱	13.89	82.32	2.78	1.01	396

註：其他鄉鎮指樹林鎮、汐止鎮、土城鄉、蘆洲鄉、泰山鄉。

本表係運用主計處臺灣地區住宅狀況調查七十八年原始資料所計算。

政區，而前往臺北縣其他地區的傾向最弱。我們可以就此推論說，臺北縣以其製造業的發展，吸引相當多的製造業就業人口，同時，也是臺北市三級行業就業者的居住地。不過前往臺北工作的情形，我們可以看到是以新店、永和以及中和三者的三級行業人員最強，在六成五以上；板橋和汐止其次，在五成五左右，其餘各地則在五成以下。新店、永和與中和三者與臺北市的密切關係，與69年的通勤資料完全相同。

　　除了居住地與工作地之間所顯示的市縣關係之外，由於臺北市強勢的中心都市性質，臺北市各類設施在臺北縣居民的日常活動上，亦占了相當的分量。民國60年代的數據就顯示在中高級用品的購物行為上，北縣對北市的依賴，六個縣轄市居民在高級品對臺北市的依存率都在四成左右或以上。對中級品的依存率亦在四分之一以上。其餘各鄉鎮的對臺北購物依存率大致都在二、三成以上，遠高於通勤率（江文顯，1983：139）。我們可以就交通部運輸研究所的臺北都會區住戶交通旅次調查（1992）作為討論的依據。這筆資料並未包含臺北縣的所有轄區，但納入了臺北縣29鄉鎮市中的23個，應該可以反映出實際的狀況。首先以民國64年和80年的資料作個比較。64年時，北縣內都會區占全都會區工作旅次產生和吸引的比例，分別為29.17和22.19%，就學旅次分別為31.72和23.24%（邱盛生，1982：119-120）。在80年，北縣都會地帶占全都會工作旅次產生與吸引為41.53和30.70%，就學旅次為42.13和29.93%。不論在產生和吸引的旅次上，臺北縣都會帶的分量都提高了，可是在產生上的提升明顯高於吸引量。以上的數字意味著，縣旅次的產生與吸引隨在都會人口比重的增加而增加，可是北縣在吸納本身產生旅次能力上卻日益下降。

　　在80年臺北都會區內總旅次（表6.2），顯示兩個極其明顯的對比：第一，臺北市的總旅次遠大於臺北縣的，臺北市居民有較蓬勃的日間活動；第二，臺北市產生的旅次小於所吸引的旅次，而臺北縣內的都會地帶則是產生的旅次大於所吸引的旅次，多少意味著，從臺北縣都會區前來臺北市活動人口多於臺北市前往臺北縣都會區的人口。若要由臺北縣內都會地帶吸納其日間在外活動的人口，尚不足四分之一的量。由於臺北縣吸納來的活動人口不可能都居住在縣境內，這意味著它的日間

表6.2　臺北都會區各大分區旅次產生與吸引數之統計──依旅次目的別

單位：旅次／日

分區	家旅次工作與洽公 產生	吸引	上學 產生	吸引	購物與娛樂 產生	吸引	其他 產生	吸引	非家旅次 產生	吸引	總旅次 產生	吸引
臺北市	2,825,517	3,186,636	985,236	1,172,783	1,046,865	1,183,072	438,561	487,111	1,273,035	1,264,393	6,569,214	7,293,995
%	43.01	43.69	15.00	16.08	15.94	16.22	6.68	6.68	19.38	17.33	100.00	100.00
產生／吸引	0.89		0.84		0.88		0.90		1.01		0.90	
臺北縣	1,934,907	1,393,236	817,250	490,710	617,135	437,163	388,941	321,696	398,383	403,230	3,956,606	2,956,135
%	48.90	47.13	20.65	16.60	15.60	14.79	9.83	10.88	10.07	13.64	100.00	100.00
產生／吸引	1.38		1.66		1.41		1.20		0.98		1.34	
石門、三芝、淡水	81,089	75,732	25,660	36,653	42,845	28,820	11,849	11,059	20,870	24,993	182,313	177,257
產生／吸引	1.07		0.70		1.48		1.07		0.83		1.03	
五股、八里、林口	43,964	81,630	12,496	15,711	33,257	22,280	6,445	6,330	11,874	11,396	108,036	137,349
產生／吸引	0.53		0.80		1.49		1.02		1.04		0.79	
三重、蘆洲、新莊、泰山、龜山	560,558	434,179	132,458	97,478	201,541	145,048	97,768	68,037	122,213	128,806	1,114,538	873,548
產生／吸引	1.29		1.36		1.39		1.44		0.95		1.28	
永和、中和、板橋、土城	818,946	483,093	371,380	238,561	189,469	161,261	83,524	80,368	140,413	144,928	1,603,732	1,108,211
產生／吸引	1.69		1.56		1.17		1.04		0.97		1.45	
樹林、鶯歌、三峽	106,806	105,889	44,776	30,928	38,759	22,108	21,685	15,849	25,380	30,343	237,406	205,117
產生／吸引	1.01		1.45		1.75		1.37		0.84		1.16	
新店、烏來	235,389	152,758	93,422	64,418	88,102	41,607	43,783	24,279	51,711	38,445	512,407	321,507
產生／吸引	1.54		1.45		2.12		1.80		1.33		1.60	
深坑、石碇、坪林	17,825	15,964	7,850	9,978	3,905	5,815	7,075	6,061	8,839	9,534	45,494	47,352
產生／吸引	1.12		0.79		0.67		1.17		0.93		0.96	
汐止	70,320	44,091	29,208	6,983	19,257	10,222	16,812	9,713	17,083	14,785	152,680	85,794
產生／吸引	1.59		4.18		1.88		1.73		1.16		1.78	

資料來源：交通部運輸研究所臺北都會區住戶交通旅次調查，1992

活動人口中，至少四分之一以上是前往其範圍以外地區，而以臺北市的
可能性最大。這樣的活動型態有著地區性的差別。五股、八里、林口區
以及深坑、石碇、坪林區，吸引的旅次還大於產生的，而石門、淡水和
三芝區，大致是吸引和產生大致平衡的情形。其餘各區，則吸引的明顯
不及產生的旅次。以上行政區人口占都會區的比例甚少，而其旅次的產
生與吸引量所占的比例更小於其人口比例，大致是各項活動頻率都低。
汐止區不足四成以上，新店烏來區不足三成七，永和、中和、板橋和土
城區不足三成，而三重、蘆洲、新莊、泰山區不足二成。大致而言，前
往縣外地區活動，是以臺北縣內人口較密集的地方為主。

　　在臺北縣所產生的旅次中，非家的旅次極少，通勤（即家與工作間
的旅次）占的分量最大，將近一半，其他從住家出發的活動旅次合計亦
占四成左右，其中，以通學的比例較高，其次是購物和娛樂的活動。在
家與工作旅次的產生和吸引的比值為 1.38，其他的旅次（含上學、購物
與娛樂及其他）為 1.46，我們可以推論說，北縣居民家庭外出活動中，
工作與非工作活動所仰賴北縣以外地區的數量大致相當。在家庭的非
工作旅次中，通學的產生和吸引的比值是 1.66，購物和娛樂的比值是
1.41，顯示較工作更仰賴縣外設施的情形。從表 6.2 我們可以看到，五
股、八里與林口區，總旅次的吸引大於產生，是因為工作與上學旅次的
吸引大於產生。而深坑石碇坪林區，是因為上學與購物娛樂旅次的吸引
大於產生（經進一步查驗，購物與娛樂旅次中，是娛樂旅次吸引量所導
致的結果）。這多少意味著，在邊緣的旅次產生和吸引量較少的地區，
可能因為一些特定教育與娛樂設施而提高其與都會其他地區的關聯。這
些地區在購物旅次的產生大於吸引，可能是中高級消費品對外依賴的緣
故。至於人口密集的各地區，在產業、教育、娛樂設施上的相對不足，
使得居民的日常活動更依賴中心都市。

　　從旅次目的地來觀察，可以直接顯示臺北縣居民日常活動上對臺北
市的依賴。表 6.3 中顯示的是旅次目的地的分配狀況，從各行政區產生
的旅次中，以本區以及以臺北市為目的地所占的比例行政區吸引的旅
次。根據以上的資料，我們可以將臺北縣都會帶內各行政區分成以下各
類。首先是，與臺北市相互流動高於或近於本區內流動量的地區，它們

表6.3 臺北都會區各行政區旅次起迄量（%）

行政區	以臺北為迄點	以本區為迄點
新店市	42.13	42.09
永和市	51.68	19.33
中和市	38.74	27.21
板橋市	31.30	45.76
三重市	31.46	45.09
蘆洲鄉	22.58	45.26
新莊市	21.85	48.01
五股鄉	26.51	30.41
八里鄉	23.15	30.55
淡水鎮	34.33	56.00
汐止鎮	46.58	45.44
深坑鄉	52.92	29.76
土城鄉	17.05	41.61
樹林鎮	18.52	49.13
泰山鄉	18.25	33.31
林口鄉	28.45	47.74
鶯歌鎮	11.54	75.73
三峽鎮	15.63	52.81
烏來鄉	27.31	34.37
石碇鄉	31.21	43.65
坪林鄉	38.45	36.59
石門鄉	47.04	41.88
三芝鄉	11.80	62.55

資料來源：同表6.2

產生旅次中，臺北市所占的比例都在四成左右或以上，可以說是與臺北市關係最密切。包括新店、永和、中和、汐止、深坑、坪林以及石門。其次是其產生旅次，臺北市都占三成左右，雖不及在本區內的流動，但大於與縣內其他地區總和的旅次，包括板橋、三重、淡水、林口、石碇、烏來。第三是臺北市在產生旅次所占的比例，不但不及本區內的流動量，也不及與縣內其他區的總和流動量，這包括蘆洲、新莊、五股、八里、土城、樹林、泰山、鶯歌、三峽以及三芝。

從以上的區分，我們可以大致說，人口密集而與臺北市直接接壤的

行政區，在旅次的產生和吸引上，臺北市都占相當的分量。與前面通勤的數據比較，整體的旅次所顯現對臺北市的依賴更強於通勤旅次。不過我們可以觀察到一些方向上的差異。新店、中和、永和可以說是與臺北市日常活動關係最密切的地區，由這三個縣轄市往南延伸的人口與旅次量均少的地區，也顯示與臺北市較強的日常活動關係。至於由三重、板橋往西延伸地帶，是臺北縣工業發展的軸線所在，是離臺北市距離越遠，與臺北市的日常活動關係愈稀少，以樹林、土城、鶯歌、三峽為最。至於臺北市以北和以東的臺北縣各行政區，只有半數包含在以上的交通旅次調查之中，同時抽樣數亦少，比較難以推論，我們看到的是深坑、汐止、淡水顯示的與臺北市的旅次關係，與六縣轄市大抵相當。但是石門和三芝卻顯示極其懸殊的情形，三芝是全都會中與臺北市日常活動最弱的行政區，而石門產生與吸引的旅次，臺北市所占的分量在四成以上。不過，我們從居民住院流向的資料，可得知瑞芳、萬里、金山、雙溪、貢寮、平溪、瑞芳等地，都是以基隆為區外就醫的最主要目的地。因此臺北市以東以北，靠近基隆的行政區，在日常活動上，與基隆的關係可能強於與臺北市的關係。

　　從以上臺北縣人口成長、產業構造以及居民的日常活動範圍。我們可以看到以下的現象。第一，臺北縣的都市成長雖晚於臺北市，但是臺北縣人口密集區的擴張規模並不亞於臺北市。第二，臺北縣製造業的發展，導致臺北市縣之間產業在二、三級行業上的明顯對比。臺北縣一方面以其製造業發展來吸引居住人口，同時也是臺北市三級行業人口的居住地。第三、臺北縣居民除了在工作通勤以臺北市為主要的目的地之外，很多行政區的居民在通學、購物以及其他的活動上，與縣內其他地區的關係都不及與北市的關係。同時在各種日常活動上，臺北市都顯示大於臺北縣的吸引量。這都意味著，臺北縣居民日常活動上對臺北市的依賴，同時人口密集地帶的這種依賴程度更強。

五、公共服務與公共設施

（一）地方政府的行政能力

在臺北市縣共同發展為全臺灣最大的都會地帶之時，臺北市縣之間的政治位差，卻逐次拉大。民國57年，臺北市升格為院轄市而成為與臺灣省平行的行政單位；爾後，臺北縣快速發展的都市地帶，雖然在人口數上已經與一些省轄市相當，但在行政體系上都只提升到縣轄市層級而已。在臺灣的區域規劃之中，臺北市與臺北縣的大部分地區被視為一個都會區或生活圈來規劃（內政部，1983）。在市與縣之間行政上的分離與位差，使得都會的整體規劃只是流於口號而已，同時臺北縣的都市地帶，都被看作是一個個與臺北市關聯的個別地區，而忽略了臺北縣各行政區之間的相互關聯。

更重要的是，在行政位差之下，臺北縣雖然在某些以全臺灣地區或臺北都會考量的公共建設上，與臺北市略為同步之外，一些地方性的公共設施，卻很難積極落實。臺北縣的計畫人口略多於200萬，而其轄區內現有人口卻已超過300萬，實際人口超過計畫人口一百萬；相反的，臺北市的目標人口是350萬，而實際人口才280萬（臺大城鄉所，1992：第一章，19）。這清楚反映著實質規劃與實際發展不能契合。這種現象在民國70年代初期討論臺北縣發展的會議中，與會的人員在論文和討論中都一再提起，同時都明白指出臺北市縣在建設上共同考慮的重要性。[1]營建署長在72年的研討會致詞中，陳述了臺灣快速都市化，人口往南北集中，以及臺北地區的都會化之後，接著便說：「以上三種特性，可以說臺北縣都俱備並有重要性，但是臺北縣卻是地大、人多、錢少，可運用的資源有限……」（臺北縣政府，1983）。在十年之後，這種情形並無明顯的改進。

在行政服務方面，臺北縣居民平均可得的歲入和歲出，在民國70年時分別是3,244和3,104元，至民國79年時增至8,264和9,835元，

---

1 臺北縣政府在民國72年9月舉辦「臺北縣暨相關地區都會發展研討會」，在73年與中國社會學社合辦「臺北縣當前都市化地區的社會問題及其對策研討會」，都有專刊或論文彙編。

有了近三倍的成長。但是相較於臺北市從70年的近一萬六千元，增至79年的三萬元左右，增加的速度快了些，但差距仍擴大中。與全省其他縣市比較，臺北縣平均每年歲入是倒數第二，歲出是倒數第五；另外，臺北縣獲得了省政府最大的地方補助款，可是以每人可以獲得的補助額而言，臺北縣卻是最低的縣市之一。在臺北縣人口超過臺北市的狀況下，這都明白反映臺北縣在地方行政財源上的限制。在行政人力上，每一位北縣的公務員要服務333位縣民，北市的只服務96位。每萬人清潔員工數，從70年的4.3人增至79年的8.3人，不僅遠不如臺北市的27人，還低於全臺灣地區的10.9人。每萬人的消防人員數，在民國70和79年分別是5.5和4.8，不如臺北市的9.7和7.1，亦不及臺灣地區的9.8和10.2，而每萬人的消防車數量，亦低於臺北市和臺灣地區的平均值。臺北縣的行政服務能力，多少顯示著因為行政位階與其實質的都市發展不能契合（有關臺北縣市各種指標的比較，請參見表6.4）。

（二）公共設施：以醫療與教育服務為例

在一些非地方行政部門掌握的公共設施或服務，臺北縣亦因與臺北市的中心邊陲關係，而必須仰賴臺北市。以醫療服務而言，臺北縣每萬人病床數，在70和79年分別是五與六，醫生數是十四、十九。不但遠低於臺北市的平均值，還低於全臺灣地區的平均值；同時在成長的速度上亦不如臺北市和整個臺灣地區。我們從76、77、78三年的病人住院資料，很可以顯示臺北縣對臺北市在醫療服務上的依賴。縣內各行政區的居民，因病前往臺北市醫療機構住院的百分比甚高，板橋為43.51，三重56.01，永和68.49，中和58.05，新店53.43，樹林36.99，汐止53.73，蘆洲55.10，五股46.63，泰山36.10，林口35.64，深坑75.61，石碇69.44，平溪34.44，坪林55，烏來57.69。另外，瑞芳、金山、萬里以及貢寮，是以其本地或基隆為最主要的就醫地。

以上的數據清楚反映著臺北市在臺北縣醫療上的分量，六個臺北縣的縣轄市，除了新莊市因為臺北省立醫院的存在，每萬人病床數遠多於全縣其他地區，而吸引相當的本市的住院人口之外，其餘五市，都以

表6.4　臺北縣、臺北市與臺灣地區各類社會指標之比較（70, 79）

地區 項目		臺北縣		臺北市		臺灣地區	
人口特性	都市計畫人口密度（人／平方公里）	5,505	2,460	8,344	10,007	4,094	3,579
	人口成長率（%）	4.2	2.59	2.3	0.63	1.8	1.25
	自然成長率（%）	2.2	1.34	1.6	1.07	1.8	1.44
就業特性	次級行業占就業比例	46.1	47.7	28.6	26.5	31.2	40.9
	三級行業占就業比例	47.0	50.1	67.5	72.7	40.8	46.3
公共收支與公共設施	每萬人醫生數	5.0	6.0	13.7	19.1	6.7	9.8
	每萬人病床數	22.1	30.7	39.8	63.5	24.5	44.1
	已登記土地之公園用地（平方公尺／人）	0.05	0.10	0.35	1.28	0.12	
	每萬人之清潔隊員工	4.3	8.33	27.9	26.32	-	10.87
	每萬人消防人員	5.5	4.8	9.7	7.1	9.8	10.2
	每萬人消防車輛	0.4	0.64	0.7	0.93	0.5	0.85
	縣政府平均每人歲入（元）	3,244	8,264	15,795	30,628	6,146	14,138
	縣政府平均每人歲出（元）	3,104	9,235	15,795	27,961		
	國小平均每班人數（71.77）	49.72	47.23	46.63	41.22	43.09	41.94
	國小師生比（%）（71.77）	2.67	2.79	3.16	3.88	3.18	3.45
	國小未檢定教員占所有教員之比（%）（71.77）	3.38	9.52				
	國中平均每班人數（71.77）	46.79	46.23	42.77	39.31	47.06	44.87
	國中師生比（%）	4.10	4.30	5.11	5.44	4.54	4.26
	國小平均每學生使用面積（平方公尺／人）		9.73		8.23		
	國中平均每學生使用面積（平方公尺／人）		10.88		11.37		

資料來源：臺北縣統計要覽、臺北市統計要覽、臺灣省統計年報、都市及區域發展統計彙編

臺北市為最主要的住院就醫地。臺北縣內，只有淡水因馬偕醫院而有高的病床數，可以是較突出的次級醫療中心，淡水、石門、三芝和八里，都是以淡水為最主要的住院就醫地。其餘如板橋、新店和新莊，以之為主要和次要就醫地的行政區都在三個以內（章英華、陳東升，1992：

9-13）。臺北市集中了臺灣最多與最佳的醫療資源，衛生署規劃的臺北醫療區，包括了臺北市和臺北縣的大部分行政區，可是醫學中心都在臺北市的轄區，同時臺北市公立醫院的數字亦遠非臺北縣所能比擬。再值得注意的是，臺北縣的人口稀少地區，欠缺對醫療投資的吸引力，必須公部門的刻意投入，才能提供這方面的適當服務，目前如貢寮，是以群體醫療中心為提供地方醫療服務的措施。

　　教育設施，在國民中、小學部分，由於是義務教育，在學校的分布上，大致是以人口的分布為設施的準據。不過臺北縣由於人口的激增，以致國民中、小學的規模無法配合，而造成學校擁擠的情形。70年時，國小平均每班人數近50人，在79年降至每班47人。仍大於臺北市兩個年度的47與41人和臺灣地區的43和41人。同時在師生比上，低於臺北市，亦低於臺灣地區。國中部分亦顯示平均每班人數多於臺北市和臺灣地區，而師生比低於臺北市和臺灣地區。我們的數據不但顯示國民中、小學的擁擠程度高，擁擠舒緩的速度亦不及臺北市以及整個臺灣地區。再者，大規模中、小學占全縣中、小學總數的比例，臺北縣亦居全臺灣地區首位（聯合報，1993.1.10）。臺北縣國民教育的擁擠，主要是發生在都市化程度高的行政區。六個縣轄市在國中和國小的平均班級人數都高於全縣的一般值，而師生比則低於全縣的一般值。另外臺北市以西的北縣各行政區，大致都顯示較以東地區擁擠的情形。在一些靠山的行政區，其國小的平均班級人數還不及20人，與六縣轄市呈現極其鮮明的對比。人口稀疏地帶，在學生數上未曾顯示擁擠的情形，不過在國小教師上，未經檢定教員所占的比例在民國70和77年都顯示偏高的情形，而偏高的傾向亦增強中，意味著人口稀少地帶吸引教師的困境。人數的對比，在國中部分較不明顯，至於國中教師性質，則缺乏相應的數據（見表6.5）。

　　臺北市縣之間教育設施的不均衡，主要是高中、職以及大專院校的分布。民國80年，臺北市的大專院校的學生數為165,739人，而臺北縣僅99,990，相差近七萬人。而這種差距主要是在大學以上的學校，臺北市各大學的學生數為92,956人，而臺北縣則是41,009人，相差五萬。五專人數，市與縣分別為31,672和31,780人，幾乎是相等的。再

表 6.5　臺北縣（鄉、鎮、市）各類國民教育指標之比較（71, 77, 79）

項目 地區	國中平均每班人數（71.77.79）			國中師生比（%）（71.77）	國小平均每班人數（71.77.79）			國小師生比（%）（71.77）		國小未檢定教員占所有教員之比例（%）（71.77）		國小平均每學生使用面積（平方公尺/人）（79）	國中平均每學生使用面積（平方公尺/人）（79）
三重市	47.49	46.25	45.85	3.99	52.46	49.13	47.94	2.64	2.47	3.1	7.2	5.24	7.33
新莊市	47.81	46.57	49.21	3.81	53.00	51.43	49.37	2.62	2.44	2.9	7.1	7.32	8.18
板橋市	47.98	47.40	46.69	3.92	55.66	48.76	51.49	2.60	2.24	2.6	4.4	5.01	7.32
永和市	47.23	48.39	49.42	4.21	55.10	50.07	48.26	2.54	2.41	3.4	4.3	5.63	8.26
中和市	47.43	46.56	47.99	4.09	47.42	49.45	47.92	2.64	2.70	2.3	6.0	5.60	9.77
新店市	46.50	44.32	45.34	4.03	49.22	46.44	46.45	2.93	2.71	0.5	3.1	8.68	9.38
土城鄉	46.48	47.09	45.91	4.17	54.69	48.87	52.05	2.65	2.40	2.6	10.3	6.97	17.50
樹林鎮	45.92	45.91	44.92	4.44	49.79	47.04	44.73	2.83	2.69	1.6	12.3	11.16	11.83
鶯歌鎮	47.13	46.83	44.02	4.24	51.36	48.35	46.57	2.72	2.57	3.8	26.5	12.86	11.76
三峽鎮	46.07	44.27	45.18	4.34	46.68	42.06	42.35	3.34	3.01	4.4	16.2	24.75	21.30
泰山鄉	45.18	45.13	47.09	4.36	52.91	48.87	47.64	2.69	2.47	0.6	10.4	5.61	9.46
蘆洲鄉	45.40	48.07	45.58	4.14	55.26	50.94	51.58	2.54	2.36	0.0	5.7	6.07	15.12
五股鄉	46.46	45.92	43.10	4.08	49.81	47.53	47.44	2.77	2.68	6.3	22.2	12.23	16.15
八里鄉	44.47	43.30	44.11	4.14	45.55	43.33	39.65	3.49	3.27	17.1	29.7	27.43	35.09
林口鄉	45.21	42.53	45.66	4.50	42.89	41.92	40.92	2.39	3.28	9.3	25.6	24.70	25.38
淡水鎮	45.91	45.14	42.71	4.47	43.32	42.43	44.02	3.27	4.64	5.5	11.0	20.68	11.53
三芝鄉	44.00	41.70	38.25	4.55	43.74	40.15	37.81	3.63	3.13	4.8	31.4	25.55	47.18
石門鄉	40.92	35.75	42.47	4.51	31.49	28.37	23.97	5.14	4.45	8.2	35.3	93.59	52.92
金山鄉	44.67	44.83	42.55	4.35	44.44	39.98	36.85	3.46	3.04	4.1	42.1	51.92	24.55
萬里鄉	41.63	43.00	44.40	4.65	37.38	30.51	28.31	4.72	3.83	7.2	48.2	45.72	62.79
汐止鎮	46.08	44.32	41.04	4.31	43.05	44.66	46.33	3.15	3.18	2.1	2.5	19.98	10.81
瑞芳鎮	43.87	41.30	41.69	4.23	41.84	37.50	35.38	3.89	3.39	3.4	24.5	49.73	27.58
深坑鄉	42.08	41.08	36.50	4.95	45.65	35.76	44.14	3.22	2.95	6.5	5.3	22.56	42.72
石碇鄉	45.56	42.50	35.83	5.10	21.55	21.40	13.87	9.53	7.07	3.1	5.9	138.15	206.68
坪林鄉	38.89	40.33	34.00	5.37	25.56	22.15	20.89	6.77	5.22	13.9	33.3	67.21	125.68
平溪鄉	44.82	38.00	44.54	4.07	32.80	23.54	18.04	6.55	4.53	3.8	43.2	48.31	115.60
雙溪鄉	44.75	41.33	39.36	4.28	32.75	21.46	18.84	7.18	4.39	12.7	36.5	137.96	78.51
貢寮鄉	44.64	39.53	31.00	4.28	30.82	21.34	18.79	7.20	4.79	10.1	50.5	76.44	38.64
烏來鄉	33.00	30.67	31.00	6.82	10.88	12.00	11.10	12.50	14.18	10.8	0.0	203.29	203.13

資料來源：都市及區域發展統計彙編、臺閩地區人口統計要覽、臺北縣人口統計要覽、臺北縣綜合發展計畫第一次期中簡報

者，高等教育的分布上，市與縣之間，顯示公立和私立的分化。臺北市的公立和私立大專院校學生數分別為76,231和89,508；臺北縣分別為2,474和97,516（中華民國教育統計，1992）。臺北市是公私立院校齊頭並進；臺北縣幾乎是以私立院校的發展為主。在臺灣的聯考制度下，大學與三專所吸取的學生是以全臺灣地區為範圍，並不直接構成市縣居民日常活動上的問題。專科學校的地區性比較明顯，但是臺北市縣之間沒有什麼特別的差距，很可能形成市縣之間相互交流的情形。在教育設施的分布上，直接影響到北縣居民的利益和家庭日常活動的，則是在高職和高中部分。

在交通旅次的分析中，我們看到了臺北縣人口密集地區，在旅次的產生大於吸引的差距。而向臺北縣以外地區通學，高中、職學生應該是最主要的成分。由於縣人口已超過臺北市，臺北縣家戶中，在高中、職學齡的人口不致少於臺北市。但是在高中、職學生的吸收量上，臺北市縣之間一直顯示極大的差距。民國70年臺北市高中的學生總人數是45,478，80年增至54,446；臺北縣則由12,913增至17,452。70和80兩年度的高職學校學生數，臺北市是76,735和93,047，臺北縣為26,997和45,943（中華民國教育統計，1982；1992）。臺北縣在成長上快於臺北市，但是市縣之間仍然呈現極大的差距。八十年度，在高中人數上，北市是北縣的三倍強，在高職則是兩倍強。

本來，這樣的差距，只是形成通學上市縣之間的不均衡。可是在目前高中志願升學的方案中，臺北市縣由於行政上的分化，在施行上，未能同步考慮同步實施，以致相對於臺北市，很可能導致臺北縣國中畢業生在就學機會上的不平等。目前的志願就學方案，採用的並不是如國中國小的學區制，而是依學生在學成績的分發制。首先面對的問題是，臺北縣在高中、職方面現有的學生供給，本來就不能滿足其需求。其次，在學校的品質上，臺北市一直都擁有全臺灣升學率較高的知名高中，臺北市縣的公立高中一直屬於同一聯考區，臺北縣的國中生都參與了進入這些學校的升學競爭中。中心都市在高中學校上的優勢，自日據時期已經種下了因子。而在臺北市的自願就學方案，亦是以這些學校的聯考排序作為分發的基礎。北縣學生在這種政策之下升學的機會可能受到相當

嚴重的限制。

（三）居住與居住環境

　　在臺北縣這樣有著快速人口成長的地區，我們當然會關心其居民居住環境的狀況。在整個行政區以及都市計畫區的人口密度上，北縣的六個縣轄市，除了新店市之外，都大於臺北市的五個外圍區。臺北市的舊市區在民國79年的人口密度，最小的是中山區，每平方公里19,265人，最大的是大安區，每平方公里31,477人。而北縣的永和市，每平方公里達43,708人，板橋與三重略多於23,000人，中和和新莊亦在15,000人以上（臺閩地區統計要覽，1991：568-571）。而以各市的都市計畫區人口密度觀察，板橋市亦已大於四萬，中和、新莊和三重都在二萬左右。整體說來，臺北縣六個縣轄市的居住密度已經與臺北市的舊市區不相上下。臺北縣的其他鄉鎮，除蘆洲外，人口密度都在每平方公里五千人以下，四個在二至五千之間，二個在一至二千之間，其餘都在每平方公里一千人以下。因此縣轄市與其他鄉鎮之間人口的擁擠程度，有著很大的差別。

　　在人口增加快速之下，住宅的供給量又如何呢？依歷次的普查資料，臺北縣的住宅存量，一直大於其家戶數量。在民國69年時，住宅存量是530,955，家戶數為520,800；民國79年，家戶數是760,198，住宅量為873,024。這應該反映的是，住宅量的成長尤高於家戶量的成長。不過這兩年的空屋率，都略高於百分之十六。實際的居住家宅數，分別為436,967和681,676，這顯然低於各年度的家戶數（內政統計提要，1991：110-113）。這種數據反映著人們住宅購買力與住宅供給量之間的差距，臺北縣居民有相當數量沒有能力購買其附近的住宅。在臺北縣綜合發展計畫期中報告對住宅需求量，考慮改善不標準住宅，舊屋拆除和空屋準備，家戶成長率，推估未來六年住宅的需求量大於供給量約22,000個單位（臺大城鄉所，1992：第六章，21-22）。這並不是很大的一個數量，但是問題在於購買力與供給量之間是否可以達到一個均衡。當房屋的提供量達到與實際的家戶數契合，但是在居民的購買力沒

有辦法提升之際，則高比例空屋以及高比例的合住情形會同時存在。

　　臺北縣住宅的成長相對於臺北市，是公部門投資的欠缺。從65年臺灣地區開始第一個六年國宅計畫以來到80年，臺北縣所興建的國宅才7,462戶，占不到全臺灣省興建戶數十分之一，以臺北縣人口占臺灣省人口的五分之一而言，其興建的數量已經是少的了；而臺北市在同樣期間卻興建了39,590戶，是臺北縣的五倍以上（內政統計提要，1991：326-329）。臺北市縣由公部門所提供的住宅數量，與整個住宅量相較，都微不足道，但臺北縣在這方面提供的服務則更是不足。其實臺灣的第一個新市鎮計畫，是在臺北縣的林口，在民國60年代便提議作為臺北市人口疏散的重要方案，但在71年才正式開發，分社區和工業區兩個部分，如今已進入第三和第四期工程，公共工程開發完成的社區部分約380公頃，目前開發中的約500公頃。這個新市鎮根本還沒發揮解決臺北縣人口密集地帶的住宅問題。另外規劃中的為淡海新市鎮，選定淡水北側的農地優先進行特定區計畫工作，計畫面積約1,700公頃，目的在滿足臺北都會區低收入國民居住需求，同時紓解臺北都會區人口膨脹壓力（內政概要，1991：80-82）。

　　以上兩個新市鎮計畫都納入六年國建計畫中，可以預期計畫的逐步推展。但是這兩個計畫都在臺北縣較偏遠地帶，從旅次的資料，顯示它們與臺北縣之間的其他地區往來甚少。臺北縣的中低收入者，大部分屬勞工階層，他們的居住特性是以工作所在的行政區或鄰近的行政區為主。臺北縣人口密集地帶，像永和、中和、新店較以三級行業人口的居住為特色，居民日常活動與臺北市的關係極其密切。而板橋、三重、新莊以及其鄰近的鄉鎮，勞工階層人口比例較高，要新市鎮的開發可以解決臺北縣低收入居民的住宅需求，應以後一類地區的勞工階層為最主要的標的。在新市鎮規劃之時勢必先考慮其與這個密集地帶的交通系統，才可以發揮功效。否則可能只解決了臺北市的住宅問題，而臺北縣的人口密集地帶依舊擁擠。

　　在整體居住環境上，臺北縣雖然有著像北海岸特定風景區的設置，亦有山區可以作為假日戶外遊憩的地方，在這方面是臺北市所必須仰賴的。不過在北縣的人口密集地帶卻缺乏規劃良好的都會與社區公園。

全臺北市已登記土地中，屬公園用地的約350公頃，而臺北縣全部卻只有近30公頃，臺北縣居民平均可以享受的公園地不及臺北市。以人口密集地帶而言，臺北市的舊市區已登記土地中公園地有85公頃；而臺北縣的六個縣轄市合計竟然不到2公頃。在密度不亞於臺北市的都市地帶，居民可以享受到住宅附近的公共空間，是完全不能與臺北市相比的。而臺北市目前尚有七號公園、中山學園和信義計畫區的開發，益發顯得臺北縣都市公共空間的缺乏。

　　另外重要的環境問題是，工廠和住宅混雜以及垃圾處理的問題。臺北縣都市計畫區的工廠用地，依77年的資料，約百分之七是在商業區或住宅區之內，三重、板橋、中和超過百分之十，五股超過百分之二十，而蘆洲和永和更超過百分之五十（臺北縣工業統計調查報告，1989：76-77）。可是由於在住宅和商業區內很多的新設工廠無法取得營業登記，不見得會出現在官方統計。譬如，據報導，板橋市區內的地下工廠多達三千餘家，居全省之冠（民眾日報，1991.4.14；中國時報，1991.7.13）。因此，臺北縣人口密集地區的商業和住宅區的工業用地比例會比官方數字更高。臺北縣的29個鄉鎮市，現在僅有新店、烏來、深坑、石碇、瑞芳和金山設有合格的垃圾衛生掩埋場。其餘行政區，不是新場未建，就是臨淡水河系沿岸的掩埋場，因為防洪整治計畫面臨關閉的或遷移的命運。而淡水河系的垃圾場更是一大特色，而不能妥善處理垃圾，造成了嚴重的河川污染。目前在中央和省府的配合之下，有了較具體的處理方式，但是仍需要一段時間才能逐步完成。

六、結論

　　臺北縣社會增加上的過程雖然較臺北市為遲，但是在人口增加的速度卻逐漸超過臺北市。目前臺北市已經進入負成長的階段，而臺北縣仍是全臺灣人口增加最快的縣市之一，增加的數量則居首位。臺北縣的人口成長，在民國50年以前，是以外省移入人口為最重要，但是在50年以後，臺北縣西半的工業發展，以及臺北市作為臺灣首治對人口的吸力，成為全島人口最大的吸盤。相互毗連的都市地帶若作為一個都市來

看待，其規模不亞於臺北市，更遠超過臺灣其他的區域中心都市。整個
臺北都會地帶，一方面吸引都會外的人口，一方面都會區內縣市之間的
移動，亦占相當的比例。在人口成長的趨勢大致走緩的趨勢之下，都會
內，包括市縣之間的遷徙行為，將益發重要。都會內居住選擇將取代城
鄉間的遷徙。臺北縣的快速發展中，其西北部沿海和東南山區，則成為
人口流出地帶，與人口密集地帶形成強烈的對比。

在臺北市縣共同發展的過程中，我們看到極其明顯的產業分化，臺
北市是以三級產業而臺北縣是以二級產業為發展的主力。如此分化之
下，臺北縣的二級行業人口是以所在或鄰近的鄉鎮市為工作地。但是三
級行業的人口卻半數以上是以臺北市為工作地，而幾個縣轄市的這種傾
向更強。再由於臺北市的中心性質，使得北縣居民在日常活動上的各個
方面都與臺北市有著密切的依賴關係。住家旅次的分析顯示，北縣的人
口密集地帶不能滿足自身所產生旅次的情形更顯著，而非工作活動對臺
北市的依賴不亞於工作活動。我們從醫療設施與教育設施在臺北市縣之
間的不均衡發展指出，在病患住院以及高中職學生就學的依賴，不只是
數量同時是質量差距的反映。而這種差距，意味著公共服務上，市縣由
於長期累積的不均等，臺北縣勢必仰賴臺北市，部分地區亦以基隆市為
中心。若在整體規劃上，都以市縣行政的分立做不同的考慮，對於臺北
縣的居民是不公平的。在醫療服務的規劃上，市縣已劃歸一個醫療區而
同步考慮，但是在志願升學方案上，則臺北市與臺北縣未能同步。另一
方面，在人口流失地帶，由於人口稀疏，很難吸引服務人力，以致臺北
縣必須同時考慮人口密集和人口稀疏所造成的困境。

在居住環境上，臺北縣的住宅增加並不比人口增加慢。目前呈現住
宅存量多於家戶量的情形，不過空屋的比例甚高，縣內仍有相當比例共
住的家戶，似乎供給量與購買力之間有著差距。臺北縣的住宅供給，公
部門的投資甚少，未來的新市鎮的計畫，是公部門在北縣住宅供給上較
積極的作為。但是在規劃上必須考慮到臺北縣內各行政區之間相互關聯
的現況以及以勞工為主的特性。在居住問題上，比較重要的是住宅的外
部環境問題。臺北縣的人口密集地帶極其缺乏公共活動空間，垃圾處理
以及工廠與住宅混雜的問題，都頗為嚴重。

相對於臺北市，臺北縣在快速發展中，由於行政的位差，在行政財力和服務上，無法配合。人多、地大、錢少、規劃難以落實，依舊是老生常談。北縣人口密集地帶的人口成長、工業的擴張以及隨之而來的土地機能的轉變，都不是中央和地方政府所能預期的。臺北縣本身有著人口密集與稀少地帶的分化，臺北縣自身缺乏明顯的中心都市，而相當程度必須仰賴臺北市以至於基隆市，臺北縣的各種規劃必須與鄰近的行政地區同步考慮。以往臺北縣的各鄉鎮市的都市計畫都自行擬定，上位的綜合計畫並不具執行效力，構成計畫間缺乏協調與相輔相成的功能（省住宅及都市發展局市鄉規劃處，1991：37, 45）。目前較以臺北縣為主體的規劃正進行中。但不論如何，由於臺北市的優勢發展與首治的地位，臺北縣除了在未來的公共投資上，包括教育、醫療及其他的文化設施上，在試圖減少與臺北市的落差外，還必須考慮如何能公平運用臺北市，甚至基隆市的各項設施。

參考文獻

人口統計季刊（1992），第18卷第1期。

中華民國六十九年人口暨住宅普查報告書。

中華民國六十五年工商普查報告書。

中華民國七十五年工商普查報告書。

中華民國內政統計提要（1991, 1992）。

中華民國八十年內政概要。

都市及區域發展統計彙編，各相關年度。

臺北縣統計要覽，各相關年度。

臺閩地區人口統計要覽（1991）。

中國社會學社、臺北縣政府（1984）。臺北縣當前都市化地區的社會問題及其對策研討會：研討資料彙集。

交通部運輸研究所（1992）。臺北都會區住戶交通旅次調查。

江文顯（1988）。〈臺北都會區衛星市鎮都市化過程之研究（上）〉，《臺北文獻直》，第82期，頁81-143。

全民健康保險研究計畫專案小組（1990）。《全民進度保險制度規劃技術報告》。臺北市：經建會都市及住宅發展處。

許阿雪（1989）。〈光復後臺北市都市政策之研究〉。臺灣大學土木工程研究所碩士論文。

許松根、莊朝榮（1991）。《我國工業用地政策之探討》。臺北市：中央研究院經濟學研究
　　所。

章英華（1986）。〈清末以來臺灣都市體系之變遷〉，載於瞿海源、章英華主編，《臺灣社會
　　與文化變遷》。臺北市：中央研究院民族學研究所。

章英華（1992）。〈臺灣都市內部結構的研究：社會生態的與歷史的探討〉。國科會專題計畫
　　報告。

章英華、陳東升（1992）。〈臺灣地區不同層級醫療區之規劃研究（Ⅱ）〉。行政院衛生署委
　　託計畫報告，中央研究院民族學研究所執行。

邱盛生（1982）。〈臺在北都會區的人口分布與對流——運輸旅次需求分析〉，《人口學刊》，
　　第6期，頁115-127。

經濟部工業統計調查聯繫小組（1989）。臺北縣工業統計調查報告。

經濟部工業統計調查聯繫小組（1990）。工業統計調查報告。

臺北縣政府（1983）。臺北縣暨關聯地區都會發展研討會論文專刊。

臺灣大學建築與城鄉研究所（1992）。臺北縣綜合發展計劃，第一次期中簡報。

臺灣省政府住宅及都市發展局市鄉規劃處（1991）。臺北都會區發展背景及相關建設計畫，
　　臺北都會區發展規劃研討會，內政部營建署、中華民國都市計畫學會合辦。

蔡采秀、章英華（1992）。〈國家與地方都市發展：以板橋為例〉。臺灣民主化過程中的國家
　　與社會研討會論文，清華大學社會人類學研究所、中央研究院民族學研究所、中國社
　　會學社合辦。

＊本文曾刊於《台北縣移入人口之研究》，蕭新煌等著，1993 年 12 月，頁 53-78。臺北縣：
臺北縣政府文化中心。

第七章

臺北都會的發展：1980年代以後[*]

一、前言

　　臺北市人口自1990年以來，持續遞減，迄2010年仍未稍停，引為臺北市都市發展的警訊。人口減少是否就代表臺北市有衰退的跡象，是值得探討的課題。歐美現代大都市的成長，都經歷過人口由都市中心向外逐漸擴張至都市的行政範圍外，形成所謂的大都會，致使許多都會的中心都市，出現人口遞減的現象。但在這樣的過程中，不只是人口數量的變遷，也包含社會經濟性質的變遷，綜合這兩類的變遷呈現中心都市衰退的現象。臺北市作為臺北都會的中心都市，在人口遞減的過程中，是否也有類似歐美都會中心都市重要性逐漸褪色，而郊區凌駕中心都市的現象，是本文欲探討的主要議題。

　　對於西方都會的人口擴張，一般都認為有兩個大階段。第一大階段是工業化時期的成長模式，首先在早期工業化時期，人口自鄉村移入都市；接著工業持續發展，居住都市的人口大量增加；再則，都市擴大範圍，郊區開始發展。在這個階段中，都會區內不論是中心都市或郊區人口均告增加，在郊區開始發展之時，中心都市的人口持續增加。第二大階段，則是去工業化階段，當第三級產業擴張而製造業人口減少之際，都會人口呈現遞減的現象，逐漸從中心開始延伸到整個都市地帶，這時候人口呈現相對分散化，郊區快速成長並超過中心都市。而接下來的是，人口絕對分散化的過程，由於中心都市專業化和商業化持續增強，

* 本文作者為章英華、范維君

人口自中心都市移出；最後則是整個都會開始衰退，人口移往鄉村。有的學者甚至認為，當都市人口開始移往鄉村，有些大都會將呈現整個都會人口減少的「反都市化」現象。但實際上，到了1990年代，有些都會人口又開始增加，還難說真有反都市化的潮流。其實，都會人口的減少，不見得就是鄉村的再興，有可能是受到其他都會擴張，或是新的都市或都會形成的結果（Hall, 1988；孫清山，1997）。

在人口性質的轉變上，相應的則是先有「郊區化」（suburbanization），再出現「士紳化」（gentrification）的現象。首先，郊區化是出於人口往既有的都市鄰近地區擴張，導致郊區人口與產業成長而中心都市相對沒落的現象。再來則是中心都市的破舊地區，經過重建或都市更新後，重新成為中產或中上階層居住的地區，這即是所謂的「士紳化」現象。

西歐與北美的都會變遷，從19世紀就開始郊區化的過程，但人口絕對分散化，還是在二次大戰之後。最初的大規模郊區化，只限於居住的變遷，在概念上郊區大都只是居住城鎮（bedtown）而已，各種非居住活動，主要還是發生在中心都市。在這樣人口移動的過程中蘊含著人口社會結構的轉變，中心都市中下階層居民的比重上升，郊區居民的社會經濟地位，平均高於中心都市的居民。後來的研究雖然也強調，郊區居民的社會經濟地位，不是那麼同質，藍領階級和少數族群亦有郊區化的現象，但郊區居民的社會經濟地位優勢，整體而言仍然是維續著（Clapson, 2003; Jackson, 1985; Palen, 1995）。

在二次大戰之後，伴隨人口郊區化而來的，是製造業從中心都市外移，服務業與各項買賣與零售業在郊區發展，造成工作活動與其他日常活動在郊區的比重增加。人口的日常移動，不再由郊區往中心都市的模式主導，郊區之內移動的情形，更高於郊區與中心都市之間的移動。更極端的變化，一方面是中心都市的就業機會減少，低社經地位居民前往郊區工作；另一面，則是中心都市與日常生活的食衣住行相關行業，被郊區的購物中心所取代，以致中心都市的零售相關行業衰頹，中心都市百貨公司的優勢，也逐漸為郊區的購物中心或購物城所凌駕（Clapson, 2003; Jackson, 1985; Palen, 1995），而有的商業和服務業在郊區聚集，其規模可以比擬為一個新的都市。針對這樣的郊區聚落，新聞

記者 Garreua 在 1991 年賦予「緣際都市」（edge city）的名稱，此後亦為都市研究學界所援用（Flanagan, 1999）。在上述的郊區化過程中，出現了中心都市衰頹的看法。對 20 世紀而言，有的學者以「郊區化世紀」名之，強調 20 世紀的都市發展由郊區引領風騷（Clapson, 2003）。

　　在居民的社會經濟地位的變化上，美國的都市歷史學家 Jackson（1985），提出所謂的「都會兩極化」（the polarization of the metropolis）觀點，指出窮人的中心都市，是與中等、中上階級郊區對比的結果。而經濟郊區化的結果，就像曾來臺訪問的美國都市社會學家 Palen（1997）說過的：「其實像巴爾的摩、底特律和奧瑪哈，都不再有個中心地區的百貨公司。特別在入夜之後，所有的零售、娛樂和餐飲活動，都出現在郊區的購物中心或邊緣的都市。」

　　在郊區掩蓋了中心都市的光芒之際，英國學者 Glass 觀察到 1950 和 1960 年代一些都市復甦的現象，賦予「士紳化」（gentrification）之名，意指都市的低收入住宅區，經過都市更新之後，成為中產階級的居住地。士紳化包含以下的幾項內涵：第一、資本的再投入；第二、高收入團體的入住，地方的社經地位提高；第三、地景的改變；以及第四、低收入階層直接或間接地被迫遷移（Lees et al., 2008）。這樣的居住變遷，反映著新的都市生活的成形，五光十色的日常生活，以及居住地接近工作地點，再度為人們所重視。這種發展，特別展現在居全球化節點的大都市，中心都市仍舊擁有相當數量的高階服務業工作。

　　在 1980 年代以來全球化的趨勢中，許多位居國際往來樞紐或節點位置的都市，都因金融與工商服務業的興盛，促成都市產業的復甦和都市更新的計畫。中心都市部分地區的再開發，一方面提供了商業大樓的辦公空間，一方面吸引了特定的中上階層居民。在人口特性的轉變之下，一些相應的零售與服務業隨之興起。這種現象，最初在英、美與澳洲都曾出現過（Sassen, 1991），但是在 1980 年代以後似乎是很多國家大都市的共同現象，以致近來在世界各國探索士紳化現象的研究中，屢見不鮮，士紳化是都市研究中的顯學之一。可是，雖然有著大規模的都市改造計畫（Hall, 2014），士紳化仍舊是大都會中心都市內部分地區的發展。士紳化是否能夠真正改變都市內部的社會結構？居民社會階層的

轉變是好是壞？士紳化有正面和負面的影響，對低社經地位的居民不一定有利（Atkinson & Bridge, 2005；Lees et al., 2008）。

在強調都市復甦的呼聲的同時，也有對郊區化批判的聲音，認為以汽車使用、大空間住宅與低度空間使用的郊區，不合乎生態的要求，也有些郊區已經呈現人口減少，少數族群郊區的出現，並未呈現種族融合的跡象，更有聳動的「郊區的末日」推測未來的趨勢（Lucy & Philips, 2006；Gallagher, 2013）。不論是都市復甦或郊區衰退的說法，在英美社會，還難說是郊區的優勢已遭取代。就如《城市勝利》一書的作者在書中提及：「我不能確定我的郊區化（遷往郊區）是否正確，但確實有移往郊區的合理原因：更寬擴的生活空間、適於嬰兒坐臥其上的柔軟草坪、沒有哈佛人的鄰里、還算快的通勤以及優良的學校」，他進一步說：「消除偏向蔓延的政策不會挽回每一座衰落的都市，也不會摧毀郊區，但應會建造較為健康的都市體系，在其中，步行都市可以有效地與汽車抗衡。」（Glaeser, 2011）

不論人們對於是否贊同中心都市將會再度拿回都會的中心地位，但在北美和西歐的郊區化過程中，確實顯示中心都市優勢逐漸喪失，然後再復甦的個案，不論在人口或經濟活動的變遷上，皆有類似的現象。臺灣的四個大都會，臺北、高雄、臺中和臺南，早在1960年代已出現高密度舊核心區人口遞減的現象，臺北市的這種現象，更是最早發生。到了1990年代之後，人口遞減地區的範圍逐漸擴展（陳寬政，1981；章英華1995；張春蘭、張雅雯，2005）。臺灣在1950年代以後，也有都會擴張的現象，都會外圍人口的成長，凌駕中心都市，呈現人口郊區化的現象（陳寬政，1981；章英華，1993）。可是，中心都市在人口社經地位與經濟活動上，並不見得有衰退的現象。Palen（1997）對臺灣都市的觀察是：

「這與美國愈來愈多同類的活動，都是處於外延的邊緣郊區是形成強烈的對比。例如，美國的中產階級家庭離開都市到郊區，主要是為了讓子女上更好的學校……。在臺灣，想要子女進好學校的家庭，反而更傾向於從鄉村移入到都市，而非從都市移往郊區

或鄉村。」

　　從以上的討論，我們可以歸納歐美都會人口數量變遷的過程為：中心人口增加→中心都市與郊區人口同時增加→中心都市人口遞減→郊區人口分量增加。至於相應的社會經濟變遷則為：居住與工商混合的都市→高社會階層外移→中產階級大量外移與中心都市居民社經地位的相對沒落→經濟郊區化→郊區買賣業與服務業凌駕中心都市與緣際都市的形成。在1980年代以後，同時可見中心都市士紳化地區的增加以及全球化都市的人口成長。有關臺灣的都會發展，在人口數量的變遷上與歐美都會發展的過程相似，但是在社會經濟性質相應的變化上，則不盡全然相同。本文主要的目的，是以一些客觀的數據來討論臺北都會人口的數量變遷，以及其相應之社會經濟性質的轉變。

二、研究的議題與資料

　　就前一節的結語，臺灣郊區化過程中的人口數量變遷，似乎與在北美及西歐的郊區化呈現相同模式，但在居住人口的社會經濟地位及產業上的變遷，則有不同的樣貌。本文以經驗資料檢證上述的觀察。討論的議題與使用的資料略述如下：

　　（一）人口成長：臺北市人口遞減的趨勢，從核心各區逐漸延伸到外圍各區，到了1990年代，更演變到全市人口減少的情形（張春蘭、張雅雯，2005）。本文首先以「中華民國臺閩地區」的鄉鎮市區別人口資料，呈現1985年以來，人口遞減逐漸擴散的趨勢；另將臺北都會分成五地區（分類見稍後的說明）觀察人口變化的情形。其次，以歷次主計處遷徙調查資料，觀察臺北市與北部其他縣市之間的遷移關係，說明臺北市縣之間較為密切的互動關係。

　　（二）人口成長的其他考量：人口增減固然是觀察都市興衰的指標，但是臺灣人口移動的資料很大部分是以戶籍資料為依據，因此常住人口的資料，往往反映的是戶籍人口，並非實際的居住人口。由於都市層級越高，未設籍的居住人口數量越大，若能納入非設籍居住人口，才

能反映真實的都市人口變化。遷徙調查資料中，提供各縣市戶籍登記人口在外縣市工作的資料，我們得據以觀察實際居住人口與戶籍人口可能的差距，這種差距也反映著較長期的就業人口移動趨勢。

其次，大都市往往吸納大量的通勤人口或其他非居住活動人口，都市的居住人口不多，但如果納入非居住活動人口的變化，對都市的發展可能有不同的看法。過去曾有根據都會旅次資料，討論臺北都會日間與夜間人口的研究。夜間人口，指的是戶籍人口；日間人口，則是根據工作通勤和通學人口來推估（邱盛生，1982）。可惜在1992年以後都未有臺北都會交通旅次的調查，很難進行長期趨勢的分析。還好，歷次的普查資料，亦有通勤、通學人口的數據，我們因此可以觀察1980年至2010年間臺北市縣之間，通勤與通學交互關係間的變化，並作為推估日間活動人口的依據。

（三）經濟活動的變遷：在歐美郊區化的研究中，經濟活動的郊區化，是指都會中郊區在產業上的相對地位增強，甚至有超越中心都市的情形。一般都認為，除了在工商服務業之外，製造業及很多的與日常生活相關的服務業，也與人口數量一般，在中心都市呈現絕對數量減少的傾向。由於經濟活動在1980年代時，仍以1968年升格為院轄市之前的市區範圍為主，同時在舊市區範圍內，亦有從舊核心移至新興地區的趨勢。在經濟活動的變遷方面，本文除了以臺北市縣的對比，以彰顯郊區與中心都市間的差異外，另將臺北市與臺北縣分成以下五個地帶，並進一步觀察人口與經濟活動的分布及變遷：

臺北市舊核心地區：大同（建成、延平、大同）、萬華（龍山、雙園）；[1]

臺北市新核心地區：中正、大安、中山、松山、信義；

臺北市外圍地區：文山、南港、內湖、士林、北投；

---

1 臺北市於1990年由16區改為12區，大同區係由建成、延平和大同三區合併而成，然萬華區係由原來的龍山區和雙園區（除了廈安里併入中正區之外）再加上城中區的三個里和古亭區的12個里而成。因此，利用區級資料合併，1990的舊核心的地理範圍較1989以前的大，而新核心則較小，因此人口數的變遷需要注意此一差異。信義區係由原來的松山區和大安區的範圍中分割出來，文山區是由景美區和木柵區合併而成，則不構成對臺北市三個區域劃分的影響。

臺北縣核心地區：板橋、三重、新莊、永和、中和、新店；

臺北縣外圍地區：臺北縣其他市、鎮、鄉。

上述運用行政院主計處的「工商及服務業普查」資料，將臺北市縣分成五個區，觀察1986至2011年間的變化，包括零售批發及餐飲業（含住宿業）、個人服務與社會服務業（含教育、醫療保健及社會工作、藝術、娛樂及休閒及其他服務業）、金融與工商服務業（含金融及保險、強制性社會安全、不動產、專業科學及技術及支援服務業）、以及製造業。觀察的變項，包括了員工數、樓地板面積與生產總額。零售與批發業，是郊區取代中心都市經濟活動的主要成分，而工商服務與金融業，則是全球化和士紳化過程中所呼應的經濟活動（Sassen, 1991）。

（四）人口社會經濟地位的轉變：在人口減少過程中，是否相應著高社會經濟地位者外移的現象，是值得長期關注的。人口社會經濟地位的轉變，最常用的指標為教育程度、職業層級與收入。本文以主計處人力資源調查的資料，呈現臺北市就業人口與居住人口大學以上教育人口的比例為指標（李佳霖，2010），並與臺北縣的數據相對照。

三、人口變遷

（一）人口數量變遷

臺北都會人口成長，自1950年代開始，呈現由臺北市中心逐漸往外擴散的趨勢，1960年代末期，高人口成長地區是距市中心五公里範圍的士林、永和與中和。在1970年代初期，臺北市的舊核心，包括當時的建成、延平、大同、龍山等區，其已呈現人口遞減的趨勢，而人口的高成長地區，則往外擴展到離中心更遠的地區，如松山及板橋一帶。到了1970年代末期，高成長地區則更延伸到距市中心的十公里地帶，如木柵及新莊，而臺北市舊核心以外的市區，也開始出現人口遞減的跡象（陳寬政，1981）。這種人口成長向外延伸的情況持續下去，一方面是臺北縣的鄉、鎮改制為市的個案逐年增加，臺北縣的人口超越臺北市。1980年時，臺北市的人數為2,220,427，臺北縣為2,258,757，首度臺北縣的人口超過臺北市，且差距逐年增加，另一方面則是臺北市人口

遞減的地區會逐漸擴散。

　　圖7.1呈現1985年以後臺北都會區別人口增減趨勢，標有顏色的區是五年內平均成長率為負的區或鄉鎮市。在1980年代，在臺北市人口減少地區仍侷限於傳統的舊核心地區，包括當時的延平、建成、大同、龍山和雙園區，大致是目前的萬華區和大同區的範圍，其餘各區都有增加，在1990年時，達到臺北市人口最高點，2,719,659人。到了1990年代，人口遞減地區不只擴展到新核心區，還包含了外圍的士林、南港和文山，在1990-1994年和1995-1999年兩段期間，十二區中都有七區人口是負成長，唯有內湖與文山區在兩個五年期間都是人口增加。全市的人口的絕對數也開始下降，到1997年時為2,598,493人，是最低點。2000-2009年間，部分行政區，有著人口再度成長的跡象，包括城中區、中山區、松山區、南港區和文山區（見圖7.1）；但全市人口仍然持續遞減，到2009年又是另一個低點，2,607,428人。2010年之後，臺北市的人口又告增加，到了2014年，人口數為2,702,315人，接近1990年的最高點。未來十年臺北市的增減幅度不會太大，人口增加或遞減，應該都在每年百分之一以下。

　　再觀察臺北市舊核心、新核心與外圍三地區的變化。舊核心在1980中期降到低點之後，在1990年因市區範圍調整影響人口統計，多於1980年代的人口數，但隨而又再持續遞減，甚至不及1980年的最低人口數，2010年之後雖略有增加，但還低於1980年代中期的人口數（見圖7.2）。新核心的人口數，自1986年以後，持續下降到2006年，隨後又再上升，上升的趨勢較舊核心強。至於外圍地區，從1980年以來都是持續上升的情形，在1996年人口數開始超越新核心。綜合而言，在2005年以前，臺北市的舊市區都已進入人口遞減的狀態，唯有外圍地區持續成長，呈現人口離心的趨勢，新核心在最近十年，舊核心是最近五年，則人口再度增加。在舊核心與新核心人口再告成長的狀況下，2014年的才又趨近1990年的高點。總而言之，臺北在20世紀人口持續成長，進入21世紀之後，則似乎達到人口數的頂點而告停滯，並未顯示人口長期並大幅減少的現象，臺北縣自1980年代人口數超過臺北市之後，仍然持續增加，但臺北縣在1980年代後半仍有負成長

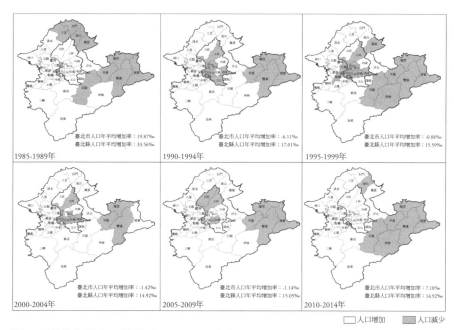

圖7.1　臺北市縣人口變遷（1985-2014 年）

資料來源：中華民國臺閩地區人口統計

的地區，分別在北海岸的四個區和東北角的五個區。當時這些地帶仍屬鄉村，都會發展尚未擴及。1990 年代以後，北海岸各區則都已是人口逐年增加，只有東北角的平溪、雙溪、瑞芳和貢寮四區人口一直減少，石碇區亦有人口遞減的情形。綜合而言，雖然有少數邊緣區人口逐年減少，臺北縣人口逐年遞增，只是人口增加有減緩的趨勢，都會的範圍大致底定。臺北縣核心六區的人口數，總計已超過二百萬人，其規模超過臺北的新舊核心地帶，其中板橋和永和區，曾有一、二個時期人口減少，但在過去 30 年來，人口數仍屬增加。

　　臺北縣的人口數到2014 年是 3,966,818，多過臺北市 120 萬人。總計臺北市縣的人口數，從 1986 年以來都是遞增，整個臺北都會人口仍為擴增。臺北縣的核心地區，雖有少數市鎮曾人口減少，但長期而言，一直都人口增加，而外圍地區雖有鄉村地帶人口減少，但人口數亦都持續增加，在 1995 年時超過臺北市的新核心和外圍地區。以整個都會人

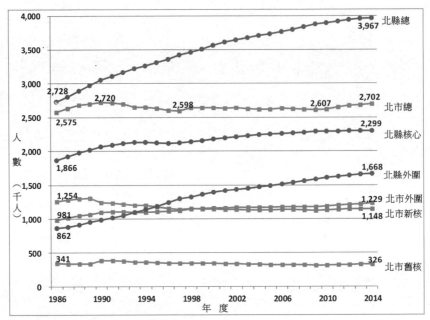

圖7.2 **臺北市縣及分區人口變遷**，1986-2014

口觀察，在1985年至2010年之間，臺北市的新舊核心，亦即是1968
年前臺北市的行政範圍，人口遞減，而臺北市的外圍，即1968年由臺
北縣劃入臺北市的地區，以及臺北縣的核心區和外圍區人口都持續增
加。人口是從臺北市新舊核心，到臺北市外圍和臺北縣核心，再到臺北
縣外圍逐漸擴展的態勢，臺北市新舊核心則有從人口遞減再度回升的跡
象。

（二）人口遷徙

　　在20世紀最後的20年，臺北市的人口負成長意味著，人口的社
會增加為負，並且無法由人口的自然增加來彌補。在臺灣人口移動的
過程中，1960和1970年代，臺北市縣同是人口流入的最主要地區，
但是到了1980年代，臺北市人口從緩慢的社會增加到負成長（陳東
升，1993），臺北市縣之間的人口移動，漸漸占了人口移動的絕大部
分。我們先觀察臺北市縣與臺灣其他地區人口遷徙的關係（見表7.1與

表7.2）。根據主計處1980年以後的遷徙調查，臺北市移入人口的來源地，一直是遍及全臺灣。各年度的資料均顯示，在北部地區大約占了50%左右，其中以臺北縣為最大宗，少則占20%，多則超過30%；其餘依次是桃園縣、新竹縣市和宜蘭縣。各年度大約有50%或更多的移入人口，是來自臺灣的中部、南部，而中部和南部所占的比重大致相當。還值得注意的是，自國外遷來的人口比例，在2000年以後似有增加的趨勢。

　　至於臺北市移出的人口，除了2007年的數據之外，[2]都顯示相當一致的模式。北部占了很大的分量，其中臺北縣的分量更大，吸引了由臺北市移出人口的一半至六成，而北部總和，則占了七成上下；移往中部和南部的比例相近，大約都在10至15%之間。

　　臺北縣移入人口的來源地，較侷限於北部地區，2007年的數據仍是例外。[3]除了2007年以外，各年度都有六成上下或高至七成的移入人口來自北部地區，來自臺北市更是占最大的比例，在很多年次都占了四成或五成。來自中部和南部地區的比例，大致在17%左右或以下。值得注意的是，臺北縣的移入人口中，來自東部（特別是花蓮）的比例高於臺北市，尤其是2002和2007年，以東部占全臺灣人口不到2%，卻占了臺北縣移入人口的一成，這是非常突出的現象。這也反映在臺北縣的樹林、新莊、土城和板橋等區的人口數已經多過很多的原鄉了（章英華等，2010）。

　　就臺北縣人口的移出觀察，北部地區占了最大的分量，除了2002年之外（只占48%），從1980年到2012年，都占了七、八成，而臺北市占最大宗，在五成上下。到了21世紀，桃園縣的分量明顯增強。至2007年時，遷移到桃園縣的人，占了二成七，2012年時也有一成七，

2　2007年，南部和東部地區並沒有值得注意的變化，但北部和中部地區則有很大的變化。臺北市移出的人口，臺北縣的分量減少很多，而桃園縣的比例則超過臺北縣；另外，中部和南部地區的比例明顯增加。何以單一年度有如此的差異，難以理解。

3　2007年的數據顯示，自臺北市移入臺北縣的人口只占移入人口的14.87%，但其他年度都在40%以上，這樣單一年度的變異，很難理解。因此如同臺北市一樣，以其他年度為依據。

表7.1 **臺北市人口遷徙比例，**1979-2012（單位：%）

移入人口來源地

調查年	1979	1982	1987	1992	2002	2007	2012
北部	72.48	69.13	73.97	71.71	67.43	47.49	66.58
臺北市	-	-	-	-	-	-	-
基隆市	3.05	1.82	1.33	3.68	3.06	10.49	0.89
新竹市	-	4.02	1.13	2.41	6.93	5.72	11.11
臺北縣	49.43	53.92	63.22	54.87	48.03	12.09	40.86
宜蘭縣	3.73	1.29	2.09	1.74	3.01	3.42	6.98
桃園縣	15.02	5.69	5.25	8.43	5.63	15.24	5.14
新竹縣	1.24	2.39	0.94	0.59	0.77	0.54	1.61
中部	10.42	16.70	14.24	8.34	18.26	28.82	14.69
南部	16.32	13.46	10.11	18.15	11.34	19.89	15.83
東部	0.78	0.71	1.68	1.81	2.97	3.80	2.89
總計	100.00	100.00	100.00	100.00	100.00	100.00	100.00

移出人口目的地

調查年	1979	1982	1987	1992	2002	2007	2012
北部	41.02	41.13	51.88	49.83	35.16	43.42	49.94
臺北市	-	-	-	-	-	-	-
基隆市	2.94	2.52	6.57	5.00	2.21	1.36	1.18
新竹市	0.00	1.78	1.44	1.13	4.96	1.01	6.10
臺北縣	20.12	20.20	34.37	29.63	20.83	30.74	37.28
宜蘭縣	1.56	4.07	4.60	1.91	2.20	2.42	2.24
桃園縣	10.25	8.65	4.49	10.97	2.90	6.60	3.14
新竹縣	6.14	3.90	0.42	1.19	2.05	1.29	0.00
中部	29.33	16.94	17.44	19.80	23.23	28.75	18.65
南部	25.20	32.66	21.89	23.53	35.36	20.34	22.10
東部	1.58	4.69	2.41	4.42	1.94	0.67	2.25
其他	2.88	4.59	6.38	2.42	4.32	6.82	6.76
金馬	0.86	0.25	0.48	0.88	0.00	0.00	0.00
國外	2.02	4.34	5.90	1.54	4.32	6.82	6.76
總計	100.00	100.00	100.00	100.00	100.00	100.00	100.00

註：2002 及 2007 的其他省市係指金馬地區，國外分類則為其他地區。
資料來源：中華民國臺灣地區國內遷徙調查報告

表7.2　臺北縣人口遷徙比例，1979-2012（單位：％）

移入人口來源地

調查年	1979	1982	1987	1992	2002	2007	2012
北部	57.89	60.24	62.99	68.38	64.54	44.84	69.01
臺北市	40.17	42.98	44.88	54.00	52.33	14.87	49.49
基隆市	3.33	1.45	3.63	2.32	1.97	4.93	0.37
新竹市	-	2.07	0.00	0.27	1.12	2.52	0.00
臺北縣	-	-	-	-	-	-	-
宜蘭縣	3.52	4.68	5.02	2.18	1.51	1.75	2.57
桃園縣	5.63	7.75	8.78	8.38	7.62	14.77	14.90
新竹縣	5.24	1.31	0.68	1.24	0.00	5.99	1.68
中部	14.55	22.98	15.87	17.10	14.36	17.86	8.97
南部	16.88	12.97	16.14	9.06	8.14	16.31	15.36
東部	5.64	2.51	1.66	2.00	9.58	9.15	1.38
其他	5.04	1.30	3.34	3.46	3.38	11.84	5.27
金馬	4.33	0.99	0.00	0.00	0.36	0.00	1.02
國外	0.71	0.31	3.34	3.46	3.02	11.84	4.25
總計	100.00	100.00	100.00	100.00	100.00	100.00	100.00

移出人口目的地

調查年	1979	1982	1987	1992	2002	2007	2012
北部	74.21	73.23	81.71	68.59	48.03	84.34	74.72
臺北市	48.19	54.76	70.82	52.07	29.05	44.38	50.03
基隆市	5.11	5.90	1.75	4.47	5.24	1.44	3.70
新竹市	-	0.00	0.75	1.58	1.46	6.47	3.07
臺北縣	-	-	-	-	-	-	-
宜蘭縣	3.45	0.16	1.35	2.72	2.52	1.35	0.80
桃園縣	13.60	10.29	5.68	6.18	9.76	27.46	17.13
新竹縣	3.87	2.12	1.37	1.58	0.00	3.24	0.00
中部	6.20	11.95	11.11	17.36	22.06	4.69	3.72
南部	17.52	13.97	6.34	11.36	26.41	8.55	14.66
東部	2.08	0.85	0.84	2.69	3.50	2.42	6.90
總計	100.00	100.00	100.00	100.00	100.00	100.00	100.00

註：2002 及 2007 的其他省市係指金馬地區，國外分類則為其他地區。
資料來源：中華民國臺灣地區國內遷徙調查報告

均高於2002年以前的比重。另外,除了2002年的數值外,長期來看,移往南部和中部地區的人,大約共計皆在三成以下。

就以上的分析歸納如下:自1980年代以來,臺北市人口雖告遞減,仍維持著吸引全臺灣人口的優勢;其人口則以臺北縣為最主要的移出目的地。而臺北縣吸引的移入人口,絕大部分來自北部地區,臺北市占的分量,明顯高於其他市縣。配合臺北市移入人口來源地來自全臺灣各區域,移出以臺北縣為大宗的趨勢的狀態,似乎意味著,臺北市吸引全臺灣的人口,但定居於臺北市的人口又向北部地區,特別是往臺北縣移出。臺北縣移出人口目的地和來源地都是以北部地區為主,而臺北市占最大比重,反映著都會內的居住遷移。到了21世紀,臺北市人口移至臺北縣的比例略有下降,移至桃園縣略有增加。而從臺北縣移出的人口來看,同樣是有桃園縣分量增強的跡象。似乎對人口遷徙而言,除了臺北市和臺北縣之外,桃園縣也成為關係密切的毗連地區了。另外,則是遷移來源地不論是臺北市或臺北縣,來自國外的比例都有增加,反映著前往中國大陸就業的傾向。

四、就業人口與活動人口

(一)流出與流入就業人口

比較設籍在本市縣但在外市縣居住的就業的人口以及設籍外市縣但在本市縣居住的就業人口數,我們發現,臺北市和臺北縣都是後者大於前者的情形(見表7.3與7.4)。[4]我們以前者為流出就業人口,後者為流入就業人口。一個市縣流入就業人口數大於流出就業人口數,反映著其產業上的優勢。臺北市流入的就業人口,一直維持在每年20萬至26萬之間,而流出的人口則是由3萬多增加至13萬多。流出人數增加明顯高於流入人數的增加。不過,就業人口仍然是正成長,從1980、1985

---

4 臺灣採戶籍登記制,有些人因其個人的原因,並不設籍在目前的居住市縣,以致戶籍人口數與實際居住人口數並不相同。居住在某市縣的就業人口,可能並不設籍在該市縣。一個市縣非設籍就業人口多於設籍但居住在其他市縣的就業人口,意味著其居住人口可能大於設籍人口。

表7.3　臺北市流出及流入就業人口，1980-2012（以戶籍人口與居住人口估計）

年	1980		1985		1992		2002		2007		2012	
流出目的地	人數	%	人數	%	人數	%	人數	%	人數	%	人數	%
臺北縣	9,557	30.48	5,944	30.69	16,713	55.76	43,843	46.52	35,676	27.18	42,804	25.40
基隆市	1,517	4.84	149	0.77	185	0.62	818	0.87	699	0.53	1,434	0.85
桃園縣	1,945	6.20	2,203	11.38	2,324	7.75	13,481	14.31	6,097	4.65	12,222	7.25
新竹縣	1,637	5.22	971	5.01	0	0.00	1,808	1.92	548	0.42	3,705	2.20
新竹市	0	0.00	920	4.75	1,340	4.47	7,550	8.01	2,575	1.96	7,629	4.53
宜蘭縣	881	2.81	0	0.00	0	0.00	2,471	2.62	1,552	1.18	3,247	1.93
北部	15,537	49.56	10,187	52.61	20,562	68.60	69,917	74.19	47,147	35.92	71,041	42.15
中部	4,265	13.60	5,453	28.16	4,891	16.32	10,324	10.96	5,466	4.16	18,858	11.19
南部	7,391	23.57	2,702	13.95	4,521	15.08	2,863	3.04	1,989	1.52	4,052	2.40
東部	852	2.72	0	0.00	0	0.00	2,755	2.92	3,328	2.54	1,514	0.90
金馬	3,308	10.55	1,023	5.28	0	0.00	946	1.00	0	0.00	0	0.00
國外	0	0.00	0	0.00	0	0.00	7,434	7.89	73,312	55.86	73,082	43.36
一級／總數 (%)	875	2.79	683	3.53	0	0.00	161	0.17	0	0.00	7,174	4.26
二級／總數 (%)	9,770	31.16	6,186	31.94	9,886	32.98	27,905	29.61	54,999	41.91	55,333	32.83
三級／總數 (%)	20,708	66.05	12,496	64.53	20,088	67.02	66,173	70.22	76,243	58.09	106,040	62.91
合計	31,353	100	19,365	100	29,974	100	94,239	100	131,242	100	168,547	100
流入來源地	人數	%	人數	%	人數	%	人數	%	人數	%	人數	%
臺北縣	16,244	6.91	22,574	8.48	8,601	3.38	17,276	8.51	23,237	9.56	20,846	9.73
基隆市	3,530	1.50	8,742	3.28	5,333	2.10	2,815	1.39	3,119	1.28	4,549	2.12
桃園縣	17,249	7.34	11,401	4.28	17,769	6.98	8,819	4.34	15,629	6.43	4,860	2.27
新竹縣	11,169	4.75	6,265	2.35	4,835	1.90	3,221	1.59	4,701	1.93	2,175	1.02
新竹市	0	0.00	5,220	1.96	4,163	1.64	4,777	2.35	2,151	0.89	5,268	2.46
宜蘭縣	17,228	7.33	17,285	6.49	16,338	6.42	13,456	6.63	17,712	7.29	14,087	6.58
北部	65,420	27.83	71,487	26.85	57,039	22.41	50,364	24.81	66,549	27.38	51,785	24.17
中部	71,841	30.56	92,888	34.89	89,752	35.26	62,247	30.66	72,687	29.91	61,478	28.70
南部	79,028	33.62	88,696	33.31	77,931	30.62	77,338	38.09	89,909	36.99	86,686	40.46
東部	18,780	7.99	13,186	4.95	29,826	11.72	13,072	6.44	13,899	5.72	14,287	6.67
一級／總數 (%)	132	0.06	1,095	0.41	502	0.20	346	0.17	444	0.18	261	0.12
二級／總數 (%)	119,063	50.65	113,886	42.77	81,893	32.17	47,362	23.33	47,874	19.70	41,488	19.37
三級／總數 (%)	115,874	49.29	151,276	56.82	172,153	67.63	155,313	76.50	194,726	80.12	172,487	80.51
合計	235,069	100	266,257	100	254,548	100	203,021	100	243,044	100	214,236	100

資料來源：中華民國臺灣地區國內遷徙調查報告

表7.4 臺北縣流出及流入就業人口，1980-2012（以戶籍人口與居住人口估計）

年	1980		1985		1992		2002		2007		2012	
流出目的地	人數	%	人數	%	人數	%	人數	%	人數	%	人數	%
臺北市	16,244	47.63	22,574	64.55	8,601	26.59	17,276	24.96	23,237	19.90	20,846	14.27
基隆市	4,165	12.21	1,173	3.35	626	1.94	4,317	6.24	5,180	4.44	1,451	0.99
桃園縣	7,627	22.36	2,789	7.97	5,411	16.73	10,022	14.48	13,767	11.79	23,044	15.77
新竹縣	85	0.25	760	2.17	1,569	4.85	1,581	2.28	4,430	3.79	1,649	1.13
新竹市	0	0.00	259	0.74	1,279	3.95	2,568	3.71	4,740	4.06	901	0.62
宜蘭縣	0	0.00	907	2.59	1,742	5.39	708	1.02	615	0.53	1,338	0.92
北部	28,121	82.46	28,462	81.38	19,228	59.45	36,472	52.70	51,969	44.50	49,229	33.69
中部	1,766	5.18	3,453	9.87	9,815	30.35	13,807	19.95	5,185	4.44	8,806	6.03
南部	1,278	3.75	1,847	5.28	2,023	6.25	7,667	11.08	5,215	4.47	9,353	6.40
東部	936	2.74	452	1.29	1,278	3.95	1,246	1.80	579	0.50	1,103	0.75
金馬	2,003	5.87	759	2.17	0	0.00	0	0.00	301	0.26		
其他	0	0.00	0	0.00	0	0.00	10,017	14.47	53,523	45.84	77,617	53.12
一級／總數 (%)	867	2.54	1,951	5.58	0	0.00	599	0.87	0	0.00	6,166	4.22
二級／總數 (%)	20,211	59.26	12,816	36.65	10,365	32.05	26,936	38.92	58,903	50.44	79,150	54.17
三級／總數 (%)	13,026	38.19	20,206	57.78	21,979	67.95	41,674	60.21	57,869	49.56	60,792	41.61
合計	34,104	100	34,973	100	32,344	100	69,209	100	116,772	100	146,108	100
流入來源地	人數	%	人數	%	人數	%	人數	%	人數	%	人數	%
臺北市	9,557	6.74	5,944	4.41	16,713	13.65	43,843	22.36	35,676	20.09	42,804	23.96
基隆市	4,119	2.90	2,064	1.53	1,108	0.90	3,349	1.71	2,998	1.69	2,222	1.24
桃園縣	10,518	7.41	6,982	5.18	2,722	2.22	5,723	2.92	6,911	3.89	7,195	4.03
新竹縣	7,589	5.35	5,535	4.11	3,025	2.47	1,810	0.92	3,095	1.74	4,029	2.26
新竹市	0	0.00	365	0.27	799	0.65	1,258	0.64	170	0.10	2,798	1.57
宜蘭縣	9,117	6.43	13,093	9.72	9,157	7.48	12,548	6.40	10,904	6.14	9,171	5.13
北部	40,900	28.83	33,983	25.23	33,524	27.37	68,531	34.95	59,754	33.64	68,219	38.18
中部	48,583	34.25	56,632	42.05	46,978	38.36	63,252	32.26	55,128	31.04	44,616	24.97
南部	43,034	30.33	32,564	24.18	31,397	25.64	46,239	23.58	46,188	26.00	51,325	28.73
東部	9,351	6.59	11,493	8.53	10,570	8.63	18,060	9.21	16,545	9.32	14,509	8.12
一級／總數 (%)	259	0.18	480	0.36	533	0.44	132	0.07	209	0.12	371	0.21
二級／總數 (%)	110,999	78.24	92,765	68.88	68,699	56.10	89,790	45.79	77,574	43.68	55,380	31.00
三級／總數 (%)	30,610	21.58	41,427	30.76	53,237	43.47	106,160	54.14	99,832	56.21	122,918	68.80
合計	141,868	100	134,672	100	122,469	100	196,082	100	177,615	100	178,669	100

資料來源：中華民國臺灣地區國內遷徙調查報告

和1992每年度都增加20多萬人，到了2002年和2007年，增加人數則是在10萬人左右，2002年則近5萬人。相對而言，在臺北縣居住人口增加的過程中，流入的就業人口亦同步增加。流入就業人口，從1980年代不到14萬人左右，到2002年接近20萬人，2007年和2012年則又稍減，略低於18萬人。流出的就業人口在2002年以前，都在6萬人以下，2007年則超過10萬人，2012年逼進15萬人。就業人口增加的數量，在2002年以前，每年度大都維持在10萬人上下，2007則降至5萬人左右，2012年又在3萬人左右。除了2002年增加的就業人口曾略高於臺北市，其他年度的數量都明顯不及臺北市。由此可以推論，臺北縣戶籍人口的增加超過臺北市，但就業人口的增加則不如臺北市。

　　臺北市流入就業人口的來源地相當平均，北部和中部的比例差距不大，但都高於北部，而南部所占的分量最大。在北部地區，雖然臺北縣仍然占最大的比重，但相較於居住人口，桃園縣的分量明顯提高，甚至有些年份，桃園縣占的比例還略高於臺北縣。至於就業人口的流出，北部地區的比重一直高於其他地區。最值得注意的是，北部地區自2002年占臺北市流出就業人口的比例大幅下降，這並不是臺灣其他地區分量增加的結果，而是「其他地區」比例上升的結果，如果扣除了其他地區，北部占臺北市外流就業人口的比例，仍然遠超過中部和南部地區。在北部地區中，又以臺北縣的分量最高，在1980年代是近六成，1990年代以後則超過六成。其次則是桃園縣和新竹市，都占10%或以下（表格未列出）。流入其他地區的就業人口，應以前往中國大陸為主，反映著臺北市往中國大陸工作的人口還大於前往臺灣其他區域工作的人口。

　　臺北縣流入就業人口的來源和臺北市一樣，來自全臺灣各個地區，從1980年以來，大致是中部與南部地區移入者比例降低，北部和東部地區比例增加的情形，各區域的比例逐漸趨近。在北部各市縣中，除了少數年次例外，來自臺北市的就業人口比重逐年增加，其他則有減少的趨勢。臺北縣外流的就業人口則顯現北部地區比例下降的情形。北部地區比例下降，在1992年是因為流往臺中地區的比例增加，在2007年則是因為移至「其他地區」比例明顯增加的結果。如果排除流往「其他地

區」的人數，那麼移往北部的比例依舊明顯高於中部與南部地區。在北
部地區來自臺北市的比例一直最高，但在1980年代和1990年代以後，
則有明顯下降的情形，主要是受到就業人口外流桃園縣的影響。綜合而
言，臺北縣非設籍的就業人口來自臺灣各地區，但設籍人口前往外縣市
就業者，則以臺北市和桃園縣為主，在其他縣市的比例均低。

在流入就業人口的變化中，我們可以觀察到二、三級行業比重的轉
變。臺北市流入就業人口中，三級行業占的比重一直增加，在1980年
時約占一半，到了2007和2012年則近八成。流出人口中則大約都是
三成為二級行業人口，七成為三級行業人口，到了2007年，更因流往
「其他地區」人口比例的成長，流出就業人口中二級行業的比例增加到
四分之一；到2012年為近三分之一，仍大於2002年以前的各年度。由
臺北市二級與三級行業移入人口比例的變化可以看出，三級行業就業
人口明顯增加的趨勢，二級行業則告減少。在臺北縣的流入人口中，
二級行業的人口的比例一路下降，從1980年的78.24%降到2012年的
31%，降幅很大，顯示由二級行業為主轉型到以三級行業居多的趨勢；
可是相較於臺北市，其二級行業所占比例仍然高很多。至於外流就業人
口，變化的幅度較低，二級行業設籍在外工作的，從近六成減少到低於
四成，又再超過五成，三級行業人口則由近四成提升到近六成，又回復
到四成。基本上二級行業的分量仍是強於臺北市。

根據2012年國內遷徙調查報告，只有五個縣市流入就業人口大於
流出就業人口，臺北市、臺北縣、桃園縣、新竹市和臺中市（含原來的
臺中縣），因此北部區域是臺灣就業人口最大的目的地。臺北都會流出
大於流入的數量仍是各都會中較高的，[5]僅次於桃園縣。臺北市縣吸引
的就業人口來源來自全臺灣和區域，而三級行業人口的比重也持續增
加。但臺北市對臺灣其他市縣就業人口的吸引力大於臺北縣，同時三級
行業的比重大於臺北縣，二級行業的不及臺北縣。至於流出的就業人口

---

5 根據2012年的國內遷徙調查報告，流入就業人口與移出就業人口相減之後，新北市為
  32,561，臺北市為45,689，新竹市為44,896，桃園縣為85,802，臺中市為52,028，臺灣地
  區的其餘各縣市都是負值。臺中市包含了舊臺中市的轄區，如果以市縣相加，臺北市縣為
  78,250，新竹市縣為41780。淨值最高仍是桃園縣，其次是臺北市縣，多過臺中市。

都以北部地區為大宗。值得注意的是流往國外，特別是中國大陸的人口數已經大於流往臺灣其他區域的人口數了。

（二）通勤與活動人口

　　雖然在人口成長方面，臺北縣超越了臺北市，但在日常活動方面，根據各次臺北都會旅次調查的結果，臺北縣往臺北市流動，一直大於臺北市往臺北縣的移動。1992年時，臺北縣鄰近臺北市的各個縣轄市，其產生的旅次以臺北市為目的地的都在三成以上（章英華，1993）。根據戶口與住宅普查之工作通勤圈的資料（見表7.5與表7.6），在1980、1990、2000與2010四個年次，臺北市工作通勤人口，超過84%在臺北市內，前往臺北縣的，則從6%增加到12%，而北部其他縣市方面，桃園是在2%上下，其餘更不及1%。

表7.5　臺北市與臺北縣居住地通勤圈（1980-2010）

居住地：臺北市				
工作地	1980	1990	2000	2010
臺北市	88.65	88.89	84.52	83.90
臺北縣	6.06	7.46	10.08	12.21
桃園縣	1.73	1.57	2.17	0.39
基隆市	0.70	0.51	0.47	2.16
新竹縣部分	0.07	0.13	0.24	0.67
其他鄉鎮市區	2.78	1.43	2.51	0.68
合計（%）	100.00	100.00	100.00	100.00
居住地：臺北縣				
工作地	1980	1990	2000	2010
臺北市	26.15	22.83	22.98	27.89
臺北縣	68.30	72.86	71.05	67.01
桃園縣	2.33	2.26	3.29	3.68
基隆市	1.22	0.64	0.51	0.45
新竹縣部分	0.09	0.12	0.21	0.56
其他鄉鎮市區	1.91	1.29	1.96	0.61
合計（%）	100.00	100.00	100.00	100.00

資料來源：中華民國臺閩地區戶口及住宅普查報告書

　　1980 年以來，臺北縣的工作通勤人口，約七成上下在縣內工作，前往臺北市通勤的人口從 26.15% 略降至 22.23%，2000 年則是22.98%，但是到了 2010 年為 27.89%，回復到 1980 年的水準。臺北縣到桃園縣工作通勤人口比例雖然增加，到 2010 年仍在 4% 以下。綜合而言，從工作通勤的範圍來看，臺北縣的人口增加，其在縣內工作人口的比例方面，沒有太大變化；而臺北市就業人口前往臺北縣工作的比例，則略有增加。不過在工作通勤上，臺北縣流往臺北市的比例，仍明顯高於臺北市流往臺北縣的比例，這種情況到 2010 年仍無太大的轉變。

　　從通勤人口考量，則可以有不同於居住人口的思考。在 2000 年的戶口及住宅普查報告書的綜合報告中，直接就以從外市縣到某一市縣的工作通勤與通學人口，計算在各市縣活動人口的數量。其活動人口是「常住人口加上因工作或求學前來某一「市縣」的人口，再減去因工作或求學由該市縣通勤到其他市縣的人口。」

　　臺北市的常住人口在 1990 年時較臺北縣少了 30 萬左右，但臺北市外來的通勤和通學人口多於前往外市縣的，因此活動人口的數量大於臺北縣。在 2000 年時，臺北市的常住人口比臺北縣少了 80 萬左右，但是臺北市是來自外地的活動人口，大於由臺北市至外地活動的人口，因此活動人口大於常住人口 40 萬人。臺北縣來自外地的活動人口，則少於前往外地的活動人口，因此推估的活動人口少於常住人口。以活動人口來比較，臺北市只少於臺北縣 35 萬人。2012 年時，臺北市和臺北縣常住人口數量的差距再擴大，臺北縣多了約 140 萬人；但是在活動人口上，臺北市縣的差距亦擴大，臺北市的活動人口就較臺北市多了 110萬，從活動人口來看，臺北市只少於臺北縣還不及 20 萬人。

　　綜合而言，臺北縣雖因常住人口大量增加，但對活動人口的吸力，明顯不及流出的推力。不過，由於居住人口大量增加，以致其活動人口的總量也高於臺北市（見表 7.6）。只是，臺北市吸引的活動人口，超過流出活動人口的數量有所增加，以致從 1990 年到 2012 年的常住人口總數，雖然是減少了，但活動人口總數，卻仍持續增加。比較 1980 年至 2010 年的資料後發現，我們也許可以推論，就長期而言，由其他市

表7.6　臺北市與臺北縣活動人口

地區（年）	常住人口	至外地活動人口	活動人口	來自外地活動人口	差異
臺北市 (1990)	2,760,475	155,714	3,005,499	400,738	245,024
臺北市 (2000)	2,590,587	229,063	3,013,121	651,597	422,534
臺北市 (2010)	2,655,515	198,227	3,290,281	832,993	634,766
臺北縣 (1990)	3,065,779	400,938	2,809,558	144,717	-256,221
臺北縣 (2000)	3,680,163	626,292	3,369,572	315,701	-310,597
臺北縣 (2010)	4,054,467	807,536	3,549,784	302,853	-504,683

資料來源：中華民國臺閩地區戶口及住宅普查報告書

縣往臺北市通勤的人口會逐年提升，而臺北縣人口增加的速度已經減緩，臺北市縣之間活動人口的差距，應該會再縮減。由於通勤和通學之外，尚有其他消費的活動人口，如果再加上通勤和通學以外的活動人口，或許臺北市的活動人口並不小於臺北縣。

五、產業與人口社經地位的變遷

（一）產業變遷

　　本節選擇零售批發與餐飲業、社會服務及個人服務業、金融保險不動產及工商服務業，以及製造業等變遷的概況，作為考察的依據。臺北市與臺北縣之間，在1960年代即有服務業與製造業之間的明顯區分（章英華、蔡勇美，1997）。隨著時間的變化，整個都會的發展，服務業的比重皆逐漸增加（陳東升、周素卿，2006）。在臺北縣人口成長的數量，超越臺北市之後，服務業是否出現相應的變化，亦是值得觀察的。本文將臺北市縣區分五個地區（臺北市舊核心地區、臺北市新核心地區、臺北市外圍地區、臺北縣核心與臺北縣外圍地區），呈現其各行業在1986、1996、2006與2011四個年代的員工數及年生產總值，並以兩數值觀察各區相對位置的變遷。第一是相對比重，以臺北市核心區為基準，給予100的基值，將其他各區的人口數或生產總值除以臺北市核心區的數值，再乘以100，成為百分比值。數值若超過100，意味著該區員工人數或年生產總值超過臺北市的核心區，若數值低於100，則表示不及臺北市的核心區。若數值為200，則表示為臺北市核心區的兩

倍，50則是一半。第二是集中係數，以各業占都會總員工數或生產總
額的比例除以人口占總人口的比例，再乘上100。如果各業的分布與人
口分布相近，意味這樣的行業分布較平均，這樣的比值應接近100，比
值超過100越多，表示這個行業在該區較集中，低於100越多，則集中
程度較低。

　　零售批發及餐飲業比較容易隨著人口擴散，臺北市縣相較，四個年
次員工人數的比值，逐年顯著遞減，從4.96、2.95到2.17，再到1.72。
從員工人數的相對比重檢視（見表7.7），臺北市的舊核心略為衰減，但
臺北市外圍及臺北縣核心與外圍都逐年增加，2000年以後增加的速度
減緩，到了2010年，臺北縣核心只有臺北市新核心60%的員工數，其
他各地區都在50%以下。集中係數則顯示，臺北市的新核心與舊核心
這一類產業的員工人數集中程度明顯較高，其他各地區的比例都不及其
人口的比例。臺北市的三個地區的生產總額都逐年成長，不過臺北縣的
相對分量亦告增加，市縣的比值，從7.35、3.38、2.90，到2.73。同樣
的，各地區相對於北市新核心的比重亦告增加。不過有兩點值得注意：
第一，各地區生產總額相對比重的數值低於員工人數者，意味著臺北市
核心區平均生產力的優勢大於員工數；第二，臺北縣核心在員工數的比
值大於臺北市，但是生產總額的比重卻是臺北市外圍較高，這反映了臺
北市在平均生產力的優勢大於員工數。就集中係數觀察，臺北市的舊核
心與新核心的集中度略為減低，但仍明顯高於臺北縣的兩個地區。臺北
市三個地區的集中係數在2011年都超過100，而臺北縣的核心與外圍
都低於50。以上的分析顯示，臺北縣人口增加，的確帶動了零售批發
及餐飲業的成長，但員工數和生產總額，臺北市仍是臺北縣的兩倍和三
倍，臺北市整體而言，此一產業的集中度仍明顯高於臺北縣，平均產值
仍然較高，臺北市新核心與整個臺北市的優勢仍在。

　　社會服務與個人服務業亦屬較隨人口分布的行業，臺北市的員工人
數在1986至1996年有倍數的成長，但在2006年則告減少，2011年又
稍增加，臺北市的新核心仍是數量最大的地區。臺北市和臺北縣員工人
數在四個年次的比值分別為3.17、3.2、1.71與1.54；生產總額的市縣
比值為4.69、4.79、1.95與2.03。

表7.7　臺北縣市零售批發及餐飲業概況：1986-2011

項目		員工人數（人）				全年生產總額（千元）			
年		1986	1996	2006	2011	1986	1996	2006	2011
臺北市舊核心	人數	78,454	44,570	72,832	68,029	25,240,157	35,922,711	101,013,390	106,509,580
	相對比重	(23)	(9)	(17)	(18)	(15)	(6)	(12)	(12)
	集中係數	214	88	148	144	168	68	125	119
臺北市新核心	人數	339,101	482,029	414,405	382,177	165,858,520	573,621,744	820,462,002	886,246,865
	相對比重	(100)	(100)	(100)	(100)	(100)	(100)	(100)	(100)
	集中係數	251	287	239	226	299	326	287	276
臺北市外圍	人數	53,824	88,502	153,919	169,463	15,896,133	86,372,435	249,539,645	366,868,769
	相對比重	(16)	(18)	(37)	(44)	(10)	(15)	(30)	(41)
	集中係數	51	55	85	95	37	51	84	108
臺北縣核心	人數	75,937	170,133	217,551	228,182	21,232,623	143,147,328	286,627,842	319,518,348
	相對比重	(22)	(35)	(52)	(60)	(13)	(25)	(35)	(36)
	集中係數	38	55	63	67	26	44	50	49
臺北縣外圍	人數	23,584	85,060	120,412	131,252	6,221,083	72,321,237	155,021,504	179,014,493
	相對比重	(6)	(18)	(29)	(34)	(4)	(13)	(19)	(20)
	集中係數	25	47	52	54	16	38	41	39
臺北市	人數	471,379	615,101	641,156	619,669	206,994,810	695,916,890	1,171,015,037	1,359,625,214
	集中係數	170	162	159	157	182	175	177	181
臺北縣	人數	99,521	255,193	337,963	359,434	27,453,706	215,468,565	441,649,346	498,532,841
	集中係數	34	52	59	62	23	42	47	45
臺北市縣	人數	570,900	870,294	979,119	979,103	234,448,516	911,385,455	1,612,664,383	1,858,158,055

資料來源：臺閩地區工商及服務業普查報告

　　各地區相對於臺北市的新核心，不論是員工數或生產總額的比重都逐漸提升，都高於零售批發及餐飲業。從集中係數觀察，臺北市的新核心與舊核心的集中程度仍較高，但低於批發零售與餐飲。此一業別不論是從臺北市新核心與其他地區比較，或是市縣之間比較，較批發零售與餐飲業的分散化趨勢更強，同時在生產總額上，市與縣的差距也較低。不過臺北市提供的就業量仍約是臺北縣的一倍半，生產總額則是臺北縣的兩倍，臺北市在生產總額的優勢較員工數為高。

　　在金融保險、不動產及工商服務業方面，首先顯示的是，臺北市新核心相對於其他各區的明顯優勢，雖然臺北縣核心與臺北市外圍的員

表7.8　臺北縣市社會服務及個人服務業概況：1986-2011

項目		員工人數(人)				全年生產總額(千元)			
年		1986	1996	2006	2011	1986	1996	2006	2011
臺北市舊核心	人數	11,753	17,833	13,537	14,883	6,918,243	24,718,692	19,148,339	24,120,373
	相對比重	(21)	(15)	(20)	(20)	(21)	(13)	(17)	(19)
	集中係數	167	138	138	140	181	136	126	144
臺北市新核心	人數	55,648	121,106	67,088	73,053	32,541,537	186,728,540	108,657,357	126,434,465
	相對比重	(100)	(100)	(100)	(100)	(100)	(100)	(100)	(100)
	集中係數	215	281	194	192	231	307	203	211
臺北市外圍	人數	15,925	30,901	42,897	45,186	9,393,400	47,843,191	70,157,041	81,473,003
	相對比重	(28)	(26)	(64)	(62)	(29)	(26)	(64)	(64)
	集中係數	79	74	119	113	85	82	126	129
臺北縣核心	人數	17,805	36,141	45,541	55,099	7,539,153	37,738,043	63,977,328	75,807,639
	相對比重	(32)	(30)	(68)	(75)	(23)	(20)	(56)	(60)
	集中係數	46	46	66	72	36	34	60	63
臺北縣外圍	人數	8,247	17,210	26,384	31,456	3,067,256	17,809,710	39,920,748	38,644,414
	相對比重	(15)	(14)	(40)	(43)	(9)	(9)	(37)	(31)
	集中係數	46	37	57	58	32	27	56	45
臺北市	人數	83,326	169,840	123,522	133,122	48,853,180	259,290,423	197,962,737	232,027,841
	集中係數	157	174	154	150	169	188	159	166
臺北縣	人數	26,052	53,351	71,925	86,555	10,606,409	55,547,753	103,898,076	114,452,053
	集中係數	46	42	63	66	35	31	58	55
臺北市縣	人數	109,378	223,191	195,447	219,677	59,459,589	314,838,176	301,860,813	346,479,894

資料來源：臺閩地區工商及服務業普查報告

工數，相對於臺北市的新核心，略有增加，但只有臺北市新核心就業人數的約五分之一和六分之一。臺北市新核心以外地區的員工數的比重逐年提升，但在2012年仍只有北市新核心的56%而已。就生產總額觀察，臺北市新核心的優勢更強。新核心以外地區，在1986-2006年之間，相對比重都略有增加，但在2011年又告下降。其他各地區生產總額的相對比重，在1996年是新核心的30%，2006年是28%，到2011年是26%。再以市縣相較，員工人數年度分別為8.40、4.75、4.48和3.68，生產總額為9.67、6.20、7.85和7.51。就集中係數觀察，臺北市新核心稍有起伏，但1996年以後的三個年度大都相似，都高於1986

表7.9　臺北縣市金融保險不動產及工商服務業概況：1986-2011

項目		員工人數 (人)				全年生產總額 (千元)			
年		1986	1996	2006	2011	1986	1996	2006	2011
臺北市舊核心	人數	6,624	17,499	27,280	27,170	5,589,000	32,383,391	69,310,162	43,934,523
	相對比重	(6)	(7)	(7)	(7)	(3)	(4)	(4)	(2)
	集中係數	75	87	99	93	42	54	67	37
臺北市新核心	人數	112,094	249,321	367,530	388,350	176,623,537	802,302,309	1,580,456,331	1,953,418,364
	相對比重	(100)	(100)	(100)	(100)	(100)	(100)	(100)	(100)
	集中係數	343	373	379	371	362	398	437	460
臺北市外圍	人數	4,731	19,497	51,081	60,232	5,000,301	64,541,617	162,256,795	169,472,598
	相對比重	(4)	(7)	(14)	(16)	(3)	(8)	(10)	(9)
	集中係數	19	30	51	55	13	33	43	38
臺北縣核心	人數	11,741	44,030	64,675	87,263	16,078,428	107,636,415	148,906,889	194,419,341
	相對比重	(10)	(18)	(18)	(22)	(9)	(13)	(9)	(10)
	集中係數	24	36	33	41	22	29	21	23
臺北縣外圍	人數	2,952	16,264	37,002	42,155	3,275,692	37,417,060	81,778,249	94,162,197
	相對比重	(3)	(7)	(10)	(11)	(2)	(5)	(5)	(5)
	集中係數	13	23	29	28	10	17	17	16
臺北市	人數	123,449	286,317	445,891	475,752	187,212,838	899,227,317	1,812,023,288	2,166,825,485
	集中係數	184	189	198	195	187	197	216	219
臺北縣	人數	14,693	60,294	101,677	129,418	19,354,120	145,053,475	230,685,138	288,581,538
	集中係數	21	31	32	36	18	25	19	20
臺北市縣	人數	138,142	346,611	547,568	605,170	206,566,958	1,044,280,792	2,042,708,426	2,455,407,023

資料來源：臺閩地區工商及服務業普查報告

年；因此，在員工人數，略有向臺北縣分散的趨勢，但臺北市在2006年依舊是臺北縣的三倍或四倍以上，相對於人口數，則臺北市的集中程度並未下降。至於生產總額，則臺北市的優勢更強，相對比重略降之後而回升，2006年和2011年的比值還高於1996的。而從集中係數，不只是臺北市新核心的集中係數逐年增加，臺北市整體相對於人口數的集中係數亦是逐年增加。總之，在金融保險、不動產及工商服務業，臺北市新核心與臺北市舊核心的優勢幾乎未見減弱。

製造業的情形則與前述幾個行業不同，臺北縣製造業的優勢一直明顯強於臺北市。臺北市和臺北縣的製造業員工人數，自1986年以來是

表7.10　臺北縣市製造業概況：1986-2006

項目		員工人數（人）				全年生產總額（千元）			
年		1986	1996	2006	2011	1986	1996	2006	2011
臺北市舊核心	人數	36,249	23,783	13,147	13,152	27,592,193	52,832,064	45,522,319	60,468,286
	相對比重	(39)	(21)	(14)	(18)	(26)	(11)	(6)	(10)
	集中係數	75	59	40	44	54	48	30	42
臺北市新核心	人數	93,632	108,691	93,786	72,983	105,913,284	470,599,633	776,557,194	585,779,283
	相對比重	(100)	(100)	(100)	(100)	(100)	(100)	(100)	(100)
	集中係數	53	81	82	68	56	128	145	113
臺北市外圍	人數	81,411	54,601	72,343	84,444	77,462,281	188,535,091	461,733,513	483,374,764
	相對比重	(87)	(50)	(77)	(116)	(73)	(40)	(59)	(83)
	集中係數	46	41	63	78	52	53	83	89
臺北縣核心	人數	301,038	273,072	232,795	215,327	308,757,070	651,455,231	878,235,451	855,373,387
	相對比重	(321)	(251)	(248)	(295)	(291)	(138)	(113)	(146)
	集中係數	114	110	102	99	110	96	82	82
臺北縣外圍	人數	238,138	238,456	236,658	236,570	278,354,823	541,742,386	866,796,187	1,004,517,961
	相對比重	(254)	(219)	(252)	(324)	(262)	(115)	(111)	(171)
	集中係數	195	164	155	154	215	137	121	136
臺北市	人數	211,292	187,075	179,276	170,579	210,967,758	711,966,788	1,283,813,026	1,129,622,333
	集中係數	58	61	67	68	54	85	103	94
臺北縣	人數	539,176	511,528	469,453	451,897	587,111,893	1,193,197,617	1,745,031,638	1,859,891,348
	集中係數	140	130	123	122	143	111	98	104
臺北市縣	人數	750,468	698,603	648,729	622,476	798,079,651	1,905,164,405	3,028,844,664	2,989,513,681

資料來源：臺閩地區工商及服務業普查報告

逐漸減少，但是在產值上則告增加。1986年時，臺北縣核心區的員工數為臺北市新核心區的3.2倍，以後略有下降，但到2011年時仍是近3倍。臺北縣外圍，則是由2.54倍，增高到3.24倍。臺北縣的製造業員工數在1986年是臺北市的2.55倍，至2011年是臺北市的2.65倍。另外從集中係數觀察，臺北市略為上升，臺北縣則稍有下降。臺北市製造業相對分量的增強，應是臺北市的外圍地區發展的結果，反映著南港和內湖因應製造業新趨勢的工業區開發。雖然員工數減少，但生產總額則有增加，臺北縣在生產總額上的優勢則不如員工人數。相對於前述的三大行業，臺北縣在製造業方面的優勢，在員工人數方面最為明顯，大概

都是臺北市的近三倍。不過值得注意的是，臺北縣的核心區，原來是全臺北都會製造業最重要的地區，在過去20年製造業的員工人數與總產值都有下降的跡象。臺北縣核心地帶，已經有著產業結構變化的跡象，製造業的相對分量遞減。相對而言，臺北市的製造業則有所成長，特別是臺北市外圍，員工數和生產總額的相對比重與集中係數都持續增長。總之臺北縣核心製造業有外移的趨勢，而臺北市外圍與臺北縣外圍，在製造業上則告增強，臺北縣製造業有減弱的趨勢，其製造業的優勢仍然明顯。

　　綜合而言，臺北市與臺北縣在服務業和製造業上的明顯區分，依然存續著。在全球化都市中最關鍵的金融保險、工商服務與不動產行業（Sassen, 1991），臺北縣雖然略有成長，但臺北市新核心地區的優勢未曾稍減。在歐美都市郊區占優勢的零售批發及個人與社會服務業，臺北縣有著較明顯的成長趨勢，但是臺北市在員工人數上，仍大於臺北縣，特別是生產總額都是臺北縣的二倍或三倍。換句話說，在分散化的趨勢中，臺北市的優勢仍在，而且主要是在人力素質要求較高的部門。製造業雖仍是臺北縣的優勢產業，不過該產業似乎發展到了頂點，在最近的十年間，甚至略有消退的情形，反而臺北市在高階製造業的人員數與生產總額皆有所成長。從產業的變遷觀察，臺北市仍是持續成長的中心都市。

（二）社經地位的變遷：高等教育人口比例的變化

　　臺北都會區明顯呈現臺北市常住人口減少，而臺北縣卻逐年增加的情形。在人口此消彼長的過程中，人口的社經地位是否也有相應的變化？以下將以主計處人力資源調查中，居住人口與就業人口的教育程度，作為初步觀察的對象（見圖7.3）。臺北市15歲以上的居住人口，其教育程度為「大學及以上」者的比例，在1990年為17.32%，此後逐年上升，到了2008年之後，超過了40%，增加了近23個百分點。若根據就業人口的數據，則是從1990年的20%，逐步提升到2009年的48%，增加了28個百分點。

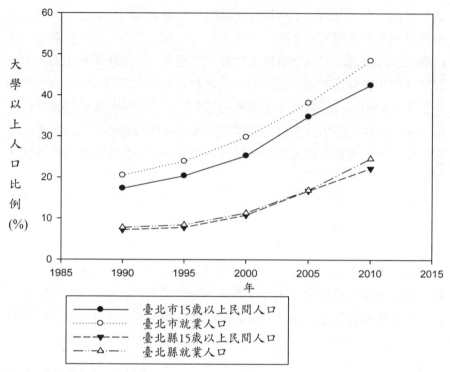

圖7.3 **臺北市與臺北縣就業和一般人口教育程度比較**

資料來源：人力資源調查統計年報

　　臺北縣同樣也是大學以上教育人口比例增加的情形。其居住人口從
1990 年7.22% 提升到2009 年的22.25%，增加了 15 個百分點，就業人
口則從7.79% 提升到24.62%，增加約 17 個百分點。由於臺北縣增加的
速度不及臺北市，以致兩者大學以上教育人口比例的差距，在居住人口
中，由1990 年的 10 個百分點，擴大到2009 年的 20 個百分點；在就業
人口，則由13 個百分點，增加到24 個百分點。很明顯的，臺北市縣之
間，居民在社會經濟地位上雖同步提升，但兩市的居民社會經濟地位的
差距逐漸增加，臺北市的優勢益發明顯。

六、結語

　　自1980年代以來，臺北市人口遞減是由舊核心地區，逐漸往其他地區擴散，至21世紀的最初10年，全市人口遞減已經20年了，因此有人對臺北市未來的發展感到憂心。在2005以後，不論是舊核心或新核心各區，人口都略有回升的跡象，2014的人口又趨近1990的最高點。人口雖有復甦跡象，大幅成長的可能不高，起伏不會太大。臺北縣部分鄉村地帶人口持續遞減，但不論是核心或外圍地區都維持其成長的趨勢。臺北市人口的遞減，主要是新舊核心區人口減少的結果，臺北市的外圍以及臺北縣從1980年代以來，是人口成長地帶。臺北都會的確有中心都市人口遞減再持平，而外圍地帶持續增加的情形，整個都會人口仍然增加。臺北都會人口的發展過程可以歸納如下：臺北市舊核心往新核心發展→臺北市舊核心人口開始遞減，新核心與臺北市外圍與臺北縣核心區人口成長→臺北市新舊核心人口衰退，臺北縣外圍人口成長→臺北市新舊核心人口略微復甦，其餘都會地帶人口微幅成長。這樣的過程與其他現代都會人口成長的模式若合符節，只是臺北市作為中心都市，人口的減幅不大，也很快就穩定下來。

　　臺北市的移入人口來源地，一直遍及全臺灣各區域，而其移出的人口，則以北部區域為主，大部分的時期，是以臺北縣占了最大分量。臺北縣移入的人口，則較侷限於臺灣北部地區，來自臺北市的，占了最大的部分。整體說來，從移入人口而言，臺北市仍是全臺灣人口流入的主要都市，臺北市的移出人口則以臺北縣為大宗。此外，從移出人口目的地和移入人口來源地觀察，桃園縣與臺北市縣的關係，有增強的趨勢。另外，兩縣之間的人口相互流動也告增強。就國內遷徙調查資料對遷移地點的分析研究（薛立敏等，2007）中指出，在北部地區，桃園縣對臺灣遷徙人口的吸力，在2000年之後，超越了臺北都會。

　　從就業人口設籍與居住地的關係來觀察，來源地和流出地的分布模式，臺北市縣的流入就業人口來自臺灣不同的區域，流出人口目的地則都以北部為主，只是臺北市以臺北縣為最主要目的地，臺北縣則顯示臺北市與桃園縣的分量相當。臺北市和臺北縣都是全臺灣少數流入就業人

口多過流出就業人口的地區，因此臺北市與臺北縣同樣是吸引就業人口的地區。但與一般人口的遷徙不同的是，臺北市增加的就業人口數，一直大於臺北縣。這間接顯示，從居住人口觀察，臺北市人口可能低估，且低估的情形大於臺北縣。

　　工作通勤人口顯示臺北市縣之間通勤人口的比重大於與其他市縣的比重，而由臺北縣前往臺北市工作的通勤人口，不論在數量和比例上，都大於由臺北市往臺北縣的，臺北市工作通勤流入與流出的差距為正，臺北縣為負。這同樣反映在就學與工作通勤人口所推估的活動人口，活動人口的差距小於常住人口。同時這種正負值有增加的趨勢，反映著臺北市縣日常生活往來的密切。臺北市作為中心都市，其吸引臺北縣活動人口的力量，一直未曾減弱，甚至還可能增強。

　　雖然臺北縣顯示二級產業員工數減少，三級產業則告增加的趨勢，但「服務業的臺北市」及「製造業的臺北縣」之對比現象，仍未產生大幅的改變，臺北都會如一般郊區化模式顯現的，中心都市人口的分量，逐漸為郊區所超越，而近二十年來，都會產業的確呈現分散化的趨勢，特別表現在批發零售、餐飲業，以及個人與社會服務業方面的陸續成長。不過，臺北市在服務業上的優勢，很難為臺北縣所超越，一方面臺北市在上述二大行業的集中程度仍明顯高於臺北縣，一方面則是臺北市的金融保險、工商服務業及不動產業的成長，仍然不曾減緩，且一直與臺北縣維持一段很大的差距。在整體就業概況上，當臺北縣的製造業，略有稍減的跡象時，臺北市的製造業，卻有所成長，且是屬較高生產力與競爭力的製造業。在這種產業發展的模式下，臺北市在人口移出與移入的過程中，反而可能吸引更多社會經濟地位較高的人口移入。這可以從15歲以上就業人口與一般人口在教育程度的對比來佐證：臺北市縣同樣都呈現大學以上教育人口比例，逐年上升的情形，但臺北市一直明顯高於臺北縣，而這種差距逐年擴大。

　　臺北市以其產業發展的特性，吸引高教育程度就業人口，居民的社經地位向上攀升，似乎與人口遞減一樣，是很難避免的趨勢，不過臺北市並未經歷人口社經地位降低及產業衰退。商服務業確有分散的趨勢，但臺北市的新核心在員工數與生產總額仍有明顯的優勢，而金融與產業

服務的優勢更未曾稍減，臺北市相對於臺北縣，一直保持人口社經地位與服務業逐步升級的優勢。臺北市的商業中心有由舊核心往新核心東移的趨勢，但並非歐美郊區化那樣的變化。雖然，臺北市在由舊核心往新核心發展的過程中，著手一些老舊住宅或建築的改建，也有些低社經地位的居民被直接或間接驅離原居地現象，但就新核心區的發展而言，是人口社經地位一再提升，並非衰退之後的士紳化。這種發展造成中、下階層難以在臺北市棲身，臺北市與臺北縣之間人口社經地位的差距可能持續擴大，這種中心都市與都會外圍地帶，社經地位差距逐漸擴大，到底會對整體都會產生什麼樣的影響，有待未來更多研究加以關注。

參考書目

李佳霖（2010）。《臺北市勞動力變遷分析》，臺北市：臺北市政府主計處。

邱盛生（1982）。〈台北都會區的人口分布與對流──運輸旅次需求分析〉，《人口學刊》，6：115-127。

孫清山（1997）。〈戰後台灣都市之成長與體系〉，蔡勇美、章英華編，《台灣的都市社會》，頁63-103。臺北市：巨流。

張春蘭、張雅雯（2005）。〈用時間地圖分析近十年台灣人口空間變遷〉，范毅軍編，第一屆地名學術研討會論文集。臺北市：內政部。

章英華（1993）。〈台北縣移入人口與都市發展〉，蕭新煌等著，《台北縣移入人口之研究》，頁51-78。板橋市：臺北縣立文化中心。

章英華（1995）。《台灣都市的內部結構：社會生態與歷史的探討》。臺北市：巨流。

章英華、蔡勇美（1997）。〈台灣的都市經驗──過去、現在與未來初探〉，蔡勇美、章英華編，《台灣的都市社會》，頁523-551。臺北市：巨流。

章英華、林季平、劉千嘉（2010）。〈臺灣原住民的遷移及社會經濟地位的變遷與現況〉，黃樹民、章英華編，《台灣原住民政策變遷與社會發展》，頁51-120。臺北市：中央研究院民族學研究所。

陳東升（1993）。〈北縣人口遷移之特徵與趨勢〉，蕭新煌等著，《台北縣移入人口之研究》，頁17-51。板橋市：臺北縣立文化中心。

陳東升、周素卿（2006）。《臺灣全志，卷九，都市發展篇》。南投市：國史館臺灣文獻館。

陳寬政（1981）。〈台北都會區的人口分布與變遷〉，《人口學刊》，5：51-65。

薛立敏、曾喜鵬、謝鈺偉（2007）〈台灣地區近年來遷移行為變化之影響因素分析〉，《人口學刊》，34：69-107。

Palen, J. John，章英華譯（1997）。〈美國都市社會學家眼中的台灣都市——與美國的對照〉，蔡勇美、章英華編，《台灣的都市社會》，頁517-522。臺北市：巨流。

Atkinson, Rowland and Gary Bridge (2005). *Gentrification in a Global Context: the New Urban Colonialism.* London: Routledge.

Clapson, Mark (2003). *Suburban Century: Social Change and Urban Growth in England and the USA.* Oxford: Berg.

Flanagan, William G. (1999). *Urban Sociology: Images and Structure.* Needham Heights, MA: Allyn & Bacon.

Gallangher, Leigh, (2013). *The End of the Suburbs: Where the American Dream Is Moving.* NY: Penguin Group.

Glaeser, Edward, (2011). *Triumph of the City: How Urban Spaces Make Us Human.* London: Pan Macmillan.

Hall, Peter (1988). "Urban Growth and Decline in Western Europe." Pp.111-127 in Mattei Dogan and John D. Kasada (eds), *The Metropolis Era, Vol. 1, A World of Giant Cities.* Newbury Park, Calif.: Sage.

Hall, Peter (2014). *Cities of Tomorrow: An Intellectual History of Urban Planning and Design Since 1880* (Fourth Edition). West Sussex, UK: Wiley Blackwell.

Jackson, Kenneth T. (1985). *Crabgrass Frontier: The Suburbanization of the United States.* New York: Oxford University Press.

Lees, Loretta, Tom Slater and Elvin Wily (2008). *Gentrification.* New York: Routledge.

Lucy, William H. & David L. Philips (2006). *Tomorrow's Cities, Tomorrow's Suburbs.* Chicago: Planners Press.

Palen, John (1995). *The Suburbs.* New York: McGraw-Hill.

Rothhblatt, Donald N. and Deniel J. Garr (1986). *Suburbia: An International Assessment.* London: Croom Helm.

Sassen, Saskia (1991). *The Global City: New York, London, Tokyo.* Princeton, NJ: Princeton University Press.

* 本文修改增訂自：章英華、范維君，2010，〈台北市的人口變遷：以台北都會為範疇的觀察〉，曾發表於人口變遷與社會發展聯合研討會，臺灣大學霖澤館。臺北：臺灣人口學會。

第二篇———

都市意象與生活型態

第八章

都市化與機會結構及人際關係態度[*]

一、前言

談到都市的人際關係，就不能不想起齊末爾（George Simmel, 1951）和渥斯（Louis Wirth）這兩位古典社會學家。渥斯的理論相當程度係以齊末爾有關都市人心理生活的討論為張本，同時他的〈都市性乃一種生活方式〉（Urbanism as a way of life）的論文，乃是後來社會學者引用或批判的重心，甚至有人認為該文是社會學學術雜誌中歷來最著名的一篇（Saunders, 1981: 92-93）。因此本文的討論就以渥斯的觀點開始。

渥斯指認三種都市異於鄉村的人口特質，人口數量、人口密度與人口異質性。這三種特性增強了都市的經濟競爭，造成了明確的職業分化、地區分化和人群隔離（segregation），同時削弱了社區的聯繫以及初級團體的凝結力。於是，次級關係取代基本關係。都市人認識的人雖多，卻缺乏深交的基礎；面對面與人接觸的機會也多，但卻常是非私人性的、虛浮的、臨時且片面的。另一方面，這樣的人口特質又使人暴露於過量的外在刺激，都市人得努力適應這種情境以取得心理平衡。在這種情況下，都市人缺乏群體的束縛，脫離了許多外在壓力，但是人與人之間也相互隔離起來，不能與他人感情交融。於是，人際聯繫的鬆懈，導致人們欠缺支持和外力的圍限，容易陷入缺乏支持下的生理和心理的

* 本文之成得施國勳先生、張綉芬小姐協助統計分析，蔡采秀小姐協助謄清稿件，並於研討會中得伊慶春教授與其他與會學者賜正，特此致謝。

失調。就客觀互動而言,是基本關係的鬆懈;從個人心理而言,則是對
人際關係的不滿,疏離感的增強,以及無助情況下的心理壓力(Wirth,
1938)。

　　不論在都市社會學或其他論及都市的通俗著作中,仍相當瀰漫著這
樣的觀點。但是有些都市社會學家已經從許多方面檢討這項論點。最極
端的,根本就否定渥斯所謂的都市規模會導致那樣的人口特質、社會結
構特性與社會心理特質。有人以現代富裕工業社會的農業社區與前工
業都市相比較,認為前者可能更展現渥斯所謂的都市性(Dewey, 1960:
63)。持如此的觀點,會認為所謂的都市性根本就是現代社會的特質,
不論都市或鄉村居民都在資本主義發展中受到這種影響,城鄉差異並沒
有什麼意義(Fischer, 1984: 34)。

　　另一種說法則是,現代社會有著不同屬性的人們,因緣聚合在不
同的聚落裡。都市與鄉村要有什麼差異,完全是因為所聚集的人群不
同的緣故。只要考慮人群的特性,如甘斯(Herbert Gans)所提的社會
階級,家庭生命循環與種族等,都市和鄉村的差異就不存在了(Gans,
1968: 111)。採這種觀點會認為,不論是何種聚落,不論規模大小,只
要組成的人口特質類似,反映的社會結構與心理特質就類似。舉例言
之,如果都市和鄉村都有大學,都存在著以教授家庭為主而組成的聚
落,這兩個聚落應具備共同的特性。由於都市的就業結構與鄉村都有著
相當系統性的差異,都市與鄉村因之也可見到人口組成模式的差異,這
種差異的確可以反映在聚落的集體比較上。從這種觀點看去,都市性
只是種替代指標。費雪(Claude S. Fischer)稱這種說法為人口組成論
(compositional theory),而將渥斯的論點名為都市決定論(determinist
theory)(1984: 5-26)。

　　費雪企圖調和上述兩種對立的看法,另創副文化理論。他認為都市
性的確模塑了社會生活,但並不是如決定論所言摧毀了社會團體,反而
是增強了社會團體。由於都市規模提供了「關鍵人口」(critical mass),
使得自有其副文化的社會團體得以存在。這種副文化團體提供了都市人
有意義的社會世界,因此像渥斯所強調的人際關係淡薄和疏離、脫序等
都市性並非城鄉差異所在。都市因副文化的存在,而使得許多不合慣俗

的行為（unconventionality）得以存續，喜好這種行為的人們可以得到足夠相互支持的友伴。各種副文化團體在都市社會裡總會有所接觸，磨擦與不快在所難免。都市確如渥斯所言，展現著解組現象，但原因不在於社會世界的淡化，而是副文化團體的鞏固與相互磨擦（Fischer, 1975; 1984: 35-39）。費雪雖強調城鄉間仍具有意義的差距，但不認為渥斯有關人際關係的說法可以成立。依費雪（1982: 45-76）自己所搜集的資料，除對傳統價值的依附外，家庭關係、心理壓力、鄰里關係等方面，都未顯示都市與鄉村的顯著差異。

在近 20 年代都市社會學的反省中，渥斯所強調的都市生活方式，成了箭靶，被射得斑斑點點（Krupat, 1985: 152-154）。但各種批判中，卻有幾點問題，使得我們不得不仍保持較保留的看法。首先，批判渥斯者，並沒有很明顯的時序考慮。令人不禁問道，用 1960、1970 和 1980 年代的調查資料來反駁 1920 和 1930 年代的論點是否公允。再從美國郊區化的過程來看，19 世紀興起了強烈的反都市取向，人們都承認都市是工作的地方，是上升流動的舞台，但卻不視之為適合家居的場所，郊區化於是成為科技條件（特別是交通與電話）允許下，調和居家理想的一種方式（Hadden & Barton, 1973: 93-109）。而今美國人偏好郊居的態度仍在。

甘斯（1968: 97-103）是反對都市論最強烈的一位社會學家，他在「都市性與郊區性都是一種生活方式」（Urbanism and Suburbanism as Ways of Life）一文中，強調階級與家庭生活才是解釋都市生活類型的根本原因，但他不否認都市內城極其契合渥斯「都市性」的說法。這使我們問道，是否 20 世紀初期的美國都市，內城占了相當大的分量（不論從人口或土地面積），幾乎可以說內城就是都市的全部。費雪有關副文化的說法，令人質疑的是，副文化需不需要時間培養？都市人一定都很固定的繫屬於某些副文化嗎？韓特（Albert Hunter, 1978）雖強調大眾社會中仍存在著地方情感（local sentiments），但從他的社區分類，我們感覺到，一個地域單位需要面對危機才肇建凝結的契機，同時還要經過適當的醞釀時間，才能形成情感繫結穩定的社區。從這幾方面來思考，渥斯所謂的都市性可能是資本主義發展下某一階段的都市特性。本

文由於資料的限制，不能系統的檢證各種理論爭執，但至少就城鄉人際
關係的比較後，能提供進一步思考的線索。

　　以臺灣的都市發展性質，有的可以支持渥斯的論點，有的則否。臺
灣是從 1960 年代以後才有百萬人口以上的都市，因此大都市的歷史尚
淺，其人口大都是近20 餘年來快速累積的成果。各種成型的副文化團
體是否存在，尚難定論，而目前人們也屢屢抱怨欠缺都市生活倫理，
許多有關都市的雜論對都市的批評，每每隱現渥斯所謂的疏離和脫序。
但從另外方面觀察，臺灣社會發展快速，幅員又小，都市與鄉村間的往
來便利，各種訊息幾乎都能快速傳送至全島各地。在農業資本化下，農
民同樣遭受價格波動的威脅。再者，鄉村與都市距離不遠，鄉居者也經
常可以利用都市的設施，很可能是受都市影響下的次文化。從這方面推
論，則可能比較反對渥斯的論點。不論如何，目前臺灣的都市仍以其機
會結構吸引人們，由鄉移城者具高度選擇性，以年輕的高教育程度者偏
多（廖正宏，1986：199-201）。我們是不是同樣存在著機會結構與人
際關係方面的矛盾？本文擬就這兩方面的相關態度作城鄉之間的比較。

　　最近蔡勇美和蕭新煌（Tsai and Hsiao, 1986）曾經以〈都市性乃美
國中心主義下的概念〉（Urbanism as American Ethnocentrism）一文檢
討都市決定論在臺灣的適用性。就人際關係方面，他們認為城鄉之間的
差異甚弱，大部分只能說是統計的差異而缺乏實質的意義。至於機會結
構方面，他們指出，雖然都市人對工作、財務、升遷機會和教育的滿
足感略強於鄉村，但實質意義仍然不強，尚不足以支持都市決定論的說
法。他們就這種論點認為都市性可能是美國文化的產物，不見得適用臺
灣。不過他們也說，由於都市性的指標還是值得進一步澄清，研究設計
得更契合理論的關照才行。本文可以說是以臺灣資料討論都市性的另一
個嘗試。我們取用的指標略不同於蔡與蕭所用者，但我們就人際關係態
度和機會結構的討論應該可與他們的結論相互比較。

二、研究問題與方法

本文是以都市化程度不同的聚落作為比較的起點。社會變遷基本調查的抽樣即根據行業別將全臺灣的聚落分成都市、城鎮和鄉村三類，以之作為選樣的分層基礎。根據行業別的比例，（1）凡各村里40%以上的勞動力屬第三級行業，且二級與三級行業人口總和占勞動力75%者，是為都市；（2）凡村里的二級和三級行業人口總和超過勞動力的75%，而三級行業不及40%；二級與三級行業人口都不及勞動力的40%，但兩者總和介於55%-75%之間者；二級與三級行業占勞動力的55%和75%之間，且二級行業占40%以上者；以上三類是為城鎮；（3）凡以上兩類以外的村里，是為鄉村。如此的分類，可能反映出都市人口規模，但並不以之為考慮的起點。我們知道，都市人口規模乃渥斯理論的起點，由於臺北、臺中、臺南、高雄乃臺灣超過五十萬人口的區域性大城，故將之從第一類村里中摘取出來，稱之為核心都市（簡稱核心）。於是臺灣的聚落於本文中分成核心都市、次級都市、城鎮和鄉村四類，以期能包含人口規模的概念。[1]

從組成論的觀點，不認為都市規模是造成差異的根本原因，而認為是因為不同類型聚落人口組合差異所造成的。因此，我們另外取性別、年齡、教育程度以及職業別等變項，希望看這些變項控制後，聚落別所導致的差異仍否存在。前言中曾特別強調都市在機會結構與人際關係的矛盾性，因此我們想比較不同規模或性質的聚落在這方面態度的差異。

（一）機會結構態度

有人視郊區化是美國都市人為調合工作舞台與日常生活的手段。人們就算能將居處避開繁囂的都市環境，還是免不了日日通勤之苦。臺灣在光復後的三、四十年間，都市所創造的就業機會，一直吸引大量的移

---

1 由於基本調查的抽樣是以村里為單位，故而某些村里在行政上應屬核心都市，但因位於都市邊緣而被列為城鎮；而少數城鎮的里別，其人口行業結構與次級都市相近因而被歸為次級都市。經過核心都市與次級都市之細分，雖已能包含都市規模的概念，但不見得完全契合。不過，大體的推論還是行得通的。

民。客觀而言，都市的確提供較多高收入、高聲望的職業，但都市人是
否比鄉居者更滿意自己的工作狀況、事業發展和收入？同樣的，都市需
要高教育程度人士，都市人教育程度也偏高，他們是不是比鄉居者更滿
意自己教育上的成就？我們從問卷中選出下列四題討論：

　　1. 工作狀況滿意度。

　　2. 您認為目前您事業上有這樣的成就是不是公平。

　　3. 就您的能力和工作情形而言，您目前的收入是不是合理。

　　4. 教育程度滿意度。

（二）人際關係態度

　　本文另外所欲探究的是，都市化對我們社會之中人際關係態度的影
響。此種關係，可以是與有意義他人（significant others），包括家人、
親戚、朋友和鄰居之間者，也可以是與並不熟識的社會中的一般人之間
者。至於態度主要涉及兩個層面，一是評價的，即人們給予該關係的正
負評價或滿意程度；一是情感的，即人們願意融入該關係的程度。由於
問卷的限制，大部分項目都屬評價性的。本文將此人際關係態度分成三
組：

　　1. 對非特定一般人的態度，我們從社會變遷基本調查研究問卷裡抽
取四個題目：

　　（1）人與人之間再也沒有可靠而值得信任的關係。

　　（2）在自己的生活環境中，一個人總是可以找到可以信任的人。

　　（3）喜歡瞭解別人的動機與想法。

　　（4）喜歡參加大家互相關心的團體。

　　這四題可以說是反映了社會疏離感中社會孤離（social isolation）
這個向度，指陳的是人們的孤獨感和被人拒絕感。如果人們不再覺得周
遭之人值得信任，不願意去瞭解周遭之人，不願意參加各種團體，則將
落入自我隔離的境地，對日常遇見的人都時時抱持著懷疑的態度。費雪
（1973）的研究發現，都市化確實會（雖然輕微）增加對他人的猜疑。
但他質問道，都市人並不會對自己團體中之人有所疏離，而是對都市中

隨時都可能遇見的陌生人所抱持的態度。上述的第1、第2題目可以檢證此一命題。第1題指的是泛泛的人群，而第2題則有其限定範圍，找得到可以信任的人，總是個人生活圈的熟人了。

2.對家內人之態度，此一部分從問卷中摘取五個項目：

（1）一個人應該把家庭看得比自己重要。

（2）遠離家庭時，就會覺得家的重要。

（3）覺得跟家人溝通不夠而感到疏遠。

（4）親子關係滿意度。

（5）婚姻生活滿意度。

第1、2和5三題都是對家庭人際關係的評價，第3和第4題，乃是以家庭為一整體，顯示個人對家庭的依附感。都市化對家內關係的影響可以有著兩種對立的推論。首先，純就芝加哥學派的傳統觀點出發，都市化導致結構分化，家庭的功能很多都由新起的制度或團體所取代，家庭的權威減弱，而家庭的聯結力也變得貧乏、狹隘，表面上無法令人滿意的。於是仰仗家庭繼續並束縛人們的社會，顯現解組和脫序的現象。但從另一種角度來推理，我們承認家庭的功能逐漸為其他制度和團體所取代，但是其他的團體給予個人的，也可能是貧乏且表面的關係。在這種情況下，家庭反而成為個人情感上極重要的依歸，可能都市化程度越高的地區越看重家庭關係。至於對家內關係，可能因為高要求與客觀環境的不能配合而給予負面的評價，也可能因為個人益發重視，更用心安排而給予正面的評價。

3.對家外基本關係的態度，從問卷中抽取的題目包括：

（1）為了避免麻煩，鄰居間還是少來往為妙。

（2）喜歡與親戚互相往來。

（3）怕得罪朋友或失去朋友。

（4）鄰居關係滿意度。

（5）親友關係滿意度。

先得說明的是，我們不把親戚關係放在家內部分討論。以本問卷的問法，家內關係大致所指涉的是同居共食的核心家庭或主幹家庭成員。因此，較廣義的親戚關係，可以與鄰居和朋友置於同等的地位。

　　大部分的依變項都是以 Likert 量表施測，我們視之為等距變項，以分數表示受試者變項值的高低。根據此特性，我們採變異數分析，以鑑別各變項的影響力是否達統計顯著水準。接著再以多重分類分析取得調整後的平均值，作為判斷城鄉與各人際關係態度之間的關係方向，也可比較年齡、教育、職業和都市化四者間解釋力的強弱。必須說明的是，我們僅在有關職業態度的變項上使用職業別的分析，此外，都只用教育而已。最後，在全部樣本中，我們割捨了東部地區，以便於統計分析。而臺灣北、中、南三大地帶，都市化程度不同，最大都市的特性也不同，故而在變異數分析與多重分類分析中亦取為自變項之一。若於變異數分析中，發現都市化程度與其他變項有互動效果時，我們則將二者重組新變項，再以多重分類分析取得這新變項的調整後平均數，藉以瞭解此種互動效果的影響何在。

　　各依變項的回答大都分六級，負面三級、正面三級，如由非常、相當、還算贊成（滿意）到有點、相當、非常不贊成（滿意），依序給3, 2, 1, -1, -2, -3。各平均值係加權後的數字，我們可依據平均值來判斷各類屬的傾向為何。

三、研究發現與討論

（一）機會結構態度

　　我們在前面曾以機會結構來說明都市吸引人們的地方。這種機會結構可以從各地區人口的職業和教育組成反映出來。表 8.1 即顯示不同類型聚落在行業、職業和教育組成上的差別。以整體就業人口而言，一級行業或農林漁牧業與都市化程度成反比，鄉村約一半就業人口屬之，而城鎮以上的聚落則在 16% 以下；三級行業、專技與行政主管、監佐、買賣與服務工作人員的比例則與都市化程度成正比；至於二級行業和生產體力工作人員與都市化程度則是種曲線關係，以城鎮的比例最高，而向鄉村及核心都市分別遞減。如果我們視核心都市為大的都市聚落，而城鎮為小的都市聚落，則顯然前者多三級行業以及層級較高的職業人口，而後者多勞力工人。再就教育組成來說，很明顯的與都市化程度成

表 8.1　都市化與行業、職業和教育組成

聚落類型	問卷類型	北部 核心都市	北部 次級都市	北部 城鎮	北部 鄉村	中部 核心都市	中部 次級都市	中部 城鎮	中部 鄉村	南部 核心都市	南部 次級都市	南部 城鎮	南部 鄉村	總計 核心都市	總計 次級都市	總計 城鎮	總計 鄉村
一級行業	問卷一	0.6	6.7	14.3	60.6	5.9	12.1	16.5	52.5	2.3	8.9	19.0	42.6	1.7	8.6	16.7	49.6
	問卷二	1.4	5.4	12.0	53.2	3.0	7.0	18.5	52.9	1.8	9.5	17.5	41.7	1.7	6.8	16.0	49.0
二級行業	問卷一	32.3	36.4	53.1	27.5	28.5	37.5	57.7	24.5	41.2	36.4	40.9	31.2	35.2	36.7	51.6	26.9
	問卷二	25.6	41.5	52.0	30.6	33.3	44.4	55.4	25.0	47.3	31.7	41.1	31.1	34.2	39.7	50.9	27.6
三級行業	問卷一	67.1	57.0	32.6	12.0	65.6	50.4	25.8	23.0	56.5	54.6	40.0	28.2	63.1	54.7	31.7	23.3
	問卷二	73.0	53.1	36.0	16.1	63.9	48.5	26.0	22.1	51.0	58.8	41.4	37.2	64.1	53.5	33.1	23.4
專技、行政主管	問卷一	18.2	9.2	4.6	2.6	11.1	10.3	9.7	4.9	13.0	9.2	12.6	5.6	15.6	9.5	9.0	5.0
	問卷二	12.5	10.1	8.2	2.5	11.2	14.3	9.9	4.1	13.4	10.5	10.5	6.8	12.7	11.2	9.5	4.8
監督佐理	問卷一	28.3	23.1	11.1	3.0	21.9	20.5	7.6	6.2	24.1	16.8	9.4	8.1	26.3	20.9	9.2	6.6
	問卷二	37.9	19.6	11.3	7.3	17.2	17.7	11.4	8.0	19.7	20.2	15.7	7.2	29.4	19.2	12.4	7.7
買賣工作	問卷一	19.7	11.2	9.3	0.0	23.8	14.9	7.5	6.4	12.4	13.5	12.9	5.8	17.4	12.9	9.6	5.7
	問卷二	16.4	9.7	13.4	4.0	19.9	14.9	5.1	5.7	10.7	14.0	7.3	2.7	14.7	12.1	8.6	4.5
服務工作	問卷一	13.0	14.9	13.1	2.6	17.8	11.3	10.5	6.4	13.6	14.2	12.2	7.2	13.6	13.7	11.7	6.4
	問卷二	15.7	13.3	8.2	5.1	17.4	8.8	6.2	6.0	12.4	18.0	10.1	10.7	14.7	13.4	7.8	7.7
農林漁牧	問卷一	5.4	2.7	6.5	60.6	4.2	11.8	15.7	50.6	1.8	9.3	13.1	42.1	1.4	6.6	12.0	48.4
	問卷二	1.0	3.4	7.5	53.2	1.3	6.5	17.9	52.0	1.8	8.3	17.4	41.5	1.3	5.4	14.0	48.4
生產體力	問卷一	20.2	39.0	55.4	31.1	21.2	31.1	49.0	25.5	35.1	37.0	39.7	31.3	25.7	36.3	48.5	27.9
	問卷二	16.6	43.9	51.5	27.9	32.9	37.8	49.5	24.2	42.1	29.0	39.1	31.2	27.2	38.8	47.7	26.9
不識字	問卷一	2.5	9.7	15.2	18.5	2.9	9.4	18.3	29.6	12.6	16.7	16.5	21.7	6.5	11.3	16.9	25.8
	問卷二	5.7	14.2	15.5	19.6	7.8	13.0	13.8	28.6	9.5	12.5	16.3	23.7	7.3	13.5	15.0	26.0
小學	問卷一	29.5	36.0	47.4	51.6	26.9	37.1	44.0	42.9	30.1	29.4	34.0	41.0	29.6	34.7	42.7	42.9
	問卷二	26.2	35.2	48.8	43.3	38.0	35.5	46.1	39.4	37.6	33.1	37.8	41.2	31.5	34.8	45.0	40.4
初中	問卷一	13.8	16.5	13.8	16.7	17.3	17.9	19.0	12.7	16.3	18.0	14.9	15.4	15.1	17.3	16.3	14.0
	問卷二	14.6	16.1	14.0	26.7	13.6	12.4	15.9	14.3	15.3	19.8	16.2	14.8	14.8	16.0	15.4	15.5
高中	問卷一	27.5	22.6	16.9	13.1	26.6	17.1	12.8	11.9	26.4	21.5	25.6	15.7	27.0	20.8	17.1	13.4
	問卷二	28.9	21.9	16.3	13.1	14.4	25.1	16.4	14.8	20.6	18.8	16.3	13.8	24.6	22.0	16.3	13.7
大學	問卷一	26.6	15.2	6.7	6.0	26.3	18.6	5.9	2.9	14.6	14.4	9.0	6.1	21.8	15.9	7.0	3.9
	問卷二	24.6	12.6	5.4	4.4	17.0	14.0	7.8	2.9	17.0	15.8	13.4	6.5	21.8	13.7	8.3	4.4

正比，核心都市與次級都市的高中以上人口比例居高，城鎮與鄉村則以小學和不識字人口的比例為高，而鄉村不識字的人口比例乃各類聚落中最高者。

再觀察不同地區的情況。臺灣北、中、南三區不同類型聚落的教育組成大致上與整體資料相似，唯南部的核心都市與次級都市間高教育程度的差距不大。但是在行、職業結構上，都略顯地區的變異。北部完全符合整體資料的趨向。中部在行業組成上與整體資料類似，但核心及次級都市在專技與行政主管和監佐人員的比例差距甚微。至於南部，其特色在核心都市的二級行業人口和生產體力工作人員的比例均偏高，甚至還不低於城鎮；三級行業人口、監佐人員、買賣與服務業工作人員的比例，次級都市反而略高。大體言之，北部的核心與次級都市，不論在職業、行業或教育組成上都顯示清楚的差異；南部頗為模糊，中部則居間。整體說來，都市與城鎮、鄉村之間的差異極為一致，隨都市化程度而引起職業、行業和教育組成的變異，還是言之成理。我們之所以區別核心與次級都市，是希望規模可以成為討論的基礎。而中、南部核心與次級都市間在職業、行業差距不大，或更可使規模在討論上有其意義。

當我們釐清了都市化程度、[2]職業和教育組成之間的關係，便可以進入工作和教育態度的比較了。都市提供了眾多的就業機會，而其居民教育程度也較高，是否對工作、對教育的態度就比較正面呢？我們先從對工作狀態的滿意程度談起。滿意程度的平均值分布在0.36和0.65之間，介於還算滿意和有點滿意之間。就未調整過的平均值而言，以次級都市的平均值最高，鄉村最低。再看調整過的平均值，平均值最高的仍是次級都市、鄉村與城鎮居間，而核心都市卻成為最低者。在事業公平感方面，平均值是在0.74至0.98之間波動，大致而言趨近還算公平，算是比較正面的評價。從聚落別觀察，在未考慮其他因素時，次級都市的公平感最高，再依次為核心都市、城鎮和鄉村，但是控制了性別、年齡、職業等變項後，次序變為次級都市、鄉村、城鎮和核心都市。至於收入公平感方面，平均值在0.5左右或以下波動，似乎各類聚落人們對

---

2 為行文之便，本文以都市化程度表示聚落別的差異，核心都市的都市化程度越高，而鄉村的都市化程度越低。一般用法，都市化程度是指一社會中都市人口占其全人口的比例。

收入的評價都不及對工作狀況和事業發展這兩方面。其中，仍以次級都市的公平感較高，其次是核心都市，而鄉村與其他類聚落有著頗大的差距，次級都市與城鎮之間只差0.08，而城鎮與鄉村之間差距為0.31，當其他條件相等時，由高而低的次序變成次級都市、城鎮、核心都市和鄉村，而鄉村與其他類聚落的差距不那麼懸殊；換言之，都市化程度對收入公平感的解釋力變得不顯著了（見表8.2）。

　　上述的敘述，顯示了好幾個共同點：第一，次級都市的居民對工作狀況、事業公平和收入公平，不論以調整前或調整後的平均值來觀察，都是滿意程度最高者，而城鎮大致都居中；第二，核心都市未調整過的平均值都是略高於城鎮或略低於城鎮，但調整後的平均值不但低於城鎮，還甚至低於鄉村。核心都市調整後的平均值均告降低；第三，鄉村未調整的平均值均屬最低，但調整後平均值都提高。在工作狀況滿意程度和事業公平感方面，平均值已不低於城鎮，不過在收入公平感上還是處於最低的位置。

　　鄉村的這一種現象是比較容易解釋的。從前面行業和職業組成的分析，我們看到鄉村最主要的就業人口都分布在農林漁牧與生產體力工方面。我們的農業一直處於衰退的狀況，而生產體力工又是職業層級中較低的一群人。從附表8-1中，我們可以看到這兩群人對工作狀況、對事業公平、對收入公平方面的評價都是最低的。這類職業人口的聚集，使

表8.2　**都市化與工作和教育態度** *

		核心都市	次級都市	城鎮	鄉村	F 檢定
1. 工作狀況滿意度	m1	0.48	0.65	0.48	0.42	p < 0.01
	m2	0.36	0.63	0.55	0.54	p = 0.002
2. 您認為目前您事業上有這樣的成就是不是公平	m1	0.85	0.98	0.81	0.78	p < 0.04
	m2	0.74	0.96	0.85	0.92	p < 0.03
3. 就您的能力和工作情形而言，您目前的收入是不是合理	m1	0.49	0.54	0.46	0.15	p < 0.01
	m2	0.39	0.51	0.47	0.34	N.S.
4. 教育程度滿意度	m1	-0.21	-0.22	-0.51	-0.41	p < 0.01
	m2	-0.40	-0.27	-0.39	-0.17	p = 0.003

*m1 為未調整平均數，m2 為調整平均數。在變異數分析中，我們以性別、年齡為共變項，都市、地區別以及教育或職業（只用於有關工作態度）為自變項。
調整後平均值係利用 MCA 計算而得。以下除表8.6 外，各表皆同。

得鄉村在工作的評價上遠不如其他地區。調整後平均值所顯示的意義，則在於，若年齡、性別和職業等情況相等時，鄉村就業人口對工作的滿意情況，就不見得低於城鎮和核心都市。

附表8-2顯示不同類型聚落中各職業人口對工作條件評價的比較。在工作狀況滿意程度以及事業公平感上，鄉村就業人口與其他類聚落者互有高下，這也就是在這兩個項目中，鄉村就業人口的平均值會提高的原因之一。但在收入公平感上，不但鄉村農林漁牧和生產體力工作人員的平均值不如其他類聚落，買賣與服務業也是同樣情況，這就使得調整後的平均值比較起來仍偏低。總結言之，鄉村就業人口對工作狀況評價偏低，並不是鄉村的人口規模所導致的結果，而是鄉村在我們社會的區域分工中，屬於農林漁牧和生產體力工的聚集地區，這兩類工作又是我們社會中最處劣勢的職業，於是就業結構的特性反映在聚落的特性上。此外，還值得注意的是，就算性別、年齡和職業別條件相等時，鄉村就業人口對其目前工作狀況和事業發展的評價不低於其他聚落者，但在收入公平感上仍屬最低，鄉村居民對所得不均的主觀感受極其明顯。

對鄉村現象的解釋並無法用於核心與次級都市上。在附表8-1中，不論對工作狀況、事業公平感或收入公平感，平均值最高者都是專技與行政主管人員，其後依序為監佐人員、買賣工作人員、服務工作人員，最低者為農林漁牧和生產體力人員。而在我們樣本的職業組成上，前四種職業人口比例，是以核心都市最高，然後隨都市化程度降低而遞減。按推論，對各種工作條件的評價若反映就業結構的話，應該是以核心都市平均值最高，再逐次遞減。但我們的數據並非這種直線關係，尤其是當控制年齡、性別和職業別各變項後，核心都市很多的平均值竟然降至最低。

我們首先或許會說，核心都市有著四分之一強的就業人口屬於生產體力工作人員，這群人可能在大都市中被剝削感更強，而對工作抱持極其負面的評價，以至於核心都市調整後的平均值降低。附表8-2顯示，核心都市中生產體力工人在工作狀況的滿意程度確屬最低，但在事業公平感和收入公平感上，反而高於其他類型地區。最特別的是，核心都市的專技與行政主管人員、監佐人員和買賣工作人員在工作狀況滿意度與

對事業公平的評價均不及其他三類地區的同類工作者，至於對工作收入合理與否的評估，核心都市的專技與行政主管亦低於其他三類地區，核心都市的監佐人員，雖高於次級都市與城鎮，但低於鄉村。無怪乎調整後的平均值還會低於鄉村地帶。既然核心都市與次級都市的差異不能歸諸於就業結構，那麼該怎麼解釋呢？雖然我們缺乏進一步的資料來推敲，但是，或許可以從兩方面去思考：第一，核心都市雖然提供較多層級高的職業，但競爭性強。第二，在核心都市裡的人事業期望較高，使得處高位的人反而容易產生相對剝奪感。在競爭與期望的交互衝擊下，核心都市的就業人口多了更多相互比較的機會，以致其就業人口比起中小都市對工作滿意的程度不那麼高。

　　對教育程度的滿意與否，似乎也有著類似的情形。整體而言，人們對本身的教育程度是偏向略不滿意，各類聚落的平均值在 -0.17 至 -0.51 之間波動。以未調整的平均值而言，剛好可以分為兩組，核心都市與次級都市分別為 -0.21 和 -0.22，而城鎮和鄉村為 -0.51 和 -0.41，這意味著低都市化地區對教育的滿意程度越低。但是當控制了人們的性別、年齡和教育程度之後，情形大幅轉變，核心都市成為不滿意感最高的地方，而鄉村變成最低。顯然，鄉村未調整平均值負值較高，完全是由於其低教育程度人口較多的緣故。

　　再觀察附表 8-2，我們發現，不論是那類聚落，對教育程度的滿意程度是隨著實際教育程度而提高。在初中以下程度者，都偏向不滿意，而高中和大專較偏向滿意。整體的相同趨勢下，卻含蘊著有趣的變異。在初中以下程度者，對教育程度大都感到不滿，但以核心都市最強；而在高中、大專部分都偏滿意，卻是核心都市滿意程度最低。很顯然，核心都市的居民對自身教育程度的要求較高，似乎可以支持前段中以期望水準來說明核心都市就業人口對工作條件不滿的說法。　至於鄉村居民對教育程度的不滿，在各類教育程度之中，都是最低者，因此鄉村地帶對教育程度的不滿，很明顯是低教育程度人口聚集的反映。但在城鎮地區也有偏低的現象，則很難解釋。若依都市化程度，城鎮對教育程度滿意的評價應介於次級都市與鄉村之間，但是不識字和小學這一級與核心都市不滿意的程度卻近似；而在大專程度方面，比核心都市的滿意程度

還低。雖有這樣的例外，但我們有關核心都市和鄉村的說法，還是言之成理的。

　　或許有人認為核心都市與次級都市的差別，純係居住狀況的反映。換言之，即認為較高職業或教育層級的人們並不住在核心都市，而是住在邊緣的次級都市，一如西方郊區化所呈現的現象。但是依有關臺灣都市區位結構的研究（章英華，1986），都市高社經地位的聚集地帶並非在都市外圍，再如我們前面各聚落行、職業與教育比較所示，核心都市在這方面的層級平均都較高。

（二）人際關係態度

1. 對非特定一般人之態度

　　在人際關係態度方面，讓我們先從有關非特定人的態度談起。這組的三個項目，都可以算是社會孤離（social isolation）的指標。當人們不信任社會上的一般人，不願意瞭解別人的動機和想法，很可能就欠缺與他人深交的意願，也易於滋生寂寞孤獨感。

　　對「人與人之間再也沒有可靠而值得信任的關係了」這個項目，都市化程度並未達顯著水準，但都市化與地區別的互動效果卻告顯著（表8.3）。於是我們運用多重分類分析法，以性別、年齡為共變項，以都市化與地區別的合併變項和教育程度為自變項，計算出此合併變項調整與未調整平均值，轉換成表8.3-1。這個表顯示，各平均值大都在 -0.50 和 -0.90 之間，意味著人們對該陳述大體上仍傾向於略不贊成。換言之，人際之間還存在著些許的信任感。當觀察各地區中不同類型聚落時，我們發現南部地區是都市化程度愈高的地方信任感愈高，北部則是核心都市與鄉村強於次級都市與城鎮，二者都不合於傳統都市社會學的論點。中區地區是都市化程度愈高者人際信任感愈低。以我們擁有的資料，很難解釋何以存在這種地區上的差別。至於對「在自己的生活環境中，一個人總是可以找到一些可以信任的人」這項目，都市化程度的解釋力則未達顯著水準。

　　不過，上述兩項目平均值上的差異，值得略加說明。「人與人之間

表8.3　都市化與對非特定一般人的態度

		核心都市	次級都市	城鎮	鄉村	F 檢定
1. 人與人之間再也沒有可靠而值得信任的關係	m1	-0.77	-0.75	-0.67	-0.70	N.S.
	m2	-0.72	-0.73	-0.69	-0.78	N.S.
2. 在自己的生活環境中，一個人總是可以找到可以信任的人	m1	1.97	1.97	1.98	1.98	N.S.
	m2	1.98	1.99	1.93	1.92	N.S.
3. 喜歡瞭解別人的動機與想法	m1	0.09	-0.20	-0.34	-0.24	$p < 0.001$
	m2	-0.02	-0.22	-0.27	-0.11	$p = 0.004$
4. 喜歡參加大家互相關心的團體	m1	1.27	1.15	1.23	1.16	N.S.
	m2	1.21	1.27	1.25	1.27	N.S.

表8.3-1　人與人之間再沒有可靠而值得信任的關係

		北　部	中　部	南　部
核心都市	m1	-0.87	-0.23	-0.75
	m2	-0.76	-0.12	-0.71
次級都市	m1	-0.68	-0.87	-0.76
	m2	-0.68	-0.85	-0.70
城鎮	m1	-0.57	-0.80	-0.55
	m2	-0.64	-0.85	-0.55
鄉村	m1	-0.62	-0.89	-0.45
	m2	-0.72	-0.90	-0.54

表8.3-2　喜歡參加大家互相關心的團體

		北　部	中　部	南　部
核心都市	m1	1.38	1.29	1.20
	m2	1.32	1.24	1.17
次級都市	m1	1.15	1.29	1.14
	m2	1.15	1.20	1.13
城鎮	m1	1.35	0.97	1.49
	m2	1.39	0.98	1.50
鄉村	m1	1.46	1.10	1.29
	m2	1.52	1.18	1.36

再也沒有可靠而值得信任的關係」所反映的可能是個人對其所接觸過的各色人等的整體評估；至於「在自己的生活環境中，一個人總是可以找到值得信任的人」，則意味著個人對某小撮人仍懷信任感。前者的平均

值大都在 -0.50 到 -0.90 之間，而後者卻在 1.92 和 1.99 之間。從這種差距，我們或可說，就算大家對大部分人的信任程度不高，但是還沒喪失尋找知心或友朋的意願。在都市研究中，有人強調，對人際關係的欠缺信任，乃是對陌生人態度的反應（Fischer, 1982: 247-249; Krupat, 1985: 130-131）。在伊慶春與黃清高（1986: 22-23）的研究裡也顯示，臺北市民對都市人的評價差，認為都市中壞人多，冷酷現實，大多不可靠，但卻認為自己所碰到的人大多很和善。換言之，都市人對都市人不信任感高，但對自己所常接觸的人則不然。上述兩題的差異，也可以陌生人和熟人的對比來說明。不過這種現象不只存在於都市，而在各類型聚落都有著雷同的情形。

都市化程度對「喜歡瞭解別人的動機和想法」這項目的解釋力具顯著水準。整體而言，調整與未調整平均值在 0.09 和 -0.34 之間波動，意味著人們這種意願不高，略偏有點不喜歡。核心都市的人們不喜歡的傾向最低，依序是鄉村、次級都市和城鎮。從附表 8-3，我們知道，教育程度愈高者愈喜歡瞭解別人的動機和想法。因此，核心都市居民這種意願偏高，可能是教育程度的反映。但當我們控制性別、年齡和教育程度時，核心都市的平均值仍高於其他類聚落，而鄉村的平均值高於次級都市和城鎮，故而無法完全以聚落在教育程度上的差別來說明。至於人們是不是「喜歡參加大家互相關心的團體」呢？各類聚落在這項目的平均值都在 1.15 和 1.27 之間，算是較「有點覺得」稍強的態度。但聚落別間並沒有什麼差別。這態度中也有都市化和地區別的互動效果（見表 8.3-2），北部和南部地區是鄉村和城鎮較強，中部地區則是核心與次級都市較強，因此並未顯示明顯的城鄉差別。總結以上四項目的討論，在人際信任感和團體參與態度方面，城鄉之間並沒有很明顯的一致性差異，在瞭解他人的意願上，大都市反而更積極。就此，我們無法支持都市環境造就了人們社會孤離感的論點。

2. 家內關係

在家內關係上，我們先從個人對家庭的依附感開始討論。就「一個人應該把家庭看得比自己重要」這一項目，各類聚落的平均值都介

於1.90 和2.10 之間，意味著人們一般都相當支持這項說法。換言之，在規範上，人們還是將家庭置於個人之前，不論是調整或未調整的平均值都顯示，如此的贊成傾向都隨都市化程度降低而遞減，反而是鄉村居民較偏低。然而，在變異數分析中，都市化與教育程度的互動效果顯著，我們將二者併為新變項後，再利用多重類別分析，算得該新變項的調整與未調整平均值，如表8.4-1 所示。在低教育程度人口，如不識字和小學程度者，是都市地帶贊成的程度高於鄉鎮；而在大學程度人口，是核心與次級都市低於鄉村。通常我們都將都市化與教育發展類比於現代化，而表8.4-1 所示的是，高現代化地區的高現代性人士個人取向較強，低現代化地區則以低現代性人士個人取向較強。這是個相當複雜的現象，非筆者目前所能解釋。但至少這項數據顯示，聚落性質對家庭或

表8.4　都市化與家內關係

		核心都市	次級都市	城鎮	鄉村	F 檢定
1. 一個人應該把家庭看得比自己重要	m1	2.17	2.13	2.06	1.93	p< 0.001
	m2	2.15	2.12	2.07	1.96	p = 0.003
2. 遠離家庭時，就會覺得家的重要	m1	2.04	1.97	1.97	1.86	p = 0.018
	m2	2.01	1.96	1.99	1.91	N.S.
3. 覺得跟家人溝通不夠而感到疏遠	m1	0.20	0.25	0.32	0.31	N.S.
	m2	0.24	0.26	0.30	0.16	N.S.
4. 親子關係滿意度	m1	1.69	1.81	1.90	1.80	p < 0.001
	m2	1.62	1.80	1.91	1.84	p < 0.001
5. 婚姻生活滿意度	m1	1.61	1.70	1.76	1.75	p = 0.05
	m2	1.59	1.69	1.77	1.79	p=0.009

表8.4-1　一個人應該把家庭看得比自己重要

		不識字	小學	中學 *	大學
核心都市	m1	2.16	2.32	2.19	1.95
	m2	2.05	2.28	2.18	1.96
次級都市	m1	2.22	2.11	2.16	2.01
	m2	2.12	2.09	2.19	2.04
鄉鎮 *	m1	1.85	1.96	2.12	2.08
	m2	1.79	1.97	2.19	2.14

* 由於電腦程式的限制，城鎮與鄉村合併為鄉鎮，初中與高中合併為中學。

個人取向有著值得推敲的地方；雖然都市人的家庭取向不見得弱於鄉居者，但以我們社會的教育程度仍普遍提升的狀況而論，都市化與教育的相乘效果將使都市人的個人取向愈來愈強。

　　再則是「遠離家庭時，就會覺得家的重要」。同樣的，平均值也頗高，大都在1.86到2.04之間。一般人都相當贊成這個說法，似乎意味著頗濃的戀家情結。雖然在變異數分析中，都市化程度的影響具統計顯著性，但將性別、年齡、教育程度等因素加入分析時，其解釋力則不顯著。因此在其他條件都相同時，城鄉間人們的對家的需求並無差異。不過，都市化與地區別的互動效果顯著。我們依前例，仍以多重類別分析建構成表8.4-2。表中很清楚顯示，在北部和中部，核心與次級都市人們的戀家感高於鄉村，在南部則是核心都市與城鎮較強，而次級都市與鄉村較弱。雖有些許的變異，但大都市居民傾向於有著較高的戀家感。不過我們可能懷疑，這只是都市人遠離家庭的機會較多，而鄉村人此種經驗較少所造成的差別。

　　對「覺得與家人溝通（交談）不夠而感到疏遠」這一項目，都市化程度並不具有顯著的解釋能力。依平均值來判斷，一般人的反應是有點不覺得。因此，這種家內的溝通情形並不算太理想。最後則該談及家內的親子和夫婦關係了。這兩個項目的平均值都在1.59至1.91間波動，意味著各類聚落居民對親子關係和婚姻生活都趨近於相當滿意。城鄉之間的滿意程度卻具有顯著差異。不論在親子關係或在婚姻生活都一致顯示，都市化程度高的地區滿意程度較低。一方面，都市人的戀家感或家

表8.4-2　遠離家庭時就會覺得家重要

		北部	中部	南部
核心都市	m1	2.06	2.03	2.09
	m2	2.04	2.03	2.09
次級都市	m1	2.07	2.05	1.85
	m2	2.06	2.05	1.84
城鎮	m1	1.96	1.85	2.21
	m2	1.96	1.86	2.21
鄉村	m1	2.00	1.75	1.99
	m2	2.03	1.78	2.00

庭取向並不比鄉居者弱，另一方面，他們對親子關係和婚姻生活的滿意程度卻又不如鄉居者，這種看似衝突的現象可能反映的是，人們即使在都市生活中對家庭有強烈的依附感，但都市的客觀環境卻使人無法配合家庭生活，以致在依附感與滿意感之間出現了比鄉村大的差距。

3. 家外的基本關係

在家外的基本關係中，讓我們先從個人主動融入這些關係的意願談起。當人們被問及「為了避免麻煩，鄰居間還是少往來為妙」時，各類聚落的反應大致都趨近於相當不贊成，而平均值不論調整與否，都介於 -1.52 和 -1.73 之間。調整後平均之間的差異達顯著水準，顯示城鎮與鄉村居民與鄰居積極往來的意願高於核心與次級都市（見表8.5）。但對此一項目，都市化和地區別之間有互動效果存在。表8.5-1 係利用多重分類分別所取得的平均數，其中南部地區是城鎮與鄉村的鄰里來往意願高於核心與次級都市；中部是鄉村、城鎮與次級都市相差無幾，而核心都市偏低，至於北部則是次級都市與城鎮高於核心都市，但鄉村卻最低。由於北部地區城鎮與鄉村的樣本數極少，故整體而言，城鎮和鄉村的這種意願是可能略為偏高。簡言之，各地區鄰居往來意願都相當高，而核心與次級都市雖略比城鎮和鄉村低，但此種差異並不十分明顯。

表8.5　**都市化與家外基本關係**

		核心都市	次級都市	城　鎮	鄉　村	F 檢定
1. 為了避免麻煩，鄰居間還是少來往為妙	m1	-1.56	-1.63	-1.70	-1.68	N.S.
	m2	-1.52	-1.61	-1.72	-1.73	p<0.05
2. 喜歡與親戚互相往來	m1	1.11	1.38	1.64	1.75	p<0.001
	m2	1.19	1.38	1.61	1.73	p<0.001
3. 怕得罪朋友或失去朋友	m1	-0.12	-0.25	-0.31	-0.37	N.S.
	m2	-0.14	-0.24	-0.30	-0.38	N.S.
4. 鄰居關係滿意度	m1	1.04	1.21	1.48	1.52	p<0.001
	m2	1.10	1.24	1.45	1.42	p<0.001
5. 親友關係滿意度	m1	1.31	1.34	1.54	1.61	p<0.001
	m2	1.33	1.36	1.53	1.58	p<0.001

　　在「喜歡與親戚往來」的態度上，各聚落都介於有點喜歡和相當喜歡之間，平均數在1.11和1.75之間。不論是調整與否的平均值都顯示非常一致的差異，都市化程度愈低的地方與親戚往來的意願愈高。由於教育別和都市化程度對這態度有其互動效果，因而我們要再進一步看看都市化的影響方向是否會有所變化。從表8.5-2中，我們看到教育別的關係不是那麼明顯，但以都市化程度言，不論是那一類教育程度，都是鄉鎮高於次級都市又高於核心都市的情形，並未改變我們前面所作的結論。在此表中，我們還可以看到核心都市和次級都市的高教育程度人口與親戚往來的意願最低。都市化與現代教育二者都促使了親戚關係的逐漸淡化。但是一般人對親戚往來的態度平均值就算是最低的也在1左右，並未落入負面的態度。

　　「怕得罪朋友或失去朋友」這項目，或許意味個人對朋友關係的一種不穩定感覺。從調整過與未調整的平均值都在-0.12和-0.38之間這點來看，各聚落的人們大致傾向有點不覺得，同時平均值也隨都市化程度的降低而負值越高；換言之，鄉村聚落的人對朋友關係的穩定感較強。可是，這種差別在統計上未達顯著，因而還是不能斷定城鄉居民在這方面有差異。以上參與家外基本關係的意願，就整體而言都算相當積極，城鄉之間對親戚往來的態度有明顯的差異，都市化程度愈低，這種態度越強；在鄰居往來意願方面，鄉村居民的意願較城市居民略強。基本上，都市和鄉村之間的差別還是在於比較傳統的親友和鄰居關係上，這種差異在滿意程度的比較上更為明顯。

　　對鄰居關係的滿意程度，各聚落別的平均值都是超過1而小於1.5，介於還算滿意和相當滿意之間，但比較趨近還算滿意。不論是調整過或未調整的平均值來看，大致上都是城鎮和鄉村居民比核心和次級都市居民的滿意程度強。在變異數分析中，都市化和地區別存在著互動效果。從表8.5-3中，我們可以很清楚的看到，城鎮和鄉村居民的滿意程度高於核心和次級都市。其次，對親友關係的滿意程度也大都比對鄰居關係還高，同時，都市化和滿意程度之間呈相反關係，而且也和鄰居關係一樣有都市化和地區別之間的互動效果。表8.5-4顯示，城鎮與鄉村的滿意程度在三個地區很一致地高於核心和次級都市。由此可見，都

表 8.5-1　為了避免麻煩，鄰居間還是少往來為妙

		北　部	中　部	南　部
核心都市	m1	-1.62	-1.31	-1.52
	m2	-1.54	-1.24	-1.49
次級都市	m1	-1.71	-1.80	-1.53
	m2	-1.71	-1.79	-1.23
城鎮	m1	-1.58	-1.76	-1.77
	m2	-1.62	-1.78	-1.78
鄉村	m1	-1.26	-1.80	-1.59
	m2	-1.32	-1.88	-1.66

表 8.5-2　喜歡與親戚互相往來

		不識字	小　學	中　學 *	大　學
核心都市	m1	1.21	1.42	1.02	0.92
	m2	1.00	1.38	1.10	1.03
次級都市	m1	1.61	1.62	1.21	1.01
	m2	1.37	1.58	1.29	1.10
鄉鎮 *	m1	1.81	1.80	1.55	1.34
	m2	1.57	1.77	1.65	1.42

* 與表 8.4-1 同

表 8.5-3　鄰居關係滿意度

		北　部	中　部	南　部
核心都市	m1	0.89	0.85	1.27
	m2	0.97	0.94	1.29
次級都市	m1	1.16	1.31	1.21
	m2	1.18	1.31	1.21
城鎮	m1	1.33	1.51	1.61
	m2	1.31	1.45	1.63
鄉村	m1	1.51	1.45	1.63
	m2	1.44	1.36	1.59

表 8.5-4　親友關係滿意度

		北　部	中　部	南　部
核心都市	m1	1.22	1.27	1.44
	m2	1.24	1.29·	1.45
次級都市	m1	1.35	1.39	1.31
	m2	1.35	1.39	1.31
城鎮	m1	1.43	1.48	1.77
	m2	1.42	1.46	1.78
鄉村	m1	1.54	1.60	1.65
	m2	1.51	1.59	1.64

市化與親友關係的滿意程度所呈現的負相關是頗為穩定的，在親友往來態度與滿意程度上，都顯示一致的城鄉差異。但要注意的是，在鄰居關係方面，城鄉在交往意願的差別並不顯著，只在滿意程度上才顯示出來。這就類似家內關係的現象，雖然都市人在主觀意願上不見得低於鄉居者，但在滿意程度上卻不如鄉居者，這或許是因為都市人際關係的實際交往過程受限於客觀環境，無法滿足個人的需求。

（三）都市化、教育程度與年齡的影響力

　　以上各小節都是純就都市化探討各種人際關係態度。接著，我們或許要問，到底都市化的解釋較之其他影響因素有何重要性。在此，筆者不擬從事複雜的討論，而僅就都市化程度與教育、職業和年齡這幾個變項作簡明的比較和討論。事實上，都市化與其他三個變項之間都存在有某種程度的相關，因為都市化程度越高的地區，專技與行政主管人員、監督佐理人員、高教育人口以及青壯年人口所占的比例也較高。只是這種線型重合的程度還不至於讓我們必須將它們視為相同指標看待，因為都市和鄉村的差異是否即職業、教育甚至年齡的反映，還是都市社會學的爭論焦點之一。職業和教育可以說是社會階層的指標，年齡則多少可以代表個人或家庭的生命循環。以下我們將以多重分類分析所取得的 Beta（β）值作為這些變項之間的比較基礎。

　　就工作與教育方面的態度，顯然職業別和教育程度的解釋力較強，都市化和年齡二者則 β 值近似，互有強弱。大致而言，職業層級屬專技和行政主管人員對工作的評價最正面，其次才是監佐人員、買賣與服務工作人員，而以農林漁牧和生產體力工作人員的評價較負面。教育程度愈高者對自身的教育程度越感滿意。我們社會的教育機會不斷擴張，職業結構也逐漸轉變，這些會使我們推論說，隨著地區教育與職業別組成漸趨一致，對工作與教育態度上的差別也會逐漸消弭。但就如我們前面曾經討論到的，鄉村總是農林漁牧業者群眾的地方，其居民的職業和教育特色並不是很容易轉變的，換言之，社會中的地區性分工總會使一些地帶是較劣勢的人們群聚之處。最值得注意的還是在核心都市所見到

的特性，核心都市居民的教育程度最高，而專技與行政主管和監佐人員的比例也最高，理應對教育和職業有最正面的評價。但是當控制了性別、年齡、教育和職業別以後，卻以核心都市的平均值最低，換言之，都市性質對教育與職業的正面影響有壓抑作用。

在人際關係態度方面，年齡的影響僅在「遠離家時，就會覺得家的重要」這項目比較突出，至於其他項目，或與都市化有互動效果，或與都市化的解釋力相差不大。為配合上述機會結構的討論，我們還是特別著重在都市化和教育程度的比較。如表8.6所示，教育程度對好幾個項目的解釋力都高於都市化，包括「喜歡瞭解別人的動機和想法」、「人與人之間再也沒有可靠而值得信任的關係」、「婚姻生活滿意程度」以及「喜歡參加大家相互關心的團體」等，除婚姻關係的滿意程度之外，都算是個人願意融入非特定人際關係的態度。從附表8-3，我們看到教育程度越高，融入的態度也愈積極，但是都市化程度對這些態度的解釋力反而不具統計顯著性。同時，在控制性別、教育和年齡以後，聚落別之間平均值的高低順序並未改變。因此，不論聚落別為何，教育程度的提高有助於提升人們融入家人、親戚和鄰居以外人際關係的意願。

在親子關係、鄰居關係和親友關係三者的滿意程度，以及和親戚往來的意願上，都市化程度的影響力都近似或高於教育程度。在此，我們得稍稍強調這幾個項目的意義。一方面它們都是都市社會學所認定的傳統性基本關係，依都市決定論的說法，應該會受到都市化的侵蝕，一方面其中有三項正是受訪者對這些關係的主觀評價。當控制了選擇性變項，都市化的解釋力依然存在，同時這解釋力還近似或高於其他選擇性變項，都市化對基本關係滿意程度的影響，是可以肯定的。如果將教育程度和都市化二者配合來看，也頗有意思。如附表8-3所示，教育程度越高對親子關係愈感滿意，但是對鄰居關係和親友關係的滿意程度以及與親戚往來的意願都愈低。因而除了親子關係外，教育程度和都市化對這些態度的影響方面都是相同的。都市化或教育程度越高，負面的影響也愈強。以我們社會發展的狀況言，都市化和教育擴張仍進行中，那麼很可能都市人對傳統基本關係的滿意程度將越來越低。

從上述的比較，我們最能肯定都市化對親子、親友和鄰居等關係滿

表8.6 都市化、年齡、教育與職業 Beta 值比較表 *

	都市化	年齡	教育	職業	互動效果
1. 工作狀況滿意度	0.08**	0.05		0.15***	年齡 * 教育
2. 您認為目前您事業上有這樣的成就是不是公平	0.07*	0.07*		0.15***	
3. 就您的能力和工作情形而言，您目前的收入是不是合理	0.05	0.04		0.16***	
4. 教育程度滿意度	0.06**	0.10***	0.43***		
5. 人與人之間再也沒有可靠而值得信任的關係	0.04	0.04	0.13***		
6. 在自己的生活環境中，一個人總是可以找到可以信任的人	0.01	0.03	0.03		
7. 喜歡瞭解別人的動機與想法	0.06**	0.02	0.27***	.	都市化 * 教育
8. 喜歡參加大家互相關心的團體	0.04	0.03	0.15		都市化 * 年齡 都市化 * 教育
9. 一個人應該把家庭看得比自己重要	0.06**	0.09***	0.08***		都市化 * 年齡
10. 遠離家庭時，就會覺得家的重要	0.03	0.07**	0.05		
11. 覺得跟家人溝通不夠而感到疏遠	0.02	0.02	0.05		
12. 親子關係滿意度	0.09***	0.08***	0.06		
13. 婚姻生活滿意度	0.07**	0.06	0.10***		
14. 為了避免麻煩，鄰居間還是少來往為妙	0.05*	0.05	0.13***		
15. 喜歡與親戚互相往來	0.12***	0.14***	0.07**		
16. 怕得罪朋友或失去朋友	0.05	0.05*	0.05		
17. 鄰居關係滿意度	0.13***	0.09***	0.14***		
18. 親友關係滿意度	0.11***	0.07**	0.07**		都市化 * 年齡

* 本表所用之 MCA，將性別和地區別設定為其變項，顯著水準係由變異數分析各變項之 F 檢定結果而得 *P<.05, **p<.01, ***p<.001。

意感的負面影響。其次大都市對教育和工作狀況有著值得注意的壓抑效果。至於非特定一般人的關係，則以教育程度的解釋力強，都市化則不甚彰顯。

四、結論

利用社會變遷基本調查的資料進行分析後，我們發覺城鄉之間幾項有意義的差別。

　　第一、在機會結構方面，都市化雖不是解釋人們態度的最重要變項，但所造成的影響卻非常有意義。首先，當其他條件相等時，核心都市的居民對自身工作條件和教育程度的滿意感都低於其他聚落。其各類職業人員對工作條件的評估都不及其他聚落者，各類教育人口也顯現同樣情形。其次，鄉村居民，未控制其他變項時，對工作條件、教育程度的自我評價都最低，但是當其他條件相等時，不但高於核心都市，或趨近或高於城鎮。這種鄉村現象比較能以人口組合論說明，評價低，大都是因低職業層級，低收入人口和低教育程度人口聚集的結果；雖然鄉村各職業別，各教育別的滿意感不低於其他聚落，但整體的滿意感卻偏低。

　　核心都市的現象則無法同等視之。依組成論的說法，高教育和高職業層級人口居多的地方應該有著高的教育和工作滿足感；但根據我們的資料，核心都市卻顯示相反的情形，大都市對人們的工作與教育滿足感確實具有壓抑的效果。副文化理論呢？副文化理論強調社會團體的凝聚力與同質性，而我們並無法肯定各職業和教育類屬是否可視為一次文化團體，也沒法肯定所謂的壓抑效果是否為次文化間摩擦的結果，因此還沒法用上這個理論。我們建議從兩方面去思考這個現象。一則是大都市職業的競爭性強。同樣背景的人被吸入後，因競爭而生不滿。再則是大都市提供個人更多的參考團體，這種參考團體可以是同一職業者，也可以是不同職業者。越大的都市這種參考團體所組成的梯階越多。都市人不必一定屬於特定的次文化團體，但卻可以有著循階躍等的一長串參考團體，在爬升的過程中，個人的相對剝奪感不見得會遞減。依此推論，我們將假設大都市的居民，當其他條件相等時，對工作和教育的期望，將遠高於次級都市者。這些假設有待日後的驗證。

　　第二、在人際關係態度上，我們的發現是：（1）人們的家庭取向，對家庭關係的需求等，並未見明顯或有意義的城鄉差異；但是在親子關係和婚姻關係的滿意程度卻都一致顯示，都市化程度越高地區的人們此種滿意程度越低；（2）在家外的基本關係，也有著類似的情形。除與親戚往來態度外，與鄰居往來態度、對公眾事務態度、以及對朋友的需求等，都不能清楚判定城鄉的差別，但是在鄰居關係的滿意程度上，都

市化程度越高者，滿意程度越低。都市化對這種滿意感的解釋力近似或
甚至強於年齡和教育程度的解釋力，更顯示城鄉差異在這方面的實質意
義。雖然在人際關係的參與和需求意願以及滿足感之間，並沒有完全一
對一的項目可資比較，但是我們根據上述兩項差異，似可作成如下的推
論：都市化雖未減弱都市人人際關係的參與和需求意願，卻減低了都市
人對這些關係的滿意感。是不是都市的客觀情境，使都市人較不能達成
其主觀的理想呢？有關親戚的兩個項目更顯示，都市人的主觀需求已不
及鄉村人，而滿意感也低於鄉居者；換言之，理想已降低了，但滿意感
還偏低。

　　如果我們能進一步將客觀的人際關係資料，如往來的頻繁與深淺
等，一併考慮，當可以給予更深刻的解釋。以目前資料分析的結果，整
體來說，都市化對人們的社會隔離感和人際關係的參與意願都未呈現有
意義的影響，這符合組成論與副文化論的推斷；但都市化確實導致人們
對人際關係，特別是各種基本關係的滿意度偏低，卻契合都市決定論的
說法。要注意的是，滿意度偏低，並不意味都市人已經對人際關係產生
強烈的負面評價，整體而言各聚落平均上還是偏向滿意的。簡言之，都
市人的人際關係還沒惡化到造成人際強烈疏離的地步。

　　雖然我們不能說都市化對機會結構態度和人際關係態度的解釋力極
強。但我們並不贊同蔡勇美和蕭新煌先生所謂的，這種差異只是種統計
結果而不具實質意義。我們肯定這類城鄉差異的理由在於：（1）核心
都市對居民的工作或教育滿足感有著抑制效果。雖然核心都市如其他聚
落般，教育與職業層級都與滿足感呈正相關，但以各職業或教育別相比
較，核心都市的滿足均屬最低。（2）都市化的解釋力很一致的都在滿
意程度方面達統計顯著水準，而在參與人際關係的意願和需求則頗為模
糊。（3）這些滿意程度的差異，是在控制所謂的選擇性變項（如年齡、
性別、職業、教育等）後，仍具統計顯著性。當然，誠如蔡、蕭論文所
說的，由於原始問卷的設計並非專為檢定都市性而設計的，難免有不夠
系統之嫌，本文在機會結構和人際關係態度上所採取的變項與他們的也
有不同。但是本文的發現卻肯定城鄉差異是值得深一步探尋的。很可能
是在肯定社會其他條件的影響下，都市化如何增強或壓抑這種影響，就

如在機會結構中所討論的，教育與職業是強勢的影響因素，但都市化的
壓抑效果卻非常值得注意。

參考書目

伊慶春，黃清高（1986）。《都市社區守望相助之研究》。臺北市：中華民國社區發展研究訓
　　練中心。

章英華（1986）。〈台灣都市區位結構的比較研究：以台北、台中、高雄為例〉，《台大社會
　　學刊》，第18期，頁25-50。

廖正宏（1986）。〈台灣地區農業人力資源之變遷〉，載於瞿海源、章英華主編，《台灣社會
　　與文化變遷》，頁179-232。臺北市：中研院民族所。

Dewey, Richard (1961). "The Rural-urban Continuum: Real but Relatively Unimportant." *The
　　American Journal of Sociology* 66: 60-66.

Fischer, Claude S. (1973). "On Urban Alienation and Anomie." *American Sociological Review* 38 : 31
　　1-326.

Fischer, Claude S. (1975). "Toward a Subcultural Theory of Urbanism." *The American Journal of
　　Sociology* 80(6): 1319-1341.

Fischer, Claude S. (1982). *To Dwell among Friends.* Chicago: The University of Chicago Press.

Fischer, Claude S. (1984). *The Urban Experience.* San Diego: Harcourt Brace Jovanovich.

Gans, Herbert (1968). "Urbanism and Suburbanism as Ways of Life." Pp.95-118 in R. E. Pahl (ed.),
　　Readings in Urban Sociology. Oxford, England: Pergamon Press.

Hadden, Jeffrey K. and Josef J. Barton (1973). "An Image that Will not Die: Thoughts on the
　　History of Anti-urban Ideology." Pp.79-116 in Louis H. Masotli and Jeffrey K. Hadden (eds.),
　　The Urbanization of the Suburbs. Beverly Hill: Sage Publications

Hunter, Albert(1978). "Persistent of Local Sentiments in Mass Society." Pp.133-162 in David Street
　　& Associates (eds.), *Handbook of Contemporary Urban Life.* San Francisco, Ca.: Jossey-Bass.

Krupat, Edward (1985). *People in Cities: The Urban Environment and Its Effects.* Cambridge:
　　Cambridge University Press.

Saunders, Peter (1981). *Social Theory and the Urban Question.* London: Hutchinson.

Simmel, George (1951). "The Metropolis and Mental Life." Pp.635-646 in Paul K. Hatt and Albert
　　J. Reiss, Jr. (eds.), *Cities and Society.* N. Y.: The Free Press.

Tsai, Yung-Mei and Hsin-Huang Michael Hsiao (1986). "Urbanism as American
　　Ethnocentrism？" *Joumal of Social Science* (The College of Law, NTU) 34: 489-508.

Wirth, Louis(1951). "Urbanism as a Way of Life." Pp.46-63 in Hatt and Reiss (eds.), *Cities and Society*. N. Y.: The Free Press.

* 本文曾刊於《變遷中的台灣社會》，楊國樞、瞿海源主編，1988 年 6 月，頁 159-194，臺北市：中央研究院民族學研究所。

附表 8-1　職業與工作態度

		專技及主管	監佐人員	買賣人員	服務人員	農林漁牧	生產體力	F 檢定
1. 工作狀況滿意度	m1	0.94	0.84	0.61	0.55	0.35	0.36	
	m2	0.95	0.86	0.63	0.53	0.32	0.35	p<0.001
2. 您認為目前您事業上有這樣的成就是不是公平	m1	1.27	0.93	1.05	0.92	0.66	0.69	
	m2	1.27	0.95	1.04	0.93	0.64	0.68	p<0.001
3. 就您的能力和工作情形而言，您目前的收入是不是合理	m1	0.73	0.62	0.56	0.54	-0.09	0.42	
	m2	0.72	0.62	0.54	0.54	-0.06	0.41	p<0.001

附表 8-2　都市化、職業別與工作、教育滿意感

		專技人員	監佐人員	買賣人員	服務人員	農林漁牧	生產人員
1. 工作狀況滿意度	核心都市	0.82	0.75	0.51	0.43	-0.17	0.20
	次級都市	1.11	0.79	0.65	0.72	0.56	0.50
	城鎮	0.93	0.97	0.56	0.58	0.39	0.31
	鄉村	0.93	0.86	0.65	0.57	0.32	0.37
2. 您認為目前您事業上有這樣的成就是不是公平	核心都市	1.16	0.72	0.93	0.97	0.20	0.74
	次級都市	1.33	0.98	1.02	1.04	0.86	0.79
	城鎮	1.38	0.97	1.02	0.85	0.38	0.61
	鄉村	1.35	1.05	1.09	0.82	0.68	0.56
3. 就您的能力和工作情形目前的收入是不是合理	核心都市	0.64	0.60	0.46	0.48	-0.50	0.49
	次級都市	0.78	0.51	0.72	0.73	0.28	0.44
	城鎮	0.81	0.58	0.50	0.46	-0.09	0.41
	鄉村	0.78	0.67	0.32	0.29	-0.16	0.30

		不識字	小學	初中	高中	大學
4. 教育程度滿意度	核心都市	-1.40	-0.63	-0.38	0.04	0.62
	次級都市	-1.07	-0.56	-0.28	0.08	0.72
	城鎮	-1.41	-0.62	-0.24	0.06	0.43
	鄉村	-1.06	-0.48	-0.12	0.15	1.22

附表 8-3　**教育程度與各依變項關係表**

		不識字	小 學	初 中	高 中	大 學	F檢定
1. 教育程度滿意度	m1	-1.18	-0.57	-0.28	0.07	0.67	
	m2	-1.07	-0.60	-0.23	0.16	0.77	p<0.001
2. 人與人之間再也沒有可靠而值得信任的關係	m1	-0.37	-0.55	-0.88	-0.89	-1.23	
	m2	-0.38	-0.54	-0.88	-0.90	-1.24	p<0.001
3. 在自己的生活環境中，一個人總是可以找到可以信任的人	m1	0.89	1.95	1.95	1.97	2.05	
	m2	1.90	1.95	1.95	1.96	2.05	N.S.
4. 喜歡瞭解別人的動機與想法	m1	-0.69	-0.48	-0.17	0.35	0.67	
	m2	-0.58	-0.47	-0.18	0.03	0.61	p<0.001
5. 一個人應該把家庭看得比自己重要	m1	1.98	2.09	2.19	2.17	2.05	
	m2	1.97	2.10	2.20	2.18	2.03	p<0.01
6. 遠離家庭時，就會覺得家的重要	m1	1.94	1.97	2.03	2.04	2.01	
	m2	1.86	1.97	2.05	2.07	2.00	N.S.
7. 覺得跟家人溝通不夠而感到疏遠	m1	-0.35	-0.32	-0.16	-0.02	-0.29	
	m2	-0.37	-0.32	-0.15	-0.02	-0.29	p<0.02
8. 喜歡參加大家互相關心的團體	m1	0.77	1.19	1.35	1.37	1.44	
	m2	0.81	1.91	1.34	1.36	1.42	p<0.001
9. 親子關係滿意度	m1	1.62	1.77	1.86	1.83	1.84	
	m2	1.70	1.77	1.82	1.80	1.82	N.S.
10. 婚姻生活滿意度	m1	1.53	1.67	1.70	1.77	1.88	
	m2	1.57	1.66	1.68	1.77	1.88	p<0.01
11. 為了避免麻煩，鄰居間還是少來往為妙	m1	-1.28	-1.48	-1.78	-1.81	-1.98	
	m2	-1.46	-1.49	-1.74	-1.74	-1.92	p<0.001
12. 喜歡與親戚互相往來	m1	1.67	1.65	1.48	1.26	1.09	
	m2	1.41	1.60	1.54	1.39	1.26	p<0.001
13. 怕得罪朋友或失去朋友	m1	-0.40	-0.28	-0.22	-0.24	0.07	
	m2	-0.28	-0.27	-0.24	-0.27	0.00	N.S.
14. 鄰居關係滿意度	m1	1.03	1.43	1.32	1.07	0.89	
	m2	1.40	1.41	1.35	1.14	0.99	p<0.001
15. 親友關係滿意度	m1	1.39	1.36	1.37	1.33	1.27	
	m2	1.37	1.49	1.57	1.37	1.34	p=0.001

附表 8-4　年齡與各依變項關係表

		20-29 歲	30-39 歲	40-49 歲	50-59 歲	60-69 歲	F 檢定
1. 工作狀況滿意度	m1	0.56	0.44	0.50	0.53	0.68	
	m2	0.55	0.43	0.53	0.57	0.71	N.S.
2. 您認為目前您事業上有這樣的成就是不是公平	m1	0.92	0.81	0.86	0.74	1.12	
	m2	0.94	0.77	0.93	0.74	1.17	p=0.017
3. 就您的能力和工作情形而言，您目前的收入是不是合理	m1	0.45	0.45	0.30	0.41	0.48	
	m2	0.41	0.41	0.35	0.50	0.65	N.S.
4. 教育程度滿意度	m1	-0.05	-0.41	-0.52	-0.49	-0.59	
	m2	0.39	-0.46	-0.25	-0.13	-0.03	p<0.001
5. 人與人之間再也沒有可靠而值得信任的關係	m1	-0.88	-0.74	-0.60	-0.47	-0.73	
	m2	-0.75	-0.73	-0.76	-0.48	-0.88	N.S.
6. 在自己的生活環境中，一個人總是可以找到可以信任的人	m1	2.00	1.97	1.88	1.92	1.98	
	m2	2.00	1.96	1.88	1.93	2.00	N.S.
7. 喜歡瞭解別人的動機與想法	m1	0.14	-0.13	-0.36	-0.43	-0.49	
	m2	-0.12	-0.13	-0.14	-0.21	-0.22	N.S.
8. 喜歡參加大家互相關心的團體	m1	1.31	1.25	1.20	1.08	0.90	
	m2	1.20	1.20	1.26	0.97	0.92	N.S.
9. 一個人應該把家庭看得比自己重要	m1	2.00	2.14	2.21	2.10	2.08	
	m2	1.96	2.13	2.23	2.14	2.15	p<0.001
10. 遠離家庭時，就會覺得家的重要	m1	1.89	2.04	1.97	2.01	2.03	
	m2	1.85	2.02	1.99	2.06	2.10	p<0.007
11. 覺得跟家人溝通不夠而感到疏遠	m1	-0.15	-0.27	-0.26	-0.30	-0.36	
	m2	-0.21	-0.27	-0.21		-0.28	N.S.
12. 親子關係滿意度	m1	1.87	1.83	1.79	1.71	1.50	
	m2	1.83	1.83	1.81	1.74	1.56	p<0.001
13. 婚姻生活滿意度	m1	1.82	1.70	1.67	1.69	1.49	
	m2	1.78	1.69	1.69	1.71	1.53	N.S.
14. 為了避免麻煩，鄰居間還是少來往為妙	m1	-1.80	-1.66	-1.55	-1.42	-1.33	
	m2	-1.68	-1.66	-1.64	-1.50	-1.47	N.S.
15. 喜歡與親戚互相往來	m1	1.13	1.44	1.77	1.66	1.61	
	m2	1.16	1.44	1.72	1.61	1.63	p<0.001
16. 怕得罪朋友或失去朋友	m1	-0.19	-0.10	-0.38	-0.41	-0.32	
	m2	-0.21	-0.10	-0.35	-0.39	-0.32	p=0.045
17. 鄰居關係滿意度	m1	1.12	1.20	1.45	1.48	1.51	
	m2	1.19	1.22	1.37	1.39	1.43	p<0.001
18. 親友關係滿意度	m1	1.36	1.42	1.58	1.49	1.41	
	m2	1.36	1.42	1.56	1.47	1.41	p<0.001

第九章

都市意象：以臺北市居民為例的探討[*]

一、前言

人們非常習慣於將都市與鄉村生活拿來對比，在這對比中，往往也給予某種評價。換言之，人們在思維中建構了對都市與鄉村生活的圖像，我們不妨稱之為人們的都市或鄉村生活意象。對都市而言，這種意象常偏向負面的，而 Hadden 和 Barton（1973）更謂，反都市心態是不死的意象（an image that will not die）。

在人類的文明史上，很早就出現一些對都市生活的批判。有人以聖經為例，證明說，反都市心態幾乎和都市史一樣古老（Hadden and Barton, 1973: 84-90）。從希臘和羅馬的著作中，亦可摘出對都市生活抱怨和畏懼的說法（Fischer, 1984: 2）。就中國的歷史而言，亦有學者指說，春秋和戰國時的重農政策，隱含對都市生活的批判（Chang, 1976: 336-338）。不過都市社會學對反都市心態的分析，以及都市社會學家對現代都市生活的批判，並未溯及遠古，而是對18、19世紀資本主義和工業高度發展所伴隨的都市化現象的反應（Hadden and Barton, 1973: 91-93）。成長於19和20世紀之交的幾位著名的社會學家，都提出對都市的分析。Mellor（1977: 169-203）將他們的論說總稱之為「對都會的批判」（The Critique of Metropolises）。大都會被視如非人性的，低品質的社會環境的典範。就杜尼斯（Tonnes）和齊末爾（Simmel）而言，都市的貨幣經濟摧毀了社會生活；而韋伯（Weber）和渥斯（Wirth）

---

* 本文作者為伊慶春、章英華。

則認為，巨幅的都市化驅除了一般人政治參與的機會。他們並非不曾體
認某些現代都市的正面功能。如，都市是人類理性發展的基礎，是人類
自由得以發揮的舞台，是人類發明的泉源等。但就社會生活而言，他們
是悲觀的，隨而也給予整體都市生活以負面的評價。就算馬克思和恩格
斯認為資本主義都市化乃革命必經的階段，但他們還是承認都市工人
在資本主義社會的悲慘狀況（如在曼徹斯特），只是視之為必要之惡罷
了。

　　對都市的批判，似乎集中在對人類社會生活的影響。一方面指陳人
類結合或組織的方式改變了，初級關係（primary relations）被次級關
係（secondary relations）所取代；一方面則認為在這種結合方式的轉變
中，個人的人格和心理也遭受巨大的衝擊。渥斯（1938）的〈都市性
乃一種生活方式〉（Urbanism as a way of life）一文，將這樣的論點帶到
高峰，成為其後都市社會學的主流之一，社會解組和人格失調被視為都
市生活的重要特徵。不論在都市社會學的或一般論及都市的著作之中，
仍相當瀰漫著這樣的觀點。不過，如此的看法也一直遭到批評。

　　透過都市內一些社區研究，發現不但是基本關係，甚至是明顯的
鄰里結合或社區組織仍普見於現代社會的都市之中（Saunders, 1981:
100; Fischer, 1984: 32-34）。小而緊密的關係，並未如齊末爾和渥斯所
認為的，已經無所作用了。此外，從事於非西方都市的研究者，同樣
覺得「都市性」的概念難以運用。檢討起來，一些學者認為西方都市
社會學根植著極為強烈的對都市的偏見，拿研究者所憧憬的中古歐洲
鄉村社會來對比當代的大都會，以致認為，快樂而純真的生活被違反
自然的、人造的都市所摧毀（Eames and Goode, 1977: 54; Mellor, 1977:
171-172）。再者，有些人認為所謂的「都市性」根本就是現代資本主義
社會的特質。在資本主義發展之下，不論都市或鄉村都有著共同的趨
向，現代社會中的「鄉村」，可能比前工業社會的「都市」更接近都市
性所寓含的特質（Dewey, 1960: 63）。所謂的都市性並非都市所特有，
而是人們將資本主義社會的特質完全轉嫁給都市罷了（Saunders, 1981:

104-107）。[1]

　　以上的批評，主要是從有沒有鄉村和都市的對比為著眼點。另外，則是認為都市與鄉村的差異容或有之，都市人的確較鄉居者更具備都市性的特質，但不能只從渥斯（1938）所謂的都市聚落特性，即人口數量（size）、人口密度（density）和人口異質性（heterogeneity）來解釋。甘斯（Gans, 1968: 111）主張，聚落差別主要是社會階級、家庭循環與種族組成的反映。不論聚落大小，只要組成的人口特質類似，反映的社會結構與心理特質就類似。另外，就馬克思派的政經學者而言，城鎮與都市只是國家與國際分工的一部分，每個聚落因為在這種分工中的位置不同，其居民的組成與活動的性質也有所不同，所謂聚落間的差異，只是反映各聚落在大社會的經濟結構中的位置，並不是因為都市規模所產生的變異（Fischer, 1984: 34）。

　　不論以何種社會為對象，從事都市鄰里或社區研究者，若持反渥斯的論調，大都直接強調基本關係的存在，間接也駁斥心理失調以及反都市心態的看法。而有關都市人際網絡的經驗研究，的確指出，明顯而親密的人際網絡給予都市住民各種的社會支持（Wellman, 1979）。Fischer（1984: 173-199）回顧大量有關都市人社會心理的論文之後，發現我們無法斷言都市人是否比鄉居者更緊張、更疏離、或更易於精神失常。綜合這樣的討論，我們可以說，都市人的心理仍得到相當的社會支持，因此要說都市人際關係已經崩壞，確實是言過其實。

　　然而，以上的論點還不足以完全否定都市居民的反都市心態。我們可以進一步從兩個角度來看這個問題。首先，都市人雖具備緊密的人際關係，不乏過從甚切的鄰居、親戚、朋友和同事，但這些關係大都直接關係到當事人，彼此間並不重疊，因此如此的關係網絡　分化又缺乏地緣的認同。Wellman（1979: 1226-1227）認為，社會支持仍在而人們卻感於社區失落，即因此之故。其次，對小社區或個人人際關係的滿意，不等於對整個都市的滿意。每個人腦中所指涉的都市，絕對大於個人的

1　另一種說法是，社會由完全鄉村式的組織為主轉變到以都市式組織為主，只在變動過程中的某一階段才顯示出都市鄉村明顯的差異。以美國為例，在殖民時代與20世紀這種差異都不如19世紀那麼重要（Taylor and Jones Jr., 1964: 49-67）。

生活範疇。大都會的特色不在於和小鄉小鎮同樣具有親密的人際關係，而在於其居民要面對遠多於小鄉小鎮的陌生人和陌生情境。換言之，個人對都市的主觀評價，可能不是來自於個人的人際關係，而是對不熟悉的情境的反應。其次，反都市心態的一個直接的證據就是西方都市化過程中的郊區化與非都會地帶的人口增長。如此的人口動向，不純粹是人口增加的結果，而是人們主觀的居住選擇，尤其是那些經濟良好者的選擇偏好（Hadden and Barton, 1973）。

　　若以人口流動模式作為人們對都市意象的指標，那麼許多開發中國家仍處於人口向都市集中的過程，都市的人口吸力迄未消失。都市人口也向四邊擴張，但並非追求有別於現存都市生活的居住模式，只是都市既有空間不足所形成的人口擴散現象罷了。從第三世界都市移民的研究，我們發現許多志願結社或鄰里組織，有助於移民的調適，而移民群體的內聚力甚強，甚至可以視之為都市中的農民（peasants in the city）（Eames and Goode, 1977: 19-21）。但他們的都市生活，真與原來的鄉村生活無異嗎？我們不妨看看一個年輕木匠的例子。他滿意於自己的婚姻生活，他知道自己的子女將來可以受良好的教育，他也樂於協助妻子經營生意。但另一方面，他卻害怕都市這個花花世界會引誘他的妻子（Gutkin, 1974: 114-115）。仔細檢視這類研究，我們可以發現人們在改善生活的期望中，潛藏著一些不安的因子。何況，1960 和 1970 年代的研究顯示，移居都市者，並未完全割捨與鄉村的連繫，他們以所得接濟村中親人，但村子也可以是他們的臨時避難所（Gutkind, 1974: 70-74; Eames and Goode, 1977: 246-252）。因此，由都市與鄉村的連結關係中，固然不足以證明反都市心態的存在，但至少指出，在人口繼續向都市集中時，都市移民還是有所疑慮，還是可能依戀其故居。

　　以上的討論只是說明人類的都市意象，以及人類對都市與鄉村的看法，仍在爭論中。我們以為，只要有都市和鄉村差異的存在，不論這種差異是導因於都市的規模、人口特質或者社會經濟結構中的位置，人們最直覺的反應恐怕還是從都市與鄉村的對比去思考。在前述的有關研究中，很明顯的可以看到，針對反都市心態的爭論似乎可歸諸於對兩個層面的不同認知，一是個人對其直接接觸生活範疇的判斷，一是個人對整

個都市社會的判斷。而批駁反都市心態者，大抵是從第一項層面著手。然而亦有學者認為單由社區中的基本關係去考慮似乎不太適切，因此乃嘗試採用其他的方法。例如 Guild 和 Krupa 就曾以句子完成法要求人們描述都市是……，以及小鎮是……（Krupat, 1985: 39-42）。從這樣的比較中，人們對都市和鄉村的整體意象更容易直接顯示出來，同時也不致完全囿限於反都市的偏見中。

　　本文乃取材於現成的調查結果，雖然無法師法直接主觀的比較，但是所用的材料，包括了對整體都市生活、都市與鄉村人的比較以及對個人日常接觸者的評價等態度問項。就這些問項的分析，希望可以為將來對都市意象研究思考和討論的方向提供一些有用的參考資料。

二、方法

（一）資料來源

　　1986 年，中華民國社區發展訓練中心曾經針對「都市社區守望相助」之議題而對臺北市之778 位居民作一訪問調查。該研究基於不同社區之特殊需求，而決定以臺北市之七大地區——景美區、大安區、城中區、大同區、延平區、古亭區、及松山區——進行抽樣。（有關此一資料之詳細說明，請參考原研究計畫報告以及〈臺北市的社區類別與鄰里關係〉〔伊慶春，1988〕）本研究主要採取其中有關都市生活態度的部分資料，加以進一步的分析，並試圖闡明前述之以往研究發現有關都市意象與都市鄰里互動方面的模式，是否亦適用於臺北市之居民。此外，本研究亦期望針對都市意象的可能不同層面，作一初步的探討。

（二）主要變項說明

1. 都市意象的初步分析結果

　　關於都市生活態度方面的資料，一共有15 個題目可供討論。這些題目分別問到受訪者對都市生活的意象（第1 和第2 題）、對一般都市人的意象（第3 至第9 題），以及對平常互動之鄰居的意象（第10 至15

題）。回答的方式為五分法的等距類別尺度。由表9.1所呈現出來的次
數分配可以清楚看到，除了少數題目由於涉及個人認同（例如第8題）
或是性質不確定（例如第9和第14題）之外，大多數受訪者都傾向於
選擇符合都市刻板印象的答案。事實上，都市意象本身原來就是一種主
觀評估和感受，但是也可能受到社會環境和傳播媒介所描劃的整體輪廓
之影響。依照過去的文獻所論，都市生活或都市人的層面與較不抽象、
可及度較高的鄰居意象層面之間是應該區分的。這種由抽象性概念至生
活化感受的考慮，似乎也反應在表9.1的資料中。換言之，受訪者對於
都市生活或都市人的意象顯示出較清楚的一致的負面評價。然而在鄰居
意象方面，則有較大的回答彈性。

　　為了進一步瞭解以上有關都市意象的題目，是否可以由相同的一個
概念所涵蓋，或是必須分為不同的面向，我們決定同時由其信度和效度
的檢定，作成最後的決定。

　　首先，此15題所組成之信度係數（alpha）為.67723。而因素分析
的結果顯示有兩個大於1的固有值（見附表9-1），其中第一個因素可
以解釋46.6%的共同變異量。由表9.2的因素負荷量顯示，有關都市人
意象的4個題目（3-6題），其數值皆明顯的高於.40；而第二個因素所
包含的4個數值高於.40之題目（10-13題）則屬於鄰居意象方面的評
估。這與題目立定時的假設相符，表示當都市意象被區分為對一般都市
人與對互動之鄰居二個層面之時，果然需要由不同的概念分別涵蓋。

　　此外，有關都市生活意象的兩個題目（1-2題）也在第二個因素中
達到.30以上的因素負荷量。由於都市生活的意象一直是都市意象的典
型主題，其重心乃在說明人們對都市生活的抽象概念。因此，雖然初步
結果未能強烈支持由此二個有關的題目構成一個因素，鑑於其理論上的
重要性，仍然將都市生活的意象分別討論，並與對都市人以及對鄰居之
意象一併作進一步的測驗，以確定將都市意象分為三個不同的面向作為
分析指標的結果如何。表9.3的資料顯示，都市人意象之4個題目所組
成的量表，可以解釋總變異量之60.3%。相似地，鄰居意象量表亦可
解釋4個項目之47.7%的總變異量。再者，不僅所有項目之因素負荷量
皆高於.40，而且信度檢定的結果也顯示，若刪除任何一題皆將使都市

表9.1　都市生活態度的次數分配

	完全同意	大半同意	不一定	大半不同意	完全不同意
1. 鄉下生活比都市生活愉快	34.8% (271)	34.2% (266)	24.8% (193)	4.8% (37)	1.4% (11)
2. 都市生活緊張忙亂	48.8% (380)	39.3% (306)	8.2% (64)	3.0% (23)	0.6% (5)
3. 都市裡壞人很多	26.7% (208)	38.7% (301)	25.3% (197)	6.7% (52)	2.2% (17)
4. 都市人比鄉下人現實	43.7% (340)	38.8% (302)	11.3% (88)	4.9% (38)	1.3% (10)
5. 都市人比較冷酷無情	27.1% (211)	39.8% (310)	21.3% (166)	9.0% (70)	2.4% (19)
6. 都市人大多不可靠	13.5% (105)	28.3% (220)	40.1% (312)	14.8% (115)	3.1% (24)
7. 有困難時，找親戚幫忙較可靠	27.4% (213)	31.2% (243)	25.3% (197)	11.2% (87)	4.2% (33)
8. 我不是這裡的人	19.2% (149)	9.3% (72)	15.7% (122)	17.9% (139)	35.2% (274)
9. 人要兇一點，才不會被別人欺負	10.7% (83)	22.5% (175)	27.8% (216)	21.6% (168)	17.4% (135)
10. 我碰到的人大多很和善	25.8% (201)	50.1% (390)	20.2% (157)	2.2% (17)	1.0% (8)
11. 平時多與鄰居來往，有事才能互相幫助	54.4% (423)	34.7% (270)	7.6% (59)	1.7% (13)	1.7% (13)
12. 遠親不如近鄰	49.4% (384)	32.0% (249)	13.1% (102)	3.7% (29)	1.7% (13)
13. 再不好的鄰居也要和睦相處	22.6% (254)	28.9% (225)	20.4% (159)	12.9% (100)	4.9% (38)
14. 鄰居的事最好少管，才不會惹麻煩	10.9% (85)	19.0% (148)	37.3% (290)	20.3% (158)	12.2% (95)
15. 對不熟的人，不要隨便打招呼	24.9% (194)	32.1% (250)	24.2% (188)	14.7% (114)	4.1% (32)

人意象（ $\alpha = .7874$ ）或鄰居意象（ $\alpha = .6230$ ）的信度數值下降。因此，都市人意象和鄰居意象乃確定以表9.3所列出的項目所組成。

　　至於都市生活意象的兩個項目，其相關數值相當高（ $r=.3576$, $p<.001$ ）。而且以共同的概念來涵蓋時，彼此間的負荷量也達到 .60。我

表9.2　都市意象量表的初步因素結構

	因素負荷量		平均數	標準差	共同性
	因素 1	因素 2			
1	.2246	.3176	2.041	.965	.1513
2	.3386	.3522	1.666	.781	.2387
3	.5682	.0883	2.196	.979	.3307
4	.6124	.2315	1.827	.915	.4286
5	.8039	.1030	2.204	1.008	.6569
6	.7104	.0049	2.655	.986	.5048
7	.2523	.1869	2.341	1.117	.0986
8	.2606	-.0372	3.427	1.534	.0693
9	.3982	-.1992	3.117	1.243	.1982
10	-.0687	.4384	2.026	.798	.1969
11	.0398	.6226	1.616	.827	.3892
12	.0285	.5761	1.751	.918	.3327
13	-.0233	.5124	2.311	1.193	.2631
14	.2679	-.1612	3.048	1.144	.0978
15	.2080	.1005	2.421	1.129	.0534

表9.3　都市生活、都市人、以及鄰居意象的因素結構

		因素負荷量	平均數	標準差	共同性
都市生活意象	鄉下生活較愉快	.5973	2.037	.956	.3567
	都市生活緊張	.5973	1.672	.800	.3567
都市人意象	都市壞人多	.5509	2.189	.977	.3035
	都市人較現實	.6448	1.812	.907	.4158
	都市人較冷酷	.8781	2.201	1.014	.7711
	都市人不可靠	.6710	2.656	.991	.4502
鄰居意象	碰到的人很和善	.4212	2.019	.802	.1774
	平時多來往，有事相幫助	.6826	1.613	.828	.4660
	遠親不如近鄰	.5787	1.757	.921	.3349
	與鄰居和睦相處	.5157	2.291	1.188	.2659

們乃決定將此二項目所組成之都市生活意象作繼續的探討分析。

　　總之，本研究所欲考察之都市意象，最後將由三個不同的面向分別討論：亦即對都市生活的意象、對都市人的意象、以及對互動之鄰居的意象。此三個面向間固然有程度不等之相關（見附表9-2），但是皆為都

市意象此一抽象概念之下的不同指標，且分別由不同的項目所組成。由
於在本研究中，對於都市意象題目的回答，乃屬於類別意見的性質，因
此，受訪者的選擇其實是代表個人對題意持贊成或反對的基本態度。換
言之，我們注重的是在都市意象不同面向之下，究竟受訪者對每一項目
傾向於較同意或較不同意的態度，而非每一回答類別之間的確實距離。

　　鑑於此，我們將有關都市意象的回答，基本上分為兩大類別——亦
即對都市意象的評價為正面以及負面二組團體。所謂持正面都市意象
者，對都市生活和都市人的意象偏向正面的評價，對鄰居意象則傾向於
盡力維持互動的看法。相反地，都市意象為負面者，對都市生活和都市
人的意象偏向負面的評價，對鄰居意象則比較支持關係疏遠或淡薄的態
度。因此，凡是在每一面向下所包含之項目皆回答同意者（亦即完全同
意和大半同意）被視為一組團體；而選擇其他答案者（包括不一定，大
半不同意，完全不同意）當成另一組團體。很明顯的，負面的都市意象
為現代都市的特徵。在本研究中，此傳統意象就由對都市生活和都市人
意象皆表示同意者，以及對鄰居意象的題目皆回答不同意者所代表。

2. 其他重要變項

　　為了配合都市意象的分類方式以及進一步的分析討論，其他的個人
變項與說明變項也被試圖以較少的類別或二分法來區分。年齡是以中
位數（32 歲）來分為年齡較低（32 歲以下）和較高（33 歲以上）的兩
組。教育程度則以高中以下（51.2%）代表較低的教育程度，而以大專
以上代表教育程度較高者。每月收入的類別乃以全家收入來計算，當全
家每月收入在25,000 元以下時，被劃分為收入較低的一組（45.4%）。
而婚姻狀況則分為已婚（57%）和其他兩種類別。至於居住時間的長短
是以在目前社區居住滿五年的中位數為標準，將受訪者區分成居住時間
較短（51.6%）以及較長兩個組別。居住地區主要是指受訪者到目前為
止居住最久的地區性質。結果以大都市（74%）的回答占顯著的多數，
接下來才是中小型市鎮（16.8%）以及鄉村（9.2%），後兩者因此被集
合成一組團體，以有別於大都市。

　　此外，本研究亦包含了其他相關——尤其是對鄰居意象有特別關

聯——的說明因素。對於和鄰居來往的需要程度方面，35.3% 的受訪者認為非常需要，51.2% 表示有些需要、不太需要或完全不需要者共占 13.6%。而在未來的居住計畫方面，當問及是否打算長久住此，有 37.5% 的樣本回答如此；而計畫搬家者的主要原因分別為遇有較理想的住處（40.4%）、有錢買其他房子（21.1%）、以及打算馬上搬（0.9%）三種情況。至於與鄰居關係之間的滿意程度，21.3% 的受訪者選擇很滿意的回答，65.8% 表示還算滿意，而較不滿意的為 12.9%。

（三）資料分析

本研究的主要目的乃在瞭解那些因素可能影響都市意象的形成。由於以上對都市生活的意象、對一般都市人的意象、和對平常互動之鄰居的意象皆被區分為較傳統和較不傳統兩組團體，因此，將首先由簡單的交叉表分析中取得有顯著相關的變數。接下來，再由 log-linear 的分析中，瞭解那些變數最能說明都市意象的差異情形。

（四）結果

由表 9.4 的相關資料中顯示，個人背景變項與三個不同層面的都市意象間之關聯程度差異值得注意。性別和居住地區與都市生活意象有顯著的相關：男性以及居住經驗中以非大都市為主要居住地者較給予負面的評價；亦即比較認為都市生活不如鄉村愉快，都市生活比較緊張。而對都市人意象而言，無一個人變項達到顯著關聯的程度。至於鄰居意象不僅有最多的個人變項與其顯著相關，而且相關程度也相當高。換言之，教育程度較低者，目前已婚者，居住在本社區之時間較長者，以及居住史主要以中小型市鎮和鄉村地區為主者，對鄰居意象的評價較偏向正面。

以上的初步發現似乎指出，在三個都市意象層面上，比較可能受到個人背景因素影響的或許是對互動之鄰居的意象了。而傳統之較抽象的都市意象的內容——亦即都市生活意象和都市人意象，則可能必須由個人背景以外的其他因素來考慮。

表9.4　重要變項和不同都市意象面向間的相關

	都市生活意象	都市人意象	鄰居意象
性別	.19*	-.04	-.02
年齡	-.10	.01	.14
教育程度	.13	.00	-.21**
每月收入	.07	.03	-.01
婚姻狀況	-.08	.09	.21**
居住時間	.07	.07	.15*
居住地區	.20*	.07	-.19*
鄰居互動需要程度	-.02	.05	.17*
居住計畫	.03	.05	.18*
鄰居關係滿意程度	-.12	.20**	.37***

以上數值為 Gamma
* p<.05　** p<.01　*** p<.001
高分表示都市意象為正面評價

　　有關表9.4所包含的其他說明變項與都市意象間的相關檢定很清楚的顯示，不論是鄰居互動的需要程度、居住計畫、或是鄰居關係的滿意程度，皆與鄰居意象有顯著的關聯。也就是說，對鄰居互動程度表示愈需要者、打算長久住在目前住處者、以及對鄰居關係愈滿意者，對鄰居意象的評價較為正面。除了較滿意於與鄰居的關係與對都市人意象之正面評價亦達顯著相關之外，其他的說明變項與都市生活或都市人意象之相關皆未達顯著水準。因此，在三個都市意象層面中，很明顯的，進一步考察對鄰居的意象，將是比較有意義的分析。

　　在表9.5中，我們首先將教育程度、婚姻狀況、居住時間、和居住地區四個顯著個人變項對鄰居意象的單獨效果，加上此四個變項間之效果組成對鄰居意象的第一個基本模型。由於目前的分析重點乃在求取必須包含在解釋鄰居意象的重要變項效果，而非以上四個個人變項間的互動，因此，在每一模型中，此四個變項間的效果皆加以控制。

　　由表9.5之Ⅰ中，可以清楚的看到，以上四個變項效果所組成之基本模型果然符合所觀察的資料。而在接下來所刪除的單獨效果中，居住地區、居住時間、和婚姻狀況對說明鄰居意象有顯著的貢獻；教育程度的效果則未呈現出顯著性。

　　相似的，在表9.5之Ⅱ中，由可能影響鄰居意象之三個單獨變項效果所組成的基本模型亦適合所觀察的資料。但是進一步由此基本模型中刪除一個雙變項效果的差異檢定中顯示，只有對鄰居關係的滿意程度之效果最為顯著；居住計畫和鄰居互動的需要程度並未產生顯著的影響。

　　因此，我們決定將以上具有顯著效果的婚姻狀況、居住時間、居住地區、以及鄰居滿意程度四個變項再組成一個模型。希望同時考察這些對鄰居意象均顯著之單獨效果時，能夠進一步檢視是否有那一個變項之效果可以被刪除，而不致影響新模型對鄰居意象的說明。同時，也藉此瞭解變項間的相對重要性。

　　表9.5之Ⅲ呈現的結果顯示，當上述四個對鄰居意象的單獨效果同時被測驗時，婚姻狀況對鄰居意象的解釋未能達到顯著性，但是鄰居滿意程度、居住地區、以及居住時間都和鄰居意象有顯著的關係。而由所

表9.5 鄰居意象的基本模型和其他較低級序模型

模型					L^2	d.f.	$\triangle L^2$	$\triangle$ d.f.	sig.	刪除之效果
（Ⅰ） 12	13	14	15	2,345	7.27	11				
12	13	14		2,345	13.88	12	6.61	1	*	居住地區
12	13		15	2,345	13.81	12	6.54	1	*	居住時間
12		14	15	2,345	13.38	12	6.11	1	*	婚姻狀況
	13	14	15	2,345	10.60	12	3.33	1		教育程度
（Ⅱ） 16	17	18		678	15.36	12				
16	17			678	36.17	14	20.81	2	*	鄰居滿意程度
16		18		678	18.19	13	2.83	1		居住計畫
	17	18		678	19.15	14	3.79	2		互動需要程度
（Ⅲ） 13	14	15	18	3,458	15.41	18				
13	14	15		3,458	39.85	20	24.44	2	*	鄰居滿意程度
13	14		18	3,458	24.03	19	8.62	1	*	居住地區
13		15	18	3,458	20.74	19	5.33	1	*	居住時間
△	14	15	18	3,458	18.48	19	3.07	1		婚姻狀況

註：1 ＝鄰居意象　　　5 ＝居住地區　　　△＝最後模型
　　2 ＝教育程度　　　6 ＝互動需要程度
　　3 ＝婚姻狀況　　　7 ＝居住計畫
　　4 ＝居住時間　　　8 ＝鄰居滿意程度

刪除效果的差異顯著性之結果（亦即 $\triangle L^2$）可以發現，鄰居滿意程度在說明鄰居意象上有最重要的效果，其次為居住地區，接下來才是居住時間。而且，由此三個因素之單獨效果所組成之模型被視為最適合本資料的模型。換言之，對鄰居關係表示較滿意者，到目前為止居住最久的地區為中小型市鎮或鄉村者，以及居住在目前社區之時間較長者，比較可能對平常互動之鄰居的意象持有較正面的評估。

既然鄰居意象的意含主要是針對傳統概念下，對鄰居間互動的一種主觀評估，居住背景——不論是地區或時間——成為顯著的影響因素說明了個人與社區連繫性的重要性。然而在所有可能解釋鄰居意象的評估上，對鄰居關係之滿意程度的高低仍然呈現出最強的影響效果，表示目前個人之經驗的確和鄰居意象有最直接且最重要的關聯。

三、討論與結論

從我們經驗資料所得的發現，大致可以摘錄如下：

（一）根據因素分析，我們的問卷項目反映著三類都市意象：第一是對都市生活的意象，第二是對都市人的意象，第三是對鄰居或有所交往者的意象。

（二）受訪者對於都市生活或都市人顯示相當清楚且一致的負面評價，然而卻對平常有所交往者，如親戚、碰到的人（不一定是熟人但至少是有所接觸者）、以及鄰居等，則有較大的回答的彈性，顯示正面的評價或積極交往的態度。

（三）都市人意象與所有個人背景變項皆無顯著相關，至於都市生活意象，則男性以及居住經驗非以大都市為主者較給予負面評價。鄰居意象方面顯示教育程度低者，目前已婚者，居住本地區之時間長者，以及居住史主要以鄉鎮為主者，評價較正面。

再看其他說明變項與都市意象間，則與都市生活意象俱無關聯。鄰居互動需要程度和居住計畫僅與鄰居意象達顯著相關，而鄰居關係滿意程度分別與都市人意象和鄰居意象二者都具顯著相關。

（四）對鄰居意象的進一步分析發現，最後具顯著關聯的僅餘三個

變項，在說明的效果上則以鄰居滿意程度最重要，其次為居住地區，接下來才是居住時間。因此對鄰居關係表示滿意者，居住史中居住在中小型市鎮或鄉村最久者以及居住目前社區較長者，對往來者採取較正面或積極的態度。而其中以鄰居關係滿意程度效果最強，顯示個人的經驗與對交往者意象間最直接而密切的關聯。

以上的經驗發現很明白的指出，對都市生活的整體意象必須與對直接交往者的意象分開來對待。不但可以視為不同的因素，而受訪者的確對都市生活或都市人的整體意象都偏向負面，極其符合齊末爾和渥斯的看法。至於對個人實際交往者，則反而是比較正面且積極的。

從個人背景因素來觀察，都市人意象可以說是普見於各色人等之中，並無什麼背景差異，同時與都市生活意象關聯者也遠少於鄰居意象者。批評渥斯者有謂，都市與鄉村若有別，係因人口組合不同之故。本文無法直接比較鄉村和都市，但從此種論點推敲，我們應該發現相當系統的背景差異才是，但在都市人和都市生活意象上的分析，並未得到如此的支持。再者，我們發現居住時間較長有助於鄰居意象，卻與都市生活和都市人意象無關。顯示都市經歷可以影響個人對其人際關係網絡的態度，但不見得有助於對都市生活和都市人的正面態度。我們的資料還顯示一個很有趣的對比，亦即居住史中以鄉鎮為主者，有著較積極的鄰居意象但較負面的都市生活意象。如此似乎意味著，鄉居經驗久者，從原居地帶來了較積極對待鄰居的方式，也比較看重鄰居，但從另一方面看，卻感到較強的都市生活壓力。這很可以讓我們體會到，就算有著較佳的個人的人際關係，不見得能消除都市生活給予個人的負擔。

再就非個人背景因素與都市意象間的關聯而論。我們曾強調鄰居關係滿意程度呈現對鄰居意象最強的影響效果。當同時觀察它與三個都市意象之間的關係時，顯然，與鄰居意象的相關最高，其次與都市人意象亦具顯著相關，與都市生活意象則無甚關聯。如此或意味著，對鄰居的滿意與否，最有助於提升與直接交往者的正面態度，同時也有益於對一般都市人的正面看法，不過不見得能消除人們對都市生活的負面評價。最後我們不妨看看都市意象與居住計畫之間的關係。居住計畫乃是人

們的一種未來期望，按理推論，都市意象越趨負面者，應該有著較高的遷徙意願。但是僅鄰居意象才與居住計畫達顯著相關。因此，對都市人和都市生活的負面評價，僅止於態度層面，並未直接影響到都市人的實際行為。反都市心態被視為郊區化的一項動因，在本研究中並未得到支持。

晚近的都市研究都強調都市人並未喪失其基本的社會網絡，都市人不見得心理較不健康，都市人不見得就較疏離。這些在臺灣的經驗研究中也都得到某種支持（黃清高，1985：56-69，77-86；楊國樞，1988：949）。本文的發現所能說的是如此並不能否定都市人對整體都市生活或都市人的負面評價。利用臺灣地區社會變遷基本資料所得的結果顯示，都市化（指聚落大小的差異）雖未減弱都市人人際關係的參與，卻減低了都市人對這些關係的滿意感（謝高橋，1988；章英華，1988）。Wellman（1979）有關社會網絡的研究指出，雖有著緊密的人際網絡，但人們還是缺乏明顯的社區地緣意識，還是有社區失落感。Fischer（1984: 95-98）在排斥對都市人較疏離、較易心理失調的說法之後，還是指出都市人的一般幸福或快樂感（happiness）較低。從以上的各項發現，我們可以說，齊末爾和渥斯有關人際關係、心理失調和社會解組的看法未必屬實。但是都市人對人際關係的滿意感、對地緣社區的依附，可能的確不及鄉村，而同時都市人對都市生活仍抱持與齊末爾和渥斯同樣的負面評價，如生活緊張，不如鄉村生活快樂，現實的都市人等。

怎麼會有上述的情形呢？本文的分析方式並不足以回答上述的問題。不過我們可以就最近對這類問題的探討，稍加論列，以作為賡續研究的張本。當渥斯的論點受各類小社區經驗研究的批評，而都市與鄉村對比的意義幾乎被視為無效之時，Fischer 開始提出副文化的理論（Subcultural theory of urbanism）。他認為都市人與鄉村人仍在某些方面存在著明顯的差異，這些差異不是由人口組成的差別就可以解釋的。最初他只根據這理論來解釋特異團體（groups of unconventionality）的存在與持續。他認為都市集結大量的人口，使得抱持與主流文化不同價值與行為的人們得以組成團體而彼此相互支持（Fischer, 1976）。後來，他還擴張以解釋社會解組。他認為，「由於各種副文化的蓬勃，再加上

這些副文化與主流副文化的衝突，都是都市性的產物，它們二者導致了
芝加哥學派所謂的社會解組，而社會解組的徵象，依副文化理論，不
是因為社會世界（social worlds）崩潰，反而是因為社會世界在『都市』
裡形成與滋長。」（Fischer, 1984: 38-39）順著如此的論點，則都市人
對整體都市人與都市生活的負面評價乃導因於副文化的存在。

　　Fischer 為解決社會世界與社會解組共同存在的迷惑，的確指出了
新的思考的方向。但這樣的論點可以完全取代齊末爾和渥斯的看法嗎？
我們尚持保留的態度。就 Fischer（1984: 297）而言，「副文化包括兩個
部分；一個副體系（Subsystem）──一組相互連結的社會網絡（或可
謂，重疊且累加的社交圈）──以及該副體系所共有的規範和習慣。」
Fischer 常取同性戀、犯罪和種族等團體為例，他也經常強調這些團體
的內聚力和整合性質。但大部分都市人所屬的社會網絡是否會形成如上
述團體那樣的整合而明顯的副文化，還是未經證實的。[2]譬如說，親戚
在現代社會中仍是個人社會網絡最重要的組成分子（Wellman, 1979；
黃清高，1985：56-59）。這個自古以來便極為重要的人際關係，在現
代社會中，是否構成一副文化，頗值得懷疑，尤其在變動仍非常快速的
開發中社會，上下代之間的生活方式，往往有著相當大的差距。而黃清
高（1985）的研究更指出，親戚、朋友、鄰居、同事等對個人的功用
並不相同，親戚重在金錢週轉、疾病照顧、排解家庭糾紛，朋友重在談
心，鄰居只是無聊時談天的對象，至於同事主要是在工作難題上的幫
助。如此分化的網絡，很難說構成某種副文化的一部分。再者，可能被
視為同一副文化的成員或具備類似特質者，許多時候在大都市裡仍然是
陌生人，以致彼此互動時免不了有所保留。美國的研究就指出，即使在
社會階級方面屬於高同質性的地區中，人們依然非常重視鄰居間的相異
性（Michelson, 1970；Keller, 1968）。在空間階層分化明顯的美國都市
裡，這也許意味著對同階層人的不信任或保持一定的社會距離，換言
之，亦即對「同副文化者」的不完全認同。

---

2 有人主張現代都市仍有著凝結的社區，但根據 Hunter（1978）的說法：雖然大眾社會仍
　存在著地方情感，不過一個地域單位需要面對危機才能獲致凝結的契機，同時還要經過適
　當的醞釀時間，才能形成情感繫結穩定的社區。

　　Fischer（1982: 233-235）在比較都市與鄉村人際網絡的專書中討論到都市的公共生活時，還是承認陌生人世界（a world of strangers）的概念，只不過他另外再加上副文化的概念罷了。依陌生人世界來說，在公共場合裡人們彼此不認識，相互間必須保持特別的儀節——謹慎、不冒失、矜持且非私人的。[3] 雖說，這不見得是都市人的人格特色，但卻是都市人們經常遭遇的一種互動方式，難免不讓他們塑造出一種都市人的刻板印象。何況，都市中充滿著各類大型的科層機構，當個人去辦事情時，難免遭遇比較多的「非私人性的」（impersonal）對待。總而言之，陌生人世界與副文化磨擦這兩項概念的解釋效果，恐怕還有待進一步的澄清。[4] 再者，現代社會，不論是已開發或開發中的，都有著相當多的大眾媒體，這些媒體，基本上是以都市為中心的，其本部設在大都市，其新聞來源亦以都市居多，亦間或有著對都市生活的批判。媒體消息很可能是人們都市意象的來源之一。我們能用副文化概念去說明媒體對人們態度的影響嗎？

　　本研究的樣本只限於大都市，若包含其他類型的聚落時，是否會得到相同的結果呢？一項有關印度的研究指出，鄉村人也持有某種反都市的心態，認為都市是反常行為、奢侈生活、不道德行為、無神論和自私自利的所在地，甚至有村民因此不願送孩子到都市就學（Anderson, 1971: 74-79）。因此，我們也很可能發現，在臺灣，不同類型的聚落居民在都市生活和都市人意象這兩方面也有著相同的取向。若真如此，則提供我們另一個思考的方向。鄉村人如此的態度，似乎也可以從副文化（都市乃異於鄉村的副文化）以及陌生人（鄉村人與都市人的短暫接觸經驗）的概念來理解。但何以都市人對鄉村人的評價優於對都市人自身的評價呢？這似乎就無法從副文化的磨擦以及與鄉村人的短暫接觸經驗來解釋了。是不是都市的複雜（源自都市乃社會中權力角逐以及商品交換的場所）以及鄉村單純所給人的感受，才是主要的根源？從鄉村人的

3　就此比較詳細的中文討論，見傅仰止（1985）。

4　Saunders（1981: 97）曾明白指出，齊末爾和渥斯都不能稱之為鄉情之人（rural romantics），渥斯對都市的正面特色和鄉村的負面特色同樣了然於心，不過他的著作的確帶引社會理論走向鄉愁的與反都市心態的解釋。

眼光看都市人，從都市人的眼光看鄉村人，是值得進一步推敲的主題。

　　對都市整體生活以及都市人的意象並不影響移居意願，也值得略事說明。以臺灣目前的狀況，人口仍往都會區集中，所謂遷居只是在人口仍然密集的地帶找尋較佳較理想的住宅（章英華，1989：40-44）。若是如此，更顯示如此的意象與移居方向背道而馳。但要注意的是，我們問卷的問題順著渥斯的概念而設計，其中都市生活意象雖不限於人際關係，但卻未包含都市生活意象的全部向度。Fischer（1984: 13-19）曾將人們對鄉村與都市生活的意象分成四類對立的看法，自然／藝術，熟悉／陌生，社區／個人，傳統／變遷。但每類都可以用來支持或反對都市生活。Krupat（1985: 40）以句子完成調查都市意象則顯示，對都市的氣氛的描述，包括競爭的、富於娛樂的、多樣活動的、可以選擇朋友的、具文化氣質的、快步伐的、有匿名感的、使人覺得孤獨的、現代的、非私人的、令人迷惑的、可以選擇生活方式的；對都市人則是，不可信任的、有趣的、常感孤獨的、不侵犯他人隱私的、開明的。其實在齊末爾和渥斯的論文之中，也對都市生活的性質有著正、反面的看法，只是反面的篇幅居多，因而左右了後來人的思考方向。[5]整體說來，人們對都市生活的衡量是多面向的，有正有反，對鄉村生活的衡量亦復如此。如何掌握都市意象的整個面貌，是值得進一步探索的問題。而都市與鄉村生活意象所具有的正、反性質則意味著，都市生活與鄉村生活對人際網絡與個人生活而言，不完全在於好壞的對比，而是可能有著不同的類型。更直接的說，不論都市或鄉村都可能有著心理失調的案例，不過導致心理失調的原因和類型可能不相同罷了。

---

5 Durkheim 對自殺的處理或可給我們某些啟示。自殺類型是與社會團體類型相關的，低度整合的社會或團體導致利己性自殺（egoistic suicide），而高度整合的社會或團體則導致利他性自殺（altruistic suicide）（Durkheim, 1951: 152-240; Pope, 1976: 11-13）。都市與鄉村固然都仍保有基本的社會關係，但前者分化而鬆弛，後者重疊而緊密，這種差異是否導致不同的心理調適或行為表現的方式呢？現代社會固然全面受到資本主義生活方式的影響，但都市與鄉村的產業分工，的確造成兩者居民生命機會的差異。這種差異是否也可能導致社會心理的差別呢？

參考書目

伊慶春（1988）。〈台北市的社區類別與鄰里關係〉。《台大社會學刊》，第 19 期，頁 77-98。

章英華（1988）。〈都市化與機會結構及人際關係態度〉，載於楊國樞、瞿海源主編，《變遷中的台灣社會》，頁 159-194。臺北市：中研院民族學研究所。

章英華（1989）。〈台北市的內部結構——區位的與歷史的探討一〉，《中央研究院民族學研究所集刊》，第 63 期，頁 1-62。

傅仰止（1985）。〈都市社會的特質與移民研究〉，《思與言》，第 23 卷第 3 期，頁 81-103。

黃清高（1985）。〈都市地緣網絡與地緣關係之研究〉，臺灣大學社會學研究所碩士論文。

楊國樞（1988）。〈台灣民眾的疏離感及其先決因素〉，載於楊國樞、瞿海源主編，《變遷中的台灣社會》，頁 473-506。臺北市：中研院民族學研究所。

謝高橋（1988）。〈社會變遷中的人際關係及互動〉，載於楊國樞、瞿海源主編，《變遷中的台灣社會》，頁 195-237。臺北市：中研院民族學研究所。

Anderson, Nel (1971). *The Industrial Urban Community: Historical and Comparative Perspectives.* NY: Meredith.

Chang, Chak-yan (1976). *"Ruralia" vs. "Urbania" in Chinese Political Thought.* Ph.D. Dissertation, State University of New York at Binghamton.

Dewey, Richard (1960). "The Rural-Urban Continuum: Real but Relatively Unimportant." *American Journal of Sociology* 66: 60-66.

Durkheim, Emile (1951). *Suicide* (Translated by John A. Spaulding and George Simpson). NY: The Free Press.

Eames, Edwin and Judith Granich Goode (1977). *Anthropology of the City: An Introduction to Urban Anthropology Englewood cliffs.* NJ: Preutice-Hall.

Fischer, Claude S. (1976). "Toward a Subcultural Theory of Urbanism." *American Journal of Sociology* 80(6): 1319-1340.

Fischer, Claude S. (1982). *To Dwell among Friends.* Chicago: Chicago University Press.

Fischer, Claude S. (1984). *The Urban Experience* (2nd Ed.). San Diego: Harcourt Brace Jovanovich.

Gans, Herbert (1968). "Urbanism and Suburbanism as Ways of Life." Pp.95-118 in R.E. Paul (ed.), *Readings in Urban Sociology.* Oxford: Pergamon Press.

Gutkind, Peter C. W. (1974). *Urban Anthropology: Perspectives on "Third word", Urbanization and Urbanism.* Assen, the Netherlands: Koninklijke Van Gorum & Comp. B.V.

Hadden, Jeffrey K. and Josef J. Barton (1973). "An image that Will Not Die: Thoughts on the History of Anti-Urban Ideology." Pp.79-116 in Louis H. Masotti and Jeffrey K. Hadden (eds.), *The Urbanization of the Suburbs.* Beverly Hills, California: Sage publications.

Hunter, Albert (1978). "Persistence of Local sentiments in Mass society." Pp.133-162 in David

Street and Associates (eds.), *Handbook of Contemporary Urban Life*. San Franscisco: Jossey-Bass.

Keller, Suzanne (1968). *The Urban Neighborhood: A Sociological Perspective*. Random House.

Krupat, Edward (1985). *People in Cities: The Urban Environment and Its Effect*. Cambridge: Cambridge University Press.

Lewis, Oscar (1973). "Some Perspectives on Urbanization with Special Reference to Mexico City." Pp.125-138 in Aiden, southhall (ed.), *Urban Anthropology: Cross-cultural Studies of Urbanization*. NY: Oxford University Press.

Mellor, J .R., (1977). *Urban Sociology in an Urbanized Society*. London: Routelege & Kegan Paul.

Michelson, William (1970). *Man and His Urban Environment: A Sociological Approach*. Addison-Wisley.

Pope, Whitney (1976). *Durkheim's Suicide: A Classic Analyzed*. Chicago: The University of Chicago Press.

Saunders, Peters (1981). *Social Theory and the Urban Question*. Condon: Hutchinson.

Simmel, Georg (1957). "The Metropolis and Mental Life." Pp.635-646 in Paul K . Hatt and Albert J. Reiss, Jr. (eds.), *Cities and Society: The Revised Reader in Urban Sociology*. NY: The Free Press.

Taylor, Lee and Arthor R. Jones, Jr. (1964). *Rural Life and Urbanized Society*. NY: Oxford University Press.

Wellman, Barry (1979). "The Community Question: The Intimate Networks of East Yorkers." *American Journal of Sociology* 84(March): 1201-1231.

Wirth, Louis (1938). "Urbanism as a Way of Life." *American Journal of Sociology* 44(July): 1-15.

* 本文曾刊於《中國社會學刊》，1989，第 13 期，頁 43-66。

附表9-1　都市意象量表之固有值

因素	固有值	變異量百分比 %
1	2.67784	46.6
2	1.51282	26.3
3	0.70496	12.3
4	0.47428	8.3
5	0.37479	6.5

附表9-2　都市生活、都市人、與鄰居意象之間的相關

	都市生活意象	都市人意象	鄰居意象
都市生活意象	1.0		
都市人意象	.1831***	1.0	
鄰居意象	-.1095**	-.0500	1.0

以上數值為 Somer's D (symmetric)

** 表 p <=.01

*** 表 p <=.001

第十章

遷徙意願與理想居住地：
從都市化、個人背景與居住環境評價的探討[*]

一、前言

　　都市社會學對現代社會人口集中現象的探討，可以說是圍繞著兩個重要的現象，一是整個社會的都市化以及所建構的都市體系，另外則是都會規模的擴大以及產業和人口在都會中分化與分布。在都市社會學的教科書中，大概在最前面的幾章，都會先交待全世界的都市化過程，再進入都會內部的人口分化現象。這兩個現象，幾乎都與人的流動有關。整個社會都市化所反映的是，在整體社會人口增加的同時鄉村人口大量往都市移動的現象，即一般所謂的城鄉移民潮。而在都會化的過程中，不只是人口流入都市，還有著人口由都市中心往都市外部的移動。如此的現象，可以是城鄉流動的結果，也是都市本身人口流動的反映，這是一般所謂的郊區化過程。在都市社會學裡，對這樣的現象，著重的是在都市中所造成的果。探討這樣的過程造成如何的都市體系，如此的體系反映的社會不均等；分析大量人口移入都市之後，適應都市生活的狀況；探討人口大量移入都市之後，形成如何的空間模式（特別是內城或中心都市與郊區的對比），而這種空間模式反映什麼樣的生活型態。

　　在都市社會學對上述流動現象的討論，獨獨對移動的過程，甚少著墨，這樣的討論反而是人口學的一個重要部分。臺灣的都市社會學和

---

[*] 本文初稿〈都市化、居住環境與遷徙意願〉，發表於中央研究院中山人文社會科學研究所主辦的臺灣地區社會意向調查資料運用研討會（82年3月）。在研討會中，得到陳小紅教授的評論以及與會者的建議，特別是兩位匿名評審的意見，都有助於本文的修訂，謹此誌謝。

人口學教科書，正可以反映這樣的情形。[1]在人口遷徙的研究中，依遷徙的範圍分類，有國際遷徙和境內遷徙，而境內遷徙的分類常因各國行政區域劃分單位的不同而有不同的名稱。根據我國在臺閩地區境內遷徙的官方統計，可以分成縣市間、不同縣不同鄉鎮間、同縣內不同鄉鎮、同鄉鎮之內的遷移；美國的境內可以區分為區域間、州間、州內和縣內之遷移（廖正宏，1985：10-11）。這樣的分類，雖然考慮了不同地理範圍，但主要的依據是距離的遠近，並未考慮都市性質的差異和遷移之間的關係。我們在都市社會學中所著重的都市與鄉村間的以及都會內的遷徙，並不在以上分類的考慮之中。廖正宏（1985：15）提到人口遷移受到重視的三個理由：人口自然增加減緩，境內區域之間的人口成長逐漸與人口遷移發生密切關係；開發中國家人口大量移入都市造成都市問題；先進國家在大都會的人口有向非都市化地區分散的趨勢。第三點所提的與都會內人口的再分配有關，這樣的現象在先進國家才受到重視，但在人口移動的研究中，仍占少數（Coombs, 1981; Ozo, 1986）。大部分人口移動的理論，還是以鄉村到都市的遷移為對象（廖正宏，1985： 93-121）。

　　另外與遷移密切關聯的研究領域是住宅。最近一位瑞典的社會學家曾經批評住宅研究（Kemeny, 1992），認為住宅的研究在幾乎自成一個學門的情況下，與相關的社會科學理論脫節。他同時指出，以住宅（housing）概念的本身為研究的核心，本來就有其侷限性，往往只注意到住宅本身的性質，而未能將住宅與所關聯的社會脈絡串聯起來。他指出，住宅並不只是住處的建造，還涉及居住在裡面的家戶，以及住宅與家戶的互動。如果只是將住宅界定在一棟房子內的這些關係，亦只是圍繞在家庭裡，要與社會結構直接關聯，有兩個主要的面向，即住宅的空間組織與住宅的取得過程。在如此的考慮下，他建議以住居（residence）的概念為討論的核心。研究的對象，首先是住在一座住宅內的家戶，其次是住宅的本身，再而是住宅座落的外在環境。從這樣的

---

1 關於都市社會學有關都市化與都會化的討論散見各種教科書，因此不特別引註。至於都市社會學與人口學教科書所顯示的差異，請比較蔡勇美和郭文雄合著的都市社會學（1984）以及蔡宏進和廖正宏合著的人口學（1987）。

概念架構出發，住宅自小的方面可以關係到居住其中之人，往大的方面可以與住宅所在的鄰里社區，甚至整個大社會相關聯。因此，我們可以將都市化、遷徙以及住宅選擇銜接起來。何以一個人會選擇某一個都市或都會居住？這將反映城鄉遷移的現象。何以人們會選擇某一都市的某一地區居住？這可以關聯到都市內人口再分配的現象。人們何以會選擇某種型式的住宅？這可以與住宅的特性關聯。如此將家戶、住宅與聚落特性共同討論的架構，或可將個人行為與都市生態（urban ecology）或都市土地利用的鉅視分析結合。

　　臺灣近 40 年的快速都市化，當然與大量的城鄉人口遷移關係密切，特別是在 1960 和 1970 年代，幾個大都市的成長，社會增加的比重都逐漸提高，且超越了自然增加。但是在大都市的人口增加的過程裡，其衛星市鎮也伴隨著成長，而在 1980 年代很明顯看到衛星都市人口成長速度快於中心都市。尤其是臺北市已經顯現人口負成長的情形。很多學者注意到臺灣大都市與其鄰近地區都會化的現象。而都會化，一方面是中心都市與鄰近的衛星市鎮共同吸引都會以外的人口，同時也有著相當數量的彼此交流。臺北都會區的人口成長，1973 至 1978 年時，自然增加占 52%，居較大的分量，至 1978 至 1983 之間則是社會增加的分量較強，占 57.3%（Speare, Liu and Tsay, 1988: 62-71）。1966、1980 和 1990 三個年度的普查資料顯示，臺北市與臺北縣彼此間的流出與流入，一直占各自流入與流出人口相當大的比例（章英華，1993）。熊瑞梅（1990a: 77；1990b: 26-32）就普查資料的分析亦指出，臺北市和臺北縣往鄰近縣的遷移趨勢均較強。陳肇男所呈現的 1987 年的勞動力調查資料顯示（1990: 46），鄉鎮與村里內的移動占遷徙者的 37.1%，鄉鎮間占 10.4%，跨縣間占 10.4%，區域間占 43.1% 。而跨縣間的，相當的比例應該是都會區內的遷徙。這多少也顯示都會內的遷徙與城鄉間的遷徙應該同樣值得注重。這可以在全臺灣地區的遷徙現象中共同討論。

　　臺灣有關人口遷移的研究，如一般開發中國家的研究，集中在鄉村與都市間的移動以及移入都市者的生活適應問題，都市內的居住選擇則

甚少注意。[2]就以人口遷移享有名聲的 Speare，他很早就以美國的資料
提出有關都市地區居住選擇的理論，但是他同一時期在臺灣進行的研究
是有關城鄉遷徙和移民都市生活適應的（Speare, 1974；Sprare, Liu and
Tsay, 1988: 107-184）。臺灣都市社會學方面的研究，除了都市化過程
的探討之外，也都注意到大都市內人口由中心往邊緣地帶間的移動的現
象（謝高橋，1980；孫清山，1985；熊瑞梅，1990a；章英華，1988,
1992）。但是這些研究大都是以官方統計進行分析，是以地區性的資料
來推論鄉村與都市間人口移動的現象，未觸及人們實際的遷徙行為，對
流動的方向只是提出間接的推論基礎而已。至於住宅的研究，大部分是
以住宅的性質以及住宅的主觀評價為探討的主題，與遷徙行為連接的並
不多見，而社會學家有關住宅方面的研究亦屬鳳毛麟角，大多為其他學
門的成果。在現有研究的基礎之下，將都市化、住宅環境以及遷移行為
統合起來的研究，應該是值得進行的。

二、研究目的與方法

（一）研究目的

　　如前言中所討論的，在一般有關人們遷移行為的研究裡，城鄉的移
動與都市內部的遷移都是分開討論的。城鄉的移動，比較是放在整個社
會經濟的變遷中，人們為尋求較佳的生命機會（life chance）而激發的
長程的遷移行為，其探討的地理範圍是整個社會的，而居住的選擇往往
是附屬於生命機會的追求。都市內部的遷移，通常是放在居住選擇的脈
絡之下，人們可以因為工作地點的方便而遷居，但是工作已不見得是唯
一的主導因素了。這樣的二分，意味著城鄉間遷移與都市內遷移蘊涵不
同的意義。若我們以城鄉遷移主要是都市化程度低地區的人口往大都市
移動，而大都市的遷移主要是都會核心與邊緣的人口移動的話，居住地

---

2 廖正宏在1987年臺灣地區人口遷移、分布與區域發展研討會對臺灣地區為人口遷移研究
　的方向提出概略的檢討，強調研究的內容應該從遷移的原因轉向遷移的結果，以及應該由
　鄉村到都市轉其他遷移流向的研究。但所提出的是都市到都市、都市到鄉村、鄉村到鄉
　村以及國際移遷的研究，並未直接提到都市內和都會內的研究。有關臺灣都市移民的研究
　可以參考傅仰止（1985）。

屬性的不同，也反映不同的人口流動模式。在這樣的考慮下，我們認為在都市化的框架下可以同時討論城鄉遷移與都會內的流動。社會意向80 年調查的資料（傅仰止，1988），正提供了初步探索的可能。其問卷中的居住狀況大類，包括了人們對住宅與居住環境評估、遷徙的意願、以及理想居住地等的問項。配合上居住地都市化程度的分類，以及個人的背景資料，正可以運用以結合都市化程度（反映著所居聚落的整體性質）、居住環境以及遷移行為的討論。不過由於只有遷徙意願和理想居住地的數據，因此所探討的是態度傾向，而不是實際的遷移行為。

　　一般有關住宅滿足的研究，都包含三個主要的影響因素，住宅的實質特性（如住宅面積、密度、內部品質、住宅型式）、住宅的位置特性（如與工作場所的、與商區的距離、住宅附近的公共設施、鄰里的品質、鄰里人際關係）以及住戶的個別特性（如社會階層、家庭結構）（伊慶春，1984；張曉春、文崇一、伊慶春，1985：1-8）。在探討移動意願上，一般人口遷移研究所重視的個人的特徵包括年齡、性別、教育、職業、家庭結構與婚姻狀況等，即住宅研究中的住戶個別特性（廖正宏，1985：128-143）。而 Speare 在他有關居住流動所提出的理論模型，則強調個人對居住滿意的程度是在個人與住宅特性之間的重要中介變項。Speare 強調，像年齡、收入和居住時間等不會直接影響到個人的遷居意願，這些個人的背景特質只有在居住滿意程度的差異之下，才能展現出來。Speare 這麼強勢的假設受到相當的質疑，他自己有關臺灣城鄉移動的研究，並不支持這樣的假說。而針對 Speare 模型的經驗研究，也發現個人背景變項有其獨立的影響，不過對住宅或居住環境的滿意，依舊是值得注意的因素（Landale and Guest, 1985; Speare, Liu and Tsay, 1988: 114-135）。

　　在意向調查的資料裡，對住宅的特性，大部分都是主觀評價的問項，只有少數直接的客觀資料。再從 Speare 模型討論而出發，住宅和居住環境的主觀評估可以作為重要的中介變項。在我們的討論中，從個人居住地的都市化程度、個人的背景特性以及對住宅和居住環境的主觀評價三個方面，討論個人居住選擇的態度，即個人的遷徙意願和理想居住地的偏向。

（二）研究方法

本文的目的在運用 80 年 8 月社會意向定期調查居住狀況部分的資料，討論臺灣居民的遷居的態度，有兩個主要的依變項：遷居意願和理想的居住地。從遷居意願，我們只可以討論人們遷出現居地的可能。問卷中的題目是：您平常會不會想要搬到別的地方去住？有沒有這打算呢？回答的項目有（1）常常會想，打算一、二年就搬；（2）有時會想，但沒打算搬；（3）只是在想，但是沒有能力；（4）幾乎沒有想過。各答項的次數分配與百分比分別是：113（7%）、375（23.1%）、380（23.4%）、753（46.4%）。第一項反映的是積極的搬家意願，第二和第三項則是有想法，但尚缺乏施行的意願。由於第一項的樣本數少，而第二和第三項遷移意願的強弱很難判斷，為求分析的便利，我們將這三項合為有遷徙意願者，而第四項則反映無遷徙意願者。在統計中，我們以前者為 1，後者為 0。

在理想居住地上，問卷的題目是：如果讓您完全照自己的意思來選擇，您最希望住在什麼樣的地方？（1）大都市的市區（8.7%）；（2）大都市的郊區（30.1%）；（3）中型都市（13.7%）；（4）小鎮（12.0%）；（5）鄉下（32.8%）。在往後的分析中，由於大都市市區和小鎮的樣本數都少，有的時候（如在多重邏輯分析和樣本分配不勻時）我們將大都市的市區與郊區合為大都市傾向，中型都市和小鎮為中小都市傾向，鄉下為鄉村傾向。將中型都市和小鎮合為一類，主要的理由是，這樣的選擇都蘊含著一種別於鄉村的都市傾向，但是在規模上都不及大都市。

有關影響移居意願與選擇理想居住地的因素，由於我們是從都市發展的觀點出發，都市化程度很自然是第一個考慮。在社會意向調查的抽樣中，都市化程度是最主要的分層依據。基本上是以臺灣省經濟動員委員會的經濟發展指標將臺灣的鄉鎮市區分成八類：臺北市、高雄市、省轄市、省一級、省二級、省三級、省四級、以及省五級。我們將之重新分類，臺北市、高雄市、臺中市和臺南市為核心都市，其餘的省轄市和省一級的行政區為一級都市，其餘省二級以下的地區為鄉鎮。

　　其次，在遷移或居住選擇的研究裡，客觀的個人背景因素和主觀的對住宅和居住環境的評價，是為兩組主要的影響因素。重要的客觀背景因素，包括社經地位、家庭生命循環以及住宅權屬。我們以教育程度（分成大專以上、高中職、初國中和小學以下四類）、行業別（分成服務、製造和農林漁牧三類）為社經地位的操作變項。家庭收入和職業層級，因為無答案的樣本多或明確分類不易，而未帶進分析中。家庭生命循環，由於我們無家戶組成的資料，沒有可以直接代表的變項，不過我們可以從婚姻狀況（已婚或單身）、年齡（30歲以下、31-45歲和46歲以上）等間接反映。居住年限（等距變項），一般是用來反映個人與居住地之間的社會連結（Zuiches, 1980）。但年紀越大者，在一個地方長時間居住的可能性越大，因此年齡的影響有時是透過居住年限而產生作用的。基於這樣的理由，居住年限有時亦是生命循環的部分表徵。住宅權屬，則將自有、家人所有合為住宅自有，而租用、借住和住宿舍等合為租借者。

　　關於對住宅的評估，我們有住宅滿意度、住宅擁擠感。對於住宅環境的評價，可以分成三組變項。首先是住宅附近的環境，包括對治安、環境衛生的滿意程度以及對吵雜的感受。其次是日常活動便利性的評價，包括通勤、通學和購物。第三是對社會交往的評估，包括對鄰居和親戚的交往。最後則是對所住鄉鎮市區的喜好感。總共有九個變項。在問卷中，是以四點的答項來處理，如很滿意、滿意、不滿意、很不滿意。我們將很滿意和滿意的合為一類，給予0值，表示對住宅或環境的正面評價，而回答不滿意、很不滿意和未表示意見者，給予1值，表示對住宅與四周環境的負面評價。

　　至於統計分析，由於我們的依變項都是類別變項，在處理上以邏輯迴歸分析較為妥當。有關遷居意願，我們先以都市化程度、個人背景變項為一組，住宅以及住宅環境的評估為一組，分別進行分析之後，再合起來討論與遷居意願之間的關係。然後，我們選擇達到統計顯著水準的變項，就三類不同都市化地區進行分析，以討論三者間的遷徙模式是否有著不同的意含。有關理想居住地的選擇，我們只就具有遷居意願的樣本來討論。我們仍視理想居住地為類別變項，有大都市傾向、中小都市

傾向與鄉村傾向。由於分成三個類別，是以多重邏輯迴歸分析來處理。因為只以顯示遷居意願的樣本來分析，樣本數少，不再就不同都市化地區分別處理。在自變項上，我們只取個人背景變項以及住宅和環境變項中對遷徙意願有影響者。另外再配合一些交叉表的分析來補充說明。

三、研究發現

（一）影響遷徙意願的因素

　　從整個都市社會學的觀點來看居住的選擇，我們首先要確定的，當然是在不同都市化地區人們是否存在著遷徙意願的差距。表10.1的邏輯迴歸分析裡，核心都市和一級都市的遷徙意願都高於鄉鎮，而核心都市又高於一級都市。明顯反映著都市化程度越高，居民具遷徙意願的比例越高。接著，我們可以看一些典型的個人背景變項與遷徙意願的關係。已婚、未婚，是男是女，並不造成在遷徙意願上的差異。在行業別上，只有服務業者達到統計的顯著水準，顯示較高的遷徙可能。不過居住年限、年齡、教育程度以及住宅的權屬，與遷徙意願都有顯著的關聯。居住的時間與遷徙意願成反比，居住現宅越長久的人，遷居的意願愈低；年齡與遷徙意願成反比，30歲以下以及31-45歲兩個年齡組的遷居意願都高於45以上年齡組，以30歲以下者的意願最強；教育與遷徙傾向成正比，大專以上教育程度者的遷居意願最高，再依高中、初中、小學而逐次降低；租屋者比自有者更有遷居的傾向。這反映個人與家戶特質對遷居傾向的影響。

　　我們進一步要看的是，都市化程度造成的差異，只是不同都市化地區居民性質差異的反映嗎？以表10.1中模型三與模型四的log likelihood（表中簡寫為loglike）值的差異做卡方檢定時，P值小於.01，顯示都市化程度有其獨立於個人背景變項的效果。在將都市化的變項和個人背景變項一起進行邏輯迴歸分析的模型裡，以0.05的信心水準作為篩選標準時，都市化程度以及在個人背景變項上的年齡、教育程度和住宅權屬等，對遷徙意願的影響，依然明顯。至於服務業的影響，在加入都市化程度之下，就消失了（在模型三與四，刪去行業別一組變項）。

表10.1　遷徙意願的邏輯迴歸分析──背景變項

	1	2	3	4
核心都市	.897***		.582***	
一級都市	.568***		.619**	
單身		-.181		
男性		-.073		
居住時間		-.011*	.008	-.014***
30歲以下		.611**	.640***	.534**
31-45歲		.484***	.512***	.465***
製造業		.371		
服務業		.439*		
無職業		.444		
大專		1.296***	1.176***	1.292***
高中職		.769***	.722***	.770***
初國中		.675***	.653***	.681***
租賃		.700***	.676***	.733***
常數	-0.299	-1.073	-1.076	-.684
樣本數	1,617	1,603	1,606	1,606
卡方	56.34	196.70	210.58	190.96
loglike	-1088.3	-1088.0	-1003.4	-1013.2
pseudr*r	.03	.09	.10	.09

$*p<.05$　$**p<.01$　$***p<.001$

　　在對居住條件的主觀評價方面，在日常的方便性上，購物和就學方便的不滿意，並不會增加人們的遷居意願，只有通勤上的負面評價具顯著的影響。對所在都市或鄉鎮的整體評估與遷居意願成正比，越不喜歡的，越可能顯示遷居的念頭。對住家附近環境的評估，感到附近吵雜和環境衛生不佳的，有著較高的遷居意願，但是對治安的負面印象，則不見什麼樣的影響。至於社會關係上的負面評價，包括鄰居和親戚的往來，都與遷居的意願沒有什麼關係。從這幾組變項所顯示與遷徙意願的關聯。我們看到的是，社會關係和便利性無關緊要，而對住宅本身的不滿以及對住宅附近環境的不滿，是影響個人遷居的重要主觀因素。

　　都市化程度與客觀的背景因素，是否透過主觀因素（即對住宅及四周環境的不滿意）才導致人們遷居的意願呢？我們將對遷徙意願的影響

達到統計顯著水準的變項進行邏輯迴歸分析。表10.2 的模型三和模型四之間 log likelihood 值差異的卡方檢定，都達統計的顯著水準。這意味著都市化和個人背景變項對遷徙意願的影響，並不是人們對住宅及環境的主觀評價所能完全取代的。模型四的結果顯示，各客觀因素中，僅住宅權屬未達統計顯著水準，而都市化程度、居住時間、年齡和教育程度與遷居意願仍具顯著的關聯。在主觀因素之中，除通勤之外，對住宅的、對附近環境的不滿意以及對整體都市或鄉鎮的負面評價，都與遷徙

表10.2　遷徙意願的邏輯迴歸分析——居住環境評價與背景變項

	1	2	3	4
不滿住宅	1.135***		.766***	.761***
住宅擁擠	.989***		.784***	.852***
治安不良		.344	.275	
不滿環境		.402**	.346*	.328*
吵雜		.896***	.738***	.603***
就學不便		-.158		
購物不便		.006		
通勤不便		.527*	.491**	.325
不滿鄰居		.175		
不滿親戚		.053		
不喜居地		.971**	.899***	.560*
核心都市				.397*
一級都市				.404**
居住時間				-.012*
30 歲以下				.683***
31-45 歲				.465**
大專				.841***
高中職				.538***
租賃				.358
常數	-.363	-.446	-.750	-1.497
樣本數	1,617	1,042	1,299	1,313
卡方	170.38	112.13	212.23	307.12
loglike	-1031.2	-661.8	-788.1	-750.2
pseudr*r	.08	.08	.12	.17

*p<.05　**p<.01　***p<.001

意願明顯關聯。這多少意味著，客觀因素可以透過主觀因素的中介而影響遷居意願，但客觀與主觀因素對遷徙意願，都有其獨立的影響。

　　我們要特別指出的是，核心都市和一級都市的樣本顯示高於鄉鎮的遷徙意願。我們可以觀察，不同都市化程度地區樣本的遷徙意願是否受到不同因素的影響。我們以臺北市、核心都市（包含臺北市）、一級都市和鄉鎮四個類別各自進行邏輯分析（見表10.3）。在臺北市的樣本，背景變項中，除了大專程度者顯示較高的遷居意願之外，其他因素都未達統計的顯著水準，但是在主觀因素上，住宅的擁擠、住宅附近的衛生和吵雜的狀況，均呈顯著的關聯，這方面越是不滿意，遷居意願越強。這裡意味著，臺北市居民的遷居意願，主觀感受的影響要強於客觀背景因素。在核心都市的樣本裡，居住時間較長者顯示較弱的移居意願，在教育程度上，則只有大專和初中程度者顯示較強的移居意願，教育程度的影響，亦不是完全的直線關係。不論是臺北市或全核心都市的樣本，若以含背景變項的模型和不含背景變項的模型相比較，二者間 log likelihood 值的差異，並未達統計的顯著水準。因此，在主觀因素之外加上客觀背景因素之後，對遷居意願的解釋力，並未增加。

　　在一級都市裡，年齡和教育程度呈現較明顯的影響，年齡愈小，教育程度愈高，遷居的意願都愈強。主觀的因素中，只有對住宅感到不滿和擁擠，以及對明白表示不喜歡所居住的鄉鎮市，才有影響，至於對附近環境的不滿，則不是有意義的因素。在主觀因素和客觀背景因素同時存在以及只有背景因素的兩個模型的比較中，log likelihood 值之間的差異達到統計的顯著水準。顯示客觀背景因素在控制主觀因素之後，對遷居意願有其影響。在鄉鎮的樣本裡，居住時間較長者、大專程度者、以及高中程度者，都顯示較強的遷居意願。至於主觀的因素，則擁擠感、對環境衛生的不滿、吵雜感以及通勤的不便，都會增加人們遷居的意願。在含與不含背景因素的模型之間的 log likelihood 值的差異，達統計的顯著水準。同樣顯示，個人背景因素在控制主觀因素之後，對鄉鎮地區遷徙意願仍具獨立的解釋力。不過，根據兩個模型間 Pseudo R Square 的差異，我們可以說，鄉鎮地區客觀背景因素的影響大於主觀因素，而一級都市則反之。

表10.3 不同都市化地區——個人背景、居住環境評價與遷徙意願

	臺北市		核心都市		一級都市		鄉鎮	
居住時間	-.008		-.023#		.006		-.019*	
30歲以下	.505		.361		.665#		0.421	
31-45歲	.503		.091		.539#		.510#	
大專	1.053*		.816*		1.254***		1.300***	
高中職	.365		.544		.542#		1.247***	
初國中	.762		.784#		.555		.471	
租賃	.450		.336		.469		.317	
不滿住宅			1.304**	1.340***	.750*	.685#	.331	.517#
住宅擁擠	1.150**	1.206***	.843***	.819***	1.089***	1.066***	.703**	.618**
不滿環境	.705#	.813*	.299	.370	.166	.173	.557*	.464#
吵雜	1.159**	1.038**	.837**	.912***	.333	.266	.554#	.800***
通勤不便	.653	.781	.631	.771#	.100	.373	.544#	.558#
不喜居地	-.247	-.044	-.049	.128	1.261*	1.300**		
常項	-1.550	-.682	-.874	-.535	-1.484	-.416	-1.641	-.996
卡方	48.28	39.34	97.27	79.79	81.00	57.07	104.20	46.78
loglike	-102.6	-107.4	-223.0	-232.2	-241.9	-257.6	-269.5	-300.5
pseudr*r	.19	.15	.18	.15	.14	.10	.16	.07
樣本數	208	209	424	425	416	421	473	476

# p<.10　*p<.05　**p<.01　***p<.001

臺北市的樣本中，凡對住宅不滿的就有遷居的意願；鄉鎮的樣本中凡不喜居住就有遷徙的意願。在邏輯迴歸分析中，被自動從模型中剔除。因此在臺北市的模型中，刪去不滿住宅，在鄉鎮的模型中刪去不喜居住後，再行邏輯迴歸分析。

　　由以上不同都市化地區影響遷徙因素的比較上，我們可以明白指出，都市化程度高的地區，人們對住宅和居住環境的主觀感受對遷居意願的影響大，而個人的背景因素的影響弱。在都市化程度低的地區，主觀感受有其影響，但是個人的背景因素依舊有其獨立的影響力，至少與主觀感受的分量相當。在主觀因素上，對住宅本身的不滿，在不同類型的居住地區，大致都會增強遷居的意願。但是在其他住宅外部的因素上，呈現不同地區間的差異。在核心都市，因為對住宅附近環境的不滿，影響人們的遷居意願。在一級都市，只有不喜歡整個聚落，才會增強人們的遷居意願。在鄉鎮，則幾乎所有的外部環境因素都會促成人們

遷居的念頭；甚至通勤不便，只在鄉鎮的樣本，才顯示對遷居意願的影響。

（二）理想居住地的選擇

在討論了遷徙意願之後，我們可以進一步討論的是可能的移居地。在社會意向調查裡，我們只有理想居住地的問項。要求受訪者在沒有條件的限制之下，勾選他所最願意居住的地方。是大都市的市區、大都市的郊區、中型都市、小鎮或鄉村？對有遷居意願的受訪者，這樣的問項，不見得可以反映他們實際的遷居地，不過這樣的個案，可以讓我們推論臺灣居民未來居住選擇的趨勢。首先，我們以都市化的起點，仍先看一看不同都市化地區的居民在理想居住地上，是否有著差異。

表 10.4 呈現了不同都市化地區移居意願者在理想居住地上的差異。現居在大都市市區的樣本，以大都市郊區為理想居住地的比例最高，占了五成強。而以大都市市區、中型都市、鄉村為理想居住地的比例，大致相當。我們若將大都市的市區和郊區合計，則原來住在臺灣幾

表 10.4　都市化程度與理想居住地——具遷徙意願者

		現居地									合計
		核心	北市	其他	一級	北縣	其他	鄉鎮	市鎮	鄉村	
理想居住地	大都市市區	49	24	25	14	10	4	17	10	7	80
		15.65	14.72	16.67	4.96	7.30	2.76	6.67	5.59	9.21	9.41
	大都市郊區	162	94	68	121	65	56	58	38	20	341
		51.76	57.67	45.33	42.91	47.45	38.62	22.75	21.23	26.32	40.12
	中型都市	51	23	28	46	19	27	50	39	11	147
		16.29	14.11	18.67	16.31	13.87	18.62	19.61	21.79	14.47	17.29
	小鎮	9	4	5	30	13	17	48	38	10	87
		2.88	2.45	3.33	10.64	9.49	11.72	18.82	21.23	13.16	10.24
	鄉下	42	18	24	71	30	41	82	54	28	195
		13.42	11.04	16.00	25.18	21.90	28.28	32.16	30.17	36.84	22.91
合計		313	163	150	282	137	145	255	179	76	850

卡方 (8) = 109.7711　p < 0.001

卡方檢定只用於核心都市、一級都市和鄉鎮三者之間。

個核心都市的居民，就算移居的話，仍是以其所在的都會地帶為根本的考慮。至於一級都市的樣本，大都市的郊區仍是最主要的選擇，而大都市市區的選擇比例極低，還不到百分之五，反而是以鄉村為其次的選擇。我們若將中型都市和小鎮合為一類，界定為大都市以外的都市地帶的話，則一級都市居民在理想居住地區上，中小都市的比例與鄉村的比例大致相似，這更突顯對大都市市區在選擇上的劣勢。不過，選擇郊區的比例甚高，以致大都會地帶仍是最主要的偏好。再則是鄉鎮的樣本，選擇大都市的比例極低，同時選擇大都市郊區的比例亦只有兩成強，遠低於核心都市和一級都市的樣本。在鄉鎮，最高比例落在鄉村，同時中型都市和小鎮所占的比例都幾乎到二成，若合計，則取中小都市的比例幾乎近於四成，還高於選擇鄉村的。與前二類地區相比，鄉鎮居民理想居住地的分布較為分散，但選擇中小都市的傾向，高於選擇大都會的。

由於理想的居住地，部分可能是現在居住地的反映。將都市化程度只分為三類，不見得能完全反映現居地與理想居住地的關係。因此我們可以就更細的都市化分類來討論。在核心都市中，我們分成臺北市和其他兩類，在一級都市中我們分成北縣近郊和其他兩類，在鄉鎮中，我們分成市鎮和鄉村兩類。我們的核心都市的樣本中，臺北市的樣本分布在中山、大同、中正、大安和士林區，高雄市的樣本在三民、苓雅和前鎮區，另外還有臺中市的東區、西區和南區，以及臺南市的南區。除臺北市的士林區外，大致都可以說是大都市的市區。在臺北縣的一級都市裡，樣本分布在鶯歌、三重、中和、淡水、板橋和新店，這些市鎮都可以說是臺北的郊區。其他的一級都市，包括基隆、桃園、竹南、鳳山和宜蘭，則可以說是中型都市。因此以上的分類反映著全國的最大都市、區域核心都市、北市近郊、中型都市、小都市或城鎮、和鄉村六類。

就以上的分類觀察理想居住地的差異，臺北市和其他地區核心都市顯現相似的傾向，是以大都市的郊區為最主要的理想選擇。不過臺北市樣本顯示更強的郊區傾向，朝向大都市以外地區的傾向也較弱。再以臺北市的近郊行政區與其他中型都市比較，前者的郊區傾向較強，後者的中小型都市、和鄉村傾向較強。二者對大都市市區的喜好，皆較核心都市為弱，但北市近郊選擇大都市市區的傾向略強。臺北近郊居民是以與

原地同樣性質的居住地（即大都市郊區）為最主要的選擇，其次是中小型都市，再為鄉村；其他中型都市，最主要的選擇是郊區，其次的選擇是鄉村和中小型都市（比例相近），因此選擇與原居地性質相同的居住地的傾向較弱。整體說來，北市近郊與其他中型都市，都是以郊區為最主要的選擇，但是北市近郊選擇都會（含大都市市區與郊區）較強。

　　小都市和鄉村居民的理想居住地，大都市的郊區所占的分量，明顯較低。最值得注意的是，鄉村居民以都會地帶為理想居地的比例高於市鎮居民。對他們而言，最理想的居住地是鄉村，其次是大都市郊區，而非中小型都市；同時鄉村居民選擇大都市市區為理想居住地的比例也高於市鎮居民。市鎮居民則是以中小型都市為第一選擇，其次是鄉村，然後才是大都市地區。我們或可推論說，小都市居民仍以居住地附近的中小型都市為選擇的方向，而鄉村居民卻反而會跳過居地附近的都市，而期望走向距離更遠的大都會。雖然我們所分的六類聚落彼此間的理想居住地有著差異，但是核心都市、都會近郊、中型都市，都是以都會地帶（含市區，但是郊區占的比例最重）為最，其次是中小型都市。鄉村居民選擇大都市市區和郊區的比例與選擇鄉下的比例幾乎相等，小型都市居民對中、小型都市的選擇又最強。以上的數據都反映著臺灣居民極為強烈的都市傾向，但是如此的都市傾向中，是以大都市郊區為第一選擇，中型都市為第二選擇，而大都市市區與小鎮殿後。

　　接著，我們可以看一下，個人背景與住宅與居住環境的評估對理想居住地的影響。我們的分析限定於具遷徙意願者的樣本；自變項只取對移居意願有影響者；依變項則是居住地的偏好，分為都會傾向者（包括大都市市區和郊區）、中小都市傾向者（包括中型都市與市鎮）以及鄉村傾向者。當以核心都會與鄉村傾向兩者的比值為依變項時，核心都市與一級都市居民、以及大專教育程度者，都呈現較強的都會傾向。以中小型都市與鄉村傾向比值為依變項，則僅大專程度者達統計顯著水準，意味較強的中小都市傾向。再以都會與中小都市傾向的比值為依變項，核心都市、一級都市和大專程度者，都顯示較強的都會傾向。簡言之，都市化與教育程度與都會傾向成正比。再以住宅與居住環境因素來看，對都會與鄉村傾向以及中小都市與鄉村傾向的比值，都只有住宅附近吵

雜的感受達統計顯著水準。但是越強的吵雜感，卻顯示較強的都會傾向。很可能，吵雜並不是將居民推出都會地帶，而是在都會尋覓更佳的居住地。對都會與中小都市傾向的比值，則僅對現居鄉鎮市區的不喜歡有影響，但對現居地愈不滿，顯現更強的都會傾向。同樣的對居住鄉鎮市區整體的不滿，反映的仍是在都會中尋找理想居地的心態。整體說來，對城鄉的居住選擇，住宅與居住環境並不重要，都市化與個人的教育程度的影響才有意義。因此，我們進一步討論不同都市化程度地區、不同教育程度者，在理想居住地上的差異（見表10.5）。

　　臺北市與區域核心都市的樣本，教育程度與理想居住地之間的關聯，未達統計的顯著水準，各教育類屬大都以選擇郊區的比例最高，而

表 10.5 背景變項、居住環境評估與理想居住地——多元邏輯迴歸分析

背景變項	都會／鄉下	中小都市／鄉下	都會／中小都市	
核心都市	1.585***	.138	1.447***	
一級都市	.734***	-.081	.815***	
居住時間	-.006	.002	-.008	
30 歲以下	.008	.300	-.292	
31-45 歲	-.095	.055	-.150	
大專	1.141***	.642*	.499#	樣本數 = 845
高中職	.246	.246	-.000	卡方 (18) = 116.66
初國中	.308	.440	-.132	Prob > 0.0000
租賃	-.219	.169	-.388#	Pseudo R*R = 0.0663
常項	-.310	-.294	-.016	Log Likelihood = -821.5
主觀變項				
不滿住宅	-.166	.055	-.221	
住宅擁擠	.246	.189	.058	
不滿環境	.034	-.165	.199	樣本數 = 712
吵雜	.622**	.388#	.235	卡方 (12) = 25.67
通勤不便	.122	.151	-.029	Prob > 0.0119
不喜居地	.291	-.498	.788	Pseudo R*R = 0.0174
常項	.332	-.036	.367	Log Likelihood = -724.5

大專教育程度者選擇郊區的傾向更強。臺北近郊樣本則顯示教育程度理想居住地之間的統計關聯。由於選擇市區的比例甚低，我們將市區與郊區合為一個類屬，其比例大致是反映對郊區的選擇。在這一類樣本裡，最特出的是大專程度者選擇郊區的高比例，尤高於核心都市者；其次是初國中以下教育程度者選擇大都市以外地區的傾向高，大約只有三分之一是以大都市或其郊區為理想居住地，選擇中小型都市的比例則高於大都市。這裡顯示著高中以上教育程度者和初中以下教育程度者在理想居住地上的明顯對比。

中型都市的樣本亦呈現教育程度與理想居住地間的關聯，大專程度者顯示頗強的都會（市郊區）傾向；高中程度者顯示，對都會與鄉村的偏好相近，均高於對中小都市的偏好。至於鄉鎮樣本，大專教育者，選中小都市為理想居地的比例最高，但選擇都會地帶的比例亦高，偏好鄉村者則為數甚少；高中程度者，以選擇中小都市為主，而選擇都會與鄉村的人數相等；只有國初中以下程度者，以鄉村的偏好最強，其次是中小都市，殿後的是都會。大體而言，都市化程度越高，教育程度越高，對都會（尤其是郊區）的偏好越強。真正以鄉村為第一選擇的，只有鄉鎮樣本中國初中以下教育程度者，而明顯的中小都市傾向者，只有鄉鎮樣本中的高中教育程度者。（見表10.6）

四、結論與討論

在遷徙意願的分析中，本研究最主要的發現有：（1）都市化程度對居住意願有其影響，就算再加上個人背景變項和主觀的住宅和環境評估的統計分析中，仍顯示其獨立的影響。（2）年齡和教育程度一直是比較有效的個人背景變項。（3）對住宅和居住環境的主觀評價，對遷徙意願呈現相當一致的影響，便利性和人際關係的評價對遷徙意願則不起什麼作用。（4）個人背景變項和住宅與環境主觀評估變項，在不同都市化程度地區，有著不同的影響，核心都市的大專程度者雖然顯示較強的遷居意願，但是個人背景變項總和的解釋力，並未達統計的顯著水準。大致說來，都市化程度越高的地區，住宅與環境主觀評價對遷徙意願的影響

表10.6 現居地都市化、個人教育程度與理想居住地

	理想居地	初、國中	高中、職	大專	合計	
			教育程度			
臺北市	市區	8	8	9	25	
		13.11	14.55	10.59	12.44	
	郊區	32	25	50	107	
		52.46	45.45	58.88	53.23	
	中小都市	14	12	16	42	
		22.95	21.82	18.82	20.90	
	鄉村	7	10	10	27	卡方 (6) = 3.18
		11.48	18.18	11.76	13.43	p>.10
	合計	61	55	85	201	
核心都市	市區	10	7	8	25	
		18.18	13.21	19.05	16.67	
	郊區	24	21	23	68	
		43.64	39.62	54.76	45.33	
	中小都市	10	16	7	33	
		18.18	30.19	16.67	22.00	
	鄉村	11	9	4	24	卡方 (6) = 6.04
		20.00	16.98	9.52	16.00	p>.10
	合計	55	53	42	150	
臺北近郊	市郊區	22	22	30	74	
		35.48	61.11	78.95	54.41	
	中小都市	23	5	4	32	
		37.10	13.89	10.53	23.53	
	鄉村	17	9	4	30	卡方 (4) = 20.82
		27.42	25.00	10.53	22.06	p<.001
	合計	62	36	38	136	
中型都市	市郊區	16	13	16	42	
		34.78	37.14	64.00	42.45	
	中小都市	16	8	5	29	
		34.78	22.86	20.00	27.36	
	鄉村	14	14	4	32	卡方 (4) = 8.09
		30.43	40.00	16.00	30.19	p<.10
	合計	46	35	25	103	
鄉鎮	市郊區	28	25	21	74	
		24.78	28.74	38.89	22.44	
	中小都市	37	37	24	98	
		32.74	42.53	44.44	38.58	
	鄉村	48	25	9	82	卡方 (4) = 12.39
		42.48	28.74	16.67	32.28	p<.05
	合計	113	87	54	254	

愈大，都市化程度愈低則個人背景變項的影響力愈強。

　　關於具遷徙意願者理想居住地的分析中，我們發現，首先是不同都市化地區居民的選擇傾向。都市化程度愈高地區的居民，選擇都會（含大都市市區與郊區）的傾向愈強；都市化程度愈低者，選擇鄉下的比例愈高。所謂都會傾向，是以郊區為最主要的偏好，各類地區的居民選擇郊區的比例都明顯大於選擇市區者。雖然有著以上都市化差異所呈現的變異，大都市郊區是最普遍的偏好，除了市鎮的樣本之外，其餘地區都是以郊區為第一選擇，對中小都市的偏好，只在市鎮的樣本較為突出，而鄉村偏好只在鄉村較為突出。因此，若人們選擇與自己居住地性質不同的聚落型態的話，郊區幾乎都是最主要的偏好。其次，各種對遷徙意願有影響的變項，除了都市化與教育程度之外，對理想居住地的選擇幾乎都沒有什麼有意義的關聯。因此我們只以都市化與教育程度的交叉表來進一步討論理想居住地的偏好。

　　綜合言之，大專以上教育程度者的都會取向特別是大都市的郊區傾向，普遍顯現於核心都市、臺北近郊和中型都市，而臺北近郊大專教育程度者的郊區傾向最強。高中教育程度者在核心都市和大都市近郊顯示高的郊區傾向，在中型都市的居民則顯示大致相等的都市或鄉村取向。至於初國中以下程度者，在核心都市者仍顯示強的郊區取向之外，其他地區（包括臺北近郊）的居民都反映了非大都市傾向；只是臺北近郊與中型都市居民以中小都市為理想居住地的傾向較高，鄉鎮的居民鄉村取向較高。

　　從以上的發現我們可以探討幾個問題。首先，從住宅與環境的主觀評估以及個人背景變項在不同都市化地區之間的差異，使我們可以推論說，城鄉與都市內部遷移，是在不同的機制下運作，前者比較是因個人的事業取向的影響，而後者比較是受到居住環境和住宅條件選擇的影響。不論是哪一模式的遷徙，其遷徙的預期方向是往較高層級的都市或大都會的郊區去。教育程度越高者，如此的傾向越強。在鄉村的高教育者，會寄望往中小都市、往大都市去發展（雖然理想的居住地是郊區）。而中小都市的高教育者會往大都會去發展，雖然他的理想居住地仍是都會的郊區。將教育程度對遷徙意願以及選擇理想居住地合起來

看，遷徙的態度，反映著城鄉產業的層級分化。就算是臺灣的人口遷徙頻率逐漸降低，因產業層級分化的結果，仍然會是高教育程度者移動的重要誘因。非都會傾向，只顯現在核心都市以外地區的低教育程度居民。這種非都會傾向，對中小都市（市鎮）的偏好要強於鄉村。很值得追問的是，臺灣的區域大都市之間的產業差異，是否在未來會造成吸引高教育人口上的差異？而人口從大都市回流到中小都市或鄉村，是否大部分以低教育程度者為主？

其次，我們要問的是，強烈的郊區偏好，有著什麼樣的意義？英美目前都顯現著都市化減弱的情形，在態度上，從1960年代到1970年代之間對都市的負面態度增強，民意調查中顯示著極強的鄉村取向。以美國1972年的資料而言，選擇鄉村為理想居住地的有34%，選擇小鎮、中型都市以及大都市或郊區的，分別為33、22、和14%，1977年的資料，選擇鄉鎮、郊區和都市為理想居住地的分別為48、26和24%（Ficsher, 1984: 20-21；Hummon, 1990: 29-33）。在美國，郊區的發展被認為是，人們對都市的機會結構與鄉村的居住理想的妥協（Haden and Barton, 1973），人們不只不選擇大都市，對郊區的偏好亦弱。以我們的數據與之相較，對郊區的偏好更強而對鄉村、小鎮的偏好弱，反映的並非以鄉村為理想的反都市心態。人們的遷移動向，仍以都會地區為標的。我們或可以稱之為，反都市的都市心態，[3]意味著人口向都會繼續集中的可能。臺灣的郊區，一般而言仍是以高密度的住宅型態為主，並不可以直接套用美國郊區的概念。都會居民對郊區的選擇，可以是對居住環境的考量；非都會居民，直接就以郊區為理想的選擇，並不一定只是以居住環境來做考慮。郊區在臺灣居民的觀念中到底是什麼樣的居住環境？選擇郊區是經濟的考慮還是居住環境的考慮？這些問題的澄清，可以讓我們對人們的居住理想以及對遷徙行為可能的影響，有更清楚的瞭解。不可否認的，遷徙意願與理想居住地之間一定有著差距，理

---

3 傅仰止在社會意向調查80年8月定期調查的初步報告中（1992: 29-30），以偏好郊區與偏好鄉村進行分析，指出城市居民不喜鄉村生活，而非常明顯的選擇市郊為理想的居住地。他認為，都市居民固然不滿意既有的居住環境，卻也無法接受鄉居生活，便把希望寄託在郊區生活。在這樣的說法中，我們必須進一步考慮，大都市郊區的居民，同樣有著較高的遷徙意願。

想居住地，甚至不見得是可能的居住地。對態度與實際行為之間關係的澄清，是檢視居住選擇的必要工作（Zuiches, 1980; Sell and DeJong, 1983），但這不是此次意向調查的資料所能提供的。

參考書目

伊慶春（1984）。〈臺中市居民的住宅滿意程度〉，《臺大社會學刊》，第16期，頁114-129。

孫清山（1985）。〈臺灣三十年來都市成長模式〉，《東海大學社會科學報》，第4期，頁69-86。

張曉春、文崇一、伊慶春（1985）。〈臺灣地區國民住宅意願之研究〉。內政部營建署委託計劃，臺大社會系國宅研究小組執行。

章英華（1988）。〈臺北市的內部結構：區位的與歷史的探討〉，《中央研究院民族學研究所集刊》，第63期，頁1-62。

章英華（1992）。〈臺灣都市的內部結構：區位的與歷史的探討〉。國科會專題計畫報告。

章英華（1993）。〈臺北縣移入人口與都市發展〉，載於蕭新煌、林萬億主編，《臺北縣移入人口之研究》，頁53-78。板橋市：臺北縣文化中心。

陳肇男（1990）。〈臺灣地區各類型遷徙之選擇性與差異性〉，《人口學刊》，第13期，頁43-58。

傅仰止（1985）。〈都市社會的特質與移民研究〉，《思與言》，第23卷第2期，頁81-103。

傅仰止（1992）。〈居住品質〉，臺灣地區社會意向調查八十年定期調查報告，頁20-43。臺北市：中央研究院中山人文社會科學研究所。

廖正宏（1985）。《人口遷移》。臺北市：三民書局。

廖正宏（1987）。〈臺灣地區人口遷移研究的方向〉，《臺灣地區人口遷移、分布與區域發展研討會論文集》，頁294-96。臺北市：中國人口學會。

熊瑞梅（1990a）。〈臺灣都會人口變遷及有關區位擴張的假設檢定〉，《中國社會學刊》，第14期，頁65-950。

熊瑞梅（1990b）。〈人口遷移與都會化〉。行政院國科會專題研究報告。

蔡宏進、廖正宏（1987）。《人口學》。臺北市：巨流圖書公司。

蔡勇美、郭文雄（1984）。《都市社會學》。臺北市：巨流圖書公司。

謝高橋（1980）。〈臺灣的都市化過程與趨勢〉，《國立政治大學學報》，第41期，頁75-125。

Coombs, David W. (1981). "Middle Class Residential Mobility in Mexico City: Toward a Cross-Cultural Theory." *Human Ecology* 9(2): 221-240.

Fischer, Claude S. (1984). *The Urban Experience.* San Diego, Ca. Harcourt Brace Jovanovich.

Haden, Jeffrey K. and Josef J. Barton (1973). "An Image that Will Not Die: Thoughts on the History of Anti-Urban Ideology." In Louis Masotti and Jeffrey K. Hadden(eds.), *The Urbanization of Suburbs*. Beverly Hills: Sage.

Hummon, David M. (1990). *Commonplaces: Community Ideology and Identity in American Culture*. Albany: State University of New York Press.

Kemeny, Jim (1992). *Housing and Social Theory*. London: Routledge.

Ozo, A. O.(1986). "Residential Location and Intra-urban Mobility in a Developing Country: Some Empirical Observations from Benin City, Nigeria." *Urban Studies* 23: 457-470.

Landale, Nancy S. and Avery M. Guet (1985). "Constraints, Satisfaction and Residential Mobility: Speare's Model Reconsidered." *Demography* 22(2): 199-222.

Sell, Ralph R. and Gordon F. Delong (1983). "Deciding Where to Move: Mobility, Wishful Thinking and Adjustment." *Sociology and Social Research* 67(2): 146-465.

Speare, Alden, Jr. (1974). "Urbanization and Migration in Taiwan." *Economic Development and Cultural Change* 22(2): 302-317.

Speare, Alden, Jr., Paul K. C. Liu and Ching-lung Tsay (1988). *Urbanization and Development: The Rural-Urban Transition in Taiwan*. Boulder and London: Westview Press.

Zuiches, James J. (1980). "Residential Preferences in Migration Theory." In David L. Brow and John M. Wardwell(eds.), *New directions in Urban-Rural Migration Research*. New York: Academic Press

* 本文曾刊於《臺灣民眾的社會意向》，伊慶春主編，1994 年 10 月，頁 65-90。臺北市：中央研究院社科所。

第十一章

都市化、階層化與生活型態

一、前言

在都市社會學的初期發展時，便認定現代的都市發展對人類生活有著巨大的影響。但都市社會學的討論，從 Simmel（1957）以至於 Wirth（1938）的討論，將重點放在都市生活對居民的社區組織和社會心理的影響。於是，社區的失落、緊密社會網絡的消失以及都市居民的心理壓力與焦慮等，就成為最主要的研究課題（Wellman, 1979）。當一般的社會學研究將都市化程度視為當然的自變項之後，都市社會學研究者反而開始對傳承自 Simmel 和 Wirth 研究有所反省。一方面是對都市和鄉村對比的質疑，另一方面則是對研究課題的質疑。

對都市與鄉村間對比的質疑，在 1960 年代便提了出來。首先是人口組合論的說法（Gans, 1968），基本上認為，都市對人類生活的影響，不是來自都市本身，而是因為都市的人口組成與鄉村不同，都市裡容納了不同階層、不同年齡、不同種族的人群，主要的差異是源自於這些人群的性質，當控制了這些人群特質之後，都市與鄉村的差異就不存在了。另一種是認為資本主義的發展對一個社會是全面的，鄉村的性質同樣會受到這種發展的影響，於是都市與鄉村之間的差異逐漸泯滅。而從新科技的發展似乎也得到同樣的推論，就是人們接受資訊的可能，已經排除了地理限制，而都市與鄉村的差異就不那麼重要了（Fischer, 1984; Saunders, 1986; Dewey, 1960）。

從資本主義以及資訊流通的批評，其實必須考慮到社會的發展階

段，對已開發社會都市現象的討論，比較強調都市與鄉村對比的消失，但對開發中國家的討論，則所謂「都市偏向（urban-bias）」仍是相當重要的課題，極端的例子是，從鄉村出身的政治人物，當進入全國性的政治場域之後，在思考上已不再是鄉村本位，反而傾向於以都市為導向的思考（Lipton, 1977; 1984）。相對於組合論的討論，則有副文化理論（subcultural theory）（Fischer, 1976; 1984）。副文化論主張，都市與鄉村就算在人口組成上相類似，有相同興趣或性質的人群們比例相同，可是因為都市的規模，都市內同興趣或同性質的人比較可能組織起來，形成一種副文化。這種都市規模所導致的「關鍵多數」（critical mass）的效果，在小都市或鄉村是不容易見到的。

　　以上從兩個角度對都市意義的肯定，都在解釋對象上與原來都市社會學探討的課題有所差異。從都市偏向的考慮，比較放在資源的分配上，由於都市政治人物在政治場域上的分量較重，或者在都市地帶的投資比較容易見到立即的效果，政府的投資大都集中在少數的主要都市，導致人們因居住地的差異，鄉村居民在文化資源上享用的機會較低，在成本上的負擔較重。從副文化論的討論，亦不強調社會連繫的消失，比較放在不同興趣人群集結運作的可能性。特別是那些在社會上比例甚低的擁有特殊癖好的人們，只在都市，甚至是大都市，才有與同好集結切磋的可能。從這兩種角度所衍生的研究對象，都反映著古典都市社會學研究在主題上的狹窄。其實人類歷史上對都市生活的看法，很早就有著不同的對立的看法，包括了自然／藝術，熟悉／陌生，社區／個人，以及傳統／變遷等，而古典都市社會學所延續的研究大都著重在熟悉與陌生以及社區與個人的兩組面相（Fischer, 1984；伊慶春、章英華；1989）。

　　當我們擺在自然與藝術以及傳統與變遷這樣的對象時，對都市的看法就可能與另外的兩個面向所形成的不盡相同。都市雖然減少了人們接觸大自然的機會，但是都市卻是人們最容易接觸人類所創造事物的場所，而人類的發明，也是透過都市的中介而傳播到社會的各個角落。以致雖然人們對都市從人際關係加以批判，但人口集中在都市的現象，卻無法完全倒轉。工業、商業、教育與文化等設施，集中在都市的情形，

有時比人口的集中還更明顯。這就呼應著從資源（特別是經人類轉換過的資源）的角度觀察時，都市有其相對於鄉村的優越之處。在西方的郊區化過程就反映著，在反都市心態下，人們仍脫離不開都市，都市所提供的機會與設施，可能有所變化，但只是擴展到都會地帶，而非完全的脫離都市地帶（Hadden & Barten, 1973; Jackson, 1985）。就此我們就可以說，在人類事物仍顯現集中現象，而地理的距離又無法消除之時，人們對人造事物的接觸，是可能受到居住地性質的影響。如此，我們可以在社會關係網絡和心理壓力之外，探討都市與鄉村分化對人們生活的影響。

　　本文中，我們選取的是人們的生活型態。在1992年社會變遷基本調查的社會階層問卷中，設計了一組有關生活型態的問項，我們採用購衣場所、聚餐場所以及音樂喜好的三組問項。購衣場所以及聚餐場所，都涉及人們的活動，這樣的行為因設施分布的情形會影響到人們接觸的可能機會。有的場所，如觀光飯店或百貨公司，通常是以大都市為主要分布地帶，而像一般的服裝店或餐廳的分布則從大都市以至於小規模的市鎮都同樣存在著。以這樣的消費行為來討論，比較反映的是我們先前提到的從資源分布的狀況來討論都市與鄉村差異的觀點。至於音樂的喜好，可以透過各種的傳播媒體以及個人的家電設備而享受，比較不受場所的約束。不過，從副文化體系的觀點，我們卻可以推論說，不同音樂喜好者，在都市的場域裡與同好接觸的可能性較大，而彼此經相互傳染而增加興趣的可能性也越高。不過我們必須承認，由於音樂享受的個人性，並不直接牽涉與同好的直接交往，與副文化論所討論的現象還是稍有差距。

　　在臺灣的經驗研究，以都市化程度為自變項與社會心理以外的變項分析時，如機會結構、容忍態度以及非慣俗行為等，的確可以看到相當一致且有意義的影響（章英華，1988；傅仰止、伊慶春，1994；傅仰止，1995）。從前面的討論我們可以推論說，都市化相應的是一種資源空間分布的差異。以臺灣一些與生活型態相關的活動或消費的設施而言，隨著都市化程度的提高而更形集中的情形是相當明顯的。傅仰止（1995）曾在討論都市居民的非慣俗傾向時，呈現了一些客觀的數據。

譬如在美術活動相關團體與場所的分布上，核心都市擁有近六成的美術
團體，近七成的美術館和博物館，近九成的畫廊與藝術中心。由於美術
活動的小眾性質非常強，其所顯示的比較是一種極端的現象。不過在購
衣和用餐場所上，大飯店和百貨公司的都市性格也是非常明顯的，在比
較小的聚落和市鎮，根本就沒有這類型的消費場所。不過相應於資源空
間分布上的差異，臺灣也呈現了社會階層明顯空間分化的現象，選擇性
城鄉遷移的結果（廖正宏，1986），使得都市與鄉村人口有著社會階層
上的差異。

　　我們就以本文將運用的問卷樣本的教育與行業組成來說明。在附表
11-1中，我們將臺灣的院轄市、省轄市以及其他的鄉鎮市，區分成核
心都市、一般都市和鄉鎮三類（分類的標準參見下一節有關都市化程度
分類的說明）。大專程度者，占核心都市樣本的近三成，一般都市近二
成，鄉鎮近一成；高中程度者，核心都市與一般都市都在三成左右，鄉
鎮在二成上下；至於國中程度以下，則占鄉鎮樣本的七成，一般都市的
五成，核心都市的四成。這當然不是有無之間的差別，但階層分化的情
形極其明顯。至於行業組成，雖然臺灣的鄉村已不能視為完全的農業地
帶，但是不同層級的都市在行業組成上也明顯不同。在鄉鎮，一級、二
級和三級行業人口的比例大致是相等的，在一般都市，一級行業的比重
微乎其微，但二、三級行業的比例大致相等，而核心都市的三級行業人
口大約是二級行業人口的兩倍，一級行業人口幾乎等於零。我們前面曾
提及，組合論主張人口組成才是城鄉差異的最終來源，在以上所呈現臺
灣社會中階層的空間差異之後，在討論都市化與生活型態的關聯時，不
能不同時考慮社會階層的因素。

　　其實社會學中有關生活型態的討論，主要是在社會階層化的研究
中。韋伯所提出的地位團體（status group）以及韋伯倫（Veblen）有閒
階級論中的炫耀性消費（conspicuous consumption），都是討論社會階
層與生活型態的先驅（許嘉猷，1988；朱元鴻，1993）。在社會階層化
一般性論著中，階層所導致的生活型態上的差異，都是主要的章節之一
（Hodges, 1968; Tumin, 1985）。不過在地位取得與社會流動研究的風行
下，生活型態的探討幾乎被視為當然而不特別深究的課題。到了1980

年代，在幾部重要論著的影響下，社會階層化與文化資本的扣連就關聯到生活型態的變異了。在這樣的討論中，依舊認為個人的經濟位置會影響到個人的生活型態，但社會上的優勢生活型態在擁有了社會正當性之後，可以是一種異於經濟地位的階層區別因素，較低下的階層可能有其相應於經濟位置的生活型態，但是在競爭中會模仿較優勢的生活型態。不過這種模仿因為個人出身背景的差異，在生活型態的展現上仍有不同之處（Bourdieu, 1984；朱元鴻，1993）。臺灣社會學界少數幾篇討論生活型態的論文，都是從社會階層的角度出發（許嘉猷，1988；朱元鴻，1993；黃毅志，1994），階層的效應大致上都在他們的研究中顯示出來。以我們將分析的購衣、用餐場所以及音樂喜好等，除了前面所說的分布上的差異之外，的確也蘊含著一種階層上的差異。譬如，最近有關夜市的研究就指出，在夜市的受訪者都很自然的以百貨公司為對比的對象，而百貨公司的高貴與夜市的平民化，是二者形象對比的特色之一（余舜德，1996：449-459），因此在探討都市化與生活型態的關聯時，同時考慮階層變項，是不可或缺的。

　　在都市化、階層化與生活型態的關聯上，我們可以從兩個角度思考。首先，人口組合論的觀點認為，都市與鄉村之間的差異，主要是因為人口組成的差異所導致的。在前面，我們已明白指出，臺灣不同都市化層級的聚落在行業與教育組成上的差別。因此可以在控制了階層的變項之後，觀察都市化與生活型態之間的關聯。其次，從模仿較優勢團體生活型態現象出發，我們可以觀察，是否都市提供了較多的模仿機會，而使得人們在模仿優勢階級生活型態的過程中，影響到個人的階級認同。主觀階級認同所界定的中等階級比例，往往都高於客觀指標所界定的。在臺灣的資料顯現同樣的情形，如以1980年代末期的資料，客觀界定的中等階級比例占樣本的二成左右，而主觀認定的則占了近四成（蕭新煌，1989：7）。這種主觀與客觀認定的差距，可能的原因之一是，人們在生活型態上對優勢階層的模仿。從如此的角度，我們可以討論都市化以及生活型態與社會階級認同的關聯。

　　根據以上的討論，我們擬定幾個簡單的命題，作為分析和討論的依據。第一、由於臺灣社會明顯的空間階層化，都市化對生活型態的影

響會因控制了階層的因素之後而減弱，但在資源分布以及同興趣人口集結的影響下，都市化的效果仍然存在。第二、從資源分布來考慮，越是牽涉到直接前往特定場所的活動，都市化的影響效果越明顯；同時集中程度越高的場所受到都市化的影響也越高。第三、在現代社會生活型態是可以模仿的，而在都市地帶這種模仿的可能性越高，接納了較高社會階層的某些生活型態之後，個人的社會階級的認同可能會偏向較高的階級，因此生活型態對主觀階級認同的影響，可以有著獨立於階層變項的意義。就此，我們推論說，在控制了階層變項之後，都市化程度以及在生活型態上的某種偏好，會影響個人對社會階級的主觀認同。

二、研究的策略

（一）依變項：生活型態與階級認同

在生活型態的研究裡，觀察的依變項可以有幾種類型，如各種與家庭相關的消費品（許嘉猷，1988）、各種消費場所，更可以進一步追問採用各種消費品或前往各種消費場所的動機（朱元鴻，1993）。在都市與鄉村消費型態的差異上，最容易看到資源集中影響效果的，應該是消費場所的利用狀況，若能找出其背後的動機，當有助於探討的深度。但受限於資料，在1992年社會變遷基本調查的問卷裡，我們只能選擇兩組場所的變項，購買衣服的場所、在外聚餐的場所。另外在特定的消費品上，我們是以喜好的音樂類別為指標。其中購買衣服以及在外聚餐，是要利用家以外的場所，可以說是比較可能受到這些場所分布狀況影響的；而喜好的音樂，一般可以透過各類型的傳播媒介，以及家內的設備便可以享用，應該較不受資源分布狀況的限制。這樣的三組依變項，雖然還不能構成個人生活型態的全貌，但作為討論我們所提出的命題而言，應該可以提供相當的參考價值的。

1. 購買衣服場所的分類：在問卷中以複選題要求受訪者勾選曾去購買衣服的地方。在2,377個樣本中，其次數分配為，地攤1,520（63.9%），服裝店1,460（61.4%），裁縫店364（15.3%），百貨公司916（38.5%），專門店391（16.4%），委託行140（5.9%）。我們以簡單的

因素分析嘗試歸類時（見附表11-2），發現這六個場所，只構成一個因素，而其中百貨公司、專門店和委託行這三個比較是集中在都市的場所，呈現較高的負荷值，至於其他三場所則彼此間沒有什麼關聯。於是，我們先將百貨公司、精品店和委託行歸為一類，簡稱精品百貨，凡是過去一年在上述場所購買衣服的為1，不曾的為0。由於地攤和服裝店是分布次數最高的場所，一個是有店面、比較正式的，一個是比較臨時性的非正式場所，按理應該分別處理。我們將地攤自成一類，在過去一年內曾在地攤購衣的為1，不曾的為0。而裁縫店與服裝店一樣，通常是有店面的，最大的差別是，前者量身製作，後者只售成衣。依日常的觀察，裁縫店在價位上有高有低，在臺灣社會逐漸傾向成衣購置的趨勢下，有一直衰退下的趨勢，再者去裁縫店購買的人數不大，因此我們將裁縫店視如服裝店，凡去年曾在這兩種店面購買衣服的為1，未曾的為0。大體而言，應該是由地攤、服裝店而精品百貨顯示越來越集中於大都市的情形。[1]

　　2. 出外聚餐場所的分類：在問卷中，共有九類用餐的地方，其分配的次數為，路邊攤1,607（67.6%），小吃店1,699（71.5%），中餐廳1,267（53.5%），西餐廳888（37.4%），日本料理590（（24.8%），西式速食839（35.3%），啤酒屋471（19.8%），咖啡廳或茶藝館532（22.4%），大飯店的餐廳531（22.3%）。這些場所中，西式速食店，經常是大人攜帶小孩前往的，而咖啡廳和茶藝館則主要的功用不在用餐，我們將之排除。其餘場所經因素分析之後（見附表11-2），只呈現著兩組因素，路邊攤和小吃店在同一因素中呈現高的負荷值，而其他的聚餐場所則都在同一因素中呈現高的負荷量。我們先將路邊攤和小吃店歸成一類，凡過去一年曾在這兩個場所聚餐的為1，不曾的為0。至於大飯店的餐廳，雖然與其他餐廳屬同一因素，但是由於其特別集中在核心都市（見附表11-3），於是我們將大飯店的餐廳自成一類，過去一年曾在

---

1 根據1991年工商普查的資料（見附表11-3），我們將臺北、臺中、臺南和高雄四市合為一類，基隆、新竹、嘉義為一類，其他縣為一類，觀察百貨公司、觀光飯店、成衣服裝店、餐廳和小吃店的分布情形。核心都市在上述各場所都顯現較為集中的情形，其中以觀光飯店的集中現象最高，其次才是百貨公司，而若將臺北市獨自為一類時，臺北市的集中情形更強。

那裡聚餐的為1，不曾的為0。其他的餐廳則全部合為一類，過去一年曾在這些場所聚餐的為1，不曾的為0。同樣的，依小吃攤、餐廳、大飯店，應該逐次呈現更集中大都市的情形。

　　3.喜好音樂的類別：問卷中提出九種音樂，請受訪者依很喜歡、喜歡、不喜歡、很不喜歡、無意見等五個點表示其喜好程度。若以表示喜歡以上的次數觀察，各類別顯示受人喜好的程度如下：國語歌曲65.9%，臺語歌曲76.8%，西洋歌曲34.4%，日本流行歌曲32.9%，古典音樂42.9%，國樂26.2%，平劇13.9%，歌仔戲45.6%，布袋戲35.2%。根據因素分析（參見附表11-2），古典音樂、平劇和國樂在因素一中呈現高的負荷值，臺語、歌仔戲和布袋戲在因素二顯示高負荷值，西洋歌曲和國語歌曲在因素三顯示高的負荷值。至於日本流行歌曲，則在三個因素中的負荷量都低。為求分析上與購衣場所和聚餐場所較為一致，我們依據因素分析的結果，在因素一中，只選古典音樂，喜歡為1，無意見和不喜歡為0；在因素二中，我們將歌仔戲和布袋戲合為鄉土戲曲，在其中任一表示喜歡者為1，均表示無意見或不喜歡者為0；在因素三中，我們以國語歌曲為一類，喜歡者為 1，其他選擇的為0，西洋歌曲亦同。基本上，地方戲曲鄉土性濃，古典音樂與西洋歌曲比較受到外來的影響，而國語歌曲則是普遍較被接受的。

　　4.主觀階級認同：在問卷中，將主觀階級認定分成六類，上層（0.6%）、中上層（7.9%）、中層（39.7%）、中下層 (13.6%)、勞工（27.9%）以及下層階級（8.2%）。在我們的分析裡，最主要是要觀察向上認同的情形，而自認為中上、上層以及下層的比例都低，因此我們只分中層及以上，以及中下層及其以下兩個類別，前者為1，後者為0。

（二）自變項的操作化與分析策略

　　1.都市化指標：社會變遷基本調查的樣本，是以都市化程度作為分層抽樣的基準，將臺灣分成臺北市、高雄市、省轄市、以及依都市化程度由高而低分成五級的鄉鎮市。依我們過去的經驗，可以將這八類地區再粗分成三類：核心都市（包括臺北市、臺中市和高雄市）、一般都市

（包括臺中以外的其他省轄市和省一級的鄉鎮市），其他的聚落則合併稱鄉鎮。我們在相當多的分析中肯定了這個分類方式的區別力（章英華，1994；傅仰止、伊慶春，1994）。在分析中，是以鄉鎮為對照類屬。為觀察個人過去的居住經歷對生活型態的影響，我們以15歲以前最常居住的地方來反映，只區分核心都市與其他地區兩個類別。

　　2. 階層化的指標：一般用來呈現階層化的指標，包括了職業、教育與收入，本文只採用了職業與教育。在收入方面，一方面因為家庭主婦與無業者缺乏個人收入的資料，而全家收入的資料因為受訪者非家計負責人，也可能沒法子提供較貼近現實的數字，因此我們捨棄收入這個變項。教育程度是每個人都有的，我們是以受教育年數來操作，最低是0年，最高是18年。職業方面，我們採用職業聲望（以Trieman的聲望分數為基準），但家庭主婦會缺乏這樣的資料，我們以其配偶的聲望來替代。此外，我們同時使用行業這個變項，包括，無業（含家庭主婦）、一級行業、二級行業和三級行業，在生活型態的分析中，以一級行業為對照類屬，不出現在統計模式中，在階級認同的分析中，則以二級行業為對照類屬。行業別的資料，主要是當作控制變項，特別是可以區分無業者以及農與非農樣本。為了觀察家庭傳承的影響，我們選擇了父親的教育程度、職業聲望以及幼年（15歲以前）的居住地，前二者與個人的教育和職業聲望一樣，都是連續變項，後者只分是否居住在核心都市，是則為1，否為0。

　　3. 控制變項：臺灣這四十年來的快速變遷，使我們必須注意到，一些階層與都市化的差異，可能只是不同世代之間的差異而已。另外雖然男女在教育程度上顯現逐漸接近的趨勢，但男女之間的差異，特別在日常消費行為上，是值得重視的。譬如家庭的購買行為，很多是由女性所掌控的，而女性在外出的行為上似乎也不像男性那麼自由。因此在消費行為上的差異很可能是受到性別的影響。基於以上的考慮，我們控制了出生年和性別這兩個變項。

　　4. 分析方法：我們是以購衣場所、聚餐場所、音樂喜好類型以及主觀階級認同為依變項，並且相應的指標轉換成1與0的二分類屬。基於如此的變項性質，我們採邏輯迴歸分析。由於要檢視都市化與階層化

影響生活型態與階級認同上的相對分量，在生活型態的分析上，我們是
先觀察教育、職業以及都市化程度對生活的個別影響，再以教育變項為
主，依次放入性別、出生年、職業、都市化程度、以及父親教育、父親
職業以及幼年居住地等變項。至於階級認同，我們則是以職業變項的影
響作為觀察的起點，再逐步放入性別、年齡、教育程度、都市化程度以
及生活型態的變項。

三、研究發現

（一）購衣場所的分析

　　依我們所得到的分配次數，地攤可以說是最普遍的購衣場所，從階
層化和都市化考慮而進行的統計分析結果，呈現在表11.1。首先，教育
年、職業以及都市化都影響了購衣行為（模型Ⅰ、Ⅱ、Ⅲ），教育程度
越高，越不傾向於向地攤購買，職業聲望高者、無職業者以及核心都市
的居民比較傾向於在地攤購買衣服。當我們逐次加入其他變項之後，發
現控制了性別與年齡之後，教育年、職業聲望和都市化程度都有其獨立
的影響，但是上一輩的教育與職業以及幼年的居住情況則未達統計的顯
著水準（見模型Ⅳ、Ⅴ、Ⅵ、Ⅶ）。因此我們可以就模型Ⅵ的係數作為
討論的基礎。男女在地攤購衣行為上並無差異，但是出生年與地攤購衣
行為成正比，意味著年紀輕者越可能在地攤購買衣服；教育年和職業聲
望都與之成反比，反映著社會階層高者在地攤購買的可能性較低。至於
都市化程度在控制了教育與職業等變項之後，核心都市與一般都市的係
數從負值轉為正值，而統計的顯著水準是一般都市才達到顯著水準，這
與只看都市化程度的個別影響時，幾乎完全不同。這樣的變化意味著，
核心都市居民在地攤購買衣物傾向較弱的原因，在於他們人口組成中的
高比例的高教育程度與高職業聲望者，當控制了教育程度與職業聲望之
後，核心都市居民與鄉鎮居民在地攤購物頻率上的差異就消失了，而一
般都市反而從與鄉鎮無差異轉成正的關聯，意味的是，在教育程度與職
業聲望相似時一般都市居民相對於鄉鎮居民，在地攤購買衣服的傾向
較強。由於核心都市與一般都市都顯示正的係數，我們或可推論說，

表11.1　服裝購置場所的邏輯迴歸分析

	自變項	I	II	III	IV	V	VI	VII
攤販	性別				.136	.048	.020	.014
	出生年				.016***	.014**	.015**	.016**
	教育年	-.135***			-.155***	-.114***	-.120***	-.109***
	職業聲望		-.035***			-.020***	-.020***	-.022***
	無業家管		.537**			.342	.234	.289
	二級行業		.244			.260	.136	.122
	三級行業		-.241			-.074	-.206	-.193
	核心都市			-.273*			.230	.267
	一般都市			-.018			.370***	.385**
	父教育							-.013
	父聲望							-.002
	幼都市							-.084
	常數項	1.849	1.909	.642	1.145	1.666	1.663	1.689
	loglike	-1457	-1340	-1550	-1448	-1308	-1302	-1159
	pr*r	.059	.058	.002	.065	.078	.082	.084
	樣本數	2,370	2,171	2,377	2,370	2,164	2,164	1,933
服裝店	性別				.431***	.445***	.475***	.448***
	出生年				.029***	.030***	.029***	.026***
	教育年	.063***			.032**	.020	.027	.033
	職業聲望		.010**			.008	.009*	.010*
	無業家管		.419*			-.076	.030	.063
	二級行業		.230			-.141	-.032	-.048
	三級行業		.228			-.167	-.033	-.034
	核心都市			-.157			-.372**	-.471**
	一般都市			-.094			-.276*	-.322**
	父教育							.011
	父聲望							-.006
	幼都市							.094
	常數項	.137	.090	.766	-1.410	-1.544	-1.570	-1.348
	loglike	-1487	-1359	-1511	-1448	-1308	-1304	-1162
	pr*r	.015	.008	.001	.040	.042	.045	.043
	樣本數	2,370	2,171	2,377	2,370	2,164	2,164	1,933
精品百貨	性別				.261**	.286**	.251*	.198
	出生年				.004	.008	.010*	.013*
	教育年	.192***			.192***	.149***	.141***	.117***
	職業聲望		.036***			.017***	.016***	.014**
	無業家管		.207			.061	-.071	-.152
	二級行業		.601**			.336	.204	.171
	三級行業		.864***			.390	.226	.196
	核心都市			1.011***			.476***	.388**
	一般都市			.634			.290	.201
	父教育							.015
	父聲望							.012**
	常數項	-2.001	-2.184	-2.001	-2.584	-3.340	-3.331	-3.375
	loglike	-1445	-1388	-1588	-1440	-1302	-1296	-1155
	pr*r	.113	.072	.028	.116	.127	.131	.133
	樣本數	2,370	2,171	2,377	2,370	2,164	2,164	1,933

*** P ≦ .001　** P ≦ .01　* P ≦ .05
以下各表符號之意義皆同

階層相似的都市居民比鄉鎮居民更傾向於在地攤購衣，這種傾向在一般都市最強。

　　關於到服裝店的購衣情形，當只是以教育、職業與都市化程度三組變項個別分析時，教育年數、聲望以及無業家管三者都達統計顯著水準，都市化程度則否。顯示的是，教育程度越高，職業聲望越高，往服裝店購衣的可能性越高。但是在我們逐步加入其他變項之後，關係有了變化。由於在模型Ⅶ中，父親教育年數、聲望以及幼年居住地三個變項都未達統計水準，因此我們可以只從模型Ⅳ、Ⅴ、Ⅵ來觀察，教育的影響在加入性別、年齡時尚達到統計顯著水準，但是在加入了職業和都市化變項之後，其影響效果便消失了。最後的結果反而是年齡、性別、職業聲望和都市化程度顯示顯著的影響：女性、年輕的以及職業聲望較高的受訪者，顯示較強的前往服裝店購買衣服的行為，但是都市化程度越高者，越不傾向於在服裝店購買衣服。這樣的情形，和往攤販購衣的行為，正好相反。地攤因屬於非正式的衣服銷售單位，一般而言，在層級上應該低於服裝店，因此與職業聲望和教育年數之間呈現相反的關係，是可以理解的，但是都市居民比起鄉鎮居民，較傾向於在地攤而非服裝店購買衣服，則似乎是與預期正恰相反。另外，從模型Ⅰ和模型Ⅳ的Psudo R Square（pr*r）的變化，我們看到性別與年齡所能解釋的比重大於教育年數，在模型Ⅴ和模型Ⅵ顯示的職業和都市化程度的所能解釋的比重，似乎亦遠不及性別和年齡。

　　精品百貨與地攤和服裝店相較，應該是較高級的購衣場所。在個別單組變項上，都顯示教育程度、職業層級以及都市化程度與到精品百貨購買衣服在統計上的顯著關係（模型Ⅰ、Ⅱ、Ⅲ），由於係數都是正值，意味著教育程度、職業層級以及都市化程度越高，在精品百貨購衣的可能性越大。在逐步加入自變項之後，至模型Ⅵ，教育年數、職業聲望以及都市化程度都顯示對前往精品百貨購物行為的獨立影響效果。在加入父親教育與職業聲望以及幼年居住都市的變項之後，則都市化程度的影響消失了，但幼年居住都市的係數未達統計水準。當我們去除了幼年居住地變項之後，則顯示核心都市的影響，因此在模型Ⅶ中，我們以去掉幼年居住地之後的分析為討論的基礎。所顯示的是，年輕、教育程

度、個人與父親職業聲望高、以及核心都市的居民，在精品百貨購置衣物的傾向較強。

　　以上三類場所的分析，教育與職業聲望對在服裝店和精品百貨購衣傾向的影響都是正向的，對在地攤購買則是負向的，這是相當合乎一般所預期的。但是都市化程度的影響，則對在地攤、在精品百貨購買的傾向的影響都是正向的，而對在服裝店購買則呈現負向的效果。換言之，都市居民對最高層次和最低層次的出售衣物的場所的接觸頻率，都高於鄉鎮居民，對介於其中的服裝店則接觸頻率低。這很可能反映著大家所眼熟的一種都市現象，即正式的以及非正式的商業場所在都市，甚至大都市都同時蓬勃發展。鄉鎮居民相對而言，則一旦要購買衣服，就是在他們所能接觸的相當普及的服裝店，而都市居民到服裝店的可能性，則因為日常可及的百貨公司以及地攤的吸引，便相對的減低了。

（二）聚餐場所的分析

　　以餐會場所為依變項的統計分析，呈現在表11.2。攤販小吃、餐廳以及大飯店的餐廳，一般也會認為是由低而高的層級，消費金額平均而言也是越是後者越高的情形。在路攤和小吃店用餐的傾向，依模型Ⅰ、Ⅱ、Ⅲ的結果，教育年數越多者越高、都市化程度越高者越高，以及二級和三級行業從業人員較高。至於各自變項共同考慮之後，我們發現，加入職業聲望和行業類屬之後，Psudo R Square 反而降低，而依序在後的兩個模型的解釋力仍不及只以性別、出生年和教育年數組成的模型Ⅳ。因此，我們在模型中取消職業和行業的變項。在新的變項組合之間，模型Ⅶ中增加的幾個變項未達統計顯著水準，而亦未增加 Psudo R Square 的數值，因此我們只以模型Ⅳ和Ⅵ的結果來討論。特別值得注意的是，性別和年齡在這裡的影響。若從 Psudo R Square 的變化來看，其影響的分量與教育年數幾乎不相上下。再者，在出生年、性別和教育年數控制後，一般都市的影響力消失了，意味著一般都市與鄉鎮的差異，主要是因為教育人口組成上差別所致，不過，核心都市在控制了其他變項之後，顯示較強的是在攤販用餐的傾向。第三，教育年數的影響在控

表 11.2 聚餐場所的邏輯迴歸分析

自變項		I	II	III	IV	V	VI	VII
路邊小吃	性別				-.546***	-.636***	-.582***	-.596***
	出生年				.068***	.068***	.070***	.068***
	教育年	.145***			.042**	.047**	.033*	.022
	職業聲望		.007			-.008		
	無業家管		.301			.316		
	二級行業		.742***			.151		
	三級行業		.687***			.161		
	核心都市			.597***			.396**	.227
	一般都市			.252*			.072	.066
	父教育							.020
	幼都市							.383
	常數項	.267	.734	1.224	-.640	-.383	-.672	-.575
	loglike	-1078	-1005	-1151	-1005	-892	-1002	-959
	pr*r	.068	.016	.008	.132	.124	.135	.135
	樣本數	2,370	2,171	2,377	2,370	2,164	2,164	2,291
餐廳	性別				.251*	.290*	.265*	.227
	出生年				.010*	.014*	.015**	.011
	教育年	.249***			.240***	.198***	.193***	.160***
	職業聲望		.054***			.030***	.029***	.025***
	無業家管		-.164			-.379	-.478*	-.542*
	二級行業		.169			-.228	-.321	-.330
	三級行業		.630***			-.007	-.129	-.178
	核心都市			1.032***			.343*	.115
	一般都市			.682***			.228	.165
	父教育							.045**
	父聲望							.015**
	幼都市							.279
	常數項	-1.694	-1.806	-.024	-2.394	-3.258	-3.252	-3.176
	loglike	-1298	-1005	-1151	-1292	-1140	-1137	-1010
	pr*r	.180	.110	.030	.184	.206	.208	.209
	樣本數	2,370	2,171	2,377	2,370	2,164	2,164	1,933
大飯店	性別				.210	.242	.193	.139
	出生年				.004	.006	.008	.008
	教育年	.220***			.228***	.163***	.151***	.123***
	職業聲望		.047***			.027***	.025***	.024***
	無業家管		-.064			-.128	-.316	-.368
	二級行業		.320			.087	-.103	-.179
	三級行業		.791*			.320	.082	.007
	核心都市			1.375***			.832***	.526***
	一般都市			.543***			.191	.067
	父教育							.019
	父聲望							.015***
	幼都市							.424*
	常數項	-3.488	-3.605	-1.839	-3.734	-4.803	-4.755	-4.821
	loglike	-1108	-1055	-1205	-1107	-997	-979	-868
	pr*r	.120	.095	.046	.121	.142	.157	.174
	樣本數	2,370	2,171	2,377	2,370	2,164	2,164	1,933

制了其他變項之後一直還是正值的，教育程度越高者在路攤用餐的可能性反而較高。這種關聯並不合常理，可能是因為教育程度高者在外用餐的機會多所導致的結果，稍後將進一步分析並討論。

對在餐廳聚餐，教育程度、職業層級以及都市化程度都顯示正向的影響，教育程度越高，職業聲望越高，如此的傾向愈強；三級行業從事者的傾向較高；核心都市的傾向高於一般都市，再高於鄉鎮。在與其他的變項共同放在統計分析時，教育年數與職業聲望的影響效果都非常穩定，而都市化程度中，一般都市的影響消失，當我們再放進父親教育年數、職業聲望以及個人幼年成長地之後，核心都市的影響亦消失。我們在去掉幼年成長地之後，核心都市的係數仍未達統計水準，因此，核心都市的影響，是因為父親教育與職業聲望加入分析才消失的。就此結果而言，去餐廳聚餐的傾向，主要是受到社會階層影響，同時隔代的階層影響仍然存在。相對於路攤小吃，除了都市程度的影響消失外，當教育與年齡和出生年擺在一個模型，後二變項所增加的 Psudo R Square 就相當小了。

至於在大飯店用餐，在教育、職業與都市化程度三組變項中個別所呈現的結果，與在餐廳用餐，頗為相似（模型 I、II、III）。教育程度越高，職業聲望越高，在大飯店聚餐的傾向越強；三級行業從業者在大飯店用餐較為頻繁；核心都市與一般都市的如此傾向，亦高於鄉鎮。當幾個變項放一起在統計模式中分析時，教育年數和職業聲望的影響一直都明顯呈現，而都市化程度的影響，則只是核心都市的影響未因控制其他變項而消失，這樣的影響在控制了父親教育年數和職業聲望以及個人幼年居住地之後，依舊維持著。顯然，在大飯店用餐比起在一般餐廳用餐，除了階層影響之外，也是大都市的現象，這種核心都市的影響也可以從 Psudo R Square 上增加的數值觀察出來，明顯大於在路攤小吃和一般餐廳的同類模型中增加的情形。此外，我們看到父親聲望和幼年居住地在模型 VII 中的係數達到統計水準，也可以說存在著社會階層和居住地上的隔代效果。

整體考慮在三種不同場所用餐傾向的影響因素之後，我們首先看到都市化程度的影響與購衣行為上所呈現的影響不盡相同。在服裝店購買

衣物的傾向與都市化程度是一種反向的關係，不過在餐廳用餐則呈現的比較是沒有關聯的情形。另外在都市化程度影響上主要的差異是在核心都市其他兩類居住地之間，而在服裝購置方面則是都市與鄉鎮之間。不過，換個角度來看，由於都市化程度在餐廳用餐上的區別力，不如在路攤小吃，更不如在大飯店，因此我們仍可以推論都市化程度與對高層次與低層次消費場所都呈現正向關係，而相對而言，對中間層次的消費場所則缺乏明顯的正向關係。至於從階層化方面的觀察，最特出的是教育和職業聲望與在路攤小吃、在餐廳和在大飯店用餐三者，都呈現正向關係。合併來看，反映的似乎不是階層的差異導致人們在不同餐廳用餐的傾向，反而是階層較高者在外用餐的可能性較高而已。我們在此換一種分析方式來看階層與都市化對用餐場所的影響模式。

我們將前往這三類場所用餐的情形交叉之後再行分成四類，完全不在三類場所用餐者，只在路攤和小吃店用餐者，在餐廳和路攤小吃都可能用餐者以及會到大飯店用餐者（但也可能在小吃或餐廳用餐者）。用這四類進行多元邏輯迴歸分析，以都市化程度區別力較弱的在餐廳用餐為基礎類別，形成三個一組新的依變項，不用餐者／餐廳用餐、路攤小吃／餐廳用餐、大飯店／餐廳用餐，用這三個一組的變項，目的在觀察，相對在餐廳用餐者，在其他場所用餐者有何特質。分析的結果呈現在表11.3。

在不外出用餐與餐廳二者之間，不外出用餐者，相對而言，教育程度低，都市化程度亦低，不過在都市化程度中，是一般都市的居民外出用餐的傾向強。至於路攤小吃相對於餐廳用餐，在模式Ⅲ中顯示與都市化程度成反比，但在模式Ⅵ中只是與教育程度成反比，而都市化程度則未呈現統計顯著水準。這意味著都市與鄉鎮居民，只要是教育程度相同，在路攤小吃用餐的傾向和在餐廳用餐的傾向相似。至於大飯店相對於餐廳，顯示的是，高教育、高職業聲望者在大飯店餐廳用餐的傾向較強，而核心都市才顯示與鄉鎮的差異，亦即核心都市居民前往大飯店用餐的傾向高於一般都市與鄉鎮的居民。在都市化上的變異，更支持前面分析的結果，即用餐場所的城鄉差異在大飯店這一層級才顯現，主要是大都市現象。不過在階層部分，顯示著教育程度與不在外用餐的關聯，

表11.3 聚餐場所的多元邏輯迴歸分析

自變項		I	II	III	IV	V	VI	VII
不外出／餐廳	性別				.350*	.484*	.508**	.621**
	出生年				-.063***	-.062***	-.063***	-.057***
	教育年	-.297***			-.198***	-.192***	-.186***	-.151***
	職業聲望		-.038***			-.009	-.008	-.000
	無業家管		-.194			-.188	-.060	-.129
	二級行業		-.618*			.080	.202	.043
	三級行業		-.706**			.091	.242	.096
	核心都市			-.717***			-.288	.003
	一般都市			-.713***			-.417*	-.467*
	父教育							-.044
	父聲望							-.019*
	幼都市							-.354
	常數項	1.064	.635	-.753	2.103	2.135	2.149	2.018
小吃攤店／餐廳	性別				-.406***	-.476***	-.467***	-.462**
	出生年				.006	.002	.002	.005
	教育年	-.177***			-.196***	-.164***	-.163***	-.138***
	職業聲望		-.046***			-.028***	-.028	-.024***
	無業家管		.152			.420	.459	.584*
	二級行業		-.040			-.191	.227	.271
	三級行業		-.491*			-.035	.008	.101
	核心都市			-.597***			-.016	.047
	一般都市			-.590***			-.144	-.845
	父教育							-.042*
	父聲望							-.009
	幼都市							-.041
	常數項	1.106	1.411	-.070	1.627	2.511	2.528	2.426
大飯店／餐廳	性別				.133	.175	.130	.790
	出生年				-.010	-.002	.001	.002
	教育年	.135***			.148***	.095***	.083***	.063**
	職業聲望		.030***			.021***	.019***	.020***
	無業家管		-.202			-.168	-.331	-.353
	二級行業		.057			.027	-.136	-.218
	三級行業		.405			.229	.020	-.048
	核心都市			1.054			.793***	.527***
	一般都市			.225			.106	.002
	父教育							.008
	父聲望							.012*
	幼都市							.030*
	常數項	-2.055	-2.051	-.961	-1.937	-2.787	-2.727	-2.878
	loglike	-2758	-2632	-3035	-2708	-2417	-2397	-2119
	pr*r	.112	.070	.026	.128	.143	.150	.156
	樣本數	2,370	2,171	2,377	2,370	2,164	2,164	1,933

越是高階層者在外用餐的可能越高。另外用餐場所的階層差異亦展現出來，相對於在餐廳用餐，教育程度高者在小吃攤的傾向較低，教育程度與職業聲望高者在大飯店用餐的傾向較強。

（三）音樂喜好類別的分析

對地方戲曲的喜好，教育年數、職業聲望、三級行業從業者以及都市化程度，個別的都與之呈反向的關係（見表11.4中的模型Ⅰ、Ⅱ、Ⅲ）。在放入各個變項的統計模型中性別和出生年有著相當穩定的關聯，女性與年輕者較不喜歡本土地方戲曲。階層變項亦在各模型中都達到統計的顯著水準，呈現的是教育程度較高者以及三級行業從業者對地方戲曲的喜好較弱。至於都市化程度，則在控制了年齡、性別與階層的變項之後，仍顯示核心都市以及一般都市的居民較鄉鎮居民不那麼喜歡地方戲曲，但是在加入了父親的階層變項和幼年居住地之後，則影響消失了，而幼年居住地仍顯示與地方戲曲的負向關係。在這裡，我們可以說自幼就居住在核心都市的人，對地方戲曲的喜好最弱。

對國語流行歌曲的喜好，教育、職業和都市化程度三者，都呈現正向的關聯（模型Ⅰ、Ⅱ、Ⅲ）。教育程度高、職業聲望高、非農從業者以及都市居民，都呈現對國語歌曲較強的喜好傾向。在同時考慮性別、年齡、階層化與都市化變項之後，模型Ⅳ、Ⅴ、Ⅵ顯示，除了職業聲望之外，其他自變項都一直顯現統計上的顯著水準，在加入父親的教育年數與職業聲望以及個人幼年居住地的變項後（模型Ⅶ），上述的顯著水準依舊存在，結果是，年輕者、高教育程度者、非農行業者以及都市居民，都呈現對國語流行歌曲較強的喜好。在職業變項中，職業聲望的影響消失，而行業別影響仍在，或也可以說是種都市現象，因為二、三級行業的分布是與都市的規模相互關聯的。

教育、職業與都市化程度三組變項，同樣個別的都與西洋音樂的喜好顯示正向的關係（模型Ⅰ、Ⅱ、Ⅲ）。在模型Ⅳ、Ⅴ、Ⅵ中，逐次放入各個自變項之後，職業聲望和行業別變項的影響都消失了，最後呈現的是出生年、教育年數、都市化程度的影響。在加入了父親教育年和職

表 11.4　音樂喜好的邏輯迴歸分析

	自變項	I	II	III	IV	V	VI	VII
地方戲	性別				-.275**	-.303**	-.281**	-.243*
	出生年				.018***	.018***	.016***	.016***
	教育年	-.084***			-.114***	-.083***	-.078***	-.046**
	職業聲望		-.017***			-.007	-.006	-.006
	無業家管		-.222			-.201	-.114	-.229
	二級行業		-.284			-.334	-.243	-.296
	三級行業		-.665***			-.560**	-.449*	-.532**
	核心都市			-.663***			-.312*	-.097
	一般都市			-.435***			-.220*	-.168
	父教育							-.054***
	父聲望							.003
	幼都市							-.371*
	常數項	.962	1.259	.523	.920	1.331	1.321	1.184
	loglike	-1590	-1456	-1615	-1578	-1432	-1429	-1269
	pr*r	.025	.026	.013	.032	.040	.041	.046
	樣本數	2,370	2,171	2,377	2,370	2,164	2,164	1,933
國語歌	性別				.285**	.238*	.196	.200
	出生年				.044***	.045***	.047***	.048***
	教育年	.182***			.128***	.104***	.095***	.075***
	職業聲望		.017***			-.000	-.002	-.000
	無業家管		.966***			.682***	.523*	.499*
	二級行業		1.240***			.787***	.625***	.579**
	三級行業		1.476***			.943***	.751***	.727***
	核心都市			.976***			.503***	.502**
	一般都市			.689***			.442***	.428***
	父教育							.018
	父聲望							.003
	幼都市							-.182
	常數項	-.896	-1.054	.192	-2.636	-3.112	-3.110	-3.116
	loglike	-1359	-1298	-1484	-1304	-1166	-1158	-1037
	pr*r	.108	.061	.028	.144	.154	.160	.152
	樣本數	2,370	2,171	2,377	2,370	2,164	2,164	1,933
西洋歌	性別				.200	.276*	.221	.187
	出生年				.053***	.058***	.061***	.066***
	教育年	.292***			.249***	.203***	.193***	.166***
	職業聲望		.032***			.010*	.009	.008
	無業家管		.411			.012	-.183	-.359
	二級行業		.805***			.130	-.093	-.245
	三級行業		1.505***			.698***	.456	.277
	核心都市			1.803***			.579***	.436**
	一般都市			.785***			.534***	.489***
	父教育							.004
	父聲望							.018***
	常數項	-3.556	-2.872	-1.230		-6.381	-6.423	-6.730
	loglike	-1219	-1278	-1479	-1159	-1059	-1049	-933
	pr*r	.200	.094	.033	.240	.246	.254	.258
	樣本數	2,370	2,171	2,377	2,370	2,164	2,164	1,933

業聲望以及個人幼年居住地變項後，核心都市的係數未達顯著的統計水準，但幼年居住地也是一樣，於是我們去除幼年居住地再行統計分析，則核心都市與一般都市相對於鄉鎮，都呈現具統計意義的影響。最後的結果是，年齡輕者與高教育程度者顯示較強的對西洋歌曲的喜好。都市化程度上的變化，則是控制了教育和職業的變項之後，核心都市與一般都市的差距縮減，但都顯示相對於鄉鎮較強的喜好傾向。

至於古典音樂的喜好，教育、職業與都市化程度的三組變項依舊呈現顯著的統計效果，且都是正向的關係（模型 I、II、III）。在模型 IV、V、VI 依序放入各自變項之後，最明顯的改變是都市化程度的影響消失，而行業別的影響只呈現在三級行業。在模型 VII 加入了父親的教育年數與職業聲望之後，這三個變項的係數都未達統計顯著水準，因此我們僅以前面的三個模型作為討論的依據。性別、教育年數、職業聲望以及三級行業都呈現正向關係。換言之，女性、教育程度高者、職業聲望高者以及三級行業從業者，對古典音樂的喜好都較強。都市化程度對古典音樂的喜好在控制了階層的變項之後，幾乎是完全消失了，模型 VI 和模型 V 的 Psudo R Square 完全相同，則更意味著都市的影響是透過階層化而來的。

從我們選擇分析的四種音樂來說，階層化的變項與地方戲曲的喜好是反向的關係，而與國語流行歌曲、西洋流行歌曲以及古典音樂都呈現正向關聯。教育與三種樂曲的喜好都是正向關係；職業變項則呈現一些變異，在古典音樂上，是職業聲望以及三級行業的影響才具統計水準，西洋音樂的喜好與職業類別的關聯低，而國語流行歌曲是在農與非農之間的差別。似乎從階層方面的觀察，國語流行歌曲的喜好因階層而區分的效果較弱。至於都市化程度方面，則是流行取向較濃的國語與西洋歌曲的喜好，較因都市化程度而變化，非流行取向的地方戲曲則與個人的自幼生長的環境關聯強，至於一般變為比較是高品味的古典音樂，則主要是階層而不是都市化的效果。

（四）主觀階級認同的分析

最後我們想觀察的是，人們對自身階級的認同與其教育程度、職業層級、都市化程度以及生活型態等因素的關聯。職業的變項依一般的看法，和個人的階級認同是最為直接的，因此與生活型態的以教育為起點的討論不同，我們從職業的一組變項開始。在表11.5的模型Ⅰ、Ⅱ、Ⅲ裡，我們首先看到職業、教育與都市化三組變項和主觀階級認同的影響都達到統計的顯著水準。職業聲望高者以及一級和三級行業的從業者比起二級行業的從業人員，都有著較易自認是中等階級的傾向，教育程度和都市化程度對階級認同亦顯示正向的關係。當在職業變項之外又加上性別和出生年，職業變項對階級認同的影響依舊顯著，但是原來三級行業的係數大於一級行業，在模型Ⅳ之內，變成一級行業的係數大於三級行業，這種差距當又再加入教育年數的變項時，更加擴大。這反映著，當性別、年齡與教育程度等條件相等時，一級行業的從業人員比二級和三級行業從業者，更傾向於自認為中等階級。再加入都市化變項之後，以上的差距更加擴大，而都市化程度所呈現的影響在與其他變項並列時，只出現在核心都市，意味著核心都市的居民更傾向認定自己是中等以上階級。

表11.5 **主觀階級認同的邏輯迴歸分析**

自變項	I	II	III	IV	V	VI	VII
性別				.461***	.658***	.649***	.603***
出生年				.023***	-.000	.001	-.002
無業家管	.576***			.378*	.462**	.448**	.516***
一級行業	.524**			.822***	.841***	.882***	.862***
三級行業	.767***			.767***	.551***	.513***	.460***
職業聲望	.049***			.051***	.034***	.033***	.029***
教育年		.160***			.138***	.132***	.098***
核心都市			1.037***			.491***	.361*
一般都市			.309***			-.062	-.119
精品百貨							.370***
大飯店							.722***
古典樂							.104
西洋歌曲							.225
常數項	-2.388	-1.513	-.380	-4.148	-4.049	-4.062	-3.738
loglike	-1342	-1474	-1569	-1314	-1270	-1260	-1277
pr*r	.089	.083	.027	.108	.135	.142	.164
樣本數	2,126	2,319	2,326	2,126	2,119	2,119	2,119

　　以上各客觀條件的影響確定之後，我們則加入生活型態的變項。特別是以在精品百貨購買衣服的傾向，在大飯店用餐的傾向以及喜好西洋音樂和古典音樂的情形，這些消費的場所與方式，可以說是層級較高者。當我們加入了教育年數，最明顯變化的是一般都市影響效果消失了。這樣的統計結果意味著，當教育與職業層級的影響效果控制之後，核心都市居民認同中等階層的傾向高於鄉鎮，而中小都市的影響便無關緊要了。最後，在我們加入四個生活型態的變項之後，階層化與都市化變項的影響，依舊維持原來的情形之外，到精品百貨購衣以及到大飯店用餐的傾向都與主觀階級認同呈現正向關聯，亦即是當性別、職業、教育以及都市化程度等條件相似時，到精品百貨購買衣服傾向以及到大飯店用餐傾向較強者，認同自己為中等以上階級的可能性越大。但是對古典音樂以及西洋音樂的喜好，則未達統計顯著水準。後二變項未能顯示具統計意義的影響，是異於我們的假設，但依據前二變項所呈現的關聯，我們多少可以推論說，偏向較高層級的消費行為的人們，在相似的階層與居住條件之下，對中等階級認同的可能性會增加。

四、討論與結論

　　以上的分析顯示，教育年數具有最穩定的影響效果，對每一個依變項，教育的個別影響幾乎都達到統計顯著水準，同時以 Psudo R Square 的情形來看，其解釋力是最強的。在控制了其他變項之後，教育的影響仍穩定維持著，與在地攤購衣、在路攤小吃店用餐以及地方戲曲的喜好呈反向關聯，而與其他的購衣、用餐行為和音樂喜好都是正向關係。其中較不合理的是，在用餐的三種場所，都呈現正向關聯，不過以在路攤小吃和在大飯店用餐與在一般餐廳用餐對比的分析中，教育程度顯示對路攤小吃的反向關係以及對大飯店的正向關聯。職業方面的變項，我們同時放了職業聲望與行業類別，行業類別的影響效果較參差，但職業聲望則在未控制其他變項時對所有的依變項都有其影響，在控制了教育之後，在部分變項，如在路攤用餐、對地方戲曲和對國語歌曲的喜好，影響效果消失了，對其他變項的影響方向與教育年數所呈現者相同。總

之，社會階層變項與購衣、用餐傾向以及音樂喜好的關係，如一般所預期的：對非正式的場所，對鄉土戲曲的喜好較弱，對正式的、對層級高的場所的偏好較強，對流行音樂、西方音樂的偏好亦較強。

　　都市化程度對各依變項的個別影響效果，除了在服裝店購衣一項，幾乎都呈統計上顯著的關聯，從 Psudo R Square 的變化來看，控制了階層變項之後，都市化程度的解釋力部分被階層變項所取代了，不過都市化程度仍有其獨立的影響效果；只是一般都市的效果比較容易消失，但是核心都市的效果大部分仍維持著。更有意義的是，都市化程度所產生的變異性較為曲折。首先在購衣場所上都市同時顯示較強的地攤、精品百貨傾向，而對服裝店反而呈現負向關係，是都市層級越高，在一般服裝店購衣的傾向相對的較弱。在用餐場所傾向上，三個依變項分別分析時，都市化程度的影響效果只在核心都市中顯現出來，一般都市與鄉鎮之間沒什麼差別。以一般餐廳為對照類屬的分析上，則都市化程度與路攤小吃的負向關聯，在控制了階層變項之後消失了，意味著都市居民與鄉鎮居民在同樣的階層背景時，在路攤或小吃店用餐與在一般餐廳用餐的傾向是相似的，不過核心都市居民在大飯店的用餐傾向相對於一般都市及鄉鎮居民，則較強。核心都市居民在精品百貨購衣以及在大飯店用餐的傾向強，是符合我們從資源接觸可能性的推論。但地攤與路攤的分布呢？在目前一些服務業非正式部門的討論，大都放在都市的脈絡（陳小紅，1984；周鳳，1986；Smith, 1985）。在附表 11-1 中，我們看到，像小吃店這樣的用餐場所，雖然集中大都市的情形較低，可是，相對於人口數，大都市的小吃店的集中程度仍然較強。換言之，非正式的服務與消費場所，也是一種都市現象，以致較低層次與高消費的行為顯現同樣的都市效用。

　　音樂比較是可以居家享受，不必受到資源分布的限制。個別觀察，都市化程度對不同類別音樂的喜好都呈現具統計顯著水準的影響效果，不過在控制了階層變項之後，都市化對古典樂曲喜好的影響效果，為階層變項所消解。至於與地方戲曲的負向關聯，則不同於與國語以及西洋歌曲的正向關聯。相對於國語和西洋流行歌曲，古典音樂一般都被認為是比較小眾的嗜好，而從唱片銷售的網絡來說，都市地帶的唱片行在古

典音樂的陳列上，應該是比較完整而多樣的，都市化對古典音樂的喜好是在階層化控制下而消失，這比較不符合副文化論的說法。國語與西洋流行歌曲的傳播，顯現的反而是一些大眾口味的東西，可以在都市中更強勢的傳播。在流行與小眾集結對都市研究的意義，仍有待更進一步的探討。

至於主觀階級認同的分析，都市化程度以及生活型態都顯示其影響效果，不過都市化程度的效果，只在核心都市，一般都市與鄉鎮間沒有差異，生活型態的效果只出現在購衣與用餐場所的偏好，而音樂喜好的類別則否。由於精品百貨以及大飯店主要都集中於大都會，因此居住在核心都市對階級認同的影響，更是可以肯定。不過有關生活型態方面的影響，是值得稍加討論的。購衣和用餐場所的偏好與對西洋音樂的喜愛都受到都市化程度的影響，但對古典樂曲的喜好則否。我們在音樂喜好的討論中，認為流行是解釋西洋音樂與古典音樂差異的可能因素。就此我們也會認為，音樂的喜好與用餐和購衣場所的偏好一般，也會影響到個人對階級的主觀認同。如果我們將顯著水準定在「.10」，則西洋歌曲的影響效果是可以接受的。但依「.05」的水準，我們無法考慮。購衣與用餐場所的偏好與音樂喜好不同的是，前者的外顯性質更高於後者，因為前者必須前往特定地方，而後者可以是居家的較隱私的行為。但也可能是因為在問卷的回答上，購衣與用餐場所比較是客觀行為的指認，音樂的喜好則是一種主觀的評估，而主觀的評估比客觀的指認，信度可能較低。當然我們希望前一解釋可以成立，那樣對未來的進一步考慮生活型態與階級主觀認同的關聯才更有意義。

總結以上的討論，我們應該可以肯定，都市化程度對生活型態的影響有其獨立於社會階層化的意義，而大都市以及部分生活型態對階級認同的影響也不是階層的效果，這都呼應了我們在前言中的命題。不過，低層級以及高層級的消費行為均共同展現了都市效果；而流行與興趣之間，我們的研究比較肯定了流行的效果；在主觀階級上，我們指出，不同類型的行為影響效果上的差異。希望這樣的發現對日後的更進一步的研究，有其助益。本研究的發現所反映的資源集中的效果，也建議我們，在未來的都市研究中，必須跳出「人際關係命題」，同時兼顧自然

／藝術，傳統／變遷的命題。在快速變遷的社會中，這樣的觀察可能更為重要。

參考書目

中華民國八十年臺閩地區工商及服務業普查報告。

伊慶春、章英華（1989）。〈都市意象：以台北市居民為例的探討〉，《中國社會學刊》，第13期，頁43-66。

朱元鴻（1993）。臺中市生活風格研究，國科會專題計畫報告。

余舜德（1996）。〈空間、論述與樂趣：夜市在臺灣社會的定位〉，載於黃應貴主編，《空間、力與社會》，頁391-462。臺北市：中央研究院民族學研究所。

周鳳（1986）。〈都市非正式部門發展之研究——以路邊洗車業為例〉，中興大學都市計劃研究所碩士論文。

章英華（1988）。〈都市化與機會結構及人際關係態度〉，載於瞿海源、楊國樞主編，《變遷中的臺灣社會》，頁189-194。臺北市：中央研究院民族學研究所。

章英華（1993）。〈遷徙意願與理想居住地：從都市化、個人背景與居住環境評價的探討〉，載於伊慶春主編，《臺灣民眾的社會意向》，頁65-90。臺北市：中央研究院中山人文社會科學研究所。

許嘉猷（1988）。〈社會結構、生活風格與消費支出〉，《中國社會學刊》，第12期，頁33-52。

陳小紅（1984）。〈開發中國家非正式部門之研究〉，《政治大學學報》，第50期，頁79-109。

傅仰止（1995）。〈台灣都市居民的非慣俗傾向〉，《台大社會學刊》，第25期。

傅仰止、伊慶春（1984）。〈容忍、態度的結構肇因：都市背景、遷移經驗、異質聯繫〉，《人文及社會科學集刊》，第6卷第2期，頁257-301。

黃毅志（1994）。〈社經背景與地位取得過程之結構機制：教育、社會資源及文化資本〉，東海大學博士論文。

廖正宏（1986）。〈臺灣農業人力資源的變遷〉，載於瞿海源、章英華主編，《臺灣社會與文化變遷》，頁179-208。臺北市：中研院民族學研究所。

蔡宏進（1986）。〈臺灣的社區變遷〉，載於瞿海源、章英華主編，《臺灣社會與文化變遷》，頁275-297。臺北市：中研院民族學研究所。

蕭新煌編（1988）。《變遷中臺灣社會的中產階級》。臺北市：巨流圖書公司。

Bourdieu; Pierre (1984). *Distinction*. Cambridge: Harvard University Press.

Dewey, Richard (1960). "The Rural-Urban Continuum: Real But Relatively Unimportant." *American Journal of Sociology* 66: 60-66.

Fischer, Claude S. (1976). "Toward a Subcultural Theory of Urbanism." *American Journal of Sociology* 80(6): 1319-40.

Fischer, Claude S. (1984). *The Urban Experience* (2nd ed.). San Diego: Harcourt Brace Jovanovich.

Gans, Herbert(1968). "Urbanism and Suburbanism as Ways of Life." Pp.95-118 in R.E. Paul (ed.), *Readings in Urban Sociology*. Oxford: Pergamon.

Hadden, Jeffrey K. & Jesof J. Barton (1973). "An Image that Will Never Die: Thoughts on the History of Anti-urban Ideology." Pp.79-116 in Louis H. Masotli and Jeffrey K. Hadden, eds., *The Urbanization of Suburbs*. Beverly Hill: Sage Publications.

Hodges, Harold M. (1968). *Social Stratification: Class in America*. Cambridge: Schenkman.

Jackson, Kenneth J. (1985). *Crabgrass Frontier: The Suburbanization of the United States*. New York: Oxford University Press.

Lipton, Michael (1977). *Why Poor People Stay Poor: Urban Bias in World Development*. London: Temple Smith.

Lipton, Michael (1984). "Urban Bias Revisited." *Journal of Development Studies* 20(3): 139-66.

Saunders, Peter (1986). *Social Theory and the Urban Question*. London: Hutchinson.

Simmel, George (1957). "The Metropolis and Mental Life." Pp.635 -636 in Paul K. Hatt & Albert J. Reiss (eds.), *Cities and Society: the Revised Reader in Urban Sociology*. N. Y.: the Free Press.

Smith, Carol (1985). "Theories and Measures of Urban Primacy: A Critique." Pp.87-117 in Timberlake, Michael (ed.), *Urbanization in world Economy*. Orlando, Florida: Academic.

Tumin, Melvin (1985). *Social Stratification: the Forms and Functions of Inequality*. Englewood Cliffs, NJ: Prentice- Hall.

Wellman, Barry (1979). "The Community Question: The Intimate Networks of East Yorkers." *American Journal of Sociology* 84: 1201-1231.

Wirth, Louis (1938). "Urbanism as a Way of Life." *American Journal of Sociology* 44(July): 3-24.

* 本文曾刊於《九〇年代的台灣社會：社會變遷基本調查研究系列二——上冊》，張苙雲、呂玉瑕、王甫昌主編，1997 年 5 月，頁 229-263。臺北市：中央研究院社會學研究所籌備處。

附表11-1 **都市化與教育程度和行業組成**

都市層級		教育程度				行業組成				
		國中	高中	大專	合計	無業	一級	二級	三級	合計
核心都市	N	202	173	155	530	128	2	130	271	531
	%	38.11	32.64	29.25		24.11	0.38	24.48	51.04	
一般都市	N	480	272	181	933	235	36	300	364	935
	%	51.45	29.15	19.40		25.13	3.85	32.09	38.93	
鄉鎮	N	621	198	88	907	214	212	261	224	911
	%	68.47	21.83	9.70		23.49	23.27	28.65	24.59	
合計	N	1,303	643	424	2,370	577	250	691	859	2,377
	%	54.98	27.13	17.89		24.27	10.52	29.07	36.14	
		卡方 (4) = 149.66				卡方 (6) = 307.9285				
		P<.001				P<.001				

附表11-2 **聚餐場所、購衣場所及音樂喜好類型因素分析**

購衣場所	因素		聚餐場所	因素		音樂喜好	因素		
	一	二		一	二		一	二	三
地攤	-.05	.18	路攤夜市	-.61	-.07	國語歌曲	.04	.04	.59
服裝店	.26	-.11	小吃店	-.63	-.03	西洋歌曲	.26	-.12	.48
裁縫店	.19	.14	中餐廳	-.27	.48	日本歌曲	.06	.22	.26
百貨公司	.42	-.08	西餐廳	-.25	.54	古典音樂	.50	-.10	.31
專門店	.50	.00	日本料理	-.12	.58	國樂	.63	.02	.08
委託行	.46	.09	啤酒炭烤	-.29	.34	平劇	.56	.19	-.05
			大飯店	-.13	.60	歌仔戲	.13	.55	-.16
						布袋戲	.08	.52	-.04
						臺語歌曲	-.25	.46	.25
平方和	.75	.08		1.02	1.38		1.57	.89	.76
解釋量	12.42	.11		14.57	19.77		17.47	9.93	8.39

* 以 principal factor 因素法，經 promax 斜角轉軸

附表11-3 臺灣地區服裝、飲食相關行業分布狀況，1991

		百貨公司	觀光飯店	成衣服裝	餐館業	小吃店	人口比例
臺北市	%	37.33	42.50	23.44	34.89	21.90	13.22
	Q	282	321	177	264	166	
四核心都市	%	58.06	72.50	43.96	50.48	40.89	27.13
	Q	214	267	162	186	151	
其他省轄市	%	3.23	4.17	9.35	5.05	7.49	4.59
	Q	70	91	204	110	163	
其他各縣	%	38.71	23.33	46.69	44.47	51.62	68.28
	Q	57	34	68	65	76	

註：四核心都市含臺北市，百分比為各類地區各種商業服務業場所單位數占全臺灣區總數的
　　比重；Q為各地區各類場所單位占的百分比除以各區占臺灣人口數的百分比再乘以100。
資料來源：中華民國臺閩地區工商及服務業普查報告，第六卷及第十卷。